Michael Basse
Von den Reformkonzilien bis zum Vorabend der Reformation

Kirchengeschichte
in Einzeldarstellungen

II/2

Herausgegeben von
Ulrich Gäbler und Johannes Schilling
Begründet von
Gert Haendler und Joachim Rogge †

Michael Basse

# Von den Reformkonzilien bis zum Vorabend der Reformation

EVANGELISCHE VERLAGSANSTALT
Leipzig

Die Deutsche Bibliothek – Bibliographische Information

Die Deutsche Bibliothek verzeichnet diese Publikation in der Deutschen Nationalbibliographie; detaillierte bibliographische Daten sind im Internet über ‹http://dnb.ddb.de› abrufbar.


Printed in Germany · H 7224

Gedruckt auf alterungsbeständigem Papier
Layout: Jochen Busch
Druck und Binden: Hubert & Co., Göttingen

ISBN 978-3-374-02494-0
www.eva-leipzig.de

# Vorwort

Das 15. Jahrhundert gehört zu den interessantesten Abschnitten der Kirchengeschichte, zumal es in der neueren Forschung stärker in seiner Eigenständigkeit und nicht mehr primär als eine Krisenzeit vor dem Umbruch der Reformation des 16. Jahrhunderts betrachtet wird. Die Forschungen der letzten 20 Jahre stellen dabei eindrucksvoll unter Beweis, wie ertragreich ein multiperspektivischer Ansatz und eine interdisziplinäre Zusammenarbeit für die Kirchengeschichtsschreibung sind. Die Bandbreite wie auch Detailliertheit dieser Forschungen nicht zuletzt auf regional- und lokalgeschichtlicher Ebene stellen allerdings den Versuch einer Überblicksdarstellung vor große Herausforderungen, wenn Kirche und Theologie in ihrem Spezifikum ebenso wie in ihrem Zusammenhang mit den historischen Dimensionen von Herrschaft, Wirtschaft, Gesellschaft und Kultur wahrgenommen werden sollen.

Um Überschneidungen mit anderen Bänden der Reihe ‚Kirchengeschichte in Einzeldarstellungen' zu vermeiden, konzentriert sich die folgende Darstellung auf die abendländische Kirchengeschichte, während die Entwicklung in den orthodoxen Kirchen von Erich Bryner (KGE II/9) behandelt worden ist und für die Anfänge des Christentums in Lateinamerika auf den Band von Hans-Jürgen Prien (KGE IV/6) verwiesen werden kann. Mit dem Überblick über die Geschichte der Theologie im Mittelalter (KGE I/11), den Volker Leppin verfasst hat, kommt es nur zu geringfügigen Überschneidungen, weil die Theologiegeschichte des 15. Jahrhunderts dort nicht im Vordergrund steht.

Der Zeitrahmen wird durch den Beginn des Konstanzer Konzils im Jahre 1414 auf der einen und den Beginn des fünften Laterankonzils im Jahre 1512 auf der anderen Seite abgesteckt. Inhaltlich steht die Kirchenreform im Mittelpunkt, die das dominierende Thema dieser Zeit bildet. Damit verknüpft ist der ekklesiologische und kirchenpolitische Konflikt zwischen Konziliarismus und Papalismus ebenso wie das Ringen um die Einheit des *Corpus Christianum* angesichts nationalkirchlicher Bestrebungen. Mit dem Renaissancepapsttum rückt zugleich die Bedeutung des Humanismus für Kirche und Theologie in den Blick. Die Reformbestrebungen des 15. Jahrhunderts werden sodann im Zusammenhang mit der Theologie- und Frömmigkeitsgeschichte betrachtet. Da die Christenheit in dieser Zeit in besonderem Maße danach strebte, die eigene Identität in der Auseinandersetzung mit anderen Religionen und Kulturen zu gewinnen, gilt es schließlich dem Verhältnis des Christentums zum Judentum und zum Islam ebenso Aufmerksamkeit zu schenken wie den Anfängen einer Globalisierung christlicher Kultur und Herrschaftsinteressen im Zuge der Entdeckungen und der beginnenden Kolonialisierung.

Ich danke meinen Mitarbeiterinnen und Mitarbeitern Susanne Drees, Hartwin Gardonyi, Dennis Hüllinghoff, Kathrin Schalk und Lina Stockheim für ihre Unterstützung insbesondere bei der Literaturrecherche und dem Korrekturlesen.
Mein besonderer Dank gilt den Herausgebern, Prof. Dr. Ulrich Gäbler und Prof. Dr. Dr. Johannes Schilling sowie Frau Dr. Annette Weidhas von der Evangelischen Verlagsanstalt und der Lektorin Frau Elisabeth Neijenhuis für die fachliche Beratung und die redaktionelle Betreuung des vorliegenden Bandes.

Dortmund, im November 2007 *Michael Basse*

# Inhaltsverzeichnis

# Abkürzungen

| | |
|---|---|
| AC | Acta Cusana |
| ACC | Acta Concilii Constanciensis |
| AQMA | Ausgewählte Quellen zur deutschen Geschichte des Mittelalters |
| CB | Concilium Basiliense |
| GCh | Die Geschichte des Christentums, hg. v. Jean-Marie Mayeur u. a. |
| HKG | Handbuch der Kirchengeschichte, hg. v. Hubert Jedin |
| MC | Monumenta conciliorum generalium seculi decimi quinti |
| MGH | Monumenta Germaniae Historica |
| RTA | Deutsche Reichstagsakten |
| VE 15 | Verzeichnis der typographischen Einblattdrucke des 15. Jahrhunderts |

Alle anderen Abkürzungen richten sich nach Siegfried M. Schwertner (Hg.), Internationales Abkürzungsverzeichnis für Theologie und Grenzgebiete, Berlin/New York $^{2}$1992.

# Quellen- und Literaturverzeichnis

## I. QUELLEN

*Acta Concilii Constanciensis*, hg. v. Heinrich Finke u. a., 4 Bde., Münster 1896–1928 (ND Münster 1976).
*Acta Cusana*. Quellen zur Lebensgeschichte des Nikolaus von Kues, hg. v. Erich Meuthen u. a., Bd. I, 1–4, Hamburg 1977–2000.
*Ailly, Pierre d'*: Tractatus de materia concilii generalis, in: Francis Oakley (Hg.), The Political Thought of Pierre d'Ailly. The Voluntarist Tradition, New Haven/London 1964 (Yale Historical Publications 81), 244–342.
*Alberti, Leon Battista*: I Libri Famiglia III, ed. Cecil Grayson, Bd. I, Bari 1960.
*Bernhard von Siena*: Opera omnia, ed. PP Collegii S. Bonaventurae, 9 Bde., Quaracchi 1950–1965.
*Ders.*: Le prediche volgari inedite, hg. v. Dionisio Pacetti, Turin 1935.
*Biblia*, mit Glossen zu einzelnen Büchern nach den Postillen des Nicolaus von Lyra, niederdeutsch, Köln um 1478/79.
*Biel, Gabriel*: Collectorium circa quattuor libros Sententiarum, ed. Wilfrid Werbeck/Udo Hofmann, 5 Bde., Tübingen 1973–1992.
*Ders.*: Sacri canonis missae expositio, Reutlingen 1488, ed. Heiko A. Oberman/William J. Courtnay, 4 Bde., Wiesbaden 1963–1967 (VIEG 31–34).
*Brant, Sebastian*: Das Narrenschiff, übertragen v. H. A. Junghans, hg. v. Hans-Joachim Mähl, Stuttgart 1998.
*Bullarum Diplomatum et Privilegiorum Sanctorum Romanorum Pontificium*, Bd. IV/V, Turin 1859/60.
*Bullarium Franciscanum*, N.S. 1, ed. Ulrich Hüntemann, Quaracchi 1929.
*Cesarini, Giuliano*: Denkschrift über das Symbolum, hg. v. Georg Hofmann, in: OrChr(R) 22 (1931), 3–63.
*Die Chroniken der deutschen Städte vom 14.–16. Jahrhundert*, 37 Bde., Leipzig 1862–1931 (ND Göttingen 1961–1969).
*Colon, Christóbal*: Diario del Primer Viaje, hg. v. Consuelo Varela, Madrid 1982.
*Conciliorum Oecumenicorum Decreta*, hg. v. Giuseppe Alberigo u. a., Bologna ³1973; Abdruck mit deutscher Übersetzung: Josef Wohlmuth (Hg.), Dekrete der ökumenischen Konzilien, Bd. 2: Konzilien des Mittelalters, Paderborn 2000.
*Concilium Basiliense*. Studien und Quellen zur Geschichte des Concils von Basel, hg. v. Johannes Haller u. a., 8 Bde., Basel 1896–1936.
*Concilium Florentinum*. Documenta et scriptores, Series A, I–XI; Series B, I–IX, Rom 1940–1977.
*Cronaca di Viterbo di Giovanni di Juzzo dal 1475 al 1479*, in: Cronache e Statuti della città di Viterbo, ed. Ignazio Ciampi, Florenz 1872.
*Denzinger, Heinrich/Hünermann, Peter*: Enchiridion symbolorum definitionum et declarationum de rebus fidei et morum, Freiburg i. B. ³⁹2001.
*Deutsche Reichstagsakten*. Ältere Reihe, Bd. 7–22, Göttingen ²1956–2001; Mittlere Reihe, Bd. 1–6, Göttingen 1979–1989.
*Dionysius Carthusianus*: Opera omnia, 42 Bde., Montreuil 1896–1913.

*Ellenbog, Nikolaus*: Briefwechsel, hg. v. Andreas Bigelmair/Friedrich Zoepfl, Münster 1938 (CC 19–21).
*Erasmus von Rotterdam*: Ausgewählte Schriften, lat. u. dt., hg. v. Werner Welzig, 8 Bde., Darmstadt [3]2006.
*Ficinus, Marsilius*: Opera omnia, 2 Bde., Basel 1576 (ND Turin 1962).
*Geiler von Kaysersberg, Johannes*: Sämtliche Werke, hg. v. Gerhard Bauer. Erster Teil: Die deutschen Schriften, Erste Abteilung: Die zu Geilers Lebzeiten erschienenen Schriften 1, Berlin/New York 1989.
*Georgius de Ungaria*: Tractatus de moribus, condicionibus et nequicia Turcorum, hg. u. übers. v. Reinhard Klockow, Köln u. a. 1994.
*Gerson, Johannes*: Œuvres complètes, ed. Palémon Glorieux, 10 Bde., Paris 1960–1973.
*Ders.*: De mystica theologia, hg. v. André Combes, Lugano 1958.
*Guicciardini, Francesco*: Storia d'Italia, in: Ders., Opere, Bd. 2/3, ed. Emanuella Scarano, Turin 1981.
*Hardt, Hermann von der*: Magnum Oecumenicum Constanciense Concilium I–VI, Frankfurt/Leipzig 1696–1700.
*Hollen, Gottschalk*: Praeceptorium divinae legis, Köln 1481.
*Institoris, Heinrich*: Malleus Maleficarum. Der Hexenhammer, hg. v. Christopher S. Mackay, Bd. 1: Latin Text and Introduction, Cambridge 2006; dt. Übers. hg. v. Günter Jerouschek/Wolfgang Behringer, München 2000.
*Johannes von Paltz*: Johannes von Paltz, Die himmlische Fundgrube, hg. v. Horst Laubner u. a., in: Johannes von Paltz, Werke, Bd. 3: Opuscula, hg. v. Christoph Burger u. a. (SuR NR 4), Berlin/New York 1989, 155–253.
*Ders.*: Supplementum Coelifodinae, in: Ders.: Werke, Bd. 2, hg. u. bearb. v. Berndt Hamm, Berlin/New York 1983 (SuR NR 3).
*Johannes von Ragusa*: Tractatus de ecclesia, ed. Werner Krämer, in: Ders., Konsens und Rezeption. Verfassungsprinzipien der Kirche im Basler Konziliarismus, Münster 1980, 369–383 (BGPhThM NF 19).
*Johannes von Segovia*: Tractatus super praesidencia, in: Pascal Ladner, Johannes von Segovias Stellung zur Präsidentenfrage auf dem Basler Konzil, in: ZSKG 62 (1968), 1–113, hier: 31–113.
*Johannes von Staupitz*: Sämtliche Schriften 1. Lateinische Schriften I: Tübinger Predigten, bearb. v. Richard Wetzel, Berlin/New York 1987 (SuR NR 13).
*Kirchen- und Theologiegeschichte in Quellen*, Bd. 2: Mittelalter, hg. v. Adolf Martin Ritter u. a., Neukirchen-Vluyn [5]2001.
*Kolde, Dietrich*: Christenspiegel, hg. v. Clemens Drees, Werl 1954.
*Mansi, Johannes D.*: Sacrorum conciliorum nova et amplissima collectio, Bd. 27–32, Paris 1903–1906 (ND Graz 1961).
*Marcus von Weida*: Spiegel hochloblicher Bruderschaft des Rosenkrantz Marie, Leipzig 1515 (ed. Anthony van der Lee, Amsterdam 1978).
*Mauburnus, Johannes*: Rosetum exercitiorum spiritualium et sacrarum meditationum, Paris 1510.
*Monumenta conciliorum generalium seculi decimi quinti*, hg. v. Franz Palacky u. a., 4 Bde., Wien 1857–1935.
*Nicolaus von Lyra*: Postilla super totam Bibliam cum expositionibus Britonis et additionibus Pauli Burgensis, Straßburg 1492 (ND Frankfurt a. M. 1971).
*Nider, Johannes*: Formicarius, Köln 1470 (ND mit einer Einführung v. Hans Bidermann, Graz 1971); Lib. V 3.4.7, ed. Catherine Chène, in: Martine Ostorero (Hg.), L'imaginaire du sabbat. Edition critique des Textes les plus anciens (1430 c. – 1400 c.), Lausanne 1999 (Cahiers Lausannois d'Histoire Médiévale 26).
*Ders.*: Tractatus de reformatione religiosorum, Paris 1512.
*Nikolaus von Kues*: Opera omnia, hg. v. der Heidelberger Akademie der Wissenschaften, Leipzig 1932 ff., Hamburg 1950 ff.

*Ders.*: Philosophisch-theologische Werke. Lateinisch-deutsch, mit einer Einleitung von Karl Bormann, 4 Bde., Hamburg 2002.
*Ders.*: Schriften, im Auftrage der Heidelberger Akademie der Wissenschaften in deutscher Übersetzung hg. v. E. Hoffmann u. a., Leipzig 1936 ff.; Hamburg 1959 ff.
*Ders.*: Vom Frieden zwischen den Religionen, hg. u. übers. v. Klaus Berger/Christiane Nord, Frankfurt a. M./Leipzig 2002.
*Nikolaus von Lyra*: Postilla cum additionibus Pauli Burgensis, Straßburg 1492 (ND Frankfurt a. M. 1971).
*Pico della Mirandola, Giovanni*: De hominis dignitate, hg. u. übers. v. August Buck, Hamburg 1990 (PhB 427).
*Pio II*: Lettera a Maometto, ed. Giovanni Toffanin, Neapel 1953.
*Poggio Bracciolini:* Opera omnia, Bd. I: Scripta in editione Basiliensi anno MDXXXVIII collata, Turin 1964.
*Pupper von Goch, Johannes*: Dialogus, in: Christian W. F. Walch, Monimenta medii aevi I/4, Göttingen 1760, 73–239.
*Ders.*: De libertate christiana, hg. v. Frederic Pijper, Bibliotheca Reformatoria Neerlandica, Bd. VI, Hague 1910, 1–263.
*Quellen zur Geschichte des Papsttums und des römischen Katholizismus*, hg. v. Kurt Aland, Bd. 1, Tübingen [6]1967.
*Quellen zur Kirchenreform im Zeitalter der großen Konzilien des 15. Jahrhunderts.* 1. Teil: Die Konzilien von Pisa (1409) und Konstanz (1414–1418); 2. Teil: Die Konzilien von Pavia/Siena (1423/24), Basel (1431–1449) und Ferrara/Florenz (1438–1445), hg. v. Jürgen Miethke/Lorenz Weinrich, Darmstadt 1995/2002 (AQMA 38a,b).
*Quellen zur Reichsreform im Spätmittelalter*, hg. v. Lorenz Weinrich, Darmstadt 2001 (AQMA 39).
*Quellen zur Verfassungsgeschichte des Römisch-Deutschen Reiches im Spätmittelalter* (1250–1500), hg. v. Lorenz Weinrich, Darmstadt 1983 (AQMA 33).
*Reformatio Sigismundi*, hg. v. Heinrich Koller Stuttgart 1964 (ND 1995) (MGH. Staatsschriften des späteren Mittelalters 6).
*Regesta Imperii*; Bd. XI–XIV, hg. v. Johann F. Böhmer, Wien u. a. 1900–2007.
*Regesten Kaiser Friedrichs III. (1440–1493)*, nach Archiven und Bibliotheken geordnet, hg. v. Heinrich Koller u. a., Wien u. a. 1982–2007.
*Repertorium Germanicum*. Verzeichnis der in den päpstlichen Registern und Kameralakten vorkommenden Personen, Kirchen und Orte des Deutschen Reiches, seiner Diözesen und Territorien vom Beginn des Schismas bis zur Reformation, hg. v. Deutschen Historischen Institut in Rom, Berlin 1897 ff.
*Reuchlin, Johannes*: Briefwechsel, 2 Bde., hg. v. der Heidelberger Akademie der Wissenschaften in Zusammenarbeit mit der Stadt Pforzheim, unter Mitwirkung v. Stefan Rhein bearb. v. Matthias Dall'Asta u. Gerald Dörner, Bd. I: 1477–1505, Stuttgart/Bad Cannstatt 1999; Bd. II: 1506–1513, Stuttgart/Bad Cannstatt 2003.
*Ders.*: De verbo mirifico, 1494. De arte cabalistica, 1517 (ND Stuttgart/Bad Cannstatt 1964).
*Schmitt, Eberhard* (Hg.): Dokumente zur Geschichte der europäischen Expansion, 5 Bde. München 1984–2003.
*Stephan von Landskron*: Die Hymelstrasz, Augsburg 1484 (ND Amsterdam 1979).
*Thomas von Aquin*: Summa de articulis fidei et ecclesiae sacramentis, in: Opera omnia XLII, Ed. Leonina, Rom 1979, 207–257.
*Thomas von Kempen*: Opera omnia, hg. v. Michael Joseph Pohl, 7 Bde., Freiburg i. B. 1910–1922.
*Ders.*: De imitatione Christi, hg. u. übers. v. Friedrich Eichler, München 1966.
*Valla, Lorenzo*: De voluptate sive De vero bono. Von der Lust oder Vom wahren Guten, lat. u. dt. hg. v. Peter Michael Schenkel, München 2004 (Humanistische Bibliothek II/34).
*Vener, Job*: Avisamentum, hg. v. Herman Heimpel, in: Ders.: Die Vener von Gmünd und Straßburg 1162–1447, Bd. 3, Göttingen 1982, 1290–1315 (VMPIG 52).

*Verzeichnis der typographischen Einblattdrucke des 15. Jahrhunderts im Heiligen Römischen Reich Deutscher Nation*, hg. v. Falk Eisermann, 3 Bde., Wiesbaden 2004.
*Wessel Gansfort, Johannes*: Opera. Groningen 1614 (ND Nieuwkoop 1966).
*Wolff, Johannes*: Beichtbüchlein, hg. v. Friedrich W. Battenberg, Gießen 1907.

## II. ÜBERBLICKSDARSTELLUNGEN UND AUFSATZSAMMLUNGEN

*Alberigo, Giuseppe* (Hg.): Geschichte der Konzilien. Vom Nicaenum bis zum Vaticanum II, Düsseldorf 1993.
*Angenendt, Arnold*: Geschichte der Religiosität im Spätmittelalter, Darmstadt 1997.
*Bast, Robert J./Gow, Andrew C.* (Hg.): Continuity and Change. The Harvest of Late-Medieval and Reformation History. FS Heiko A. Oberman, Leiden 2000.
*Bäumer, Remigius* (Hg.): Die Entwicklung des Konziliarismus, Darmstadt 1976 (WdF 279).
*Ders.* (Hg.): Das Konstanzer Konzil, Darmstadt 1977 (WdF 415).
*Bertram, Martin* (Hg.): Stagnation oder Fortbildung? Aspekte des allgemeinen Kirchenrechts im 14. und 15. Jahrhundert, Tübingen 2005 (BDHIR 108).
*Blickle, Peter* (Hg.): Kommunalisierung und Christianisierung. Voraussetzungen und Folgen der Reformation 1400–1600, Berlin 1989 (ZHF.B 9).
*Ders.* u. a. (Hg.): Macht und Ohnmacht der Bilder. Reformatorischer Bildersturm im Kontext der europäischen Geschichte, München 2002 (HZ.B NF 33).
*Boockmann, Hartmut*: Kirche und Gesellschaft im Heiligen Römischen Reich des 15. und 16. Jahrhunderts, Göttingen 1994 (AAWG 206).
*Ders./Dormeier, Heinrich*: Konzilien, Kirchen- und Reichsreform (1410–1495), Gebhardt – Handbuch der deutschen Geschichte, 10. Aufl., Bd. 8, Stuttgart 2005.
*Ders./Moeller, Bernd/Stackmann, Karl* (Hg.): Lebenslehren und Weltentwürfe im Übergang vom Mittelalter zur Neuzeit. Politik – Bildung – Naturkunde – Theologie, Göttingen 1989 (AAWG 179).
*Brady, Thomas A. Jr.* (Hg.): Die deutsche Reformation zwischen Spätmittelalter und Früher Neuzeit, München 2001 (Schriften des Historischen Kollegs. Kolloquien 50).
*Ders.* u. a. (Hg.): Handbook of European History 1400–1600. Late Middle Ages, Renaissance and Reformation, 2 Bde., Leiden u. a. 1994/95.
*Brandmüller, Walter*: Papst und Konzil im Großen Schisma (1378–1431). Studien und Quellen, Paderborn u. a. 1990.
*Derwich, Marek/Staub, Martial* (Hg.): Die ‚Neue Frömmigkeit' in Europa im Spätmittelalter, Göttingen 2004 (VMPIG 205).
*Dinzelbacher, Peter*: Handbuch der Religionsgeschichte im deutschsprachigen Raum. Bd. 2: Hoch- und Spätmittelalter, Paderborn u. a. 2000.
*Ders.*: Christliche Mystik im Abendland. Ihre Geschichte von den Anfängen bis zum Ende des Mittelalters, Paderborn u. a. 1994.
*Ders./Bauer, Dieter R.* (Hg.): Religiöse Frauenbewegung und mystische Frömmigkeit im Mittelalter, Köln/Wien 1988 (Beihefte zum Archiv für Kirchengeschichte 28).
*Dinzelbacher, Peter/Mück, Hans-Dieter* (Hg.): Volkskultur des europäischen Spätmittelalters, Stuttgart 1987 (Böblinger Forum 1).
*Duffy, Eamon*: The Stripping of the Altars: Traditional Religion in England c. 1400 – c.1580, New Haven/London 1992.
*Dykema, Peter A./Oberman, Heiko A.* (Hg.): Anticlericalism in Late Medieval and Early Modern Europe, Leiden 1993 (Studies in Medieval and Reformation Thought 51).
*Eckert, Willehad P.* (Hg.): Thomas von Aquino. Interpretation und Rezeption, Mainz 1974 (WSAMA 5).
*Eichenberger, Walter/Wendland, Henning*: Deutsche Bibeln vor Luther. Die Buchkunst der achtzehn deutschen Bibeln zwischen 1466 und 1522, Hamburg $^{2}$1983.

*Elm, Kaspar* (Hg.): Reformbemühungen und Observanzbestrebungen im spätmittelalterlichen Ordenswesen, Berlin 1989 (BHSt 14; Ordensstudien VI).
*Erkens, Franz-Reiner* (Hg.): Europa und die osmanische Expansion im ausgehenden Mittelalter, Berlin 1997 (ZHF.B 20).
*Feine, Hans Erich*: Kirchliche Rechtsgeschichte. Bd. 1: Die katholische Kirche, Köln/Graz $^{4}$1964.
*Franzen, August/Müller, Wolfgang* (Hg.): Das Konzil von Konstanz. Beiträge zu seiner Geschichte und Theologie, Freiburg i. B. u. a. 1964.
*Gatz, Erwin* (Hg.): Die Bischöfe des Heiligen Römischen Reiches 1448–1648. Ein biographisches Lexikon, Berlin 1996.
*Die Geschichte des Christentums*. Religion – Politik – Kultur, hg. v. Jean-Marie Mayeur u. a., dt. Ausgabe hg. v. Brox, Norbert u. a. Bd. 6: Die Zeit der Zerreißproben (1274–1449), hg. v. Michel Mollat du Jourdin u. André Vauchez, dt. Ausgabe bearb. u. hg. v. Bernhard Schimmelpfennig, Freiburg i. B. u. a. 1991; Bd. 7: Von der Reform zur Reformation (1450–1530), hg. v. Marc Venard, dt. Ausgabe bearb. u. hg. v. Heribert Smolinsky, Freiburg i. B. u. a. 1995.
*Graus, František* (Hg.): Mentalitäten im Mittelalter. Methodische und inhaltliche Probleme, Sigmaringen 1987 (VKAMAG 35).
*Greschat, Martin* (Hg.): Gestalten der Kirchengeschichte. Bd. 4: Mittelalter II, Stuttgart u. a. 1983; Bd. 12: Papsttum II. Vom Abendländischen Schisma bis zur Gegenwart, Stuttgart u. a. 1985.
*Hagen, Kenneth* (Hg.): Augustine, the Harvest, and Theology (1300–1650), FS Heiko A. Oberman, Leiden 1990.
*Hamm, Berndt/Lentes, Thomas* (Hg.): Spätmittelalterliche Frömmigkeit zwischen Ideal und Praxis, Tübingen 2001 (SuR NR 15).
*Hamm, Berndt/Leppin, Volker* (Hg.): Gottes Nähe unmittelbar erfahren. Mystik im Mittelalter und bei Martin Luther, Tübingen 2007 (SuR NR 36).
*Hammerstein, Notker* (Hg.): Handbuch der deutschen Bildungsgeschichte. Bd. I: 15. bis 17. Jahrhundert. Von der Renaissance und der Reformation bis zum Ende der Glaubenskämpfe, München 1996.
*Handbuch der Kirchengeschichte*, hg. v. Hubert Jedin. Bd. III/2: Vom kirchlichen Hochmittelalter bis zum Vorabend der Reformation, Freiburg i. B. u. a. 1968.
*Helmrath, Johannes/Müller, Heribert* (Hg.): Studien zum 15. Jahrhundert. FS Erich Meuthen, 2 Bde., München 1994.
*Hlavácek, Ivan/Patschovsky, Alexander* (Hg.): Reform von Kirche und Reich zur Zeit der Konzilien von Konstanz (1414–1418) und Basel (1431–1449), Konstanz 1996.
*Jaritz, Gerhard*: Zwischen Augenblick und Ewigkeit. Einführung in die Alltagsgeschichte des Mittelalters, Wien/Köln 1989.
*Jussen, Bernhard/Koslofsky, Craig* (Hg.): Kulturelle Reformation. Sinnformationen im Umbruch 1400–1600, Göttingen 1999 (VMPIG 145).
*King, Margaret L.*: Frauen in der Renaissance, München 1993.
*Kristeller, Paul Oskar*: Humanismus und Renaissance. Bd. I: Die antiken und mittelalterlichen Quellen, hg. v. Eckhard Keßler/übers. v. Renate Schweyen-Ott, München 1974; Bd. II: Philosophie, Bildung und Kunst, hg. v. Eckhard Keßler/übers. v. Renate Schweyen-Ott, München 1976.
*Kurze, Dietrich*: Klerus, Ketzer, Kriege und Propheten. Gesammelte Aufsätze, hg. v. Jürgen Sarnowsky, Marie-Luise Heckmann u. Stuart Jenks, Warendorf 1996.
*Leppin, Volker*: Theologie im Mittelalter, Leipzig 2007 (KGE I/11).
*Leuschner, Joachim*: Deutschland im späten Mittelalter, Göttingen $^{2}$1983 (Deutsche Geschichte 3).
*Litz, Gudrun* u. a. (Hg.): Frömmigkeit – Theologie – Frömmigkeitstheologie. Contributions to European Church History, FS Berndt Hamm, Leiden/Boston 2005 (Studies in the history of Christian traditions 124).

*Löther, Andrea* u. a. (Hg.): Mundus in imagine. Bildersprache und Lebenswelten im Mittelalter, FS Klaus Schreiner, München 1996.
*Meuthen, Erich*: Das 15. Jahrhundert, München [4]2006 (Oldenbourg Grundriss der Geschichte Bd. 9).
*Moeller, Bernd*: Die Reformation und das Mittelalter. Kirchenhistorische Aufsätze, hg. v. Johannes Schilling, Göttingen 1991.
*Ders.* (Hg.): Die frühe Reformation in Deutschland als Umbruch. Wissenschaftliches Symposium des Vereins für Reformationsgeschichte 1996, Gütersloh 1998 (SVRG 199).
*Ders./Patze, Hans/Stackmann, Karl* (Hg.): Studien zum städtischen Bildungswesen des späten Mittelalters und der frühen Neuzeit, Göttingen 1983 (AAWG 137).
*Moraw, Peter*: Von offener Verfassung zu gestalteter Verdichtung. Das Reich im späten Mittelalter 1250–1490, Berlin 1985 (Propyläen Geschichte Deutschlands 3).
*Neddermeyer, Uwe*: Von der Handschrift zum gedruckten Buch. Schriftlichkeit und Leseinteresse im Mittelalter und in der frühen Neuzeit, 2 Bde., Wiesbaden 1998.
*Nieden, Hans-Jörg/Nieden, Marcel* (Hg.): Praxis Pietatis. Beiträge zu Theologie und Frömmigkeit in der Frühen Neuzeit, FS Wolfgang Sommer, Stuttgart 1999.
*Oberman, Heiko Augustinus* (Hg.): Gregor von Rimini. Werk und Wirkung bis zur Reformation, Berlin/New York 1981 (SuR NR 20).
*Pastor, Ludwig Freiherr von*: Geschichte der Päpste seit dem Ausgang des Mittelalters. Bd. 1–3: Geschichte der Päpste im Zeitalter der Renaissance, Freiburg [12]1955.
*Paulus, Nikolaus*: Geschichte des Ablasses am Ausgang des Mittelalters, Paderborn 1923 (ND Darmstadt 2000).
*Reinhard, Wolfgang*: Reichsreform und Reformation, in: Gebhardt – Handbuch der deutschen Geschichte Bd. 9, Stuttgart [10]2001, 109–356.
*Rengstorff, Karl Heinrich/Kortzfleisch, Siegfried von* (Hg.): Kirche und Synagoge. Handbuch zur Geschichte von Christen und Juden. Darstellung mit Quellen, 2 Bde., Stuttgart 1968–1970.
*Rösener, Werner* (Hg.): Adelige und bürgerliche Erinnerungskulturen des Spätmittelalters und der Frühen Neuzeit, Göttingen 2000 (Formen der Erinnerung 8).
*Ruh, Kurt*: Geschichte der abendländischen Mystik. Bd. 4: Die niederländische Mystik des 14. bis 16. Jahrhunderts, München 1999.
*Schilling, Heinz*: Die neue Zeit. Vom Christenheitseuropa zum Europa der Staaten, 1250–1750, Berlin 1999.
*Schreiner, Klaus* (Hg.): Frömmigkeit im Mittelalter. Politisch-soziale Kontexte, visuelle Praxis, körperliche Ausdrucksformen, München 2002.
*Ders.* (Hg.): Laienfrömmigkeit im späten Mittelalter. Formen, Funktionen, politisch-soziale Zusammenhänge, München 1992 (Schriften des Historischen Kollegs 20).
*Ders./Signori, Gabriela* (Hg.): Bilder, Texte, Rituale. Wirklichkeitsbezug und Wirklichkeitskonstruktion politisch-rechtlicher Kommunikationsmedien in Stadt- und Adelsgesellschaften des späten Mittelalters, Berlin 2000 (ZHF.B 24).
*Schubert, Ernst*: Einführung in die deutsche Geschichte im Spätmittelalter, Darmstadt [2]1998.
*Seebaß, Gottfried*: Geschichte des Christentums III. Spätmittelalter – Reformation – Konfessionalisierung, Stuttgart 2006 (ThW 7).
*Seibt, Ferdinand/Eberhard, Winfried* (Hg.): Europa 1400. Die Krise des Spätmittelalters, Stuttgart 1984.
*Dies.* (Hg.): Europa 1500. Integrationsprozesse im Widerstreit: Staaten, Regionen, Personenverbände, Christenheit, Stuttgart 1987.
*Šmahel, František* (Hg.): Häresie und vorzeitige Reformation im Spätmittelalter, München 1998 (Schriften des Historischen Kollegs. Kolloquien 39).
*Suntrup, Rudolf/Veenstra, Jan R./Bollmann, Anne* (Hg.): The Mediation of Symbol in Late Medieval and Early Modern Times/Medien der Symbolik in Spätmittelalter und Früher Neuzeit, Frankfurt a. M. u. a. 2005 (Medieval to Early Modern Culture/Kultureller Wandel vom Mittelalter zur Frühen Neuzeit 5).

*Untersuchungen zu Kloster und Stift*, hg. v. Max-Planck-Institut für Geschichte, Göttingen 1980 (VMPIG 68. Studien zur Germania Sacra 14).

*Zschoch, Hellmut*: Die Christenheit im Hoch- und Spätmittelalter. Von der Kirchenreform des 11. Jahrhunderts zu den Reformbestrebungen des 15. Jahrhunderts, Göttingen 2004 (Zugänge zur Kirchengeschichte 5).

## III. LITERATUR ZU DEN EINZELNEN KAPITELN

### Einführung

*Boockmann, Hartmut*: Das 15. Jahrhundert und die Reformation, in: Ders., Kirche, 9–25.

*Geuenich, Dieter*: Das 15. Jahrhundert – „Herbst des Mittelalters" oder Beginn der Neuzeit?, in: Dirk Ansorge u. a. (Hg.), Wegmarken europäischer Zivilisation, Göttingen 2001, 162–177.

*Graus, František*: Vom ‚Schwarzen Tod' zur Reformation. Der krisenhafte Charakter des europäischen Spätmittelalters, in: Peter Blickle (Hg.): Revolte und Revolution in Europa, München 1975, 10–30 (HZ.B 4).

*Hamm, Berndt*: Normative Zentrierung im 15. und 16. Jahrhundert. Beobachtungen zu Religiosität, Theologie und Ikonologie, in: ZHF 26 (1999), 163–202.

*Ders.*: Von der spätmittelalterlichen *reformatio* zur Reformation: der Prozeß normativer Zentrierung von Religion und Gesellschaft in Deutschland, in: ARG 84 (1993), 7–81.

*Jussen, Bernhard*: Epochen-Imaginationen: ‚Reformation', ‚Mittelalter', ‚Systembruch' und einige Relikte des strukturalen Blicks, in: Ders./Koslofsky, Kulturelle Reformation, 22–27.

*Koslofsky, Craig*: ‚Kulturelle Reformation' und die reformationsgeschichtliche Forschung, in: Jussen/Koslofsky, Kulturelle Reformation, 18–22.

*Meuthen, Erich*: Gab es ein spätes Mittelalter?, in: Johannes Kunisch (Hg.): Spätzeit. Studien zu den Problemen eines historischen Epochenbegriffs, Berlin 1990, 91–135 (Historische Forschungen 42).

*Moeller, Bernd*: Probleme der Reformationsgeschichtsforschung, in: ZKG 76 (1965), 246–257.

*Schilling, Heinz*: Die Reformation – ein revolutionärer Umbruch oder Hauptetappe eines langfristigen reformierenden Wandels?, in: Winfried Speitkamp/Hans-Peter Ullmann (Hg.): Konflikt und Reform, FS Helmut Berding, Göttingen 1995, 26–40.

### Kapitel 1: Christentum und Gesellschaft

#### A Die Institution Kirche und die Gemeinschaft der Gläubigen

*Borgolte, Michael*: Die mittelalterliche Kirche, München 1992 (Enzyklopädie deutscher Geschichte 17).

*Brady, Thomas A. Jr.*: The Holy Roman Empire's Bishops on the Eve of the Reformation, in: Bast/Gow, Continuity, 20–47.

*Bünz, Enno*: „Die Kirche im Dorf lassen …" Formen der Kommunikation im spätmittelalterlichen Niederkirchenwesen, in: Werner Rösener (Hg.): Kommunikation in der ländlichen Gesellschaft vom Mittelalter bis zur Moderne, Göttingen 2000, 77–167 (VMPIG 156).

*Burger, Christoph*: Aedificatio, Fructus, Utilitas. Johannes Gerson als Professor der Theologie und Kanzler der Universität Paris, Tübingen 1986 (BHTh 70).

*Elm, Kaspar*: Vita regularis sine regula. Bedeutung, Rechtsstellung und Selbstverständnis des mittelalterlichen und frühneuzeitlichen Semireligiosentums, in: F. Šmahel (Hg.), Häresie, 239–273.

*Ennen, Edith*: Frauen im Mittelalter, München [5]1994.

*Fouquet, Gerhard*: Das Speyerer Domkapitel im späten Mittelalter (ca. 1350–1540). Adlige Freundschaft, fürstliche Patronage und päpstliche Klientel, Mainz 1987.

*Ders.*: Verwandtschaft, Freundschaft, Landsmannschaft, Patronage um 1500: Das Speyerer Domkapitel als Instrument politischer und sozialer Integration, in: Seibt/Eberhard, Europa 1500, 349–367.

*Hamm, Berndt*: Bürgertum und Glaube. Konturen der städtischen Reformation, Göttingen 1996.

*Heitzenröder, Wolfram*: Reichsstädte und Reichskirche in der Wetterau. Der Einfluß des städtischen Rats auf die geistlichen Institute vor der Reformation, Frankfurt a. M. 1982.

*Hergemöller, Bernd-Ulrich*: Randgruppen der spätmittelalterlichen Gesellschaft. Ein Hand- und Studienbuch, Warendorf ²1994.

*Holbach, Rudolf*: Stiftsgeistlichkeit im Spannungsfeld von Kirche und Welt. Studien zur Geschichte des Trierer Domkapitels und Domklerus im Spätmittelalter, Trier 1982 (Trierer Historische Forschungen 2).

*Hollmann, Michael*: Das Mainzer Domkapitel im späten Mittelalter (1306–1476), Mainz 1990 (QMRKG 64).

*Johanek, Peter*: Bischof, Klerus und Laienwelt in Deutschland vor der Reformation, in: Ders.: Was weiter wirkt ... Recht und Geschichte in Überlieferungen und Schriftkultur des Mittelalters, Münster 1997, 69–102.

*Kurze, Dietrich*: Hoch- und spätmittelalterliche Wahlen im Niederkirchenbereich als Ausdruck von Rechten, Rechtsansprüchen und als Wege zur Konfliktlösung [1990], in: Ders., Klerus, 84–123.

*Ders.*: Die kirchliche Gemeinde. Kontinuität und Wandel – Am Beispiel der Pfarrerwahlen [1983], in: Ders., Klerus, 37–46.

*Ders.*: Der niedere Klerus in der sozialen Welt des späteren Mittelalters [1976], in: Ders., Klerus, 1–36.

*Meuthen, Erich*: Die deutsche Legationsreise des Nikolaus von Kues 1451/52, in: Boockmann u. a. (Hg.), Lebenslehren, 421–499.

*Meyer, Andreas*: Zürich und Rom. Ordentliche Kollatur und päpstliche Provisionen am Frau- und Grossmünster 1316–1523, Tübingen 1986 (BDHIR 64).

*Moeller, Bernd*: Frömmigkeit in Deutschland um 1500 [1965], in: Ders., Die Reformation und das Mittelalter, 73–85.

*Mollat, Michel*: Die Armen im Mittelalter, München ²1987.

*Petke, Wolfgang*: Oblationen, Stolgebühren und Pfarreinkünfte vom Mittelalter bis ins Zeitalter der Reformation, in: Boockmann, Kirche, 26–58.

*Rahn, Kerstin*: Religiöse Bruderschaften in der spätmittelalterlichen Stadt Braunschweig, Braunschweig 1994 (Braunschweiger Werkstücke A 38).

*Rapp, Francis*: Réformes et reformation à Strasbourg. Église et société dans l diocèse de Strasbourg 1450–1525, Paris 1974 (Collection de l'Institut des Hautes Études Alsaciennes 23).

*Ders.*: Die Vielfalt der Reformbestrebungen, in: GCh 7, 142–206.

*Remling, Ludwig*: Bruderschaften in Franken. Kirchen- und sozialgeschichtliche Untersuchungen zum spätmittelalterlichen und frühneuzeitlichen Bruderschaftswesen, Würzburg 1986 (QFGBW 35).

*Schmugge, Ludwig*: Kirche, Kinder, Karrieren. Päpstliche Dispense von der unehelichen Geburt im Spätmittelalter, Zürich 1995.

*Schreiner, Klaus*: Gab es im Mittelalter und in der frühen Neuzeit Antiklerikalismus? Von der Schwierigkeit, aus einem modernen Kampfbegriff eine Kategorie historischer Erkenntnis zu machen, in: ZHF 21 (1994), 513–521.

*Ders.*: Laienfrömmigkeit – Frömmigkeit von Eliten oder Frömmigkeit des Volkes? Zur sozialen Verfaßtheit laikaler Frömmigkeitspraxis im späten Mittelalter, in: Ders., Laienfrömmigkeit, 1–78.

*Schröcker, Sebastian*: Die Kirchenpflegschaft. Die Verwaltung des Niederkirchenvermögens durch Laien seit dem ausgehenden Mittelalter, Paderborn 1934 (VGG.R 67).

*Schröer, Alois*: Die Kirche in Westfalen vor der Reformation. Verfassung und geistliche Kultur – Mißstände und Reformen, 2 Bde., Münster ²1987.

*Schwarz, Brigide*: Römische Kurie und Pfründenmarkt im Spätmittelalter, in: ZHF 20 (1993), 129–152.
*Scribner, Robert W.*: Antiklerikalismus in Deutschland um 1500, in: Seibt/Eberhard, Europa 1500, 368–382.
*Ders.*: Elements of Popular Belief, in: Brady, Handbook, Bd. I, 231–262.
*Sohn, Andreas*: Deutsche Prokuratoren an der römischen Kurie in der Frührenaissance (1431–1474), Köln u. a. 1997.

B Das Christentum in der städtischen Gesellschaft

*Blickle, Peter*: Kommunalismus. Skizzen einer gesellschaftlichen Organisationsform, 2 Bde., München 2000.
*Boockmann, Hartmut*: Die Stadt im späten Mittelalter, München [2]1987.
*Fuhrmann, Rosi*: Kirche und Dorf. Religiöse Bedürfnisse und kirchliche Stiftung auf dem Lande vor der Reformation, Stuttgart u. a. 1995 (Quellen und Forschungen zur Agrargeschichte 40).
*Hye, Franz-Heinz* (Hg.): Stadt und Kirche, Linz 1995 (Beiträge zur Geschichte der Städte Mitteleuropas 13).
*Isenmann, Eberhard*: Die deutsche Stadt im Spätmittelalter: 1250–1500. Stadtgestalt, Recht, Stadtregiment, Kirche, Gesellschaft, Wirtschaft, Stuttgart 1988.
*Moeller, Bernd*: Kleriker als Bürger [1972], in: Ders., Reformation, 35–52.
*Müller, Peter*: Bettelorden und Stadtgemeinde in Hildesheim im Mittelalter, Hannover 1994 (Quellen und Studien zur Geschichte des Bistums Hildesheim 2).
*Neidiger, Bernhard*: Mendikanten zwischen Ordensideal und städtischer Realität. Untersuchungen zum wirtschaftlichen Verhalten der Bettelorden in Basel, Berlin 1981 (BHSt 5: Ordensstudien 3).
*Reicke, Siegfried*: Das deutsche Spital und sein Recht im Mittelalter. Erster Teil: Das Spital im Mittelalter. Geschichte und Gestalt, Stuttgart 1932 (ND Amsterdam 1970).
*Reitemeier, Arnd*: Pfarrkirchen in der Stadt des späten Mittelalters. Politik, Wirtschaft und Verwaltung, Stuttgart 2005.
*Rublack, Hans-Christoph*: Grundwerte in der Reichsstadt im Spätmittelalter und in der frühen Neuzeit, in: Horst Brunner (Hg.): Literatur in der Stadt. Bedingungen und Beispiele städtischer Literatur des 15. bis 17. Jahrhunderts, Göppingen 1982, 9–36.
*Schleif, Corine*: Donatio et memoria. Stifter, Stiftungen und Motivationen an Beispielen aus der Lorenzkirche in Nürnberg, München 1990 (Kunstwissenschaftliche Studien 58).
*Tripps, Johannes*: Das handelnde Bildwerk in der Gotik. Forschungen zu den Bedeutungsschichten und der Funktion des Kirchengebäudes und seiner Ausstattung in der Hoch- und Spätgotik, Berlin 1998.
*Wunder, Heide*: „iusticia, Teutonice fromkeyt." Theologische Rechtfertigung und bürgerliche Rechtschaffenheit. Ein Beitrag zur Sozialgeschichte eines theologischen Konzepts, in: Moeller, Die frühe Reformation, 307–332.

C Das Christentum in der ländlichen Gesellschaft

*Edwards, Mark U.*: Die Gemeindereformation als Bindeglied zwischen der mittelalterlichen und der neuzeitlichen Welt, in: HZ 249 (1989), 95–103.
*Fuhrmann, Rosi*: Dorfgemeinde und Pfründstiftung vor der Reformation. Kommunale Selbstbestimmungschancen zwischen Religion und Recht, in: Blickle (Hg.), Kommunalisierung, 77–112.
*Dies.*: Die Kirche im Dorf. Kommunale Initiativen zur Organisation von Seelsorge vor der Reformation, in: Peter Blickle (Hg.): Zugänge zur bäuerlichen Reformation, Zürich 1987, 147–186 (Bauer und Reformation 1).
*Machilek, Franz*: Frömmigkeitsformen des spätmittelalterlichen Adels am Beispiel Frankens, in: Schreiner (Hg.), Laienfrömmigkeit, 157–189.

*Weiss, Sabine*: Kurie und Ortskirche. Die Beziehungen zwischen Salzburg und dem päpstlichen Hof unter Martin V. (1417–1431), Tübingen 1994 (BDHIR 76).

## Kapitel 2: Das Ringen um die Reform der Kirche und die Einheit des Corpus Christinanum

### A Das Konzil von Konstanz 1414–1418

*Brandmüller, Walter*: Das Konzil von Konstanz 1414–1418, 2 Bde., Paderborn u. a. 1991/97.
*Ders.*: Das Konzil von Pavia-Siena 1423–1424, 2 Bde., Münster 1968–1974 (VRF 16/I–II).
*Heimpel, Hermann*: Die Vener von Gmünd und Straßburg 1162–1447. Studien und Texte zur Geschichte einer Familie sowie des gelehrten Beamtentums in der Zeit der abendländischen Kirchenspaltung und der Konzilien von Pisa, Konstanz und Basel, 3 Bde., Göttingen 1982 (VIMPG 52).
*Miethke, Jürgen*: Kirchenreform auf den Konzilien des 15. Jahrhunderts. Motive – Methoden – Wirkungen, in: Helmrath/Müller (Hg.), Studien, Bd. 1, 14–42.
*Ders.*: Die Konzilien als Forum der öffentlichen Meinung, in: DA 37 (1981), 736–773.
*Ders.*: Die Prozesse in Konstanz gegen Jan Hus und Hieronymus von Prag – ein Konflikt unter Reformern?, in: Šmahel, Häresie, 147–167.
*Patschovsky, Alexander*: Der italienische Humanismus auf dem Konstanzer Konzil (1414–1418), Konstanz 1999.
*Šmahel, František*: Die Hussitische Revolution, 3 Bde., Hannover 2002 (MGH.Schriften 43).
*Studt, Birgit*: Papst Martin V. (1417–1431) und die Kirchenreform in Deutschland, Köln u. a. 2004.
*Stump, Philipp Haven*: The Reforms of the Council of Constance (1414–1418), Leiden u. a. 1994 (SHCT 53).
*Werner, Ernst*: Jan Hus. Welt und Umwelt eines Prager Frühreformators, Weimar 1991.
*Wohlmuth, Josef*: Die Konzilien von Konstanz (1414–1418) und Basel (1431–1449), in: Alberigo, Geschichte, 233–290.

### B Das Konzil von Basel und die Union von Florenz (1431–1449)

*Angermeier, Heinz*: Das Reich und der Konziliarismus, in: HZ 191 (1961), 529–583.
*Ders.*: Die Reichsreform 1410–1555. Die Staatsproblematik in Deutschland zwischen Mittelalter und Gegenwart, München 1984.
*Black, Antony J.*: Council and Commune. The conciliar movement and the fifteenth century heritage, London 1979.
*Fink, Karl August*: Das abendländische Schisma und die Konzilien, in: HKG III/2, 490–516.539–588.
*Gill, Joseph*: The Council of Florence, Cambridge, Mass. 1959 (ND New York 1979).
*Ders.*: Konstanz und Basel-Florenz, Mainz 1967 (Geschichte der ökumenischen Konzilien IX).
*Helmrath, Johannes*: Das Basler Konzil 1431–1449. Forschungsstand und Probleme, Köln 1987.
*Kandler, Karl-Hermann*: Nikolaus von Kues. Denker zwischen Mittelalter und Neuzeit, Göttingen 1995.
*Krämer, Werner*: Konsens und Rezeption. Verfassungsprinzipien der Kirche im Basler Konziliarismus, Münster 1980 (BGPhThM NF 19).
*Lazarus, Paul*: Das Basler Konzil. Seine Berufung und Leitung, seine Gliederung und Behördenorganisation, Berlin 1912 (ND Vaduz 1965) (HS 100).
*Leidl, August*: Die Einheit der Kirchen auf den spätmittelalterlichen Konzilien von Konstanz bis Florenz, Paderborn 1966 (KKTS 17).
*Leinweber, Jürgen*: Provinzialsynode und Reform im Spätmittelalter, in: Remigius Bäumer (Hg.): Reformatio Ecclesiae, FS Erwin Iserloh, Paderborn 1980, 113–128.

*Meuthen, Erich*: Das Basler Konzil als Forschungsproblem der europäischen Geschichte, Opladen 1985.
*Ders.*: Nikolaus von Kues. Skizze einer Biographie, Münster [7]1992.
*Ders.*: Rota und Rotamanuale des Basler Konzils. Mit Notizen über den Rotanotar Johannes Wydenroyd aus Köln, in: Erwin Gatz (Hg.): Römische Kurie. Kirchliche Finanzen. Vatikanisches Archiv. Studien zu Ehren von Hermann Hoberg, Bd. II, Rom 1979, 473–518 (MHP 6).
*Miethke, Jürgen*: Kirchenreform auf den Konzilien des 15. Jahrhunderts. Motive – Methoden – Wirkungen, in: Helmrath/Müller, Studien, Bd. 1, 13–42.
*Mohler, Ludwig*: Kardinal Bessarion als Theologe, Humanist und Staatsmann, 3 Bde., Paderborn 1923–1942 (ND Aalen 1967).
*Müller, Heribert*: Die Franzosen, Frankreich und das Basler Konzil (1432–1449), 2 Bde., Paderborn u. a. 1990 (Konziliengeschichte, Reihe B: Untersuchungen 9, 1–2).
*Proch, Umberto*: Die Unionskonzilien von Lyon (1274) und Florenz (1438–1445), in: G. Alberigo (Hg.), Geschichte der Konzilien, 291–329.
*Sieglerschmidt, Jörg*: Territorialstaat und Kirchenregiment. Studien zur Rechtsdogmatik des Kirchenpatronatsrechts im 15. und 16. Jahrhundert, Köln/Wien 1987.
*Stieber, Joachim W.*: Amedée VIII – Felix V et le concile de Bâle, in: Bernard Andenmatten u. a. (Hg.), Amedée VIII – Felix V. Premier duc de Savoie et pape (1383–1451), Lausanne 1992, 339–373.
*Ders.*: Pope Eugenius IV, the Council of Basel and the Secular and Ecclesiastical Authorities in the Empire. The Conflict over Supreme Authority and Power in the Church, Leiden 1978 (SHCT 13).
*Sudmann, Stefan*: Das Basler Konzil. Synodale Praxis zwischen Routine und Revolution, Frankfurt a. M. u. a. 2005 (Tradition – Reform – Innovation 8).
*Wohlmuth, Josef*: Verständigung in der Kirche untersucht an der Sprache des Konzils von Basel, Mainz 1983 (TTS 19).

C Die Kirche zwischen universalem Anspruch und nationalen Interessen

*Blickle, Peter*: Unruhen in der ständischen Gesellschaft 1300 bis 1800, München 1988.
*Chiffoleau, Jacques*: La religion flamboyante (v. 1320 – v. 1520), in: François Lebrun (Hg.): Du christianisme flamboyante à l'aube des Lumières (XIVe–XVIIIe siècle), Paris 1988 (Histoire religieuse de la France II), 11–183.
*Eberhard, Winfried*: Konfessionsbildung und Stände in Böhmen 1478–1530, München/Wien 1981 (VCC 38).
*Elm, Kaspar*: Johannes Kapistrans Predigtreise diesseits der Alpen (1451–1456), in: Boockmann u. a. (Hg.), Lebenslehren, 500–519.
*Harvey, Margaret*: England, Rome, and the Papacy 1417–1464. The study of a relationship, Manchester/New York 1993.
*Hay, Denys*: The Church in Italy in the Fifteenth Century, Cambridge 1977.
*Heinig, Paul-Joachim*: Kaiser Friedrich III. (1440–1493). Hof, Regierung und Politik, Köln u. a. 1997 (FKPG 17).
*Hürten, Heinz*: Die Mainzer Akzeptation von 1439, in: AMRhKG 11 (1959), 42–75.
*Hylson-Smith, Kenneth*: Christianity in England from Roman Times to the Reformation, Bd. 3: 1384–1558, London 2001.
*Janssen, Wilhelm*: Das Erzbistum Köln im späten Mittelalter, Köln 1995 (Geschichte des Erzbistums Köln II/1).
*Kłoczowski, Jerzy*: Das Erbe des Jan Hus, in: GCh 7, 461–473.
*Ladero, Miguel Angel*: Das Spanien der Katholischen Könige. Ferdinand von Aragon und Isabella von Kastilien (1469–1516), Innsbruck 1992.
*Meyer, Andreas*: Das Wiener Konkordat von 1448 – eine erfolgreiche Reform des Spätmittelalters, in: QFIAB 66 (1986), 108–152.
*Schneider, Bernd Christian*: Ius Reformandi, Tübingen 2001 (JusEcc 68).

*Schulze, Manfred*: Fürsten und Reformation. Geistliche Reformpolitik weltlicher Fürsten vor der Reformation, Tübingen 1991 (SuR NR 2).
*Stievermann, Dieter*: Landesherrschaft und Klosterwesen im spätmittelalterlichen Württemberg, Sigmaringen 1989.

## Kapitel 3: Studia humanitatis und Renaissancepapsttum

*Augustijn, Cornelis*: Humanismus, Göttingen 2003 (KiG 2/H2).
*Buck, August*: Der italienische Humanismus, in: Hammerstein (Hg.), Handbuch, Bd. I, 1–56.
*Ders.*: Säkularisierende Grundtendenzen der italienischen Renaissance, in: Helmrath/Müller (Hg.), Studien, Bd. 2, 609–622.
*Burke, Peter*: Die Renaissance in Italien. Sozialgeschichte einer Kultur zwischen Tradition und Erfindung, Berlin 1985.
*Ders.*: Die europäische Renaissance. Zentren und Peripherien, München 1998.
*Fietze, Katharina*: Spiegel der Vernunft. Theorien zum Menschsein der Frau in der Anthropologie des 15. Jahrhunderts, Paderborn u. a. 1991.
*Fink, Karl August*: Vom Mittelalter zur Reformation, in: HKG III/2, 625–676.
*Frenz, Thomas*: Die Kanzlei der Päpste der Hochrenaissance (1471–1527), Tübingen 1986 (BDHIR 63).
*Hamm, Berndt*: Hieronymus-Begeisterung und Augustinismus vor der Reformation. Beobachtungen zur Beziehung zwischen Humanismus und Frömmigkeitstheologie (am Beispiel Nürnbergs), in: Hagen (Hg.), Augustine, 127–235.
*Kießling, Rolf*: Bürgerliche Gesellschaft und Kirche in Augsburg im Spätmittelalter, Augsburg 1971 (Abhandlungen zur Geschichte der Stadt Augsburg 21).
*Kristeller, Paul Oskar*: Medieval Aspects of Renaissance Learning, hg. v. E. P. Mahoney, New York 1992.
*Moeller, Bernd*: Die letzten Ablaßkampagnen. Luthers Widerspruch gegen den Ablaß in seinem geschichtlichen Zusammenhang, in: Ders., Die Reformation und das Mittelalter, 53–72.
*Partner, Peter*: The Pope's Men. The Papal Civil Service in the Renaissance, Oxford 1990.
*Reinhard, Wolfgang*: Papa Pius. Prolegomena zu einer Sozialgeschichte des Papsttums, in: Remigius Bäumer (Hg.): Von Konstanz nach Trient. Beiträge zur Geschichte der Kirche von den Reformkonzilien bis zum Tridentinum, FS August Franzen, München 1972, 261–299.
*Roeck, Bernd*: Säkularisierungstendenzen in der Kultur der Renaissance? Jacob Burckhardts Modell heute, in: Peter Blickle/Rudolf Schlögl (Hg.): Die Säkularisation im Prozess der Säkularisierung Europas, Epfendorf 2005 (Oberschwaben – Geschichte und Kultur 13), 127–139.
*Rüegg, Walter* (Hg.): Geschichte der Universität in Europa, 2 Bde., München 1993/95.
*Rummel, Erika*: The Humanist-Scholastic Debate in the Renaissance and Reformation, Cambridge, Mass./London 1995 (HHS 120).
*Schimmelpfennig, Bernhard*: Der Ämterhandel an der römischen Kurie von Pius II. bis zum Sacco di Roma (1458–1527), in: Ilja Mieck (Hg.): Ämterhandel im Spätmittelalter und im 16. Jahrhundert, Berlin 1984, 3–41.
*Ders.*: Papst als Territorialherr im 15. Jahrhundert, in: Seibt/Eberhard (Hg.), Europa 1500, 84–95.
*Ders.*: Das Papsttum. Von der Antike bis zur Renaissance, Darmstadt 1984.
*Strnad, Alfred A.*: Die Päpste der Früh- und Hochrenaissance, in: Greschat (Hg.), Gestalten, Bd. 12, 39–52.
*Thomson, John A. F.*: Popes and Princes, 1417–1517. Politics and Polity in the Late Medieval Church, London 1980.
*Trinkaus, Charles E.*: In Our Image and Likeness. Humanity and Divinity in Italian Humanist Thought, 2 Bde., London 1970.

## Kapitel 4: Frömmigkeit, Theologie und Glaubensvermittlung

### A Die Erneuerung der Frömmigkeit

*Becker, Petrus*: Erstrebte und erreichte Ziele benediktinischer Reformen im Spätmittelalter, in: Elm (Hg.), Reformbemühungen, 23–34.

*Elm, Kaspar*: Die Franziskanerobservanz als Bildungsreform, in: Boockmann u. a. (Hg.), Lebenslehren, 201–213.

*Ders.*: Monastische Reformen zwischen Humanismus und Reformation, in: Lothar Perlitt (Hg.), 900 Jahre Kloster Bursfelde. Reden und Vorträge zum Jubiläum 1993, Göttingen 1994, 59–111.

*Ders.*: Reform- und Observanzbestrebungen im spätmittelalterlichen Ordenswesen. Ein Überblick, in: Ders. (Hg.), Reformbemühungen, 3–19.

*Ders.*: Verfall und Erneuerung des Ordenswesens im Spätmittelalter. Forschungen und Forschungsaufgaben, in: Untersuchungen zu Kloster und Stift, 188–238.

*Epiney-Burgard, Georgette*: Die Wege der Bildung in der Devotio moderna, in: Boockmann u. a. (Hg.), Lebenslehren, 181–200.

*Frank, Barbara*: Konversen und Laien in den benediktinischen Reformklöstern des 15. Jahrhunderts, in: Kaspar Elm (Hg.), Beiträge zur Geschichte der Konversen im Mittelalter, Berlin 1980 (BHSt 2), 49–66.

*Hamm, Berndt*: Johann von Staupitz (ca. 1468–1524) – ein spätmittelalterlicher Reformer und ‚Vater' der Reformation, in: ARG 92 (2001), 6–41.

*Hammer, Elke-Ursel*: Monastische Reform zwischen Person und Institution. Zum Wirken des Abtes Adam Meyer von Groß St. Martin in Köln (1454–1499), Göttingen 2001 (VMPIG 165. Studien zur Germania Sacra 22).

*Hinz, Ulrich*: Die Brüder vom gemeinsamen Leben im Jahrhundert der Reformation. Das Münstersche Kolloquium, Tübingen 1997 (SuR NR 9).

*Höing, Hubert*: Kloster und Stadt. Vergleichende Beiträge zum Verhältnis Kirche und Stadt im Spätmittelalter, dargestellt besonders am Beispiel der Fraterherren in Münster, Münster 1981 (WestfSac 7).

*Klausmann, Theo*: Consuetudo consuetudine vincitur. Die Hausordnungen der Brüder vom gemeinsamen Leben im Bildungs- und Sozialisationsprogramm der Devotio moderna, Frankfurt a. M. u. a. 2003 (Tradition – Reform – Innovation 4).

*Kleineidam, Erich*: Universitas Studii Erffordensis. Überblick über die Geschichte der Universität Erfurt, Teil II: Spätscholastik, Humanismus und Reformation 1461–1521, Leipzig $^{2}$1992 (EThSt 22).

*Klug, Martina B.*: Armut und Arbeit in der Devotio moderna. Studien zum Leben der Schwestern in niederrheinischen Gemeinschaften, Münster/New York 2005 (Studien zur Geschichte und Kultur Nordwesteuropas 15).

*Kock, Thomas*: Die Buchkultur der Devotio moderna. Handschriftenproduktion, Literaturversorgung und Bibliotheksaufbau im Zeitalter des Medienwechsels, Frankfurt a. M. u. a. 1999 (Tradition – Reform – Innovation 2).

*Kohl, Wilhelm*: Die Schwesternhäuser nach der Augustinerregel, Berlin 1968 (GermSac N. F. 3. Die Bistümer der Kirchenprovinz Köln: Das Bistum Münster 1).

*Köpf, Ulrich*: Monastische Theologie im 15. Jahrhundert, in: RoJKG 11 (1992), 117–135.

*Ders.*: Monastische und scholastische Theologie, in: Dieter R. Bauer/Gotthard Fuchs (Hg.): Bernhard von Clairvaux und der Beginn der Moderne, Innsbruck 1996, 96–135.

*Ders.*: Die Rezeptions- und Wirkungsgeschichte Bernhards von Clairvaux. Forschungsstand und Forschungsaufgaben, in: Kaspar Elm (Hg.): Bernhard von Clairvaux. Rezeption und Wirkung im Mittelalter und in der Neuzeit, Wiesbaden 1994, 5–65.

*Lentes, Thomas*: Andacht und Gebärde. Das religiöse Ausdrucksverhalten, in: Jussen/Koslofsky (Hg.), Kulturelle Reformation, 29–67.

*Martin, Dennis D.*: Fifteenth-Century Carthusian Reform. The World of Nicholas Kempf, Leiden 1992 (SHCT 49).

*Mertens, Dieter*: Monastische Reformbewegungen des 15. Jahrhunderts: Ideen, Ziele, Resultate, in: Hlavácek/Patschovsky (Hg.), Reform, 157–181.
*Oberman, Heiko A.*: Spätscholastik und Reformation. Bd. 2: Werden und Wertung der Reformation. Vom Wegestreit zum Glaubenskampf, Tübingen [3]1989.
*Posset, Franz*: Renaissance Monks. Monastic Humanism in Six Biographical Sketches, Leiden/Bosten 2005 (SMRT 108).
*Post, Regnerus Richardus*: The Modern Devotion. Confrontation with Reformation and Humanism, Leiden 1968 (SMRT 3).
*Rehm, Gerhard*: Die Schwestern vom gemeinsamen Leben im nordwestlichen Deutschland. Untersuchungen zur Geschichte der Devotio moderna und des weiblichen Religiosentums, Berlin 1985 (BHSt 11, Ordensstudien V).
*Schlotheuber, Eva*: Klostereintritt und Bildung. Die Lebenswelt der Nonnen im späten Mittelalter. Mit einer Edition des ‚Konventstagebuchs' einer Zisterzienserin von Heilig-Kreuz bei Braunschweig (1484–1507), Tübingen 2004 (SuR NR 24).
*Seegets, Petra*: Passionstheologie und Passionsfrömmigkeit im ausgehenden Mittelalter. Der Nürnberger Franziskaner Stephan Fridolin (gest. 1498) zwischen Kloster und Stadt, Tübingen 1998 (SuR NR 10).
*Stupperich, Robert* (Hg.): Das Fraterhaus zu Herford. Teil II: Statuten, Bekenntnisse, Briefwechsel, Münster 1984 (VHKW 35/QGDMW 1).
*Van Engen, John*: The Sayings of the Fathers. An Inside Look at the New Devout in Deventer, in: Bast/Gow (Hg.), Continuity and Change, 279–302; Appendix: A Working Edition of the *Dicta Patrum*, 303–320.
*Weinbrenner, Ralph*: Klosterreform im 15. Jahrhundert zwischen Ideal und Praxis. Der Augustinereremit Andreas Proles (1429–1503) und die privilegierte Observanz, Tübingen 1996 (SuR NR 7).
*Zschoch, Hellmut*: Klosterreform und monastische Spiritualität im 15. Jahrhundert. Conrad von Zenn OESA (gest. 1460) und sein Liber de vita monastica, Tübingen 1988 (BHTh 75).

B Theologie

*Beierwaltes, Werner*: Denken des Einen. Studien zur neuplatonischen Philosophie und ihrer Wirkungsgeschichte, Frankfurt a. M. 1985.
*Benrath, Gustav Adolf*: Reformtheologen des 15. Jahrhunderts, Gütersloh 1968.
*Ders.* (Hg.): Wegbereiter der Reformation (Klassiker des Protestantismus 1), Bremen 1967.
*Dinzelbacher, Peter*: Angst im Mittelalter. Teufels-, Todes- und Gotteserfahrung: Mentalitätsgeschichte und Ikonographie, Paderborn u. a. 1996.
*Flasch, Kurt*: Nikolaus von Kues. Geschichte einer Entwicklung. Vorlesungen zur Einführung in seine Theologie, Frankfurt a. M. 1998.
*Grabmann, Michael*: Johannes Capreolus O. P., der „Princeps thomistarum" (gest. 1444) und seine Stellung in der Geschichte der Thomistenschule, in: Ders.: Mittelalterliches Geistesleben. Abhandlungen zur Geschichte der Scholastik und Mystik, Bd. III, hg. v. L. Ott, München 1956 (ND Hildesheim/New York 1975), 370–410.
*Grosse, Sven*: Heilsungewißheit und Scrupulositas im späten Mittelalter. Studien zu Johannes Gerson und Gattungen der Frömmigkeitstheologie seiner Zeit, Tübingen 1994 (BHTh 85).
*Hamm, Berndt*: Frömmigkeitstheologie am Anfang des 16. Jahrhunderts. Studien zu Johannes Paltz und seinem Umkreis, Tübingen 1982 (BHTh 65).
*Ders.*: Was ist Frömmigkeitstheologie? Überlegungen zum 14.–16. Jahrhundert, in: Nieden, Praxis Pietatis, 9–45.
*Kandler, Karl-Hermann*: Nikolaus von Kues. Denker zwischen Mittelalter und Neuzeit, Göttingen 1995.
*Kraume, Herbert*: Die Gerson-Übersetzungen Geiler von Kaysersberg. Studien zur deutschsprachigen Gerson-Rezeption, München 1980 (MTUDL 71).
*Meuthen, Erich*: Nikolaus von Kues 1401–1464. Skizze einer Biographie, Münster [8]1992.

*Oberman, Heiko Augustinus*: Forerunners of the Reformation. The shape of late medieval thought, illustrated by key documents, Philadelphia [2]1981.

*Ders.*: Spätscholastik und Reformation. Bd. 1: Der Herbst der mittelalterlichen Theologie, Zürich 1965; Bd. 2: Werden und Wertung der Reformation. Vom Wegestreit zum Glaubenskampf, Tübingen [3]1989.

*Ozment, Steven E.*: Homo spiritualis. A Comparative Study of the Anthropology of Johannes Tauler, Jean Gerson and Martin Luther (1509–1516) in the Context of Their Theological Thought, Leiden 1969 (SMRT 6).

*Schmidt, Martin Anton*: Die Zeit der Scholastik, in: HDThG 1, Göttingen [2]1998, 567–754.

*Schulze, Manfred*: Der Hiob-Prediger. Johannes von Staupitz auf der Kanzel der Tübinger Augustinerkirche, in: Hagen, Augustine, 60–88.

*Seifert, Arno*: Das höhere Schulwesen. Universitäten und Gymnasien, in: Hammerstein (Hg.), Handbuch der deutschen Bildungsgeschichte, Bd. I, 197–374.

*Wassermann, Dirk*: Dionysius der Kartäuser. Einführung in Werk und Gedankenwelt, Salzburg 1996 (ACar 133).

*Wilhelm-Schaffer, Irmgard*: Gottes Beamter und Spielmann des Teufels. Der Tod in Spätmittelalter und Früher Neuzeit, Köln u. a. 1999.

*Zumkeller, Adolar*: Erbsünde, Gnade, Rechtfertigung und Verdienst nach der Lehre der Erfurter Augustinertheologen des Spätmittelalters, Würzburg 1984 (Cass. 35).

C Glaubensvermittlung

*Baptist-Hlawatsch, Gabriele*: Das katechetische Werk Ulrichs von Pottenstein. Sprachliche und rezeptionsgeschichtliche Untersuchungen, Tübingen 1980 (Texte und Textgeschichte 4).

*Bast, Robert James*: Honor your fathers. Catechism and the emergence of a patriarchal ideology in Germany 1400–1600, Leiden u. a. 1997 (SMRT 63).

*Belting, Hans*: Bild und Kult. Eine Geschichte des Bildes vor dem Zeitalter der Kunst, München 1990.

*Boockmann, Hartmut*: Belehrung durch Bilder?, in: ZfKG 57 (1994), 1–22.

*Ders.*: Über Schrifttafeln in spätmittelalterlichen deutschen Kirchen, in: DA 40 (1984), 210–224.

*Burger, Christoph*: Aedificatio, Fructus, Utilitas. Johannes Gerson als Professor der Theologie und Kanzler der Universität Paris, Tübingen 1986 (BHTh 70).

*Geffcken, Johannes*: Bilderkatechismus des 15. Jahrhunderts und die katechetischen Hauptstücke in dieser Zeit bis auf Luther. Bd. I: Die Zehn Gebote, Leipzig 1855.

*Hamm, Berndt*: Between Severity and Mercy. Three Models of Pre-Reformation Urban Reform Preaching: Savonarola – Staupitz – Geiler, in: Bast/Gow (Hg.), Continuity, 321–358.

*Ders.*: Frömmigkeit als Gegenstand theologiegeschichtlicher Forschung. Methodisch-historische Überlegungen am Beispiel von Spätmittelalter und Reformation, in: ZThK 74 (1977), 464–497.

*Kraume, Herbert*: Die Gerson-Übersetzungen Geilers von Kaysersberg. Studien zur deutschsprachigen Gerson-Rezeption, München 1980 (MTUDL 71).

*Lentes, Thomas*: Inneres Auge, äußerer Blick und heilige Schau. Ein Diskussionsbeitrag zur visuellen Praxis in Frömmigkeit und Moraldidaxe des späten Mittelalters, in: Schreiner (Hg.), Frömmigkeit, 179–220.

*Marchal, Guy P.*: Bildersturm im Mittelalter, in: HJ 113 (1993), 255–282.

*Ders.*: Das vieldeutige Heiligenbild. Bildersturm im Mittelalter, in: Blickle u. a., Macht, 307–332.

*Meuthen, Erich*: Zur europäischen Klerusbildung vom 14. bis zum 16. Jahrhundert, in: Wolfgang Harms u. a. (Hg.): Mediävistische Komparatistik, FS Franz Josef Worstbrock, Stuttgart/Leipzig 1997, 263–292.

*Oberman, Heiko Augustinus*: Spätscholastik und Reformation. Bd. 1: Der Herbst der mittelalterlichen Theologie, Zürich 1965; Bd. 2: Werden und Wertung der Reformation. Vom Wegestreit zum Glaubenskampf, Tübingen [3]1989.

*Ohst, Martin*: Pflichtbeichte. Untersuchungen zum Bußwesen im Hohen und Späten Mittelalter, Tübingen 1995 (BHTh 89).
*Origo, Iris*: Der Heilige der Toskana. Leben und Zeit des Bernadino von Siena, München 1989.
*Reinle, Adolf*: Die Ausstattung deutscher Kirchen im Mittelalter. Eine Einführung, Darmstadt 1988.
*Roeck, Bernd*: Macht und Ohnmacht der Bilder. Die historische Perspektive, in: Blickle u. a. (Hg.), Macht, 33–63.
*Schneyer, Johannes Baptist*: Geschichte der katholischen Predigt, Freiburg i. B. 1969.
*Schnitzler, Norbert*: Ikonoklasmus – Bildersturm. Theologischer Bilderstreit und ikonoklastisches Handeln während des 15. und 16. Jahrhunderts, München 1996.
*Schreiner, Klaus*: Laienbildung als Herausforderung für Kirche und Gesellschaft. Religiöse Vorbehalte und soziale Widerstände gegen die Verbreitung von Wissen im späten Mittelalter und in der Reformation, in: ZHF 11 (1984), 257–354.
*Ders.*: Volkssprache als Element gesellschaftlicher Integration und Ursache sozialer Konflikte. Formen und Funktionen volkssprachlicher Wissensverbreitung um 1500, in: Seibt/Eberhard (Hg.), Europa 1500, 468–495.
*Slenczka, Ruth*: Lehrhafte Bildtafeln in spätmittelalterlichen Kirchen, Köln/Weimar 1998 (Pictura et poesis 10).
*Störmer-Caysa, Uta*: Gewissen und Buch. Über den Weg eines Begriffs in der deutschen Literatur des Mittelalters, Berlin 1998 (Quellen und Forschungen zur Literatur- und Kulturgeschichte 14).
*Thum, Veronika*: Die Zehn Gebote für die ungelehrten Leut'. Der Dekalog in der Graphik des späten Mittelalters und der frühen Neuzeit, München/Berlin 2006.
*Weidenhiller, Egino*: Untersuchungen zur deutschsprachigen katechetischen Literatur des späten Mittelalters. Nach den Handschriften der Bayerischen Staatsbibliothek, München 1965.
*Zerfass, Rolf*: Der Streit um die Laienpredigt. Eine pastoralgeschichtliche Untersuchung zum Verständnis des Predigeramts und zu seiner Entwicklung im 12. und 13. Jahrhundert, Freiburg i. B./Basel 1974.

D Frömmigkeitspraxis

*Arnold, Klaus*: Niklashausen 1476. Quellen und Untersuchungen zur sozialreligiösen Bewegung des Hans Behem und zur Agrarstruktur eines spätmittelalterlichen Dorfes, Baden-Baden 1980 (Saecula Spiritualia 3).
*Blauert, Andreas*: Frühe Hexenverfolgungen. Ketzer-, Zauberei- und Hexenprozesse des 15. Jahrhunderts, Hamburg 1989 (Sozialgeschichtliche Bibliothek bei Junius 5).
*Boockmann, Hartmut*: Der Streit um das Wilsnacker Blut. Zur Situation des deutschen Klerus in der Mitte des 15. Jahrhunderts, in: ZHF 9 (1982), 385–408.
*Dallapiazza, Michael*: minne, hûsêre und das ehlich leben. Zur Konstitution bürgerlicher Lebensmuster in spätmittelalterlichen und frühneuzeitlichen Didaktiken, Frankfurt a. M. 1981 (EHS I/455).
*Delumeau, Jean*: Angst im Abendland. Die Geschichte kollektiver Ängste im Europa des 14. bis 18. Jahrhunderts, 2 Bde., Reinbek bei Hamburg 1989.
*Dörfler-Dierken, Angelika*: Die Verehrung der hl. Anna im Spätmittelalter, Göttingen 1992 (FKDG 50).
*Freise, Dorothea*: Geistliche Spiele in der Stadt des ausgehenden Mittelalters. Frankfurt – Friedberg – Alsfeld, Göttingen 2002 (VMPIG 178).
*Ganz-Blättler, Ursula*: Andacht und Abenteuer. Berichte europäischer Jerusalem- und Santiago-Pilger (1320–1520), Tübingen $^{2}$1991 (Jakobus-Studien 4).
*Hansen, Joseph*: Quellen und Untersuchungen zur Geschichte der Hexenverfolgung im Mittelalter, Bonn 1901 (ND Hildesheim 1963).
*Ders.*: Zauberwahn, Inquisition und Hexenprozeß im Mittelalter und die Entstehung der großen Hexenverfolgung, München 1900 (ND Aalen 1964).

*Harmening, Dieter*: Hexen – Hinter dem Rand des Christentums, in: Hergemöller, Randgruppen, 328–360.

*Ders.*: Katechismusliteratur. Grundlagen religiöser Laienbildung im Spätmittelalter, in: Norbert Richard Wolf (Hg.): Wissensorganisierende und wissensvermittelnde Literatur im Mittelalter. Perspektiven ihrer Erforschung, Wiesbaden 1987 (Wissensliteratur im Mittelalter 1), 91–102.

*Ders.*: Spätmittelalterliche Aberglaubenskritik in Dekalog- und Beichtliteratur, in: Peter Dinzelbacher/Dieter R. Bauer (Hg.): Volksreligion im hohen und späten Mittelalter, Paderborn 1990, 243–251.

*Kühnel, Harry*: Integrative Aspekte der Pilgerfahrten, in: Seibt/Eberhard (Hg.), Europa 1500, 496–509.

*Löther, Andrea*: Prozessionen in spätmittelalterlichen Städten. Partizipation, obrigkeitliche Inszenierung, städtische Eintracht, Köln 1999.

*Midelfort, H. C. Erik*: Alte Fragen und neue Methoden in der Geschichte des Hexenwahns, in: Dieter R. Bauer/Lorenz Sönke (Hg.): Hexenverfolgung. Neuere Forschungen zu südwestdeutschen Hexenprozessen, Würzburg 1995, 13–30.

*Neuhausen, Christiane*: Das Ablaßwesen in der Stadt Köln vom 13. bis zum 16. Jahrhundert, Köln 1994 (Kölner Schriften zu Geschichte und Kultur 11).

*Palmer, Nigel F.*: Ars moriendi und Totentanz. Zur Verbildlichung des Todes im Spätmittelalter. Mit einer Bibliographie zur „Ars moriendi“, in: Arno Borst u. a. (Hg.): Tod im Mittelalter, Konstanz 1993 (Konstanzer Bibliothek 20), 313–334.

*Rubin, Miri*: Corpus Christi. The Eucharist in Late Medieval Culture, Cambrigde 1991.

*Dies.*: Symbolwert und Bedeutung von Fronleichnamsprozessionen im späten Mittelalter, in: Schreiner (Hg.), Laienfrömmigkeit, 309–318.

*Scheler, Dieter*: Inszenierte Wirklichkeit. Spätmittelalterliche Prozessionen zwischen Obrigkeiten und ‚Volk‘, in: Bea Lundt/Helma Reimöller (Hg.): Von Aufbruch und Utopie. Perspektiven einer neuen Gesellschaftsgeschichte des Mittelalters, FS Ferdinand Seibt, Köln u. a. 1992, 119–129.

*Schmugge, Ludwig*: Die Pilger, in: Peter Moraw (Hg.): Unterwegssein im Spätmittelalter, Berlin 1985 (ZHF.B 1), 17–47.

*Schreiner, Klaus*: Maria. Jungfrau, Mutter, Herrscherin, München/Wien 1994.

*Ders.*: Märtyrer – Schlachtenhelfer – Friedensstifter. Krieg und Frieden im Spiegel mittelalterlicher und frühneuzeitlicher Heiligenverehrung (Otto-von-Freising-Vorlesungen der Katholischen Universität Eichstätt 18), Opladen 2000.

*Ders.*: ‚Peregrinatio laudabilis‘ und ‚peregrinatio vituperabilis‘. Zur religiösen Ambivalenz des Wallens und Laufens in der Frömmigkeitstheologie des späten Mittelalters, in: Wallfahrt und Alltag in Mittelalter und früher Neuzeit, Wien 1992 (SÖAW.PH 592), 133–163.

*Schuh, Barbara*: ‚Alltag‘ und ‚Besonderheit‘ spätmittelalterlicher und frühneuzeitlicher Wunderberichte, in: Wallfahrt und Alltag in Mittelalter und früher Neuzeit, Wien 1992 (SÖAW. PH 592), 255–276.

*Signori, Gabriela*: Körpersprachen. Krankheit, Milieu und Geschlecht aus dem Blickwinkel spätmittelalterlicher Wundergeschichten, in: Schreiner (Hg.), Frömmigkeit, 529–557.

*Zrenner, Claudia*: Die Berichte der europäischen Jerusalempilger, 1475–1500. Ein literarischer Vergleich im historischen Kontext, Frankfurt a. M./Bern 1980 (EHS I/382).

## Kapitel 5: Die Christenheit und die nichtchristlichen Religionen

*Backhaus, Fritz*: Die Hostienschändungsprozesse von Sternberg (1492) und Berlin (1510) und die Ausweisung der Juden aus Mecklenburg und der Mark Brandenburg, in: JBLG 39 (1988), 7–26.

*Battenberg, Friedrich*: Das europäische Zeitalter der Juden, Bd. I, Darmstadt 1990.

*Birkhan, Helmut*: Die Juden in der deutschen Literatur des Mittelalters, in: Ders. (Hg.): Die Juden in ihrer mittelalterlichen Umwelt, Bern 1992 (Wiener Arbeiten zur germanistischen Altertumskunde und Philologie 33), 143–177.

*Bitterli, Urs*: Alte Welt – neue Welt. Formen des europäisch-überseeischen Kulturkontakts vom 15. bis zum 18. Jahrhundert, München 1986.

*Bobzin, Hartmut*: Der Koran im Zeitalter der Reformation. Studien zur Frühgeschichte der Arabistik und Islamkunde in Europa, Stuttgart 1995 (Beiruter Texte und Studien 42).

*Burgard, Friedhelm*: Zur Migration der Juden im westlichen Reichsgebiet im Spätmittelalter, in: Alfred Haverkamp/Franz-Josef Ziwes (Hg.): Juden in der christlichen Umwelt während des späten Mittelalters, Berlin 1992 (ZHF.B 13), 41–57.

*Ders./Haverkamp, Alfred/Mentgen, Gerd* (Hg.): Judenvertreibungen in Mittelalter und früher Neuzeit, Hannover 1999.

*Eckert, Willehad Paul*: Hoch- und Spätmittelalter. Katholischer Humanismus, in: Rengstorff/v. Kortzfleisch (Hg.), Kirche und Synagoge, Bd. 1, 210–306.

*Esch, Arnold*: Anschauung und Begriff. Die Bewältigung fremder Wirklichkeit durch den Vergleich in Reiseberichten des späten Mittelalters, in: HZ 253 (1991), 281–312.

*Frey, Winfried*: Der ‚Juden Spiegel'. Johannes Pfefferkorn und die Volksfrömmigkeit, in: Peter Dinzelbacher/Dieter R. Bauer (Hg.): Volksreligion im hohen und späten Mittelalter, München 1990, 177–193.

*Germania Judaica*. Bd. III/1–3, hg. v. Arye Maimon in Zusammenarbeit mit Yacov Guggenheim, Tübingen 1987–1998.

*Graus, František*: Historische Traditionen über Juden im Spätmittelalter (Mitteleuropa), in: Alfred Haverkamp (Hg.): Zur Geschichte der Juden im Deutschland des späten Mittelalters und der frühen Neuzeit, Stuttgart 1981, 1–26.

*Gründer, Horst*: Welteroberung und Christentum. Ein Handbuch zur Geschichte der Neuzeit, Gütersloh 1992.

*Guthmüller, Bodo/Kühlmann, Wilhelm* (Hg.): Europa und die Türken in der Renaissance, Tübingen 2000.

*Hagemann, Ludwig*: Der Kur'an in Verständnis und Kritik bei Nikolaus von Kues. Ein Beitrag zur Erhellung islamisch-christlicher Geschichte, Frankfurt a. M. 1976 (FTS 21).

*Haverkamp, Alfred*: Zur Siedlungs- und Migrationsgeschichte der Juden in den deutschen Altsiedellanden während des Mittelalters, in: Michael Matheus (Hg.), Juden in Deutschland, Stuttgart 1995 (Mainzer Vorträge 1), 9–32.

*Henrix, Hans Hermann* (Hg.): 1492–1992: 500 Jahre Vertreibung der Juden Spaniens, Aachen 1992.

*Höffner, Joseph*: Kolonialismus und Evangelium. Spanische Kolonialethik im Goldenen Zeitalter, Trier [3]1972.

*Kleinlogel, Cornelia*: Exotik – Erotik. Zur Geschichte des Türkenbildes in der deutschen Literatur der frühen Neuzeit (1453–1800), Frankfurt a. M. u. a. 1989 (Bochumer Schriften zur deutschen Literatur 8).

*Melville, Gert*: Die Wahrheit des Eigenen und die Wirklichkeit des Fremden. Über frühe Augenzeugen des osmanischen Reiches, in: Erkens (Hg.), Europa und die osmanische Expansion, 79–101.

*Mertens, Dieter*: „Europa, id est patria, domus propria, sedes nostra …". Zu Funktionen und Überlieferung lateinischer Türkenreden im 15. Jahrhundert, in: Erkens (Hg.), Europa und die osmanische Expansion, 39–57.

*Ders.*: Europäischer Friede und Türkenkrieg im Spätmittelalter, in: Heinz Duchhardt (Hg.): Zwischenstaatliche Friedenswahrnehmung in Mittelalter und Früher Neuzeit, Köln/Wien 1991, 45–90.

*Meuthen, Erich*: Der Fall von Konstantinopel und der lateinische Westen, in: HZ 237 (1983), 1–35.

*Milhou, Alain*: Entdeckungen und Christianisierung der Fernen, in: GCh 7, 521–611.

*Ders.*: Die iberische Halbinsel, in: GCh 7, 383–414.

*Prien, Hans-Jürgen*: Das Christentum in Lateinamerika, Leipzig 2007 (KGE IV/6).

*Ders.*: Die Geschichte des Christentums in Lateinamerika, Göttingen 1978.

*Schnitzler, Norbert*: Der Vorwurf des „Judaisierens" in den Bilderkontroversen des späten

Mittelalters und der frühen Neuzeit, in: Peter Blickle u. a. (Hg.), Macht und Ohnmacht, 333–358.

*Schreckenberg, Heinz*: Die christlichen Adversus-Judaeos-Bilder. Das Alte und Neue Testament im Spiegel der christlichen Kunst, Frankfurt a. M. 1999 (EHS.T XXIII/650).

*Ders.*: Die christlichen Adversus-Judaeos-Texte und ihr literarisches und historisches Umfeld (13.–20. Jh.), Frankfurt a. M. 1994 (EHS.T XXIII/497).

*Schwoebel, Robert*: The Shadow of the Crescent. The Renaissance Image of the Turk (1453–1517), Nieuwkoop 1967.

*Setton, Kenneth M.*: The Papacy and the Levant (1204–1571). Bd. 2: The Fifteenth Century, Philadelphia 1978 (Memoirs of the American Philosophical Society 127).

*Sieber-Lehmann, Claudius*: Der türkische Sultan Mehmed II. und Karl der Kühne, der „Türk im Occident", in: Erkens (Hg.), Europa und die osmanische Expansion, 13–38.

*Simonsohn, Shlomo*: The Apostolic See and the Jews. Documents: 1464–1521, Toronto 1990.

*Southern, Richard W.*: Das Islambild des Mittelalters, Stuttgart u. a. 1981.

*Thumser, Matthias*: Türkenfrage und öffentliche Meinung. Zeitgenössische Zeugnisse nach dem Fall von Konstantinopel (1453), in: Erkens (Hg.), Europa und die osmanische Expansion, 59–78.

*Toch, Michael*: Die Juden im mittelalterlichen Reich, München 1998 (Enzyklopädie deutscher Geschichte 44).

*Vogtherr, Thomas*: „Wenn hinten, weit, in der Türkei ...". Die Türken in der spätmittelalterlichen Stadtchronistik Norddeutschlands, in: Erkens (Hg.), Europa und die osmanische Expansion, 103–125.

*Vones, Ludwig*: Vom Pogrom zur Vertreibung. Die Entwicklung des jüdisch-christlichen Verhältnisses in den Kronen Kastilien und Aragón von 1391 bis 1492, in: Helmrath/Müller (Hg.), Studien, Bd. 2, 927–953.

*Ders.*: Die Vertreibung der spanischen Juden 1492, in: Henrix (Hg.), 1492–1992: 500 Jahre Vertreibung, 13–64.

# Einführung

Das 15. Jahrhundert ist von der Kirchengeschichtsschreibung aus einem konfessionell und national verengten Blickwinkel lange Zeit nur als eine Krisen- und Verfallserscheinung wahrgenommen worden, um davon die Reformation umso schärfer abzugrenzen. In der neueren Forschung wird demgegenüber nicht nur dem Zusammenhang von Spätmittelalter und Reformation immer größere Aufmerksamkeit zuteil, sondern auch der Vielfalt religiösen und kirchlichen Lebens in einer Zeit, die von sozialen und kulturellen Veränderungen bestimmt war.[1] „Vieles, was bisher als Dekomposition und Deviation gedeutet wurde, wird heute als Ausdruck von Lebenskraft und Erneuerungswillen positiv eingeschätzt."[2] Einen genaueren Einblick in die Vielfalt des religiösen Lebens vermitteln insbesondere regionalgeschichtliche Untersuchungen.

Für die abendländische[3] Kirchengeschichte des 15. Jahrhunderts ist die allgemeine historische Entwicklung zu berücksichtigen.[4] Dazu zählt zunächst einmal die Bevölkerungsentwicklung, die ungeachtet regionaler Verschiebungen um die Mitte des 15. Jahrhunderts mit 7–10 Millionen Einwohnern in Deutschland und 45–50 Millionen in ganz Europa einen Tiefpunkt erreichte.[5] Eine Folge war vor allem die Landflucht, die seit dem Ausbruch der Pest Mitte des 14. Jahrhunderts einsetzte. Die Verödung vieler Landstriche hatte nicht nur wirtschaftliche Auswirkungen, die sich in sinkenden Preisen für landwirtschaftliche Produkte und einer daraus re-

1 Vgl. J. A. Aertsen/M. Pickavé (Hg.), „Herbst des Mittelalters"? Fragen zur Bewertung des 14. und 15. Jahrhunderts, Berlin/New York 2004 (MM 31); H. A. Oberman, The Long Fifteenth Century: In Search of its Profile, in: Brady, Reformation, 1–18; H. Boockmann, Das fünfzehnte Jahrhundert in der deutschen Geschichte, in: M. Borgolte (Hg.), Mittelalterforschung nach der Wende 1989, München 1995 (HZ.B 20), 485–511; ders., Das 15. Jahrhundert und die Reformation, 9 ff.; Meuthen, Gab es ein spätes Mittelalter?, 108 ff.; Geuenich, 162 ff.; Graus, 10 ff.; Seebaß, 17 ff.

2 Elm, Antiklerikalismus im deutschen Mittelalter, 17.

3 Zur Entwicklung der orthodoxen und orientalischen Kirchen, die in diesem Band nur insoweit berücksichtigt wird, als sie im direkten Zusammenhang mit der lateinischen Kirche stand, vgl. E. Bryner, Die orthodoxen Kirchen von 1274 bis 1700, Leipzig 2004 (KGE II/9), sowie die entsprechenden Abschnitte in GCh 6 u. 7.

4 Um angesichts der intensiven Erforschung des Spätmittelalters den Anmerkungsapparat nicht zu umfangreich werden zu lassen, sei für das Folgende vor allem auf den Forschungsüberblick von Erich Meuthen, Das 15. Jahrhundert, [4]2006, 113 ff. („Grundprobleme und Tendenzen der Forschung") verwiesen, wo die wichtigste Literatur Berücksichtigung findet.

5 Vgl. Meuthen, Das 15. Jahrhundert, 3 f.123; J. De Vries, Population, in: Brady, Handbook, Bd. 1, 1–50, hier: 10 ff.

sultierenden Verschlechterung der bäuerlichen Lebensverhältnisse niederschlugen,[6] sondern auch kulturelle Konsequenzen, von denen die Kirche unmittelbar betroffen war. Zwar lebten nach wie vor die meisten Menschen auf dem Land – in Deutschland etwa 80 Prozent –, aber die Städte übten eine große Anziehungskraft aus, weil sich hier mehr verdienen und ungefährdeter leben ließ.[7] Die zunehmende Attraktivität des städtischen Gewerbes und die steigenden Preise seiner Produkte brachten mehr Wohlstand, von dem insbesondere die Führungsschichten profitierten.[8] Technische Innovationen sorgten vor allem im Bergbau in der zweiten Hälfte des 15. Jahrhunderts für einen „Entwicklungssprung".[9] Zugleich drängte die Expansion der städtischen Wirtschaft nach neuen Organisationsformen wie dem Verlagswesen. Diese Dynamik wurde von den betroffenen Menschen sowohl als Chance wie auch als Bedrohung wahrgenommen. Es verschärfte sich der Kampf um politische Macht, denn wirtschaftlich erstarkte Bürger drängten auf Beteiligung an der städtischen Regierung. So setzten sich im 15. Jahrhundert in vielen deutschen Städten die sogenannten ‚Zunftrevolutionen' fort.[10] Das bedeutete keineswegs eine Demokratisierung bestehender Herrschaftsstrukturen, vielmehr schritt die Tendenz der Oligarchisierung in den Städten auch im 15. Jahrhundert voran. Gleichzeitig nahmen die sozialen Spannungen auf Grund von Unzufriedenheit und existentieller Nöte auf Seiten der städtischen Unterschichten zu. Steigende Getreidepreise verschärften seit dem Beginn der 1480er-Jahre die Lage der Armen und Bedürftigen. Diese zum Teil drastischen Preissteigerungen resultierten vor allem aus dem Bevölkerungsanstieg, der nach dem Tiefpunkt in der Mitte des 15. Jahrhunderts einsetzte.[11]

Die wirtschaftlichen und gesellschaftlichen Entwicklungen hatten Konsequenzen für die Kirche und das religiöse Leben in der Stadt wie auf dem Land, was sich in der Besetzung kirchlicher Ämter, der zunehmenden Zahl von Stiftungen, in neuen Frömmigkeitsformen und normativen Prägungen, karitativen Einrichtungen sowie theologischen Debatten über die rechte Gestaltung christlichen Lebens und die Legitimation politischer Herrschaft widerspiegelte. Die Anfänge des Frühkapitalismus waren zudem mit geistesgeschichtlichen Entwicklungen verknüpft, die sich ebenfalls auf Kirche und Theologie auswirkten. Ausgehend von Italien prägten Renaissance und Humanismus nicht nur Intellektuelle, sondern auch die gesellschaftliche Elite vor allem in den Städten. Eine Welle von Universitätsgründungen sorgte im 15. Jahrhundert für eine Ausbreitung und Intensivierung von Bildung und Wissenschaft.[12] Mit der Erfindung des Buchdrucks wurde eine ‚Medienrevolution' in Gang gesetzt,

6 Vgl. T. W. Robisheaux, The World of the Village, in: Brady, Handbook, Bd. 1, 79–106, 83 ff.; Schubert, Einführung, 65 ff.; F.-W. Henning, Deutsche Agrargeschichte des Mittelalters. 9. bis 15. Jahrhundert, Stuttgart 1994, 259 ff.

7 Vgl. Meuthen, Das 15. Jahrhundert, 4.

8 Vgl. J. H. Munro, Patterns of Trade, Money, and Credit, in: Brady, Handbook, Bd. 1, 147–195; S. Rowan, Urban Communities: The Ruler and the Ruled, ebd., 197–229.

9 Schubert, Einführung, 186.

10 Vgl. Meuthen, Das 15. Jahrhundert, 23; Schubert, Einführung, 131 ff.

11 Vgl. F.-W. Henning, Handbuch der Wirtschafts- und Sozialgeschichte Deutschlands. Bd. 1: Deutsche Wirtschafts- und Sozialgeschichte im Mittelalter und in der frühen Neuzeit, Paderborn u. a. 1991, 535 ff.

12 Vgl. Meuthen, Das 15. Jahrhundert, 90 ff.

die für neue Vervielfältigungsmöglichkeiten religiöser Schriften und Bilder sorgte und vor allem in den Kreisen des gebildeten Besitzbürgertums der Städte auf große Nachfrage stieß. Kirchenvertreter und Theologen waren dadurch zur Auseinandersetzung gezwungen, sei es in Form kritischer Abgrenzung oder produktiver Aufnahme neuer Gedanken. Ein Bildungsideal fand Verbreitung, an dem sich auch die Repräsentanten der Kirche messen lassen mussten und das die Strukturen sowie die Inhalte des Bildungssystems insgesamt auf den Prüfstand stellte. Der Austausch materieller wie auch ideeller Güter über politische Grenzen hinweg erweiterte den Horizont der Menschen, insoweit sie Zugang zu den Orten hatten, an denen solcher Handel betrieben bzw. solches Wissen vermittelt wurde. Das Universitätsstudium fand immer mehr Zulauf, weil Bildung einen sozialen Aufstieg ermöglichte, wobei damit oftmals die Aussicht auf kirchliche Pfründen verbunden war. In der Organisation und der Vermittlung von Bildung spielte die Kirche immer noch eine dominierende Rolle, auch wenn sie kein Monopol mehr besaß, vielmehr neben den kirchlichen auch weltliche Bildungseinrichtungen wie die städtischen Schulen und die von den Landesherren gegründeten Universitäten existierten. Insbesondere die Stadtschulen wurden zu wichtigen Lernstätten und Multiplikatoren des Humanismus, was wiederum an den Universitäten eine kontroverse Debatte über notwendige Reformen des Ablaufs und der Inhalte des Studiums auslöste.

Die spannungsgeladene Dynamik des 15. Jahrhunderts prägte nicht nur das Leben in den Städten, sondern war auch auf dem Land spürbar, wenngleich die historischen Quellen hier nicht so dicht sind wie für den urbanen Bereich. Ein ‚kommunales' Selbstverständnis war auch in der ländlichen Bevölkerung verbreitet, allerdings regional sehr unterschiedlich ausgeprägt und deutlich unterschieden von den Strukturen einer politischen Verfassung, wie sie für die Städte charakteristisch war. Hier wie dort eröffnete aber der enge Bezug von politischer und religiöser Gemeinde vielfältige Möglichkeiten der Bewältigung sozialer Spannungen.[13] Im Zuge der Agrarkrise und der daraus resultierenden Umstrukturierung der Landwirtschaft beschleunigten sich auf dem Land Prozesse der sozioökonomischen Differenzierung, indem einerseits die Abhängigkeit der Kleinbauern von ihren Grundherren in Form einer Schollenbindung zunahm und andererseits eine ländliche Oberschicht wohlhabender und einflussreicher Großbauern entstand, die sich an die neuen Verhältnisse anpassen und davon profitierten konnten.[14] Im Zusammenhang mit den wirtschaftlichen und gesellschaftlichen Veränderungen standen die Bauernaufstände, die im 15. Jahrhundert verschiedene Teile Europas erfassten.[15] In ihrer jeweiligen regionalen Ausprägung hatten sie allerdings sehr unterschiedliche Ursachen, weil sie nicht nur direkt auf existentielle Nöte, sondern zu einem großen Teil auch auf daraus resultierende rechtliche Auseinandersetzungen zurückzuführen sind.[16] So wehrten sich gerade wirtschaftlich erfolgreiche Bauern gegen höhere Steuern sowie die Beschränkung der Allmenderechte und Eingriffe in die Autonomie ihrer Gerichtsbar-

13 Vgl. Schubert, Einführung, 86 ff.

14 Vgl. Meuthen, Das 15. Jahrhundert, 9 ff.

15 Vgl. St. Imsen/G. Vogler, Communal Autonomy and Peasant Resistance in Northern and Central Europe, in: P. Blickle (Hg.), Resistance, Representation and Community, Oxford u. a. 1997, 27; Meuthen, Das 15. Jahrhundert, 130 f.

16 Vgl. Meuthen, Das 15. Jahrhundert, 10.

keit. Von kirchengeschichtlicher Bedeutung sind diese Aufstände insofern, als sie sich auch gegen kirchliche Grundherren richteten und teilweise religiös motiviert bzw. legitimiert wurden.
In der Geschichte des Christentums spielte auch im 15. Jahrhundert das Verhältnis von kirchlicher und weltlicher Autorität eine wichtige Rolle. Die regionalen Besonderheiten, die sich über lange Zeiträume entwickelt hatten, trugen mit dazu bei, dass sich die Reform der Kirche noch komplizierter gestaltete, als sie es ohnehin war. Nationalkirchliche Tendenzen standen hierbei im Widerstreit mit den Interessen der römischen Kirche, die als ‚katholische' Kirche universalen Anspruch erhob. Zu den politischen Rahmenbedingungen mit überregionaler Bedeutung gehörten in dieser Zeit vor allem der Hundertjährige Krieg zwischen England und Frankreich, der erst 1453 ein Ende fand, die Expansion des Osmanischen Reiches und der Fall Konstantinopels im gleichen Jahr, die Hussitenkriege sowie der Aufstieg der Habsburger im ‚Heiligen Römischen Reich'.[17] Von besonderer Bedeutung in wirtschaftlicher, machtpolitischer und kultureller Hinsicht war das Territorium der Herzöge von Burgund, das von der Franche-Comté bis zu den Niederlanden reichte und damit auch eines der am stärksten urbanisierten Gebiete nördlich der Alpen umfasste, in dem mit der ökonomischen Prosperität eine kulturelle Blüte verbunden war, die sich auch auf die Frömmigkeit dieser Zeit auswirkte.[18] In Mittelosteuropa beherrschten die Jagiellonen nicht nur die polnisch-litauische Union, sondern seit 1471 auch Böhmen und nach 1490 Ungarn. Auf dem Balkan grenzte das byzantinische Kaiserreich an, dessen Niedergang sich im 15. Jahrhundert fortsetzte, bis dann mit der Eroberung Konstantinopels durch die Osmanen 1453 auch kirchengeschichtlich ein Epocheneinschnitt erfolgte. Fortan bildete die Auseinandersetzung mit den Türken einen wichtigen Faktor in der europäischen Macht- und Religionspolitik. Unmittelbar betroffen von dem Ende des byzantinischen Kaiserreiches war die orthodoxe Kirche, die sich nun in ihrem Verhältnis zu den islamischen Machthabern neu orientieren musste, nachdem sie zuletzt noch zusammen mit dem Basileus das kirchenpolitische und militärische Bündnis mit dem lateinischen Westen gesucht hatte. Diese Krise des orthodoxen Christentums bot wiederum den Fürsten von Moskau die Gelegenheit, ihren Aufstieg zu einer bedeutenden Territorialmacht dadurch abzusichern, dass sie die russische Kirche in ihr Herrschaftssystem einbanden.
Die Zentralisierung von Macht im Zuge der Entstehung frühmoderner Territorialstaaten war ein gesamteuropäisches Phänomen mit weit reichenden Konsequenzen für die Kirche. Dieser Prozess war im 15. Jahrhundert in den westeuropäischen Königreichen schon weit vorangeschritten, während das Heilige Römische Reich von gegenläufigen Tendenzen zentralistischer und partikularistischer Bestrebungen sowohl auf Reichsebene wie auch in den Territorien beherrscht wurde, deren Ausgleich das Ziel zahlreicher Bemühungen um eine Reichsreform war.[19] Mit der Zentralisierung von Macht verbunden war der Ausbau einer Bürokratie,[20] die wiederum den neuen gebildeten Bürgerlichen Aufstiegschancen eröffnete und die Landesherren

17 Vgl. Schilling, Die neue Zeit, 88 ff.
18 Vgl. Meuthen, Das 15. Jahrhundert, 50 ff.
19 Vgl. Schubert, Einführung, 196 ff.
20 Vgl. ders., Vom Gebot zur Landesordnung. Der Wandel fürstlicher Herrschaft vom 15. zum 16. Jahrhundert, in: Brady, Reformation, 19–90.

zur Neugründung von Universitäten motivierte. Die zunehmende Bürokratisierung erfasste auch die Amtskirche,[21] mit ihr ging eine Straffung ihrer Institutionen einher, und deren Effizienzsteigerung vergrößerte die wirtschaftliche Potenz und die Machtausübung nach innen. Die Kirche spielte in ganz Europa für den Staat eine große Rolle, nicht nur weil die Fiskaleinnahmen immer wichtiger wurden und das Kirchengut hierbei Begehrlichkeiten weckte, sondern mehr noch weil mit der machtpolitischen eine „normative Zentrierung"[22] einherging. In einer Zeit tiefgreifender wirtschaftlicher, gesellschaftlicher und kultureller Veränderungen sah sich die politische Obrigkeit angesichts der Verunsicherung ihrer Untertanen und der Reformkrise der Kirche in der Verantwortung, die Heilsvermittlung und Seelsorge sicherzustellen.[23] Damit verbunden war das Interesse an der Einprägung gesellschaftlicher Normen, die der Stabilität der bestehenden Ordnung dienten. In diesem Sinne nahmen die Landesherren und städtischen Magistrate ihr Recht, die Kirche zu reformieren (*ius reformandi*), wahr und setzten sich für die Reform der Kirche in ihren Herrschaftsgebieten ein.

Politik und Religion standen insgesamt in einem Wechselverhältnis zueinander: In den vertikalen und horizontalen Differenzierungen der Gesellschaft diente die Religion der Legitimation bestehender Verhältnisse wie auch der Bewältigung daraus resultierender Spannungen. Zugleich trug die Religion in ihrer fundamentalen Funktion, den Menschen Orientierung und Halt zu vermitteln, dazu bei, die tiefgreifenden Veränderungen dieser Zeit mental und sozial zu verarbeiten, wobei neben dem Festhalten an gewohnten Denkstrukturen und Frömmigkeitsformen ebenso zukunftsweisende Neuansätze in Erscheinung traten. Bei aller Kritik an der Kirche und ihren Amtsträgern war die Religiosität eng an diese Institution gebunden und in ihrer Heilserwartung auch so darauf fixiert, dass die ‚Kirchlichkeit' im Verlauf des 15. Jahrhunderts eher zu- denn abgenommen hat.[24] Das spiegelt sich in der Frömmigkeitspraxis wider und war das Ergebnis einer komplexen Entwicklung, in der Bemühungen um eine Intensivierung sowohl der Laienfrömmigkeit als auch des Ordenslebens parallel liefen zur Stärkung der Amtskirche und deren Zentrierung im Papsttum. Die Theologie leistete dazu einen wichtigen Beitrag, indem ihre Ausrichtung auf die Frömmigkeit betont und damit die Glaubensvermittlung in einer Zeit geprägt wurde, in der sich die Kommunikationsstrukturen in Kirche und Gesellschaft mit der Erfindung des Buchdrucks grundlegend veränderten.

In der häufigen Verwendung der Begriffe ‚Reform' und ‚Reformation' im 15. Jahrhundert kommt zum Ausdruck, dass die umfassende Reform der Kirche und des Reiches ein zentrales Anliegen dieser Zeit war. Von daher gilt es, nicht nur den Zusammenhang von Spätmittelalter und Reformation zu berücksichtigen, sondern auch die Unterschiede sowie Gemeinsamkeiten von ‚Reformation' im 15. und im 16. Jahrhundert.[25] Die Frage, ob die Reformation des 16. Jahrhunderts dann noch als ein

21 Vgl. Meuthen, Das 15. Jahrhundert, 85.

22 Hamm, Normative Zentrierung, 163 ff.; ders., Von der spätmittelalterlichen *reformatio* zur Reformation, 7 ff.

23 Vgl. Meuthen, Das 15. Jahrhundert, 36 f.

24 Vgl. Moeller, Frömmigkeit in Deutschland um 1500, 81.

25 Vgl. Boockmann, Das 15. Jahrhundert und die Reformation, 12; Šmahel, Zur Einführung, VII f.; Koslofsky, 18 ff.; Jussen, 22 ff.; V. Leppin, Von der Polarität zur Vereindeutigung.

„Umbruch der Weltgeschichte"[26] betrachtet werden kann oder aber von einer Kontinuität der alteuropäischen Geschichte vom 12. bis zum 18. Jahrhundert auszugehen ist,[27] kann im Rahmen einer Darstellung zur Kirchengeschichte des 15. Jahrhunderts nicht abschließend beantwortet werden. Wie drängend und wie brisant das Reformbedürfnis in dieser Zeit war, wird an den Reformkonzilien besonders deutlich, deren Ergebnisse für den weiteren Verlauf der Kirchengeschichte wegweisend waren.
Die vielfältigen Reformanstrengungen einer ‚normativen Zentrierung' der Christenheit wirkten sich schließlich auch auf deren Verhältnis zu anderen Religionen aus, zumal die Wahrnehmung des Fremden ganz wesentlich durch die Selbstwahrnehmung bestimmt wurde. So nahm die Ausgrenzung der Juden an Schärfe ebenso zu wie die Auseinandersetzung mit dem Islam nach dem Fall Konstantinopels 1453 und im Zuge der Reconquista auf der iberischen Halbinsel. Mit den Entdeckungen in Übersee eröffneten sich dann den Kolonialmächten und der eng mit ihnen verbundenen Kirche neue Möglichkeiten der Ausbreitung christlicher Kultur und einer religiösen Legitimation der wirtschaftlich wie machtpolitisch motivierten Unterdrückung fremder Völker.

Zu den Wandlungen in Kirche und Frömmigkeit zwischen spätem Mittelalter und Reformation, in: Litz u. a., Frömmigkeit, 299–315.

26 Moeller, Probleme der Reformationsgeschichtsforschung, 254.

27 Vgl. Schilling, Reformation, 26 ff.; ders., Reformation – Umbruch oder Gipfelpunkt eines Temps des Réformes?, in: Moeller, Die frühe Reformation, 13–34.

# Kapitel 1
# Christentum und Gesellschaft

Die Kirche als Institution hat im 15. Jahrhundert – wie zu allen Zeiten – die strukturellen Rahmenbedingungen für die Glaubensgemeinschaft der Christen markiert, aber auch außerhalb dieses institutionellen Rahmens wurde christlicher Glaube gelebt und praktiziert. Dabei gestaltete sich das Verhältnis zwischen „offizieller" und „inoffizieller" Religiosität[1] jedoch nicht antagonistisch, sondern dialektisch. Die Religion spielte eine wichtige Rolle bei der Identitätsbildung sozialer Gruppen von der Sippe über die kommunale, die regionale und die nationale Ebene bis hin zum *Corpus Christianum* als einer transnationalen Größe. Entsprechende historische Traditionen, wie sie vor allem in der Historiographie konstruiert und in der Erinnerungskultur rezipiert wurden, wiesen stets einen religiösen Bezug auf, indem die gemeinsamen Wurzeln und Grundlagen einer sozialen Gemeinschaft auf bestimmte Ereignisse wie die Christianisierung einer Region oder die Entstehung eines lokalen Kults zurückgeführt wurden.
Kirche und Welt waren bei allen Tendenzen zunehmender Ausdifferenzierung von Gesellschafts- und Herrschaftsstrukturen sowie vielfältiger Lebensformen auch im 15. Jahrhundert noch eng miteinander verflochten. Der gesellschaftlichen Funktion des Christentums korrespondierte seine Bedeutung bei der Begründung und Sicherung politischer Herrschaft. Um die gesellschaftliche und kulturelle Vielfalt des Christentums in dieser Zeit darzulegen, gilt es zunächst das Wechselverhältnis von Kirche als Institution und Glaubensgemeinschaft aufzuzeigen und dann die spezifische Situation des Christentums in der städtischen und in der ländlichen Gesellschaft zu beschreiben.

## A. DIE INSTITUTION KIRCHE UND DIE GEMEINSCHAFT DER GLÄUBIGEN

Die gesellschaftlichen und kulturellen Entwicklungen des Spätmittelalters haben die Kirche des 15. Jahrhunderts zu einem facettenreichen Gebilde werden lassen. Die institutionelle Zweiteilung in Klerus und Laien wirkte sich auf den Status, die religiöse Praxis und Wahrnehmungsmuster der Christen aus, war aber nicht für sämtliche Erscheinungsformen und Handlungsfelder des christlichen Glaubens bestimmend.[2] Ergänzt und teilweise überlagert wurde diese Zweiteilung von gesellschaftlich bedingten Stände- und Bildungsunterschieden. Während ein adliger Vertreter des

1 Scribner, Elements of Popular Belief, 239.
2 Vgl. Borgolte, 33 ff.; Schreiner, Laienfrömmigkeit, 1 ff.

Hochklerus und ein einfacher Mönch oder Landpfarrer bäuerlicher Herkunft darin übereinstimmten, dass ihnen als Mitgliedern des geistlichen Standes eine besondere Rolle in der Kirche zukam, unterschieden sie sich doch deutlich in ihrer gesellschaftlichen Stellung und der damit verbundenen Mentalität, die sich wiederum in ihrem kirchlichen Handeln niederschlug. Prosopographische Studien vermitteln einen Einblick in die schichtspezifischen Vernetzungen von Personengruppen und deren Identitäten.[3] Die Abgrenzung zwischen Klerikern und Laien relativierte sich auch im Blick auf ihre Bildung: Je mehr Laien – gerade auch im wohlhabenderen Bürgertum – lesen und schreiben konnten, um so weniger galt die bis ins Hochmittelalter gültige Gleichsetzung von Kleriker und *litteratus*.[4] Vielmehr brachten nun gebildete Kleriker und Laien ihre gemeinsame Orientierung an einem Bildungsideal darin zum Ausdruck, dass sie an unzureichend gebildeten Geistlichen Kritik übten.

Bei allen Unterschieden hinsichtlich des gesellschaftlichen Rahmens von Kirche und Religiosität zeichnete sich die Gemeinschaft der Gläubigen aber immer noch durch eine relative Homogenität aus. Über die Ständegrenzen hinweg gab es Gemeinsamkeiten in Bezug auf grundlegende Inhalte und Rituale des christlichen Glaubens, auch wenn deren Konkretion dann wiederum spezifische Prägungen aufwies, wie unterschiedliche Formen der Marienverehrung oder der Wallfahrten verdeutlichen (s. Kap. 4 D). Häretische Bewegungen, wie sie in den vorangegangenen Jahrhunderten die Einheit der Kirche bedroht hatten, spielten mit Ausnahme der Hussiten sowie der Waldenser, die weit verstreut in den Alpen Zuflucht gefunden hatten, keine große Rolle mehr. Trotz aller Kritik an der kirchlichen Hierarchie und ihren Funktionsträgern war eine dezidierte Kirchlichkeit die religiöse Signatur dieser Zeit.[5] Gemäß dem ekklesiologischen Dogma, dass es außerhalb der Kirche kein Heil geben könne, vertrauten die Gläubigen nicht nur auf die Heilsmittlerschaft der Kirche und nahmen die von ihr angebotenen Mittel geradezu sehnsüchtig an, sondern die Motivation zur Erneuerung der Kirche führte auch dazu, dass Laien Maßnahmen zur Selbsthilfe ergriffen, indem sie Klosterreformen vorantrieben und Predigtpfründen stifteten.

Eine Sonderstellung nahmen die ‚Semireligiosen' ein, die eine geistliche Lebensform praktizierten, ohne doch einer festen Ordensregel zu folgen.[6] Sie übten eine große Anziehungskraft vor allem auf bestimmte Kreise der städtischen Bevölkerung aus, was der allgemeinen „Tendenz zur religiösen Regulierung des Laienlebens"[7] entsprach. Das Semireligiosentum wies eine große Bandbreite von Erscheinungsformen auf, die sich hinsichtlich ihrer jeweiligen Zusammensetzung, ihrer Zielsetzung und Organisation sowie ihrer Stellung zur Amtskirche voneinander unterschieden. Dazu zählten Inklusen (Männer und Frauen, die sich zu Gebet und Askese völlig zurückgezogen haben), Konversen (Laienbrüder) und Donaten (Gläubige, die ein wieder lösbares Versprechen klösterlichen Lebens ablegten) ebenso wie ‚Verbrüderungen' und andere religiöse Gemeinschaften, in denen monastische und laikale Le-

3 Vgl. Meuthen, Das 15. Jahrhundert, 145 f.

4 Vgl. V. Honemann, Der Laie als Leser, in: Schreiner, Laienfrömmigkeit, 241–251, hier: 242.

5 Vgl. Moeller, Frömmigkeit in Deutschland um 1500, 81 ff.

6 Vgl. Elm, Vita regularis sine regula, 239 ff.

7 Hamm, Was ist Frömmigkeitstheologie? (s. Kap. 4 B), 31.

bensform miteinander vermischt waren. Sie boten Gläubigen die Möglichkeit, mit einem höheren Grad der Verbindlichkeit als von den Bruderschaften abverlangt ein geistliches Leben zu führen, ohne in einen Orden eintreten zu müssen. Insbesondere Frauen, denen ansonsten der Zugang zu Liturgie und Theologie vielfach versperrt war, konnten auf diesem Wege ihren religiösen Neigungen und Bedürfnissen nachgehen.[8] Damit einher ging eine soziale Absicherung, denn die Zugehörigkeit zu einer geistlichen Gemeinschaft verbesserte die soziale Lage und das Ansehen insbesondere der Frauen aus unteren Gesellschaftsschichten und Randgruppen.

Die Amtskirche wurde in ihrer institutionellen Verfassung auch im späten Mittelalter vom Adel dominiert.[9] Die überwältigende Mehrheit der Bischöfe gehörte dem Hochadel an, und dieser besetzte auch die meisten Führungspositionen in der Ämterhierarchie der Kirche. Das resultierte aus der gesellschaftlichen und wirtschaftlichen Bedeutung dieser Ämter und den damit verbundenen Herrschaftsinteressen. In der Konsequenz führte das zur Trennung der weltlichen und der geistlichen Funktionen, die mit einem kirchlichen Amt verknüpft waren, so dass teilweise Stellvertreter mit den genuin geistlichen Aufgaben betraut waren, während der Amtsinhaber weltlichen Dingen nachging. Das konnte – musste aber nicht zwangsläufig – bedeuten, dass die geistlichen Pflichten vernachlässigt wurden, zumal die Tendenz vorherrschte, die Stellvertreter – die sogenannten Leutpriester, Plebane oder Vikare – schlecht zu bezahlen, weshalb diese oft auch nur unzureichend ausgebildet waren. Diese Entwicklung vollzog sich aber nicht nur in der vom Adel dominierten Reichskirche, sondern auch im Niederkirchenbereich.

Die wirtschaftliche und kulturelle Anziehungskraft der Städte, die nicht allein durch die Pest und die daraus resultierende Landflucht zu erklären ist, hatte eine „Urbanisierung der Kirche“[10] zur Folge. Das entsprach den Interessen städtischer Umlandpolitik und bedeutete für die Kirche auf dem Land, dass sie einer städtischen Kirche bzw. einem Kloster oder Stift inkorporiert (einverleibt) werden konnte, indem diesen die entsprechenden Pfarrrechte und Pfründen übertragen wurden. In der Regel amtierten in solchen inkorporierten Pfarreien wiederum Vikare.[11] So entstand ein Klerikerproletariat, das am Existenzminimum lebte und oft von einer Pfarrstelle zur nächsten wandern musste.[12] Die Lebenssituation dieser Kleriker hat Sebastian Brant (1457/58–1521) im ‚Narrenschiff‘ mit scharfer Kritik an den gesellschaftlichen und kirchlichen Verhältnissen auf den Punkt gebracht: „Kein ärmer Vieh auf Erden ist / Als Priesterschaft, der Brot gebrist.“[13] Gleichwohl nahm die Zahl derer, die ein geistliches Amt anstrebten, stetig zu, weil man sich letzten Endes doch eine hinreichende Versorgung versprach. Die Kumulation von Pfründen verstärkte noch das Einkommens- und Bildungsgefälle unter den Klerikern. Zudem war der Inhaber

8 Vgl. E. Ennen, Frauen im Mittelalter, München [5]1994, 141 ff.

9 Vgl. Feine, 364 ff.; Brady, The Holy Roman Empire's Bishops, 25 ff.

10 Schubert, Einführung, 256.

11 Vgl. Petke, 36; Borgolte, 57 f.

12 Vgl. Rapp, Vielfalt der Reformbestrebungen, 186 ff., mit konkreten Angaben aus verschiedenen Regionen Europas, die erkennen lassen, dass dieses Klerikerproletariat eine gesellschaftliche Realität und nicht nur ein Schlagwort der zeitgenössischen Kirchenkritik war.

13 Sebastian Brant, Das Narrenschiff, ed. Mähl, 267.

einer Pfründe nicht ständig vor Ort, soweit die Residenzpflicht das nicht von ihm verlangte oder er sich davon nicht dispensieren, d. h. freistellen lassen konnte. Nicht nur die höheren Würdenträger, sondern auch der niedere Klerus war bestrebt, wenn möglich in der Stadt zu wohnen und die Betreuung der Gemeinde einem Stellvertreter zu überlassen.[14] Die feudalrechtliche Verknüpfung eines kirchlichen Amtes mit einer Pfründe, die dem Amtsinhaber ein wirtschaftliches Einkommen sicherte, förderte das Bestreben, solche Ämter mit politischem Einfluss und Geld zu erwerben. Der Augustiner-Eremit Gottschalk Hollen (um 1411–1481) brachte das kritisch zum Ausdruck, indem er beklagte: „O, wieviele Brüder und Nachahmer hat Judas auch heute noch, die Christus verkaufen: jene verfluchten Simonisten, die ihre Benefizien verschachern, als wären es Pferde oder Rinder!“[15] Die prinzipielle Einsicht in die Notwendigkeit kirchlicher Reformen führte zusammen mit den Bestrebungen zur institutionellen Zentrierung der Amtskirche in der zweiten Hälfte des 15. Jahrhunderts dazu, dass reformwillige Bischöfe auf Veränderungen drängten. So beanspruchten sie auch wieder verstärkt das Visitationsrecht, gegen das allerdings von Seiten der Klöster und der weltlichen Herrscher zum Teil Widerstand geleistet wurde.

In der Struktur der kirchlichen Hierarchie dominierten die Bischöfe, während die Metropoliten ihre Macht längst eingebüßt hatten. Diese Entwicklung entsprach den Interessen der römischen Kurie, die damit eine konkurrierende Zentralgewalt in den Kirchenprovinzen verhinderte. Auf der Ebene der Bistümer besaß der Bischof die kirchenrechtliche Gewalt und hatte die Aufgabe, die General- oder Diözesansynode zu leiten. Dieses Gremium, das selbst nur beratende Funktion hatte, spielte „eine herausragende Rolle in der Vermittlung und Popularisierung des päpstlichen Dekretalenrechts für den Niederklerus ohne juristische Ausbildung und sogar für Laien“.[16] Jeder Pfarrer sollte eine Abschrift der Synodalgesetze besitzen und seine Gemeinde über ihre Bestimmungen unterrichten. Die Archidiakone (Stellvertreter des Bischofs) und Landdekane waren verpflichtet, die Kenntnisse der Pfarrer bezüglich der Statuten zu überprüfen. Diesem Ziel dienten Visitationen mit entsprechenden Handreichungen, die allerdings im 15. Jahrhundert „nur in unregelmäßigen und langen Zeitabständen“[17] durchgeführt wurden, so dass sich die faktische Beachtung der normativen Vorgaben nur schwer ermitteln lässt. Nach den Vorstellungen des Konzils von Basel sollten die Synoden für die Durchführung der Kirchenreform sorgen.

Der Einfluss, den ein Bischof auf den Klerus seiner Diözese ausüben konnte, hing von den jeweiligen Strukturen und Machtverhältnissen ab. Eine wichtige Rolle spielten die Domkapitel, denen das Recht der Bischofswahl zustand und die ihre eigenen Interessen verfolgten, indem sie den Kandidaten auf bestimmte Zusagen, die sogenannten Wahlkapitulationen, verpflichteten.[18] Die personengeschichtliche Erforschung des Speyerer Domkapitels liefert ein typisches Beispiel dafür, wie ein adliger Personenverband seinen Einfluss über ein enges Geflecht verwandtschaftlicher,

14 Vgl. Fuhrmann, Kirche und Dorf, 177 ff.

15 Zit. n. Schröer, Bd. 1, 41.

16 Johanek, Bischof, Klerus und Laienwelt, 96.

17 Bünz, 95.

18 Vgl. Feine, 380 ff.; Holbach, Stiftsgeistlichkeit, 246 ff.; Hollmann, 168 ff.; Meyer, 61 ff.

freundschaftlicher und regionaler Beziehungen geltend machen konnte. Eine solche Patronage (Günstlingswirtschaft) und der damit verbundene Nepotismus (Vetternwirtschaft) waren durchaus üblich und wurden nicht in Frage gestellt, solange sie nicht als Zumutung empfunden wurden.[19] Im Zusammenhang mit der kirchlichen Reformbewegung des 15. Jahrhunderts wurde daran allerdings scharfe Kritik geübt, und an der Entwicklung in der Diözese Straßburg lässt sich ablesen, dass sich die enge Verbindung zwischen lokalen gesellschaftlichen Eliten und dem Klerus nach 1450 signifikant auflöste.[20]

Dem Einfluss des Bischofs stand vor allem das weit verbreitete Patronatswesen im Wege. Nach wie vor war es gängige Praxis, dass der Patron die entscheidende Rolle bei der Besetzung von Pfarrstellen spielte. Solche Patronatsrechte konnten Einzelpersonen oder auch Personenverbände wie Genossenschaften und Kommunen innehaben.[21] Das Recht einer Gemeinde, den Pfarrer selbst zu wählen, blieb die Ausnahme, wenngleich solche Pfarrerwahlen mit dem blühenden Stiftungswesen zunahmen.[22] Innerhalb der Gruppe der weltlichen Patronatsherren gab es im späten Mittelalter „bedeutende Verlagerungen",[23] die für die Pfarreien unmittelbare Konsequenzen hatten. Während die Territorialherren darum bemüht waren, ihr landesherrliches Kirchenregiment auszubauen und deshalb die Besetzung wichtiger Pfarrstellen zu kontrollieren, trat der übrige Adel einen Großteil seiner Patronatsrechte an Klöster und Stifte ab, die ihrerseits danach strebten, solche Pfarreien zu inkorporieren und damit deren geistliche wie vermögensrechtliche Eigenständigkeit aufzuheben. Das durchaus spannungsgeladene Zusammenspiel von geistlicher und weltlicher Obrigkeit zeigte sich auf der Ebene der Pfarreien und Messpfründen daran, dass die Kirche mit der weltlichen Gewalt kooperieren musste, wenn Stifter dazu bewegt werden sollten, sich für die Verbesserung des Gottesdienstes und der Seelsorge zu engagieren.[24] Das förderte deren Selbstverständnis, für die Reform der Kirche Verantwortung zu tragen, was mit dem Anspruch der umfassenden Amtsgewalt (*plenitudo potestatis*) des Papstes nur schwer zu vereinbaren war, in der Praxis aber sowohl von der Kurie als auch den Konzilien akzeptiert wurde.

Ein besonderes Instrument, mit dem der Bischof seine Kontrolle über das religiöse Leben ausübte, war die Synodalgerichtsbarkeit, der sogenannte ‚Send'.[25] Vor diesen Sendgerichten, die jedes Jahr an bestimmten Orten tagten und abwechselnd vom Bischof sowie den Archidiakonen bzw. Landdekanen organisiert wurden, wurden Fragen der sittlichen Lebensführung und alltägliche Probleme der Pfarreien verhandelt. Die Sendgerichtsschöffen aus den Gemeinden trugen vor, welche Vergehen einzelne Gemeindemitglieder begangen hatten und welche Missstände darüber hinaus

19 Vgl. Fouquet, Verwandtschaft, 357; vgl. ders., Das Speyerer Domkapitel, 203 ff.; Holbach, Stiftsgeistlichkeit, 39 ff.

20 Vgl. Rapp, Réformes et reformation à Strasbourg, 430 ff.

21 Vgl. Sieglerschmidt, 53 ff.

22 Vgl. Kurze, Hoch- und spätmittelalterliche Wahlen im Niederkirchenbereich, 84 ff.

23 Ders., Der niedere Klerus, 11.

24 Vgl. K. Borchardt, Pfründenbesetzung, Gottesdienst und Seelsorge. Kirchenrechtliche Probleme vor Ort im späteren Mittelalter, besonders in Franken, in: Bertram, Stagnation oder Fortbildung?, 321–336, hier: 324.

25 Vgl. Bünz, 146 f.

zu beklagen waren, von Baumängeln der Kirche bis hin zu Pflichtverletzungen der Kirchenpfleger, wenn etwa das Ewige Licht vor dem Allerheiligsten nicht brannte. Die Klagen über die sittlichen Verfehlungen der Laien reichten von Verstößen gegen das Sonn- und Feiertagsgebot sowie die Beicht- und Kommunionpflicht bis zu Vorwürfen des Ehebruchs und der Unzucht, des Wuchers, der Gewalttätigkeit und des Fluchens. Insgesamt wird dadurch ein Einblick in die religiösen und sozialen Alltagsprobleme der Gemeinden vermittelt. Wurde die Buße für solche Vergehen im 15. Jahrhundert meist mit einer Geldzahlung abgeleistet, so mussten Missetäter doch gelegentlich noch ihre Buße öffentlich inszenieren, wenn sie dazu verurteilt wurden, Lastersteine oder Kerzen zu tragen, oder über sie sogar die Exkommunikation verhängt wurde.

Neben den Bettelorden war es vor allem der niedere Klerus, durch den die institutionalisierte Kirche den engsten Kontakt mit den Laien hatte.[26] Mit dem Pfründenwesen kam es zur Ausdifferenzierung von Ämtern, die der Seelsorge dienten, und Sinekuren (*sine cura animarum*), die ausschließlich liturgische Aufgaben wahrnahmen. Die Beziehung zwischen der Gemeinde und ihrem Kleriker, die sich generell als ein ambivalentes Verhältnis von „Distanz und Nähe“[27] charakterisieren lässt, hing ganz wesentlich von der Präsenz der Pfarrer und der Wahrnehmung ihrer Amtspflichten ab, war aber prinzipiell hierarchisch strukturiert, insofern die Gemeindemitglieder nach damaligem Verständnis ‚Untertanen‘ des Pfarrers waren.[28] Bei Entscheidungsfindungen in den Gemeinden konnten jedoch Laien eine wichtige Rolle spielen. So unterstand der Gemeinde die Kirchenstiftung (*fabrica ecclesiae*), die für den Unterhalt und die Ausstattung der Kirchengebäude bis hin zur Beleuchtung zuständig war und von Kirchenpflegern verwaltet wurde.[29] Zudem kontrollierte die Gemeinde besondere Stiftungen, deren Vermögen durchaus beträchtlich sein konnte und von der Dorfgemeinde für Kredite genutzt wurde.

Bei aller Wertschätzung, die der Institution Kirche im 15. Jahrhundert von Seiten der Gläubigen entgegengebracht wurde, kam zugleich immer mehr Kritik an ihren Repräsentanten auf. In den Beschwerdelisten und den Visitationsprotokollen werden konkrete Klagen über Missstände im Klerus zum Ausdruck gebracht, und so wird in einer regionalgeschichtlichen Perspektive ein Sittengemälde gezeichnet, das aufschlussreich ist, allerdings auch vor das methodische Problem stellt, dass oft nicht zu entscheiden ist, ob es sich hierbei um Beschreibungen der Realität oder um fiktive Anschuldigungen von Denunzianten handelt. Die Vorwürfe reichen von der Vernachlässigung geistlicher Pflichten über Gewinn- und Streitsucht bis hin zu Zölibatsvergehen und unwürdigem Verhalten, wenn Pfarrer das Wirtshaus besuchten, am Glücksspiel teilnahmen oder weltliche Kleidung trugen.[30] Durch solches Fehlverhalten der Kleriker sahen die Laien die entscheidende Funktion der Kirche, das Heil zu vermitteln, in Frage gestellt und sie fürchteten deshalb um ihr persönliches Seelenheil. Soweit die Angaben quantitative Rückschlüsse erlauben, war es nur eine

26 Vgl. Kurze, Der niedere Klerus, 8.

27 H. Schnabel-Schüle, Distanz und Nähe. Zum Verhältnis von Pfarrern und Gemeinde im Herzogtum Württemberg vor und nach der Reformation, in: RoJKG 5 (1986), 339–348.

28 Vgl. Bünz, 148.

29 Vgl. Schröcker, 25 ff.; Heitzenröder, 160 ff.; Reitemeier, 89 ff.

30 Vgl. Bünz, 151.

kleine Minderheit von Klerikern, gegen die solche Vorwürfe erhoben worden sind, was aber nicht ausschließt, dass der Eindruck, den die Verfehlungen Einzelner in der Gemeinschaft hinterließen, gewaltig sein konnte. Das Konkubinat der Kleriker war weit verbreitet, und Söhne von Pfarrern „stellten einen erheblichen Teil der Pfarrerschaft",[31] wie eine Fülle päpstlicher Dispense (Ausnahmebewilligungen) belegt. Neben der Kritik an der Vernachlässigung geistlicher Pflichten und dem Vorwurf der Bereicherung, der jedoch die drastischen Einkommensunterschiede zwischen den Klerikern übersah, war die Privilegierung des Klerus in seiner Gesamtheit ein Hauptangriffspunkt der spätmittelalterlichen Kleruskritik, die sich bis zu einem Antiklerikalismus steigern konnte.[32] Von den Laien beneidet wurden die Kleriker um ihre Privilegien, vor allem ihre steuer- und strafrechtliche Immunität. Die Bestrebungen der weltlichen Obrigkeit, diese Immunitäten aufzuheben, stießen auf den vehementen Widerstand des Klerus selbst dann, wenn es um Interessen des Gemeinwohls zu gehen schien wie 1481 im Fall der Türkensteuer, für die Markgraf Albrecht Achilles von Brandenburg-Ansbach (1414–1486) auch den Diözesanklerus heranziehen wollte, woraufhin der Würzburger Bischof in scharfem Ton sowohl den Geistlichen, die diese Steuer bezahlten, als auch den Laien, die sie erhoben, mit Bann und Interdikt drohte.[33]
Das laikale Selbstbewusstsein, das in den Konflikten zwischen der Amtskirche und der Gemeinschaft der Gläubigen ebenso in Erscheinung trat wie in einer eigenständigen Laienfrömmigkeit, kann noch nicht als Ausdruck einer modernen Individualität verstanden werden. Die religiöse Entwicklung des Individuums blieb eng auf den gesellschaftlichen Kontext und dessen Normengefüge bezogen. Gerade auch in den gesellschaftlichen Mikrostrukturen von Familie und Hausgemeinschaft dominierten Abhängigkeitsverhältnisse in Form von Patronage und Klientelen, in deren ‚Netzwerken' die religiöse Legitimation und symbolische Repräsentation von Macht eine wichtige Funktion hatten.[34] Wenngleich im 15. Jahrhundert eine auffällige Zunahme von Selbstzeugnissen zu verzeichnen ist, kam darin doch vor allem eine Selbsterkenntnis zur Geltung, die in ihrer inneren Ausrichtung auf Gott den Normierungsbestrebungen dieser Zeit entsprach.[35] Die „normative Zentrierung",[36] die das 15. Jahrhundert kennzeichnete, bestimmte weite Bereiche des politischen, gesellschaftlichen und kulturellen Lebens, wobei die unterschiedlichen Prozesse in einem wechselseitigen Zusammenhang standen. *Reformatio* ist *das* Leitmotiv die-

31 Kurze, Der niedere Klerus, 18; vgl. Schmugge, Kirche, 251 ff.

32 Vgl. H.-J. Goertz, Pfaffenhass und groß Geschrei. Die reformatorischen Bewegungen in Deutschland 1517–1529, München 1987, 54 ff.; P. A. Dykema/H. A. Oberman (Hg.), Anticlericalism in Late Medieval and Early Modern Europe, Leiden u. a. 1993 (SMRT 51); Scribner, Antiklerikalismus, 368 ff.; Schreiner, Gab es im Mittelalter und in der frühen Neuzeit Antiklerikalismus?, 513 ff.

33 Vgl. Bünz, 194.

34 Vgl. Meuthen, Das 15. Jahrhundert, 140.

35 Vgl. E. Schlotheuber, Norm und Innerlichkeit. Zur problematischen Suche nach den Anfängen der Individualität, in: ZHF 31 (2004), 329–357, hier: 345.

36 Hamm, Normative Zentrierung (s. Einführung), 163 ff.; ders., Von der spätmittelalterlichen *reformatio* zur Reformation (s. Einführung), 7 ff.

ser Zeit – und es ging dabei um die Reform in Kirche *und* Reich.[37] Angesichts der Verunsicherung, die durch die Erfahrungen des Massensterbens in den Zeiten der Pest und durch eine zunehmende Differenzierung, Individualisierung und Partikularisierung von Lebensformen hervorgerufen wurde, sehnten sich die Menschen nach Wahrheit und Gewissheit.[38] Dadurch gefördert wurden Bestrebungen, Religion und Gesellschaft auf verbindliche Normen festzulegen, um so den zentrifugalen Tendenzen entgegenzuwirken, die sich in den Konflikten zwischen dem Klerus und den Laien wie auch innerhalb dieser beiden Gruppen entluden. Dieses Streben nach Normierungen entsprach den politischen Intentionen des frühmodernen Staates mit seinen vielfältigen Ansätzen der „Verdichtung"[39] von Herrschaft, die keineswegs nur Instrument der Machtausweitung war, sondern im Zusammenhang mit einem Reformkonzept stand, das Staat und Kirche umschloss. Eine Folge der normativen Zentrierung und der damit verbundenen ‚Sozialdisziplinierung' war die gesellschaftliche Stigmatisierung und Ausgrenzung von Randgruppen, von Bettlern und Aussätzigen über Juden und Hexen bis zu Homosexuellen und Sodomiten.[40]

Das politische und gesellschaftliche Ideal war nach wie vor das ‚eine' *Corpus christianum* – auch wenn es in der Realität mannigfache Interessengegensätze gab. Dazu gehörten auch die konkurrierenden Rechtsansprüche von Kirche und weltlicher Obrigkeit, zumal Letzterer mit der Rezeption des Römischen Rechtes nunmehr ein systematisches und effizientes Rechtssystem zur Verfügung stand. Weil damit altes Gewohnheitsrecht abgeschafft wurde und das neue positive Recht in Analogie zum Kirchenrecht eine theologische Weihe erhielt, indem es zum ‚göttlichen Recht' erklärt wurde, löste dies eine Gegenbewegung aus, die sich ebenfalls auf ‚göttliches Recht' berief, jedoch um tradierte Rechte und Strukturen des Feudalsystems zu bewahren.[41] Aber nicht nur an den Rechtssetzungen weltlicher Obrigkeit entzündete sich der Protest, sondern umstritten war auch das Kirchenrecht mit seiner Vielfalt von Verordnungen, die nur den Eingeweihten, d. h. in erster Linie den Kanonisten (Kirchenrechtlern), einsichtig waren. Dieses Problem wurde von führenden Vertretern der Amtskirche – wie dem Kirchenpolitiker und Reformtheologen Johannes Gerson (1363–1429) – erkannt und als ernste Herausforderung für Kirche und Frömmigkeit betrachtet. Gerson ging so weit, das göttliche Recht gegen das geltende Kirchenrecht zu stellen.[42] Während das für ihn der Ansatzpunkt war, um eine Kirchen- und Gesellschaftsreform nach monastischem Vorbild anzustreben, haben selbstbewusste Laien in den Städten mit ihrer Kritik an der verwirrenden Vielfalt sowie an dem unangemessenen Anspruch des Kirchenrechts eigene Zielsetzungen verbunden.

Bruderschaften waren besonders geeignet, um die eigenständige Frömmigkeit der

---

37 Vgl. Leuschner, 216.

38 Vgl. Hamm, Von der spätmittelalterlichen *reformatio* zur Reformation (s. Einführung), 12 f.

39 P. Moraw, Von offener Verfassung zu gestalteter Verdichtung. Das Reich im späten Mittelalter 1250–1490, Berlin 1985.

40 Vgl. Hergemöller, Randgruppen, 1 ff.; Mollat, 174 ff.

41 Vgl. P. Bierbrauer, Das Göttliche Recht und die naturrechtliche Tradition, in: P. Blickle (Hg.), Bauer, Reich und Reformation, FS G. Franz, Stuttgart 1982, 210–234.

42 Johannes Gerson, De vita spirituali animae, in: Œuvres complètes III, 113–202, hier: 120 ff.; vgl. Burger, Aedificatio, 71 ff.

Laien mit einer Orientierung an monastischen Idealen zu verbinden, wie sie für das 15. Jahrhundert insgesamt typisch war.[43] Solange Religion primär in einer Gemeinschaft praktiziert wurde, boten die Laien- und Priesterbruderschaften (Kalande) die Möglichkeit, individuelle und kollektive Interessen in gemeinsamen Formen ritualisierter Frömmigkeit zu verbinden.[44] Dabei konnten soziale und wirtschaftliche Motive bestimmend sein, wenn einzelne Berufsgruppen sich in der Verehrung eines Heiligen zusammenschlossen, oder religiöse Aspekte mit Ansätzen sozialer Integration vorherrschen wie bei den Rosenkranzbruderschaften, die sich im ausgehenden 15. Jahrhundert sprunghaft verbreiteten.[45] Bewegten sich die laikalen Frömmigkeitsbewegungen immer noch im theologischen und normativen Rahmen der ‚offiziellen' Religion, so traten doch auch im 15. Jahrhundert Ausprägungen einer ‚inoffiziellen' Religiosität in Erscheinung, mit der sich die Amtskirche auseinanderzusetzen hatte.[46]
In der spannungsvollen Korrelation von Klerus und Laienschaft, die das institutionelle System und das Leben der Kirche bestimmte, spielten Geschlechterverhältnisse auch im 15. Jahrhundert eine wichtige Rolle.[47] Bestimmte Tendenzen verstärkten sich dabei: So nahm der Anteil der Frauen an den kanonisierten Heiligen kontinuierlich zu und erreichte in der ersten Hälfte des 15. Jahrhunderts knapp 30 Prozent, wobei der Anteil der Laien besonders signifikant war.[48] Die Verehrung ‚heiliger Frauen' entsprach den Interessen der Amtskirche, insofern damit ein bestimmtes Frömmigkeitsideal verfestigt werden konnte und für Frauen generell eine Perspektive in der von Männern beherrschten Kirche eröffnet wurde, ohne dass dieses wirklich eine Emanzipation bedeutete. Insgesamt dominierte so wie in der Gesellschaft auch in der Kirche die scharfe Abgrenzung der Geschlechtersphären von Mann und Frau, deren theologische Legitimation in Texten und Bildern oft über eine entsprechende Interpretation der biblischen Geschichte von Adam und Eva erfolgte.[49] Das laikale Prophetentum, das vor allem von Frauen getragen wurde, hatte schon eher die Züge einer Emanzipationsbewegung – wenn auch nicht im modernen Sinne. Auffällig ist, dass „viele bedeutende Frauen für die Spiritualität der romanischen Länder im 15. und beginnenden 16. Jahrhundert gewichtige und weiterwirkende Gestaltungskräfte einbrachten, während solche Frauen in Deutschland fast ganz fehlen".[50] Die Nonnen

43 Vgl. Schreiner, Laienfrömmigkeit, 30 f.; Duffy, 131 ff.; s. Kap. 4 D.

44 Vgl. Remling, 55 ff.; Rahn 23 ff.; N. Terpstra, Confraternities and Civic Religion in Renaissance Bologna, New York/Cambridge 1995, 14 ff.; C. Vincent, Les Confréries médiévales dans le royaume de France. 13e–15e siècle, Paris 1994, 13 ff.; M. Prietzel, Die Kalande im südlichen Niedersachsen. Zur Entstehung und Entwicklung von Priesterbruderschaften im Spätmittelalter, Göttingen 1995 (VMPIG 117).

45 Vgl. Schubert, Einführung, 275 f.

46 Vgl. Scribner, Elements of Popular Belief, 238 ff.

47 Vgl. a. a. O., 244 ff.; King, 104 ff.

48 Vgl. S. Tanz/E. Werner, Spätmittelalterliche Laienmentalitäten im Spiegel von Visionen, Offenbarungen und Prophezeiungen , Frankfurt a. M. u. a. 1993 (Beiträge zur Mentalitätsgeschichte 1), 246

49 Vgl. K. Arnold, Mentalität und Erziehung – Geschlechtsspezifische Arbeitsteilung und Geschlechtersphären als Gegenstand der Sozialisation im Mittelalter, in: F. Graus (Hg.), Mentalitäten im Mittelalter. Methodische und inhaltliche Probleme, Sigmaringen 1987 (VKAMAG 35), 257–288; Jaritz, 136 ff.

50 Meuthen, Das 15. Jahrhundert, 180.

in den Frauenklöstern kamen im 15. Jahrhundert überwiegend aus adligen Familien und dem städtischen Patriziat, wobei die Zahl der Ordensfrauen in Italien in dieser Zeit deutlich zunahm, während sie nördlich der Alpen signifikant zurückging.[51] Das resultierte aus dem Ansehensverlust vieler Frauenklöster in Folge von übertriebenem Luxus sowie Missachtung von Klausur und Keuschheitsgelübde, was in zeitgenössischen Quellen immer wieder scharf kritisiert wurde und im historischen Rückblick erkennen lässt, wie wenig das strenge Klosterleben den Vorstellungen vieler Mädchen und Frauen entsprach. Die Bemühungen um eine stärkere Beachtung der monastischen Ideale im Zuge der Ordensreformbewegung – und hier vor allem die rigorose Umsetzung der Klausurbestimmungen – stießen in solchen Frauenklöstern auf großen Widerstand (s. Kap. 4 A). Auf der anderen Seite bot der Eintritt in ein Kloster – bzw. in eine laikale Gemeinschaft frommer Frauen – denen, die diesen Schritt freiwillig und aus Überzeugung taten, die einzige Alternative zu der Rolle als Ehefrau und Mutter, die sie ansonsten übernehmen mussten. Die theologische Glorifizierung des Ideals der Jungfräulichkeit war in dieser Perspektive nicht nur von soteriologischer Bedeutung, sondern eine echte Option selbstbestimmter Lebensgestaltung. Zudem boten die Frauenklöster die Möglichkeit einer intellektuellen Bildung, die den Mädchen ansonsten oft noch versagt war. Hier konnten sie Lesen und Schreiben lernen und sich mit religiöser Literatur beschäftigen, auch wenn es sich dabei zumeist um Erbauungsschriften handelte und ihnen der Zugang zu den theologischen Diskursen dieser Zeit weitgehend verschlossen blieb. Nicht zuletzt war es das karitative Engagement, durch das die Ordensfrauen ebenso wie ihre weltlichen Schwestern in der Devotio moderna und den Gemeinschaften der Beginen eine wichtige Funktion in Kirche und Gesellschaft übernahmen. Für die institutionalisierte Kirche und die in ihr dominierenden Männer war das so lange kein Problem, vielmehr ganz im Sinne ihres Ideals von Weiblichkeit und für die Wahrnehmung fundamentaler Aufgaben in der Gesellschaft auch sehr erwünscht, als sich die Frömmigkeit von Frauen auf das Private beschränkte und traditionelle Gesellschaftsstrukturen sowie Normen nicht in Frage gestellt wurden. Das Bestreben, laikale Frauengemeinschaften nicht nur zu kontrollieren, sondern auch zu regulieren und schließlich in bestehende Ordensgemeinschaften einzugliedern, war da nur konsequent.

Die Verschränkung der Institution Kirche mit der Glaubensgemeinschaft trat dort besonders eindrücklich in Erscheinung, wo der Zusammenhang von Rechtsbeziehungen und Frömmigkeitspraxis konkrete Formen annahm. Das Beispiel des Buß- und Ablasswesens, das für die Gläubigen im 15. Jahrhundert eminent wichtig war (s. Kap. 4 D), zeigt, wie kirchliche Interessen und religiöse Bedürfnisse konvergierten: Die Lossprechung von den Sünden und die Befreiung von den Sündenstrafen sicherten dem Amtsträger, der die Absolutionsgewalt ausübte, eine Rechtsstellung und zentrale Funktion innerhalb der Kirche, während sie den Gläubigen Heil vermittelte und diese dabei in einer fein austarierten Korrelation von Verheißungen und Drohungen auf die Kirche als Heilsinstitution fixierte. Die soziale Dimension dieser komplexen Wechselbeziehung umfasste in einer Zeit, in der die Einheit des *Corpus christianum* bei allen politischen und geistigen Aufbrüchen doch immer noch eine

51 Vgl. King, 105 ff.

Realität war, nicht nur den Binnenraum Kirche, sondern die gesamte Öffentlichkeit. Bußrituale an Gründonnerstag, von denen die Chroniken des 15. Jahrhunderts berichten, waren deshalb mit dem bischöflichen Absolutions- und Jurisdiktionsrecht ebenso verbunden wie mit der weltlichen Sanktionierung öffentlicher Sünden – wobei in Betracht gezogen werden muss, dass die Kirche hier ein Ritual anbieten konnte, das nicht einfach auf gesellschaftliche Stigmatisierung abzielte, sondern vielmehr ein Konzept von „Trennung und Versöhnung"[52] zur Geltung brachte, das die Gläubigen ansprach.

Der Verbindung zwischen der Spitze der Amtskirche und dem Kirchenvolk an der Basis dienten Ablässe, mit denen die Gunst der Gläubigen gewonnen werden konnte, sowie Dispense und Absolutionen, von denen vor allem die Angehörigen der Führungsschicht profitierten. In einer Zeit, in der Politik und Religion eng miteinander verknüpft waren, hatten solche Vergünstigungen zusammen mit ihrer symbolischen Bedeutung auch unmittelbare Auswirkungen auf den rechtlichen Status der Betroffenen, so dass ein gegenseitiges Interesse bestand, die Präsenz eines führenden Funktionsträgers der Amtskirche dafür zu nutzen, die personellen und die institutionellen Verbindungen ebenso zu festigen wie das gemeinsame Normengefüge. Kirchenpolitisch dienten solche Legationen dazu, die hierarchische Struktur der Kirche zu untermauern und damit den Papalismus gegenüber dem Konziliarismus zu stärken.

Das Verhältnis von Amtskirche und weltlicher Obrigkeit hing von den jeweiligen politischen Verhältnissen ab. Es war eine Besonderheit der Reichskirche, dass die Grenzen der zu ihr gehörenden Diözesen nicht mit der Reichsgrenze identisch waren – wie umgekehrt es Bistümer im Reich gab, deren Bischöfe in einem anderen Herrschaftsgebiet residierten.[53] Die zunehmende Territorialisierung, die zur Konzentration herrschaftlicher Rechte, zur Institutionalisierung politischer Entscheidungsprozesse und zur Schaffung von Flächenstaaten führte, hatte Auswirkungen auf die Kirche, weil von ihr die Relation von weltlichen und geistlichen Rechten betroffen war. So diente „die Territorialstruktur als Muster für die Kirchenverfassung".[54] Die Ambivalenz – wenn nicht Widersprüchlichkeit – des Versuches, weltliche und geistliche Rechte wie Pflichten in Balance zu halten, zeigte sich in den Fürstbistümern besonders deutlich und rief bei den Zeitgenossen scharfe Kritik hervor. Dabei herrschten auch unter den obersten Repräsentanten der Reichskirche keineswegs nur Verschwendungssucht und kriegerisches Machtstreben, sondern waren sich Einzelne – wie der Würzburger Bischof Rudolf von Scherenberg (um 1401–1495) und der Wormser Erzbischof Johann von Dalberg (1455–1503) – durchaus ihrer seelsorgerlichen Verantwortung bewusst und bemühten sich ernsthaft um Reformen.[55] Nicht

52 F. Neumann, Die „introductio poenitentium" als rituelle Ausdrucksform bischöflicher Absolutions- und Jurisdiktionsgewalt im 15. Jahrhundert, in: Schreiner/Signori, Bilder, 9–86, hier: 86.

53 Vgl. Brady, The Holy Roman Empire's Bishops, 22 ff.

54 D. Stievermann, Landesherrschaft und Klosterwesen im spätmittelalterlichen Württemberg, Sigmaringen 1989, 295.

55 Vgl. B. Keilmann, Art. Dalberg, Johann von, in: Gatz, Die Bischöfe des Heiligen Römischen Reiches, 115–117; E. J. Greipl, Art. Scherenberg, Rudolf von, a. a. O., 634 f.; Rapp, Réformes et reformation à Strasbourg, 321 ff.

zuletzt spielten die Fürstbischöfe auch bei der Vorbereitung und Durchführung der Reichsreform 1495 eine wichtige Rolle (s. Kap. 2 C). Angesichts der zunehmenden Wirtschaftskraft des Bürgertums und seines gesteigerten politischen Selbstbewusstseins kam es im 15. Jahrhundert aber auch zur Vertreibung von Reichsbischöfen aus ihren Bischofsstädten.[56] Wenn es ihnen nicht gelang, die Herrschaftsgewalt über die Stadt wiederzuerlangen – wie in Würzburg, Bamberg, Eichstätt und Passau – oder gewaltsam zurückzuerobern – wie in Mainz 1462 –, mussten sie sich fortan als *episcopi exclusi* an einem anderen Ort ihrer Diözese niederlassen.

## B. DAS CHRISTENTUM IN DER STÄDTISCHEN GESELLSCHAFT

Die Städte waren im 15. Jahrhundert „Orte einer extrem verdichteten Frömmigkeit und Kirchlichkeit",[57] was sich quantitativ an der zunehmenden Zahl u. a. von Kirchenbauten, Stiftungen, Prozessionen und Bruderschaften ablesen lässt und qualitativ in einer vertieften Religiosität vor allem auch der Laien zum Ausdruck kam. Charakteristisch für die spätmittelalterliche Stadt war, dass ihre Bürger eine „sakrale Gemeinschaft"[58] bildeten, sodass Bürgergemeinde und Kirchengemeinde untrennbar miteinander verwoben waren. Die Religion bildete das Rückgrat der städtischen Gesellschaft, sie vermittelte deren grundlegenden Normen, die wiederum auf die spezifischen Lebensbedürfnisse und -erfahrungen der Menschen in der Stadt bezogen waren. Dazu gehörte das Streben nach Garantien für ein Leben nach dem Tod, wobei dies im Kontext der städtischen Leistungsgesellschaft spezifische Formen einer gesteigerten Werkgerechtigkeit nach sich zog.[59] Zu den Grundwerten der städtischen Gesellschaft zählte neben Friede, Einigkeit, Recht und Gerechtigkeit auch die ‚fromkeyt', die wegen ihrer sozialgeschichtlichen Konnotationen in der bürgerlichen Lebenswelt des 15. Jahrhunderts zum Inbegriff von Rechtschaffenheit und Tugendhaftigkeit wurde.[60] Zur „umfassenden Begründungsfigur der gesamten städtischen Innenpolitik" wurde der „Gemeine Nutzen",[61] der um 1500 als eine unabdingbare Form der Ehrerbietung Gottes geradezu sakralisiert wurde.
Aus der wirtschaftlichen und kulturellen Entwicklung der spätmittelalterlichen Städte resultierte – bei allen Unterschieden, die es zwischen einer bedeutenden Handelsstadt und einer kleinen Ackerbürgerstadt gab – eine Vielfalt der religiösen und kirchlichen Lebenswelten. Sie waren mit den gesellschaftlichen und wirtschaftlichen Verhältnissen eng verbunden.[62] Die städtischen Eliten sicherten sich ihren Einfluss

56 Vgl. J. Jefferey Tyler, Lord of the Sacred City. The Episcopus Exlusus in Late Medieval and Early Modern Germany, Leiden 1999 (SMRT 72).

57 Hamm, Bürgertum und Glaube (s. Abschn. A), 63; vgl. Moeller, Frömmigkeit in Deutschland um 1500, 74 f.

58 Moeller, Reichsstadt und Reformation, Berlin 1987, 12.

59 Vgl. Hamm, Bürgertum und Glaube, 67.

60 Vgl. Rublack, Grundwerte, 17.

61 Blickle, Kommunalismus, Bd. 1, 97.

62 Vgl. Isenmann, Die deutsche Stadt im Spätmittelalter, 210 ff.; Boockmann, Die Stadt im späten Mittelalter, 179 ff.

auf den Klerus, indem sie bei der Besetzung von Pfarrstellen – vorzugsweise der Kanonikatsstellen an einer Dom- oder Stiftskirche – mitsprachen und dem eigenen Nachwuchs durch Stiftungen die Aufnahme in den geistlichen Stand ermöglichten.[63] Weil die Zahl derer, die zur Weihe zugelassen wurden, von den vorhandenen Pfründen abhing, stifteten die wohlhabenden Bürger im 15. Jahrhundert viele sogenannte Blutsvikarien, die nur Verwandten des Stifters und deren Nachkommen offenstanden. Sie verpflichteten meist zu einer festgelegten Anzahl von Messfeiern und eröffneten ihren Inhabern, den Altaristen, mit dem Weihetitel auch die Aussicht auf einen Aufstieg in der kirchlichen Hierarchie.[64] So besaß der Konstanzer Dom am Ende des 15. Jahrhunderts 54 Altarstiftungen, das Ulmer Münster über 60, und in Breslau waren allein an der Elisabethkirche 122 Altaristen sowie an der Magdalenenkirche noch einmal 114 Messpfründner tätig.[65] Im Stiftungswesen kam die Verknüpfung religiöser Heilserwartungen mit dem bürgerlichen Repräsentationsbedürfnis zur Geltung, was dazu führte, dass die gestifteten Altäre zunehmend nicht mehr nach einem Heiligen, sondern nach der Stifterfamilie benannt wurden.[66] Somit dienten solche Stiftungen zusammen mit ihrer Funktion, die *memoria* zu gewährleisten,[67] auch der Identitätsbildung, wobei das Bedürfnis einer sozialen Gruppe, sich nach außen als Einheit zu präsentieren, vielfältig motiviert war: Hier sollte wirtschaftlicher Wohlstand ebenso demonstriert werden wie gesellschaftliche und politische Macht, und damit verknüpft waren religiöse Aspekte, insofern die ständische Gliederung der Gesellschaft grundsätzlich legitimiert und zugleich das Spezifikum der eigenen Gruppe hervorgehoben wurde.[68] Seinen sinnfälligen Ausdruck fand das in der Heiligenverehrung der Gilden, die jeweils zu Ehren ‚ihres' Heiligen Kirchenräume gestalteten und Kapellen stifteten. Die spätgotische Hallenkirche, wie sie im Zuge des ‚Baufrühlings' dieser Zeit in vielen Regionen Mitteleuropas errichtet wurde, ist ein Spiegelbild des bürgerlichen Selbstbewusstseins und seiner Religiosität.[69] Die Urbanisierung der Kirche und die damit einhergehende Regionalisierung machten auch vor den Bettelorden nicht halt, die die Kultur der spätmittelalterlichen Städte in vielfältiger Weise geprägt haben. Im 15. Jahrhundert entstammten die meisten Mitglieder der Konvente der oberen städtischen Mittelschicht,[70] wodurch nicht nur die soziale Bandbreite, sondern auch die Mobilität eingeschränkt wurde, was wiederum dem Profil und der Überzeugungskraft der Mendikanten (Bettelmönche) abträglich war. Das Verhältnis der Bettelorden zu den Weltklerikern war desto angespannter, je mehr sie nicht nur um die Predigthörer konkurrierten, sondern auch um Schenkungen und Stiftungen.[71]

63 Vgl. R. Kießling, Das gebildete Bürgertum und die kulturelle Zentralität Augsburgs im Spätmittelalter, in: Moeller u. a., Studien, 553–585, hier: 567 ff.; Kurze, Der niedere Klerus (s. Abschn. A), 17 ff.

64 Vgl. Borgolte, 71 ff.

65 Vgl. Feine, 421 f.

66 Vgl. Moeller, Frömmigkeit in Deutschland um 1500, 75.

67 Vgl. Borgolte, Stiftungen, 71 ff.

68 Vgl. Schleif, 16 ff.

69 Vgl. Tripps, 152 ff.

70 Vgl. Neidiger, 178 ff.

71 Vgl. Müller, Bettelorden und Stadtgemeinde, 151 ff.

Die Bruderschaften, in denen die Laienfrömmigkeit ihre genossenschaftliche Gestalt annahm, waren in allen Ständen verbreitet. Viele dieser Bruderschaften sind in der zweiten Hälfte des 15. Jahrhunderts gegründet worden. Im Mittelpunkt standen die gemeinsame Fürbitte und die Pflege einer Erinnerungskultur, die sich im eschatologischen Vorstellungshorizont dieser Zeit auf die Totenmessen konzentrierte. Solche Bruderschaften konnten die Gläubigen aber auch ständeübergreifend vereinen wie die Fronleichnams- oder die Rosenkranzbruderschaften. Standen hier die religiösen Motive im Vordergrund, so ist für die Bruderschaften, die zusammen mit den religiösen auch wirtschaftliche Interessen verfolgten, nicht festzustellen, ob die zunehmende Zahl solcher Stiftungen bis zum Ende des 15. Jahrhunderts auch auf eine gesteigerte Frömmigkeit schließen lässt. Diese Gemeinschaften übernahmen karitative Aufgaben, wie sich überhaupt in der praktizierten Nächstenliebe der Zusammenhalt der Glaubensgemeinschaft manifestierte. Darin spiegelten sich allerdings die sozialen Strukturen und Interessen genau wider, so dass selbst die *caritas* normiert und ihre Anwendung oft darauf beschränkt wurde, die gesellschaftlichen Verhältnisse zu bewahren. Das zeigte sich am Problem der Armenfürsorge besonders deutlich, denn die Armengesetzgebung, die im 15. Jahrhundert in deutschen Städten eingeführt wurde, entzog den Bettlern, die von außen kamen, jede Unterstützung, während die ortsansässigen Armen toleriert wurden, wenn sie im Stande waren, die Fürbitte für den Schenkenden als religiöse Gegenleistung zu erbringen.[72] Generell ist im Spätmittelalter die Tendenz erkennbar, durch Ausgrenzung Randgruppen zu bilden, um so den Zusammenhalt der städtischen Gesellschaft zu festigen. Zugleich gab es aber auch von kirchlicher Seite Bemühungen, etwas gegen drohende Verarmung zu unternehmen, indem in italienischen Städten vor allem Franziskaner mit Unterstützung der Kurie Pfandhäuser einrichteten, um damit Wucherzinsen entgegenzuwirken.[73] Die Verbindung politischer und religiöser Interessen trat besonders eindrücklich vor Augen, wenn symbolische Akte ein wichtiges Ereignis herausstellten. So waren bei der Öffnung eines Reliquienschreins zu Beginn einer Wallfahrtsperiode die Vertreter des Rates einer Stadt zugegen, was der Klerus durchaus nicht ohne Vorbehalte billigte, weil er den Einfluss der städtischen Obrigkeit angesichts der wirtschaftlichen Bedeutung von Pilgerfahrten fürchten musste.[74] Zu Konflikten zwischen dem städtischen Bürgertum und dem Klerus kam es immer dann, wenn ihre Interessen unterschiedlich waren. Nachdem sich solche Auseinandersetzungen oftmals über Jahrzehnte zuspitzten, konnten daraus regelrechte ‚Pfaffenkriege' resultieren wie im Lüneburger Prälatenkrieg oder in der Rostocker Domfehde in der zweiten Hälfte des 15. Jahrhunderts.[75] Ein ständiges Ärgernis für das städtische Bürgertum bildeten die Privilegien der Kleriker, denn sie waren nicht zum Wehrdienst und zur Verteidigung der Stadt verpflichtet, von Steuern befreit und vor der städtischen Gerichtsbarkeit geschützt, wodurch die Autonomiebestrebungen der Städte erheblich eingeschränkt waren. Dagegen bemühten sich die Städte, die Geistlichen in die Bürgerschaft zu

72 Vgl. Mollat (s. Abschn. A), 228 ff.

73 Vgl. Pastor, Bd. III/1, 93 ff.

74 Vgl. K. Herbers, Stadt und Pilger, in: Hye, Stadt und Kirche, 199–238, hier: 227 ff.

75 Vgl. B.-U. Hergemöller, „Pfaffenkriege" im spätmittelalterlichen Hanseraum. Quellen und Studien zu Braunschweig, Osnabrück, Lüneburg und Rostock, 2 Bde., Köln/Wien 1988.

integrieren, indem sie Sonderregelungen vereinbarten. Auch wenn solche Bestrebungen teilweise erfolgreich waren, zumal wenn einzelne Kleriker oder häufiger kirchliche Einrichtungen wie Klöster und Spitäler das Bürgerrecht annahmen, um so Schutz oder wirtschaftliche Vorteile zu erlangen, blieben doch „‚Kleriker als Bürger' Ausnahmeerscheinungen".[76] Besonders brisant war die wirtschaftliche Konkurrenz zwischen städtischen Kleinproduzenten und Klerikern, die sich insbesondere in der Textil-, Getreide- und Viehwirtschaft sowie der Bierbrauerei und dem Weinbau betätigten und für den lokalen Markt produzierten.[77] Dabei beanspruchten sie unter Berufung auf ihre Immunitätsprivilegien wirtschaftliche Sonderrechte, die von den Gilden und Zünften als Unrecht angesehen wurden. Weil der Klerus von jeglichen Zöllen, Steuern und Abgaben befreit war, konnte er seine Produkte günstiger anbieten. Dieses wirtschaftliche Engagement der Kleriker war durchaus ambivalent: Einerseits gelang es ihnen dadurch, die ruinösen Folgen der Agrarkrise gerade für Klöster und Stifte abzuwenden, andererseits beschleunigte sich damit aber die Tendenz einer Kapitalisierung des Agrarmarktes, was zur weiteren Verarmung vor allem des einfachen Landklerus führte.[78] Mit der Preisrevolution, die seit 1470 auf Grund des Bevölkerungswachstums und der gesteigerten Nachfrage nach Nahrungsmitteln einsetzte,[79] verschärften sich die sozialen Spannungen.
Auch das Privileg der Kleriker, nicht der weltlichen Gerichtsbarkeit unterworfen zu sein, rief Unmut hervor. Die kirchlichen Immunitätsbereiche bildeten nicht nur topographisch, sondern auch rechtlich „eine Stadt innerhalb der Stadt",[80] so dass Geistliche bei Rechtsstreitigkeiten nicht von einem weltlichen Gericht belangt werden konnten. Umgekehrt aber machte der Klerus reichlich Gebrauch von Kirchenstrafen wie dem Kleinen und Großen Kirchenbann, wodurch die Teilnahme an der Kommunion untersagt wurde oder sogar der Ausschluss aus der kirchlichen und damit auch aus der bürgerlichen Gemeinschaft erfolgte. War der städtischen Obrigkeit grundsätzlich daran gelegen, dass die Kirche ihr Strafrecht im Sinne einer Sozialdisziplinierung ausübte, so wandte sie sich doch gegen dessen Missbrauch, der allerdings auch von der Amtskirche verurteilt wurde.
Weitreichende Bedeutung hatte die Verzahnung der religiösen und gesellschaftlichen Interessen in der Stadt auf karitativem Gebiet. Im Mittelpunkt stand hier das Spital, das der Armen- und Altenfürsorge diente, in dem aber auch Kranke gepflegt und seelsorgerlich betreut wurden. Oft hießen die Spitäler ‚Heilig-Geist-Spital', in Anknüpfung an die besondere Rolle des Heiligen Geistes als Tröster und Bewahrer.[81] Neben den Spitälern gab es noch Fremdenhospize und vor den Toren der Stadt

76 Moeller, Kleriker als Bürger, 41.

77 Vgl. M. Gechter, Kirche und Klerus in der stadtkölnischen Wirtschaft im Spätmittelalter, Wiesbaden 1983 (Beiträge zur Wirtschafts- und Sozialgeschichte 28), 55 ff.; F. Röhrig, Ein Stift in der Stadt. Die Symbiose von Chorherren und Stadt am Beispiel Klosterneuburg, in: Hye, Stadt und Kirche, 269–279, hier: 274; Heitzenröder (s. Abschn. A), 70 ff.; Schröer, Bd. 2 (s. Abschn. A), 23 ff.

78 Vgl. Rapp, Réformes et reformation à Strasbourg (s. Abschn. A), 265 ff.

79 Vgl. Henning, 537 ff.

80 Schröer, Bd. 2, 37.

81 Vgl. S. Reicke, Das deutsche Spital und sein Recht im Mittelalter. Erster Teil: Das Spital im Mittelalter. Geschichte und Gestalt, Stuttgart 1932 (ND 1970),166 ff.

Leprosenhäuser für Aussätzige. In all diesen Einrichtungen, die vom Rat der Stadt beaufsichtigt wurden, soweit sie nicht zu einem Domkapitel, einem Kloster oder Stift gehörten, leisteten Kleriker und Laien ihren tatkräftigen Beitrag zu einer Realisierung christlicher Nächstenliebe. Auch für die Stifter und die städtische Aufsicht der Spitäler spielten religiöse Motive eine wichtige Rolle, zugleich verfolgten sie das politische Ziel, die sozialen Konflikte in den wachsenden Unterschichten der Städte zu entschärfen.[82] Die zunehmende Kommunalisierung der Wohlfahrtspflege stand im Zusammenhang mit den politischen Tendenzen dieser Zeit, die auf eine Zentralisierung von Machtstrukturen hinausliefen, ohne dass damit die religiösen Intentionen verdrängt wurden. So gehört das karitative Engagement des städtischen Bürgertums und des Klerus zu den großen historischen Leistungen des späten Mittelalters.

Auch der Aufschwung städtischer Kultur hing von den geistigen und religiösen Interessen des Bürgertums ab, was wiederum in engem Zusammenhang stand mit den wirtschaftlichen Gegebenheiten sowie den vorhandenen Kommunikationsstrukturen und -mitteln in einer Zeit, in der der Buchdruck die Kommunikation revolutionierte.[83] Die Bedeutung, die der Kirche und der christlichen Kultur bei der Verbreitung des Buchdrucks zukommt, lässt sich daran ablesen, dass zum größten Teil religiöses Schrifttum gedruckt wurde und die wichtigsten Druckorte zumeist Bischofsstädte waren. Den Bischöfen bot sich damit die „stets herbeigesehnte Möglichkeit, der Geistlichkeit sorgfältig redigierte und einheitliche Texte an die Hand zu geben".[84] Das entsprach ihrem Interesse, im Zusammenhang mit einer grundlegenden Kirchenreform Einfluss auf die Produktion solcher Schriften – wie der lateinischen *Vulgata*, liturgischer Bücher und amtlicher Verlautbarungen bis hin zu den Ablassbriefen – zu gewinnen, die für den gottesdienstlichen Gebrauch wie für die kirchliche Verwaltung wichtig waren. Ohne die Finanzkraft und die Handelsverbindungen des städtischen Bürgertums waren die Investitionen für solche Druckereien aber nicht aufzubringen und konnten ebenso wenig dauerhaft bestehen.

Das selbstbewusste Bürgertum unterstützte seinerseits neue geistige Tendenzen, um damit auch den gesellschaftlichen Einfluss der Kirche einzuschränken. So förderte beispielsweise in Erfurt, eine der größten Städte des Reiches und Sitz einer der bedeutenden Universitäten des 15. Jahrhunderts, der Stadtschreiber Nikolaus Marschalk (1455–1525), der dort zum Magister artium promoviert worden war, zusammen mit dem Drucker Wolfgang Schenk den Humanismus.[85] Von der steigenden Nachfrage

82 Vgl. Isenmann, Die deutsche Stadt im Spätmittelalter, 222 ff.

83 Vgl. Neddermeyer, Bd. 1, 452 ff.; T. Brandis, Handschriften- und Buchproduktion im 15. und frühen 16. Jahrhundert, in: L. Grenzmann/K. Stackmann (Hg.), Literatur und Laienbildung im Spätmittelalter und in der Reformationszeit, Stuttgart 1984 (Germanistische Symposien. Berichtsbände 5), 176–196; T. Kock/R. Schlusemann (Hg.), Laienlektüre und Buchmarkt im späten Mittelalter, Frankfurt a. M. 1997 (Gesellschaft, Kultur und Schrift. Mediävistische Beiträge 5); M. Milway, Forgotten Best-Sellers from the Dawn of the Reformation, in: Bast/Gow, Continuity and Change, 113–142.

84 S. Corsten, Der frühe Buchdruck und die Stadt, in: Moeller u. a., Studien, 9–32, hier: 14.

85 Vgl. E. Kleineidam, Universitas Studii Erffordensis. Überblick über die Geschichte der Universität Erfurt, Teil II: Spätscholastik, Humanismus und Reformation 1461–1521, Leipzig $^{2}$1992 (EThSt 22), 139.

nach Literatur profitierten hier aber auch die anderen philosophischen und theologischen Strömungen, so dass Erfurt zu einem kulturellen Zentrum im nördlichen Deutschland wurde. Bildete die Stadt im Spätmittelalter den Mittelpunkt der Buch- und Lesekultur, so spielten Bücher doch im bürgerlichen Selbstverständnis und im Prozess der Kommunalisierung zunächst noch keine große Rolle.[86] Umso wichtiger waren die Bibliotheken im Besitz der Kirche für die Verbreitung von Büchern. Neben den Bibliotheken städtischer Klöster, aus denen auch Bürger gelegentlich Bücher entleihen konnten, nahmen vor allem die Pfarreibibliotheken eine öffentliche Funktion wahr. Das kam aber nicht nur der Laienbildung zugute, sondern davon profitieren sollten nach dem Willen der Stifter gerade auch die Geistlichen, deren theologische Bildung dadurch verbessert werden sollte.

Mit dem Buchdruck fanden auch die Bibelübersetzungen in die Volkssprachen Verbreitung. In Deutschland, wo es so viele Bibelübersetzungen gab wie nirgendwo sonst, lagen zwischen 1466 und 1522 insgesamt 22 Druckausgaben vor, die aber auf Grund der kostbaren Gestaltung noch relativ teuer waren.[87] Den ersten deutschen Bibeldruck stellte 1466 Johann Mentelin (um 1410–1478) in Straßburg her.[88] Hielt sich diese Übersetzung noch eng an den Wortlaut der lateinischen *Vulgata*, so orientierten sich spätere Übersetzungen stärker an den Eigenheiten der Volkssprache. Wenngleich nur Wohlhabende sich die Drucke leisten konnten und deren Auflagen insgesamt gering waren, wurde damit doch das Monopol auf Schriftauslegung, das bislang der Klerus innehatte, durchbrochen. Der Veranschaulichung des Bibeltextes für die überwiegend leseunkundigen Laien dienten die Illustrationen, wie sie in der Tradition mittelalterlicher Bibelhandschriften auch in den Druckausgaben betrachtet werden konnten oder die als reine Bilderbibeln kursierten.[89]

Die Ausprägung religiöser Kultur in der städtischen Gesellschaft hing auch mit dem Schul- und Bildungswesen der Städte eng zusammen. Seit dem Anfang des 15. Jahrhunderts setzte sich das Bürgertum dafür ein, neben den Lateinschulen auch deutsche Schreibschulen einzurichten.[90] Das entsprach den wirtschaftlichen Interessen des mittleren Bürgertums und der Handwerker und veranlasste die Pfarrschulen, die für die Elementarbildung zuständig waren, in ähnlicher Weise einen entsprechenden Unterricht anzubieten. Immer mehr Städte richteten auch sogenannte ‚Hausschulen' ein, in denen Mädchen eine Elementarbildung in Lesen und Schreiben erhielten.[91] Auch wenn Latein- und Schreibschulen streng getrennt waren, kam es in der zweiten Hälfte des 15. Jahrhunderts zu Auseinandersetzungen, weil die kirchlichen Schul-

86 Vgl. Moeller, Die Anfänge kommunaler Bibliotheken in Deutschland, in: Ders. u. a., Studien, 136–151.

87 Vgl. Schubert, Einführung, 271.

88 Vgl. F. Geldner, Art. Bibeldruck [I], in: LexMA 2, München/New York 1983, 82 f., hier: 82; Eichenberger/Wendland, 21 ff.; T. Kaufmann, Vorreformatorische Laienbibel und reformatorisches Evangelium, in: ZThK 101 (2004), 138–174.

89 Vgl. U. von Bloh, Die illustrierten Historienbibeln. Text und Bild in Prolog und Schöpfungsgeschichte der deutschsprachigen Historienbibeln des Spätmittelalters, in: VB 13/14 (1991/92), Bern u. a. 1993, 11 ff.

90 Vgl. K. Wriedt, Schulen und bürgerliches Bildungswesen in Norddeutschland im Spätmittelalter, in: Moeller u. a., Studien, 152–172, hier: 162.

91 Vgl. King, 203.

träger nur in begrenztem Maße bereit waren, konkurrierende städtische Schulen zu dulden. Das richtete sich auch gegen den außerschulischen Privatunterricht, wie ihn weite Kreise des wohlhabenden Bürgertums praktizierten. Trotz dieser Konflikte behielt die Kirche noch stets ihre dominante Position im städtischen Bildungswesen und die religiöse Unterweisung nahm einen breiten Raum im schulischen Unterricht ein.

## C. DAS CHRISTENTUM IN DER LÄNDLICHEN GESELLSCHAFT

Im Unterschied zur Lebenswelt des Adels wie auch des städtischen Bürgertums lässt sich die religiöse Situation der bäuerlichen Bevölkerung sehr viel schwerer aus den Quellen rekonstruieren, denn die Verfasser schriftlicher Quellen haben sich dafür oft nicht interessiert, und sonstige Quellen vermitteln nur bedingt einen Einblick in die Lebensrealität der Bauern.[92] Allerdings bietet neben der Vielzahl von Schreiben, Mandaten und Urkunden der bischöflichen Kanzleien nicht zuletzt auch die päpstliche Registerüberlieferung reichhaltiges Quellenmaterial für die Geschichte der Dorfpfarreien.

Im Dorf bildete die Kirche topographisch und gesellschaftlich den Mittelpunkt der religiösen und politischen Gemeinschaft, sie war Versammlungsort ebenso wie Wehrturm und Zufluchtsort in Kriegszeiten.[93] Diese in mehrfacher Hinsicht zentrale Bedeutung der Kirche für die Dorfgemeinde hatte zur Folge, dass die zunehmenden Tendenzen der Inkorporationen von ländlichen Pfarrkirchen auf den Widerstand der Dorfbevölkerung stießen, und die Redewendung, man solle ‚die Kirche im Dorf lassen', hat von daher eine spezifische historische Bedeutung.[94] Zugleich strebten die Gemeinden, die noch keine eigene Kirche besaßen, danach, eine solche durch die Ausgliederung einer eigenständigen Pfarrei oder durch eine Stiftung zu erhalten. Der enge Zusammenhang von religiöser und politisch-sozialer Gemeinschaft sowie deren Vergegenwärtigung in Symbolhandlungen wird schließlich auch im ländlichen Bereich im Prozessionswesen deutlich. So sind etwa Flurumgänge oftmals in Form von Fronleichnamsprozessionen durchgeführt worden.[95]

Der Pfarrer repräsentierte die Amtskirche auf dem Land in höherem Maße als seine Amtsbrüder in der Stadt, wo mehrere Geistliche – und vor allem Weltkleriker und Ordensgeistliche – miteinander konkurrierten, während die Landpfarrer in dieser Hinsicht nur die Wanderprediger fürchten mussten. Was die Qualifikationen der Landpfarrer anbetraf, so entsprachen diese in der Wirklichkeit nicht immer den kanonischen Bestimmungen, wie die zahlreichen Dispense belegen.[96] Der Anteil der Bauernsöhne an den Pfarrklerikern auf dem Land war regional unterschiedlich,

---

92 Vgl. Schubert, Einführung, 256.

93 Vgl. K. S. Bader, Dorfgenossenschaft und Dorfgemeinde (Studien zur Rechtsgeschichte des mittelalterlichen Dorfes 2), Wien u. a. 1974, 195 f.; Bünz, 78 f.

94 Vgl. Bünz (s. Abschn. A), 77 f.

95 Vgl. P. Browe, Die eucharistischen Flurprozessionen, in: ThGl 21 (1929), 742–755.

96 Vgl. Weiss, 259 ff.

insgesamt aber „recht gering“.[97] Besaß der Pfarrer als Geistlicher eine soziale Sonderrolle und konnte er als Inhaber des Pfarrbenefiziums seine Rechte als Grundherr gegenüber den Bauern einfordern, so war er zugleich den anderen dadurch gleichgestellt, dass er seinen Acker bewirtschaftete, was im Alltag zu Streitigkeiten führen konnte. Kritik an den Pfarrern haben die Bauern aber vor allem dann zum Ausdruck gebracht, wenn sie deren geistliche Pflichten verletzt sahen und deshalb um ihr eigenes Heil fürchten mussten. So beklagten sich um 1490 die Bauern der Ortschaft Kirchen im Landkreis Lörrach, einer Pfarrei, die dem Stift St. Peter in Basel inkorporiert worden war, in Beschwerdeartikeln darüber, dass sie ihren Pfarrer zu Hause aufsuchen mussten, wenn sie in der Fastenzeit beichten wollten, und dass er dort, auf der Ofenbank liegend, „hort die lutt zu bicht und sprach zu einem: ‚send dir din sind leid, so ist gnug‘. Also richt er unß uß und wurdent gar ser ubel underwist und bereit zu den heiligen wirdigen sacrament weder mit wortten noch mit wercken noch mit siner underwysung“.[98] Ebenfalls beschwerten sie sich über den häufigen Wechsel der Seelsorger auf Grund unzureichender Einkünfte der Pfarreien, womit neben der häufigen Abwesenheit der Pfarrer, die sich von ihrer Residenzpflicht dispensieren und von einem Vikar vertreten ließen, eines der gravierendsten Probleme der Landpfarreien benannt war. Zu den Maßnahmen, auf die sich die Teilnehmer des Schlettstädter Bundschuhs 1493 verpflichteten, gehörte denn auch, „welcher pfaff mehr dan ein pfrunde hette, ime die zu nemmen“.[99] Weniger im Fokus der Kritik standen derweil die Predigten der Pfarrer, was allerdings über deren Qualität noch nichts aussagen muss. Für das Predigtwesen auf dem Lande sind Predigtsammlungen einzelner Geistlicher aufschlussreich, die nicht einfach aus den damals verbreiteten Handbüchern abgeschrieben, sondern zum Teil eigenständige Mustersammlungen komponiert haben.[100] Im theologischen Bildungsniveau ist generell ein „gewisses Stadt-Land-Gefälle“[101] zu verzeichnen, auch wenn die meisten Landpfarrer inzwischen lesen konnten.[102] Nach den Synodalstatuten wurden auch grundlegende Kenntnisse der Pfarrer in der Seelsorge verlangt, wie sie anhand von Johannes Auerbachs ‚Leitfaden zur Unterrichtung des einfachen Klerus in der Seelsorge‘ vermittelt werden sollten. Für die innerkirchliche Kommunikation und damit die spezifische Ausprägung des Christentums in der ländlichen Gesellschaft war von entscheidender Bedeutung, dass hier – weitaus stärker als in den Städten – die Kirche, die bei allen Beschränkungen ihrer Kleriker doch insgesamt der Schriftkultur verpflichtet war, auf eine Volkskultur stieß, in der mündliche Traditionen dominierten.[103]

Einen Eindruck von den Nöten der Landpfarrer im ausgehenden 15. Jahrhundert vermittelt der ‚Brief über die Nöte der Seelsorger und Vikare‘ an einen Pfarrer des

97 Kurze, Der niedere Klerus (s. Abschn. A), 18.

98 Zit. n. Johanek, Bischof, Klerus und Laienwelt (s. Abschn. A), 82.

99 Zit. n. A. Rosenkranz, Der Bundschuh. Die Erhebungen des südwestdeutschen Bauernaufstandes in den Jahren 1493–1517, 2 Bde., Heidelberg 1927, hier: Bd. 2, 1 f.

100 Vgl. Bünz (s. Abschn. A), 121 f.

101 A. a. O., 136.

102 Vgl. F. W. Oediger, Über die Bildung der Geistlichen im späten Mittelalter, Leiden u. a. 1953 (STGMA 2), 123 ff.

103 Vgl. Bünz (s. Abschn. A), 87.

Bistums Meißen, den ein anonymer Kleriker 1475 verfasst hat.[104] Durch zahlreiche Drucke fand er im späten 15. und frühen 16. Jahrhundert weite Verbreitung und ist von Luther 1540 noch einmal mit einer Vorrede herausgegeben worden.[105] Zu den ‚Teufeln', von denen die Pfarrer gequält wurden, zählten danach an erster Stelle die Kollatoren, d. h. die Patronatsherren. Das spiegelt die kirchlichen Verhältnisse auf dem Lande insofern wider, als die feudalen Strukturen in vielen ländlichen Regionen dafür sorgten, dass adlige Grundbesitzer großen Einfluss auf das religiöse Leben ausübten, indem sie vor allem ihre Patronatsrechte zur Geltung brachten. Verstärkt wurde diese Dominanz durch Dotierungen von Kapellen, Altären und Messen sowie Stiftungen von Pfarreien, Ordensniederlassungen und Spitälern, die sich seit Mitte des 15. Jahrhunderts häuften.[106] Neben wirtschaftlichen und gesellschaftlichen Interessen, die damit für die Adligen verbunden waren, ging es ihnen in religiöser Hinsicht insbesondere um die Gewährleistung des Totengedenkens, das im Zusammenhang der spätmittelalterlichen Kultur der *memoria* eine große Rolle spielte. Analog zu den religiösen Vereinigungen in den Städten bildeten sich auch adlige Korporationen, die sich religiös-ethischen Grundsätzen verschrieben.

Wenn die *Epistola de miseria curatorum seu plebanorum* in ihrer Auflistung der ‚Teufel', die die Pfarrer quälten, den Küster an zweiter und die Köchin – als seine ‚Gebieterin' – an dritter Stelle nannte, so kamen damit die Alltagsprobleme der Landpfarrer in ihren unmittelbaren sozialen Lebensbezügen in den Blick, wobei der Verfasser angesichts der Anfechtungen, die daraus für die Geistlichen resultierten, die Abschaffung des Zölibats forderte. Neben dem Kirchenpfleger als dem von der Gemeinde gewählten Verwalter des Kirchenguts und dem Bauern, dem der Verstand fehle, werden dann noch der Offizial als Repräsentant der bischöflichen Verwaltung angeführt, die ständig mit Erlassen und Visitationen Druck ausübte, sowie der Bischof selbst, der Abgaben verlangte und wie ein „Wolf erntet, was er nicht gesät hat".[107]

Konflikte zwischen dem Klerus und den Bauern konnten nicht nur innerhalb einer Dorfgemeinde entstehen, sondern auch auf regionaler Ebene vor allem im Zusammenhang mit der Ausweitung von Herrschaftsrechten. Der gewaltsame Protest der Bauern des Salzburger Erzstifts gegen die ihnen auferlegte Verdoppelung der Weihsteuer durch den neuen Erzbischof im Jahre 1462 ist dafür ebenso ein Beispiel wie der Aufstand der abgabenpflichtigen Bauern und Leibeigenen des Klosters Ochsenhausen an der Wende vom 15. zum 16. Jahrhundert, die sich damit gegen die Verschlechterung ihrer Rechtsstellung zur Wehr setzten.[108] Solche Bauernaufstände nahmen gegen Ende des 15. Jahrhunderts zu und radikalisierten sich nicht zuletzt dadurch, dass die bäuerlichen Forderungen nun mit dem Verweis auf die ‚göttliche Gerechtigkeit' legitimiert wurden.

Während die Wohlfahrtspflege in den Städten organisiert und zumindest im An-

104 Vgl. A. Werminghoff, Die Epistola de miseria curatorum seu plebanorum, in: ARG 13 (1916), 200–227.

105 WA 51, 453.

106 Vgl. Machilek, 166 f.

107 Epistola de miseria curatorum seu plebanorum §7, in: ARG 13 (1916), 211.

108 Vgl. P. Blickle, Unruhen in der ständischen Gesellschaft 1300–1800, München 1988 (Enzyklopädie deutscher Geschichte 1), 14 f.

satz erfolgreich war, gab es etwas Vergleichbares auf dem Land nicht. Obwohl die meisten Pfarreien über Armenstiftungen verfügten, die sie Not leidenden Gemeindemitgliedern zukommen lassen konnten, reichten diese Mittel oft nicht, und die Einkommen der Pfarrer hingen von der landwirtschaftlichen Ertragslage ab, so dass sie in Notzeiten selbst Hunger litten.[109] Zudem waren sie rein personell nicht in der Lage, für alte und kranke Menschen hinreichend zu sorgen.

Nicht nur in der Stadt, sondern auch auf dem Land blühte im 15. Jahrhundert das Stiftungswesen, wobei der Vorteil der Stiftung sogenannter Minderpfründen darin bestand, dass deren Priester keine dem Pfarrzwang vergleichbare Amtsgewalt innehatten und deshalb auch nicht dem Kirchenvolk übergeordnet waren, sondern dass ihr Auftrag vielmehr von der Gemeinde bestimmt wurde, die damit das Patronatsrecht wahrnahm.[110] Im Vordergrund stand das Anliegen der *cura animarum*, der Seelsorge in einem umfassenden Sinn. Die Messen, die öffentlich zelebriert werden sollten, umfassten Gottesdienst und Heiligenverehrung ebenso wie Totengedenken und dienten dabei der Selbstvergewisserung der Gemeinschaft, deren Sorge um das Seelenheil religiös und politisch motiviert war. Einerseits ging es um eine Festigung des Glaubens durch grundlegende Verbesserungen im Bereich von Kultus und Katechese, andererseits konnte sich die Gemeinschaft mit Hilfe kirchlicher Stiftungen selbständig konstituieren und als Rechtsgemeinschaft definieren, ohne den Beschränkungen durch die amtskirchlichen Strukturen unterworfen zu sein. Inwieweit sich darin die grundsätzliche Tendenz einer ‚Kommunalisierung' widerspiegelt, so dass die Gemeindereformation als „Bindeglied zwischen der mittelalterlichen und der neuzeitlichen Welt"[111] anzusehen wäre, ist in der Forschung umstritten.[112] Die Stiftungen, die von der bäuerlichen Bevölkerung mit einem erheblichen finanziellen Aufwand getätigt wurden, haben jedoch zu einer Verbesserung der Seelsorge auf dem Land beigetragen.[113] Auch im Wallfahrtswesen, das in der Frömmigkeit des 15. Jahrhunderts eine wichtige Rolle spielte (s. Kap. 4 D), war die ländliche Bevölkerung nicht nur als Pilger beteiligt, sondern die Bauern konnten selbst den Anstoß zur Bildung einer Wallfahrt geben, indem sie Heiligtümer errichteten.[114]

---

109 Vgl. Schröer, Bd. 2 (s. Abschn. A), 65.

110 Vgl. Fuhrmann, Kirche und Dorf (s. Abschn. B), 141 ff.

111 Edwards, 95; vgl. Blickle, Kommunalismus, Bd. 1, 1 ff.

112 Vgl. Fuhrmann, Dorfgemeinde und Pfründstiftung, 77 ff.; P. Blickle (Hg.), Landgemeinde und Stadtgemeinde in Mitteleuropa. Ein struktureller Vergleich, München 1991 (HZ. B NR 13), 489 ff.; V. Press, Kommunalismus oder Territorialismus? Bemerkungen zur Ausbildung des frühmodernen Staates in Mitteleuropa, in: H. Timmermann (Hg.), Die Bildung des frühmodernen Staates – Stände und Konfessionen, Saarbrücken 1989 (Forum: Politik 6), 109–135.

113 Vgl. Fuhrmann, Die Kirche im Dorf, 147 ff.

114 Vgl. F. Rapp, Zwischen Spätmittelalter und Neuzeit: Wallfahrten der ländlichen Bevölkerung im Elsaß, in: Schreiner, Laienfrömmigkeit, 127–136, hier: 134 f.

# Kapitel 2
# Das Ringen um die Reform der Kirche und die Einheit des Corpus Christianum

Angesichts der Zuspitzung des Großen Abendländischen Schismas nach dem Konzil von Pisa im Jahre 1409, seitdem nunmehr drei Päpste konkurrierten und mit ihren Obödienzen, d. h. zu Gehorsam verpflichteten Gefolgschaften, die Spaltung der abendländischen Christenheit vertieften, waren die Wiederherstellung der Einheit der Kirche und deren ‚Reform an Haupt und Gliedern' zur vordringlichen Aufgabe geworden.[1] Die beiden großen Reformkonzilien des 15. Jahrhunderts in Konstanz (1414–1418) und in Basel (1431–1449) nahmen sich dieser Aufgabe an, wobei eine kirchenpolitische und grundsätzlich ekklesiologische Auseinandersetzung darüber entbrannte, welche Rolle dem Konzil generell innerhalb der Kirche zukommen und wie sich sein Verhältnis zum Papst gestalten solle. Damit verbunden war auch ein Interessenkonflikt mit den weltlichen Obrigkeiten, denen ebenfalls an einer Reform der Kirche gelegen war, die aber ihrerseits damit das Ziel einer Einbindung der Kirche in ihre Bestrebungen einer Zentralisierung politischer Herrschaft verknüpften. So ging es bei dem vielschichtigen Leitmotiv der *reformatio* nicht zuletzt um die Frage, wie die Einheit des *Corpus christianum* angesichts der divergierenden Interessen noch bewahrt werden konnte.

## A. DAS KONZIL VON KONSTANZ 1414–1418

### 1. Die Überwindung des Schismas

Nachdem Papst Johannes XXIII. ([ca. 1360] 1410–1415) im Jahre 1413 auf Drängen König Sigismunds ([1368] 1411–1437) ein Konzil nach Konstanz einberufen hatte, wurde dieses dort am 5. November 1414 feierlich eröffnet.[2] In der ersten Sitzung des Konzils im Konstanzer Münster wurde als Ziel formuliert, das Konzil solle sich mit aller Kraft „für den Frieden, die Erhöhung und Reform der Kirche und die Ruhe des christlichen Volkes"[3] einsetzen. Bei der Vorbereitung der Sitzungen trat die *Congregatio doctorum* hervor, die dem Papst auch einen Entwurf für die Organisation des

1 Zur Herkunft der Formel ‚Reform an Haupt und Gliedern' und zur Bandbreite der damit verbundenen Vorstellungen vgl. K. A. Frech, Reform an Haupt und Gliedern. Untersuchung zur Entwicklung und Verwendung der Formulierung im Hoch- und Spätmittelalter, Frankfurt a. M. u. a. 1992 (EHS III/510); A. Patschovsky, Der Reformbegriff zur Zeit der Konzilien von Konstanz und Basel, in: Hlavácek/Patschovsky, Reform von Kirche und Reich, 7–28.

2 ACC II, 184–196; vgl. Brandmüller, Konzil I, 155 f.

3 COD3, 405,12–14: „ad pacem, exaltationem et reformationem ecclesiae, ac tranquillitatem populi christiani."

Konzils vorlegte.[4] Allein die Theologen und Kanonisten (Kirchenrechtsgelehrten) dieser Zeit hatten auf Grund ihrer Einblicke in die Traditionen der Glaubenslehre und des Kirchenrechts noch eine Vorstellung von den Aufgaben und den Gestaltungsmöglichkeiten eines Generalkonzils, hatte ein solches doch unter dem Papsttum zu Avignon seit dem Konzil von Vienne 1311/12 nicht mehr stattgefunden.[5]
Eine führende Rolle bei dieser Theologenkongregation spielte der einstige Kanzler der Sorbonne, Kardinal Pierre d'Ailly (ca. 1350–1420), einer der angesehensten Theologen und Kirchenpolitiker seiner Zeit, der auf dem Konstanzer Konzil zusammen mit seinem Schüler Johannes Gerson (1363–1429) und dem venezianischen Kardinal Guillaume Fillastre (1348–1428) zu den einflussreichsten Persönlichkeiten gehörte. In seinen programmatischen Schriften zur Reform der Kirche entwickelte d'Ailly im Anschluss an Wilhelm von Ockham (um 1285–1347) den konziliaristischen Gedanken einer Überordnung des Konzils über den Papst.[6] Er vertrat die Auffassung von der Unfehlbarkeit der Universalkirche, während er der römischen Kirche und dem Papst als ihrem obersten Repräsentanten eine solche Unfehlbarkeit absprach, da sie nicht den Glauben der Gesamtheit vertreten würden. Der Streit zwischen Konziliarismus und Papalismus prägte fortan nicht nur die Geschichte der Reformkonzilien von Konstanz und Basel, sondern hatte weitreichende Folgen über das 15. Jahrhundert hinaus.
Am 24. Dezember 1414 traf auch Sigismund in Konstanz ein, nachdem er zuvor in Aachen zum König gekrönt worden war.[7] Nun gewannen die Verhandlungen auf dem Konzil an Dynamik, so wie sie dann auch wieder ins Stocken gerieten, wenn der König nicht anwesend war – wie in der Zeit von Juli 1415 bis Januar 1417. Die beherrschende Rolle, die Sigismund auf dem Konzil spielte, lässt nach seinen eigenen kirchenpolitischen Zielsetzungen fragen. Er selbst verstand sich als *Advocatus ecclesiae* und ist in dieses Amt auch „mehr und mehr hineingewachsen",[8] was weniger an seiner realen Macht als vielmehr an den Hoffnungen und Erwartungen lag, die sich auf den *Rex Romanorum* richteten. Seine Ankunft wurde jedenfalls ungeduldig erwartet, von Johannes XXIII., der sich eine Stärkung seiner Position erhoffte, ebenso wie von d'Ailly und Fillastre, die ihn für ihre Pläne zur Überwindung des Schismas gewinnen wollten.
Die freie Reichsstadt Konstanz mit ihren ungefähr 8000 Einwohnern wurde in den vier Jahren des Konzils zum „Brennpunkt der kirchlichen und politischen Ereignisse Europas".[9] Dafür sorgte allein schon die Tatsache, dass neben König Sigismund

4 ACC III, 54–59; Mansi 27, 534.

5 Vgl. Miethke, Kirchenreform auf den Konzilien des 15. Jahrhunderts, 20; ders., Die Prozesse in Konstanz, 149.

6 Pierre d'Ailly, Tractatus de materia concilii generalis, ed. F. Oakley, 244 ff. – Zum historischen Hintergrund des Konziliarismus vgl. J. Miethke, Konziliarismus – die neue Doktrin einer neuen Kirchenverfassung, in: Hlavácek/Patschovsky, Reform von Kirche und Reich, 29.59.

7 RTA VII, 235 ff.; vgl. H. Heimpel, Königlicher Weihnachtsdienst auf den Konzilien von Konstanz und Basel, in: N. Kamp/J. Wollasch (Hg.), Tradition als historische Kraft, FS K. Hauck, Berlin u. a. 1982, 388–411.

8 Brandmüller, Konzil I, 176.

9 A. a. O., 132.

und Papst Johannes XXIII. auch die Gesandten der beiden anderen Päpste sowie die Mehrheit der Kardinäle anwesend waren. Ansonsten wird geschätzt, dass etwa 300 Bischöfe und Prälaten sowie eine gleich große Anzahl von weiteren Klerikern, unter ihnen viele Gelehrte, an dem Konzil teilnahmen.[10] Auf Drängen Sigismunds, der den byzantinischen Kaiser Manuel II. ([1350] 1391–1425) über die Einberufung des Konzils informiert und ihn aufgefordert hatte, Gesandte nach Konstanz zu schicken, traf im März 1415 eine Gesandtschaft aus Konstantinopel ein, der im März 1416 eine zweite folgte, die bis zum Ende des Konzils am Bodensee blieb.[11] Die offiziellen Verhandlungen über eine Union beider Kirchen begannen erst nach der Neuwahl des Papstes im November 1417, ohne dass es vor der Beendigung des Konzils noch zu wichtigen Entscheidungen kam.

Dass Konstanz zu einem Treffpunkt der intellektuellen Elite Europas wurde, lag in besonderem Maße an den namhaften italienischen Humanisten wie Leonardo Bruni Aretino (gest. 1444) und Poggio Bracciolini (1380–1459), die im Gefolge von Papst Johannes XXIII. an den Bodensee kamen. Sie brachten nicht nur ihre anregenden Ideen mit, sondern nutzten die Gelegenheit, in den umliegenden Klöstern nach Handschriften antiker Autoren zu suchen. Die Abschriften, die von diesen Manuskripten angefertigt wurden, ließen Konstanz in dieser Zeit zu einem internationalen Büchermarkt werden.[12] Zu den angesehenen Humanisten auf dem Konzil gehörte auch der Grieche Manuel Chrysoloras (1353–1415), der in Florenz gelehrt hatte und nun die Delegation des byzantinischen Kaisers leitete, die im März 1415 in Konstanz eintraf.[13] Chrysoloras selbst starb allerdings schon einen Monat später und wurde im Chor der Konstanzer Dominikanerkirche beigesetzt.[14]

Nach dem Vorbild der Universitäten schlossen sich die Konzilsteilnehmer in Nationen zusammen, die allerdings den politischen und kirchlichen Gegebenheiten nur bedingt entsprachen. So zählten zur deutschen Nation auch Konzilsteilnehmer aus Ungarn, Polen, Skandinavien und Schottland. Zunächst gab es vier dieser Nationen auf dem Konzil – die deutsche, französische, englische und italienische –, bevor sich König Sigismund im Dezember 1415 dafür einsetzte, dass mit der spanischen eine fünfte Nation hinzukam.[15] Zuvor war bereits entschieden worden, dass auf dem Konstanzer Konzil, wie schon in Pisa 1409, nicht nach Köpfen, sondern nach Nationen abgestimmt werden sollte. Zudem erhielt das Kardinalskolleg eine eigene Stimme. In dem Dekret *Haec sancta synodus* vom 6. April 1415, das nicht nur für das Konstanzer Konzil, sondern auch für die Folgezeit eine wegweisende Bedeutung hatte, wurden die Hauptaufgaben noch einmal auf den Punkt gebracht, wenn es hieß, das Konzil habe sich „für die Beseitigung des gegenwärtigen Schismas sowie

10 Vgl. Boockmann/Dormeier, 40.

11 Vgl. Brandmüller, Konzil I, 151; Leidl, Einheit, 14 f.

12 Vgl. P. Lehmann, Konstanz und Basel als Büchermärkte während der großen Kirchenversammlungen, in: Ders., Erforschung des Mittelalters, Bd. 1, Stuttgart 1941 (ND 1959), 253–280.

13 Vgl. Brandmüller, Konzil I, 151 f.

14 Vgl. A. Patschovsky, Der italienische Humanismus auf dem Konstanzer Konzil (1414–1418), Konstanz 1999 (Konstanzer Universitätsreden 198), 8.

15 Vgl. Brandmüller, Konzil I, 198 ff.; II, 3 ff.

für die Einheit und Reform der Kirche Gottes an Haupt und Gliedern“[16] einzusetzen.

An erster Stelle stand zunächst die Überwindung des Schismas (*causa unionis*). Papst Johannes XXIII. ließ sich auf Rücktrittsverhandlungen ein, nachdem er hatte erkennen müssen, dass das Konzil nicht bereit war, ihn in seinem Amt zu bestätigen und die beiden anderen Päpste abzusetzen. In einer Nacht-und-Nebel-Aktion floh er jedoch plötzlich aus Konstanz und versetzte das Konzil damit in größte Verwirrung, zumal er ein Mandat anschlagen ließ, das die Kurialen aufforderte, sich nach Schaffhausen zu begeben.[17] König Sigismunds demonstrativer Präsenz war es zu verdanken, dass die Konzilsteilnehmer Konstanz nicht ebenfalls fluchtartig verließen. In dieser angespannten Situation gab eine ganz im Sinne der konziliaristischen Theorie gehaltene Predigt Gersons den Ausschlag, dass das Konzil die Überzeugung gewann, vom Heiligen Geist geleitet zu sein und in dieser Vollmacht den Papst sogar absetzen zu können, falls dieser sich dem Konzil widersetze.[18] Wenn im Dekret *Haec sancta* die Superiorität des Konzils über den Papst erklärt wurde,[19] so ist dieser Anspruch damit begründet worden, dass das Konstanzer Konzil, „das sich im Heiligen Geist rechtmäßig versammelt habe ... und die wehrhafte katholische Kirche repräsentiere, seine Gewalt unmittelbar von Christus habe“.[20] Bei der Interpretation dieses Dekretes und der Beurteilung seiner Verbindlichkeit ist somit zwischen der historischen Entstehung und der theologischen Begründung zu unterscheiden.[21]

Nachdem das Konzil sich mit dem Dekret *Haec sancta* der Legitimation versichert hatte, auch gegen den Papst fortbestehen zu können, und es ihm mit Gesandtschaften und Korrespondenzen gelungen war, die öffentliche Meinung für sich zu gewinnen, konnte Johannes XXIII. der Prozess gemacht werden. Nach einem kurzen „Schauprozess“,[22] in dem schwerwiegende – und zum Teil zweifelhafte – Anschuldigungen gegen ihn erhoben wurden,[23] wurde Johannes XXIII. am 29. Mai 1415 mit einem einstimmigen Beschluss abgesetzt und noch bis 1419 gefangen gehalten.[24] Er starb nach seiner Freilassung noch im selben Jahr in Florenz, wo im Auftrag von Cosimo de' Medici (1389–1464), der ihn bis zuletzt unterstützt hatte, ein Grabmal errichtet wurde, das Donatello (1386–1466) und Michelozzo (1396–1472) erbauten.[25]

Während der römische Papst Gregor XII. ([ca. 1335] 1406–1415) am 4. Juli 1415 bereitwillig seinen Rücktritt erklären ließ,[26] weigerte sich der dritte noch verbliebene

16 COD3, 409,17 f.: „pro exstirpatione praesentis schismatis, et unione ac reformatione ecclesiae dei in capite et in membris.“

17 Vgl. Brandmüller, Konzil I, 226 ff.

18 Gerson, Post recessum Joannis XXIII, in: Œuvres complètes V, 39–50.

19 COD3, 408 f.; vgl. Stump, 3 ff.

20 COD3, 409,22–27.

21 Vgl. Wohlmuth, Konzilien, 238 f.; Brandmüller, Konzil I, 239 ff.

22 K. A. Fink, Das Konzil von Konstanz. Seine welt- und kirchengeschichtliche Bedeutung, in: Bäumer, Konstanzer Konzil, 143–164, hier: 151.

23 ACC III, 157–209; Mansi 27, 662–673.

24 Mansi 27, 715 f.; COD$^3$, 417 f.

25 Vgl. Boockmann/Dormeier, 43.

26 Vgl. D. Girgensohn, Kirche, Politik und adelige Regierung in der Republik Venedig zu Beginn des 15. Jahrhunderts, Göttingen 1996, 142 ff.

Papst, Benedikt XIII. ([ca. 1342] 1394–1417), den gleichen Schritt zu vollziehen. Er stellte sich dabei auf den Standpunkt, er allein sei berechtigt, einen neuen Papst zu wählen, weil nur sein Kardinalat schon vor dem Schisma bestanden habe.[27] Sein Angebot, nicht sich selbst, sondern einen anderen Papst zu wählen, wurde vom Konzil aber nicht angenommen. Die Überwindung des Schismas hing nun von König Sigismund ab. Am 19. Juli brach er nach Narbonne auf, um dort mit Benedikt sowie König Ferdinand I. von Aragón ([1380] 1412–1416) und Gesandten der übrigen Fürsten aus der Obödienz Benedikts zu verhandeln.[28] Als Ferdinand ankündigte, dass er Benedikt die Obödienz entziehe, floh dieser auf die Burg Peñíscola in der Nähe von Tortosa. Da Ferdinand am 2. April 1416 starb und sich die Verhandlungen mit den anderen Fürsten sowie Würdenträgern der spanischen Kirche hinzogen, konnte der Prozess gegen Benedikt erst im November 1416 eröffnet werden. Am 26. Juli 1417 wurde er schließlich vom Konzil abgesetzt. Damit war der Weg frei für die Neuwahl eines Papstes und die Wiederherstellung der Einheit der Kirche.

Zunächst kam es jedoch zu einem erbitterten Streit über das Prozedere. Ein Entwurf, den d'Ailly vorlegte, in dem er das Konzil an der Papstwahl beteiligen wollte, so dass eine Zweidrittelmehrheit nicht nur der Kardinäle, sondern auch der übrigen Wähler notwendig sein sollte, wurde von den Italienern und Franzosen, die bislang im Kardinalskollegium und an der Kurie dominierten, abgelehnt.[29] In der Debatte, die zunehmend von nationalen Interessen bestimmt wurde, unterbreitete Job Vener (um 1370–1447), ein Jurist im Dienste des Pfalzgrafen, dem Konzil Reformvorschläge nicht nur für das Kardinalskollegium, sondern für die gesamte Kirche und das Reich, deren Wirkungsgeschichte weit über das Konstanzer Konzil hinausreichte. So sollte die Kirche in 72 Provinzen geteilt werden, aus denen die Kardinäle als Repräsentanten gewählt werden sollten.[30] Deren Aufgabe sollte es sein, die Reform der Kirche auch zwischen den Konzilen voranzutreiben. In Konstanz waren solche grundlegenden Veränderungen aber nicht mehrheitsfähig, vielmehr einigte man sich letzten Endes doch darauf, den Vorschlag d'Aillys aufzugreifen und neben den 23 anwesenden Kardinälen noch je sechs Vertreter der fünf Konzilsnationen zur Papstwahl zuzulassen. Das Prinzip der „konziliaren Repräsentation der Gesamtkirche"[31] war hier so stark gewichtet, dass dafür das Risiko langwieriger Wahlprozeduren in Kauf genommen wurde, weil die Auffassung vorherrschte, nur so könne das Schisma überwunden und die Einheit in der Kirche wieder hergestellt werden. Tatsächlich dauerte das Konklave dann nur vier Tage: Am 11. November 1417 wurde der italienische Kardinal Oddo Colonna ([1368] 1417–1431), der sich nach dem Tagesheiligen Martin V. nannte, zum Papst gewählt.[32]

27 ACC III, 454; vgl. Boockmann/Dormeier, 43.

28 Vgl. Brandmüller, Konzil II, 22 ff.

29 Vgl. Boockmann/Dormeier, 44.

30 Job Vener, Avisamentum, ed. Heimpel, Job Vener; Bd. 3, 1290–1315; ACC III, 624–645; Quellen zur Kirchenreform I, 378–415 (Nr. IX); vgl. Heimpel, Job Vener, Bd. 2, 691 ff.

31 Wohlmuth, Konzilien, 246.

32 ACC II, 155–159; vgl. K. A. Fink, Die Wahl Martins V., in: Franzen/Müller, Das Konzil von Konstanz, 138–151; D. Girgensohn, Berichte über Konklave und Papstwahl auf dem Konstanzer Konzil, in: AHC 19 (1987), 351–391.

## 2. Die ,causa fidei' – der ,Fall Hus'

Während das Schisma mit der Wahl des neuen Papstes beendet und somit die *causa unionis* erfolgreich zum Abschluss gebracht werden konnte, wurde parallel dazu mit den Prozessen gegen Jan Hus (1369/71–1415) und Hieronymus von Prag (um 1365–1416) auch die *causa fidei* erledigt. Dass beide Aufgaben, die Überwindung des Schismas und die Klärung von Lehrstreitigkeiten, miteinander verbunden waren, entsprach den Erwartungen der Zeitgenossen und wurde vor allem im Umkreis der Universitäten für selbstverständlich erachtet.[33] Die meisten Konzilsteilnehmer waren allerdings an der theologischen Klärung der ,böhmischen Frage' nur am Rande interessiert.[34] Im Mittelpunkt stand die Anklage gegen jene beiden Prager Magister, die an der Universität von den Ansichten des Oxforder Theologen John Wyclif (um 1330–1384) begeistert worden waren und nun an der Spitze einer Bewegung standen, die an den Fundamenten der römischen Kirche rüttelte. So sehr es dabei um die Reform der Kirche insgesamt ging, waren es doch die speziellen Vorwürfe der Häresie, die eine Entscheidung des Konzils verlangten. Sie waren keineswegs nur vorgeschobene Gründe, um sich missliebiger Kritiker zu entledigen.[35] In einer Liste von 45 Artikeln wurden Lehrsätze Wyclifs zusammengestellt, die bereits in Prag als häretisch verurteilt worden waren.[36] Im Vordergrund standen der Biblizismus und die prädestinatianische Ekklesiologie Wyclifs sowie die Missachtung der hierarchischen Struktur und der Entscheidungen der Amtskirche. Die Feststellung der Häresie genügte dem Konzil nicht, vielmehr entschied es, Wyclif nun auch noch exhumieren zu lassen, weil der Häretiker vollständig vernichtet werden sollte und ihm deshalb nicht einmal die Totenruhe zugestanden wurde.[37]

Die Liste der häretischen Lehren Wyclifs bildete sodann die Grundlage für den Prozess gegen Hus. Dieser traf am 3. November 1414 in Konstanz ein, nachdem ihm von König Sigismund zugesagt worden war, dass er während seiner Hin- und Rückreise sowie dem Aufenthalt in Konstanz unter dem Schutz des Reiches stehe.[38] Ende November wurde er vor das Konzil geführt und fortan auch gegen den Protest Sigismunds gefangen gehalten. In einer schriftlichen Stellungnahme zu den Wyclif-Artikeln vertrat Hus dann aber so orthodoxe Ansichten, dass es selbst seine Freunde verwunderte und seine Ankläger an ihrer Wahrhaftigkeit zweifelten.[39] Daraufhin wurden aus seinem Werk *De ecclesia* 42 Artikel angeführt und als häretisch verurteilt.[40] Im Mittelpunkt standen seine Auffassung von der Kirche als der *universitas praedestinatorum* und die Behauptung, den Päpsten sei der Primat über die Kirche

33 Vgl. Miethke, Die Prozesse in Konstanz, 152 f.

34 Vgl. P. de Vooght, Jean Huss et ses juges, in: Franzen/Müller, Das Konzil von Konstanz, 152–173, hier: 173.

35 Vgl. Miethke, Die Prozesse in Konstanz, 164 f.

36 COD$^3$, 411–416; vgl. A. Molnar, Die Antworten von Johann Hus auf die fünfundvierzig Artikel, in: Bäumer, Konstanzer Konzil, 275–283.404–415 (Edition).

37 Vgl. Wohlmuth, Konzilien, 241.

38 Regesta Imperii XI, 75 (Nr. 1264).

39 Vgl. Brandmüller, Konzil I, 329 f.

40 COD$^3$, 426–431.

nicht von Christus, sondern von den Kaisern übertragen worden.[41] Als einer der schärfsten Kritiker Hus' trat nun Gerson auf. Die vorübergehenden Wirren nach der Flucht von Papst Johannes XXIII. änderten an der Situation für Hus nichts, obwohl es König Sigismund jetzt möglich gewesen wäre, ihn aus der Gefangenschaft zu befreien. Er sorgte jedoch dafür, dass Hus am 5. Juni 1415 eine Anhörung vor dem Konzil gewährt wurde. Ein angeblich von Hus stammender Brief an seine Anhänger in Prag, in dem es hieß, sie sollten, falls er abschwöre, wissen, dass er es nur mit dem Munde tue, nicht aber im Herzen zustimme, versetzte die Versammlung in so große Aufregung, dass die Anhörung nicht zu Stande kam. Erst zwei Tage später konnte das Verhör in Anwesenheit Sigismunds durchgeführt werden. Den Hauptanklagepunkt bildete der Vorwurf, Hus vertrete Auffassungen Wyclifs. Da Hus es zwar immer wieder bestritt, andererseits aber nicht bereit war zu widerrufen, wurde er am 6. Juli 1415 der Häresie schuldig gesprochen und noch am selben Tag auf dem Scheiterhaufen verbrannt.[42]

Nach seiner Hinrichtung wiesen die Konzilsväter in einem Dekret den Vorwurf zurück, die Zusage des sicheren Geleites für Hus sei widerrechtlich gebrochen worden. Das Konzil vertrat die Auffassung, Hus habe durch das unbeirrte Festhalten an seinen häretischen Ansichten sich selbst dieses Privilegs beraubt und man habe nach natürlichem, göttlichem und menschlichem Recht das Versprechen nicht einhalten können.[43] In einem Schreiben an Sigismund beklagte das Konzil die kirchliche Lage in Böhmen, wo Hus und Wyclif wie Heilige verehrt würden und die Kommunion unter beiderlei Gestalt gereicht werde, während katholische Priester ihres Lebens nicht mehr sicher seien.[44] Es war nur folgerichtig, dass nun auch Hieronymus von Prag der Prozess gemacht wurde, zumal damit auch gegenüber der Protestbewegung, die weite Teile Böhmens ergriffen hatte, ein Zeichen gesetzt werden sollte.[45] Hieronymus von Prag war zu einem Anhänger Wyclifs geworden, nachdem er in Prag studiert und in Oxford Wyclifs Werke kopiert hatte, bevor er als Magister in Paris, Köln und Heidelberg wirkte, wo er jedoch überall nach kurzer Zeit wegen seiner Ansichten vertrieben wurde. Er hatte maßgeblichen Anteil am Kuttenberger Dekret König Wenzels ([1361] 1363–1419) von 1409, in dem jene „Verschränkung von Sprache, ethnischer Herkunft und Religion“[46] programmatischen Ausdruck fand, die den Hussitismus prägen sollte. Gegen den Willen Hus' begab er sich nach Konstanz und wandte sich dort mit einem Brief, den er an Kirchen- und Klostertüren anschlug, an die Öffentlichkeit, um diese darauf aufmerksam zu machen, dass Hus eine Anhörung verweigert wurde. Nachdem er auf der Heimreise gefangen genommen worden war, als das Konzil seine Auslieferung verlangte, traten bei dem Verhör vor dem Hauptausschuss des Konzils vor allem die Vertreter jener Universitäten als Ankläger auf, mit denen er zuvor in Konflikt geraten war – unter ihnen auch Gerson.[47] Unter dem Eindruck von Hus' Hinrichtung und der Todesdrohungen leistete Hieronymus

41 Vgl. P. de Vooght, L'hérésie de Jean Huss, Bd. I, Louvain $^{2}$1975, 390 ff.

42 COD$^{3}$, 421–431; DH, 1201–1230; KTGQ 2, 67 ff. (Nr. 67).

43 Mansi 27, 791; vgl. Brandmüller, Konzil II, 117.

44 Mansi 27, 786–788.

45 Vgl. Brandmüller, Konzil II, 118 ff.

46 Werner, 94.

47 Vgl. Brandmüller, Konzil II, 120.

am 23. September 1415 seinen Widerruf und pflichtete damit der Verurteilung Hus' bei.[48] Nachdem er wenig später seinen Widerruf abermals zurückgezogen hatte, wurde er 1416 in Konstanz auf dem Scheiterhaufen verbrannt.
Ging es in dem Prozess gegen Hus um die *causa fidei*, so bedurfte es insbesondere hinsichtlich der Abendmahlslehre und -praxis einer dogmatischen Klärung, weil hier die sakramentale Heilsvermittlung der Kirche zur Debatte stand. Hus und seinen Anhängern, die – anders als Hus selbst – das Abendmahl unter beiderlei Gestalt reichten, wurde unterstellt, dass sie entgegen dem kirchlichen Dogma der Transsubstantiation Wyclifs Remanenzlehre vertraten, nach der sich das Brot substantiell nicht verändere. Dagegen dogmatisierte das Konzil die *communio sub una specie*.[49] In kritischer Auseinandersetzung mit Jakob von Mies (um 1372–1429), der den Laienkelch in Prag einführte und theologisch begründete,[50] wurde von dem Wiener Magister Peter Zäch von Pulkau (um 1370–1425) und Pierre d'Ailly eine Position ausgearbeitet, die es für verbindlich erklärte, daran zu glauben, „dass Christi Leib und Blut ganz sowohl unter der Gestalt des Brotes als auch unter der Gestalt des Weines wahrhaft enthalten ist".[51] Auch wenn die Glaubensfrage damit geklärt war, sollte die Auseinandersetzung mit den Hussiten nach dem Konstanzer Konzil an Schärfe zunehmen.

### 3. Die Reform der Kirche

Neben der *causa unionis* und der *causa fidei* stellte sich dem Konzil immer noch die Aufgabe der *causa reformationis*. Hier waren seit dem Beginn des Konzils vielfältige Reformprogramme vorgestellt und diskutiert worden.[52] Neben den Reformschriften gewähren die Predigten, die auf dem Konzil gehalten wurden und zahlreich überliefert worden sind, einen Einblick in die Reformvorstellungen führender Konzilstheologen. So bildeten die Prediger „das ständig mahnende Gewissen des Konzils",[53] indem sie von der Kanzel aus darauf drängten, die Reform der Kirche zu verwirklichen. Die kirchlichen Missstände wurden schonungslos angesprochen und auch die Konzilsväter kritisiert, dass sie, wie der Prediger Dietrich von Münster beklagte, immer nur die Interessen des eigenen Standes verfolgten.[54] Um die Reformarbeit voranzubringen, die während der Abwesenheit des Königs von Juli 1415 bis Januar 1417 ins Stocken zu geraten drohte, setzte das Konzil zur Vorbereitung und Moderation der Beratungen einen Ausschuss ein, das sogenannte *reformatorium*, das zunächst aus

48 Mansi 27, 791–795.

49 COD³, 418 f.; DH, 1198–1200.

50 Vgl. F. Seibt, Die „revelatio" des Jacobellus von Mies über die Kelchkommunikation, in: Ders., Hussitenstudien. Personen, Ereignisse, Ideen einer frühen Revolution, München ²1991 (VCC 60), 113–120; Šmahel, Die Hussitische Revolution, Bd. I, 604 ff.

51 COD³, 419,14 f.; DH, 1199; vgl. D. Girgensohn, Peter von Pulkau und die Wiedereinführung des Laienkelchs, Göttingen 1964, 127 ff.

52 Quellen zur Kirchenreform I, 296–305 (Nr. V); vgl. C. Märtl, Der Reformgedanke in den Reformschriften des 15. Jahrhunderts, in: I. Hlavácek/A. Patschovsky, Reform, 91–108.

53 Zit. n. A. Zumkeller, Die Beteiligung der Mendikanten an der Arbeit der Reformkonzilien von Konstanz und Basel, in: Elm, Reformbemühungen, 459–467, hier: 461.

54 Vgl. a. a. O., 467.

acht Vertretern der Konzilsnationen und drei Vertretern des Kardinalskollegiums bestand.[55] Nach dem Beitritt der Spanier im Sommer 1417 wurde das Gremium auf jeweils fünf Vertreter der Konzilsnationen ohne eine gesonderte Vertretung der Kardinäle reduziert, dann aber nach der Wahl Papst Martins V. von diesem erneut auf jeweils sechs Vertreter der Konzilsnationen und nunmehr sechs Vertreter der Kardinäle erweitert. Sollte die Einrichtung dieses Ausschusses dazu dienen, die Effizienz der Reformarbeit zu steigern, so waren die Verfahren doch immer noch schwierig und langwierig. Zudem erteilte König Sigismund dem Konzil die klare Anweisung, während seiner Abwesenheit keine wichtigen Entscheidungen zu treffen, sondern damit zu warten, bis er zurückgekehrt und die Wahl des neuen Papstes erfolgt sei.[56] Und schließlich lähmte auch der Streit zwischen der englischen und französischen Konzilsnation vor dem Hintergrund des Hundertjährigen Krieges die Arbeit des Konzils.[57] Gleichwohl wird aus den Akten ersichtlich, dass sich die Reformatorien intensiv mit den anstehenden Problemen befassten und entsprechende Beschlussvorlagen erarbeiteten.[58] Als notwendig für die Reform des ‚Hauptes' der Kirche erachtet wurden u. a. Regelungen zur Durchführung der Konzilien, zu Spolien (beweglicher Nachlass von Klerikern), Exemtionen (Ausgliederungen aus kirchenrechtlichen Zuständigkeiten) und Inkorporationen (Einverleibungen), zu Dispensen und zur Präsenzpflicht der Bischöfe und Prälaten, zu Reservationen der Kurie und zu den kirchlichen Prozessen, die sie an sich ziehen durfte, zu Bußen und Ablässen sowie zum Verfahren der Anklage und der Absetzung eines Papstes.[59] Zur Reform der ‚Glieder' zählten u. a. die Einschärfung des Verbotes, kirchliche Ämter käuflich zu erwerben, Bestimmungen zum Lebenswandel der Kleriker, zur Präsenzpflicht aller Inhaber von Pfründen, zur geordneten Wahl der Bischöfe sowie zur regelmäßigen Durchführung von Provinzial- und Bischofssynoden, die rigorose Bestrafung der ‚Konkubiniarier' und die Forderung, die jeweilige Volkssprache hinreichend zu verstehen und den Missstand abzustellen, dass von einigen Kathedral- und Stiftsschulen nur Söhne von Adligen und Rittern aufgenommen wurden.[60]

Wenn die tatsächlichen Ergebnisse, wie sie in den Reformdekreten des Konzils zur Geltung kamen, hinter der vorbereitenden Arbeit der Reformatorien – wie auch den allgemeinen Erwartungen, die an das Konzil gerichtet waren – zurückblieben, so lag das an den divergierenden Interessen der unterschiedlichen Gruppierungen, die sich auf den Sitzungen des Gesamtkonzils gegenseitig blockierten. Bezeichnend war die Debatte um die Annaten (bei Amtsantritt zu leistende Abgabe an die Kurie auf der Grundlage der jährlichen Einkünfte dieses Amtes), zeigte sie doch in aller Deutlichkeit, dass der Reformeifer dort seine Grenzen hatte, wo es um die persönlichen, insbesondere ökonomischen Interessen ging.[61] Die Fronten verliefen hier quer durch

55 Vgl. Stump, 26 ff.

56 Vgl. Brandmüller, Konzil II, 91.

57 Vgl. H. Finke, Die Nation in den spätmittelalterlichen allgemeinen Konzilien [1937], in: Bäumer, Konstanzer Konzil, 347–368, hier: 360 ff.; Miethke, Einleitung, in: Quellen zur Kirchenreform I, 35 f.

58 ACC II, 606–700; vgl. Stump, 273–419.

59 Quellen zur Kirchenreform I, 422–459 (Nr. XI).

60 A. a. O., 460–481 (Nr. XII)

61 Vgl. Brandmüller, Konzil II, 80 ff.

alle Konzilsnationen, so dass in dieser wie auch in anderen Fragen nicht einmal ein Kompromiss erzielt werden konnte. Den kleinsten gemeinsamen Nenner der Konzilsteilnehmer bildeten schließlich die Beschlüsse der 39. und 40. Generalsession vom Oktober 1417, vor allem das Dekret *Frequens* und das sogenannte ‚Kautionsdekret'. Mit dem Dekret *Frequens generalium conciliorum celebratio* (‚Eine häufige Feier von Allgemeinen Konzilien') vom 9. Oktober 1417 wurde nicht nur beschlossen, dass regelmäßig Konzilien stattfinden sollten, sondern es wurden auch genaue Fristen festgelegt. So sollte nach fünf Jahren das nächste Konzil tagen, das darauffolgende nach weiteren sieben Jahren, bevor dann in einem Turnus von zehn Jahren Konzilien einberufen werden sollten. Die Begründung hierfür lieferte schon der erste Satz des Dekrets: „Häufiges Abhalten von Allgemeinen Konzilien ist eine besondere Pflege des Ackers des Herrn, das Stacheln, Dornen und Disteln der Ketzereien, der Irrlehren und Spaltungen ausrottet, Abweichungen berichtigt, Entstelltes reformiert und den Weinberg des Herrn zur Ernte aus überreicher Fruchtbarkeit führt."[62] Dabei ging es nicht um die konstitutionelle Beschränkung des Papsttums – oder gar die Einführung eines ‚demokratischen Prinzips' in die Kirche –, sondern darum, die Fortsetzung der Reformarbeit angesichts der allgemeinen Konzilsmüdigkeit zu gewährleisten.[63] Im Vergleich mit dem Dekret *Haec Sancta* aus der Anfangszeit des Konzils wird deutlich, dass sich mit der Überwindung des Schismas und der Wahl des neuen Papstes die Situation der Kirche so verändert hatte, dass nun die Superiorität des Konzils über den Papst nicht generell beansprucht, sondern auf den Fall eines neuerlichen Schismas beschränkt wurde. Dem trägt der umfangreichste Abschnitt des Dekrets *Frequens* Rechnung, der Bestimmungen zur Gültigkeit der Papstwahl und Verfahrensregeln bei einem Schisma beinhaltet.[64] So wurde festgelegt, dass im Falle eines Schismas innerhalb eines Jahres ein Konzil zusammentreten müsse und nicht eher wieder auseinandergehen dürfe, bis die rivalisierenden Päpste abgesetzt seien. Spiegelt sich darin eine konziliaristische Auffassung wider, so wird im direkten Anschluss betont, dass die päpstliche Gewalt keineswegs geschmälert werden solle. Damit diese an die Kirche und ihren Glauben gebunden bleibe, so dass im Glauben des Papstes die *plena fides* der Kirche aufleuchte, folgte ein Glaubensbekenntnis, das jeder neu gewählte Papst ablegen musste und mit dem er sich auf den katholischen Glauben gemäß der apostolischen Überlieferung, der Väter und der Konzilien verpflichtete.[65]

Drei Wochen später stellte das Konzil dann im ‚Kautionsdekret' 18 Problemfelder zusammen, in denen der Reformbedarf – allerdings beschränkt auf die Spitze der Kirche – am dringlichsten zu sein schien.[66] Obwohl damit die Maßgabe verbunden war, der neu gewählte Papst solle zusammen mit einem Ausschuss von Deputierten der einzelnen Nationen noch vor Beendigung des Konzils entscheiden, welche dieser Aufgaben als erste in Angriff genommen werden sollten, ist es dazu nicht mehr gekommen.[67] Das lag aber nicht daran, dass der Papst den Abschluss der Reformarbeit

---

62 COD$^3$, 438 f.; dt. Übersetzung nach Quellen zur Kirchenreform I, 485 (Nr. XIIIa).

63 Vgl. Brandmüller, Konzil II, 337 ff.; Stump, 298.

64 COD$^3$, 439–442; Quellen zur Kirchenreform I, 486–493 (Nr. XIIIb).

65 COD$^3$, 442; Quellen zur Kirchenreform I, 492–495 (Nr. XIIIc); vgl. Stump, 115 ff.

66 COD$^3$, 444; Quellen zur Kirchenreform I, 498 f. (Nr. XIVa).

67 Vgl. Brandmüller, Konzil II, 357 f.

obstruiert hätte, vielmehr setzte er ein neues Reformatorium ein, das sich der Themen annahm, die noch immer kontrovers waren. So konnten in der 43. Sitzung des Konzils am 21. März 1418 immerhin sieben Reformdekrete verabschiedet werden, die sich mit Exemtionen und Inkorporationen, dem Benefizialwesen, der Simonie (Käuflichkeit eines geistlichen Amtes) und dem Zehnten befassten. Dass im letzten dieser Reformdekrete, das vom „Lebenswandel und der Ehrhaftigkeit der Kleriker"[68] handelte, nicht mehr angesprochen wurde als die Kleidung der Geistlichen, zeigt die Grenzen dessen auf, was an Reformen durchzusetzen war. In anderen Punkten – wie vor allem finanziellen Regelungen – waren die Interessengegensätze zwischen den Konzilsnationen so groß, dass eine Einigung aller nicht mehr möglich war. Übrig blieben nur Vereinbarungen – die sogenannten ‚Konstanzer Konkordate' – zwischen dem Papst und den einzelnen Nationen, mit denen vor allem die kirchlichen Finanzen unter Berücksichtigung der regionalen Gegebenheiten geregelt werden sollten.[69] Für die Wirkungs- und Rezeptionsgeschichte der Konstanzer Reformbeschlüsse war zudem von Bedeutung, dass Martin V. in der letzten Sitzung des Konzils verlauten ließ, er sehe nur das als gültig an, was „*conciliariter*" verabschiedet worden sei.[70]

Die historische Gesamtbeurteilung des Konstanzer Konzils hat einerseits die Erwartungen der Zeitgenossen zu berücksichtigen und andererseits abzuwägen, was sich im Rahmen der gegebenen Möglichkeiten realisieren ließ. Der größte Erfolg des Konstanzer Konzils war die Überwindung des Schismas. Nach 40 Jahren der inneren Zerrissenheit war die Einheit der abendländischen Kirche wiederhergestellt. Die zweite Aufgabe, die *causa fidei*, wurde demgegenüber in Konstanz nicht bewältigt. Mit der Hinrichtung von Jan Hus waren dessen Ideen nicht überwunden, zumal in dem Prozess nicht die theologische Auseinandersetzung um das rechte Verständnis von Kirche und Sakrament sowie Schrift und Tradition im Vordergrund gestanden hatte, sondern die Durchsetzung kirchenrechtlicher Normen. Die Hussitische Bewegung, die dadurch ausgelöst wurde, sollte die Papstkirche in der Folgezeit nicht nur in Böhmen vor große Probleme stellen. Was die dritte Aufgabe des Konzils anbetrifft, die ‚Reform der Kirche an Haupt und Gliedern', wird entgegen der lange dominierenden Ansicht, das Konstanzer Konzil habe hier versagt, inzwischen immer mehr die Auffassung vertreten, dass die erzielten Resultate durchaus bemerkenswerte Ansätze einer Reform erkennen lassen und zudem der Wille zur Fortsetzung dieser Reformarbeit gemäß dem Dekret *Frequens* zu würdigen ist.[71] Darüber hinaus gilt es festzustellen, dass mit dem Konstanzer Konzil ein ‚Forum der öffentlichen Meinung' entstand, das allerdings – ebenso wie das Konzil von Basel – eher als eine „geschlossene Öffentlichkeit"[72] zu betrachten ist und dessen Rückwirkung auf Kirche und Gesellschaft angesichts der bestehenden Kommunikationsstrukturen nicht zu hoch gewichtet werden darf.

Der kirchentheoretische Streit zwischen Konziliarismus und Papalismus war mit dem Ausgang des Konstanzer Konzils nicht entschieden. Papst Martin V. hatte zwar

68 COD³, 447–450; Quellen zur Kirchenreform I, 506–515 (Nr. XV).

69 Quellen zur Kirchenreform I, 516–545 (Nr. XVI); vgl. Brandmüller, Konzil I, 394 ff.

70 COD³, 50 f., Anm. 4; vgl. Wohlmuth, Konzilien, 251.

71 Vgl. Brandmüller, Konzil I, 422 ff.; Stump, 270 ff.; Boockmann/Dormeier, 47 ff.

72 J. Miethke, Die Konzilien als Forum der öffentlichen Meinung, in: DA 37 (1981), 736–773, hier: 763.

auf der Schlusssitzung des Konzils erklärt, dass er alles, was vom Konstanzer Konzil in Glaubensangelegenheiten beschlossen wurde, bestätige[73] – aber ob er damit auch dem Dekret *Haec Sancta*, das die Superiorität des Konzils über den Papst erklärt hatte, dogmatische Verbindlichkeit zuerkannt hat, ist umstritten.[74] Faktisch hat sich die Position des Papstes nach dem Ausgang des Konstanzer Konzils in kurzer Zeit so gefestigt, dass er ein Konzil nicht zu fürchten brauchte. Dabei wurde die Aufgabe der Kirchenreform nicht aus dem Auge verloren, vielmehr entwickelte die Kurie ihre eigenen Konzepte, die dann durch die päpstlichen Legationen verbreitet wurden.[75] Seine eigenen Reformvorstellungen legte Martin V. in der Konstitution *Sanctissimus dominus noster* dar.[76] Im Mittelpunkt stand die Reform der Kurie, daneben sollten alle drei Jahre Provinzialkonzilien einberufen werden, die für die Stärkung der kirchlichen Disziplin, die Beseitigung von Missständen und die Förderung des Gottesdienstes zuständig sein und sich zugleich für die Bewahrung der kirchlichen Privilegien und Besitztümer einsetzen sollten. Mit seiner Entscheidung, die päpstliche Residenz wieder nach Rom zu verlegen und den Kirchenstaat zu reorganisieren, bewies Martin V. Mut, denn die politischen Verhältnisse in Mittelitalien waren zu dieser Zeit alles andere als günstig für ihn.[77] Bis zu seinem Tod im Jahre 1431 gelang es ihm jedoch, die Basis für den weiteren Ausbau des Kirchenstaates im 15. Jahrhundert zu legen.

Selbstbewusst zeigte sich der Papst auch im Blick auf die weiteren Verhandlungen über eine Union mit den Griechen. Während der offiziellen Gespräche in der Schlussphase des Konstanzer Konzils war auf Seiten des Papstes und der Konzilsväter der – trügerische – Eindruck entstanden, dass die Ostkirche bereit sei, die von Rom erhobene Forderung einer bedingungslosen ‚Rückkehr' zu erfüllen.[78] Umso größer war die Enttäuschung, als der byzantinische Kaiser im November 1422 im Einvernehmen mit dem Patriarchen Josef II. ([um 1360] 1416–1439) erklärte, dass Rom eine bedingungslose Wiedervereinigung nicht erwarten dürfe und im Übrigen für die Finanzierung eines Unionskonzils sorgen müsse, das nur in Konstantinopel stattfinden könne. Die Zeit für die Aufnahme von Unionsverhandlungen mit den Griechen war somit noch nicht gekommen.

Ohne jede Sorge um einen neu aufkeimenden Konziliarismus konnte Papst Martin V. 1423 ein Konzil nach Pavia einberufen, das, wie das Dekret *Frequens* es verlangte,

73 Hardt IV, 1550.1557 f.

74 Vgl. W. Brandmüller, Besitzt das Konstanzer Dekret *Haec Sancta* dogmatische Verbindlichkeit?, in: Ders., Papst und Konzil im Großen Schisma (1378–1431). Studien und Quellen, Paderborn u. a. 1990, 225–242, hier: 241 f.; P. De Vooght, Der Konziliarismus bei den Konzilien von Konstanz und Basel, in: Das Konzil und die Konzile, Stuttgart 1962, 165–210 [Teilabdruck in: Bäumer, 177–197]; B. Tierney, Divided sovereignty at Constance, in: AHC 7 (1975), 238–256; H. Jedin, Bischöfliches Konzil oder Kirchenparlament?, in: Bäumer, Entwicklung, 198–228; H. Müller, Konzilien des 15. Jahrhunderts und Zweites Vatikanisches Konzil. Historiker und Theologen als Wissenschaftler und Zeitgenossen, in: ThR 103 (2007), 1–17.

75 Vgl. Studt, 421 ff.

76 Quellen zur Kirchenreform II, 152–163 (Nr. V).

77 Vgl. Fink, Das abendländische Schisma, 567 ff.

78 Vgl. Leidl, Einheit, 18.

genau fünf Jahre nach dem Abschluss des Konstanzer Konzils eröffnet wurde.[79] Wegen der drohenden Pest wurde das Konzil schon bald nach Siena verlegt. Dort zeigten sich die Konzilsteilnehmer zwar bemüht, die Reformarbeit fortzusetzen, übertrugen sie letztlich aber doch dem Papst. Dieser wiederum erschien gar nicht erst in Siena, so dass das Konzil bereits im März 1424 wieder aufgelöst wurde. Dem Dekret *Frequens* gemäß wurde noch der Beschluss gefasst, dass das nächste Konzil nach sieben Jahren in Basel stattfinden solle. Die völlige Bedeutungslosigkeit des Konzils von Pavia/Siena unterstrich die Machtstellung des Papstes, zumal die zeitlich befristeten Regelungen der Konstanzer Konkordate ihre Gültigkeit verloren und die Kurie damit im Stande war, zur alten Praxis der Pfründenvergabe zurückzukehren.[80] Die offensichtliche Blockade der Reformanstrengungen rief viel Unmut hervor und stärkte den Einfluss der Waldenser in Frankreich sowie der Hussiten in Deutschland. So richteten sich alle Hoffnungen auf das nächste Konzil.

## 4. Die Revolution der Hussiten

Innerhalb kurzer Zeit nach seiner Hinrichtung wurde Jan Hus für die Menschen in Böhmen und Mähren zum „Märtyrer und Nationalhelden".[81] Die Protestbewegung, die daraus entstand, richtete sich gegen alle, die für seinen Tod verantwortlich gemacht wurden, gegen den Papst und das Konzil ebenso wie gegen König Sigismund und die Deutschen, deren politische und wirtschaftliche Dominanz in Böhmen schon lange Zeit beargwöhnt wurde. Rasch verbreitete sich der Utraquismus, das Abendmahl wurde also unter beiderlei Gestalt gefeiert, was damit begründet wurde, dass der Laienkelch allen Getauften zustehe. Aus dieser Bewegung, in der religiöse, soziale und nationale Motive miteinander verwoben waren, entwickelte sich eine Revolution, die nach Westen ausstrahlte,[82] letztlich aber doch auf Böhmen begrenzt blieb.

In konfliktreichen Auseinandersetzungen, in denen es um die Besetzung von Pfarrstellen wie auch um politischen Einfluss ging und die mit dem (ersten) Prager Fenstersturz im Juli 1419 einen ersten Höhepunkt erreichten,[83] kristallisierten sich zwei Hauptströmungen heraus: zum einen die gemäßigteren Utraquisten, nach ihrem Emblem, dem Kelch, Calixtiner genannt, die moderate Ansichten vertraten, was das Verhältnis zur römischen Kirche und ihre politischen Auffassungen anbetraf; und zum anderen die radikalen Taboriten, so benannt nach der Gegend um den Wallfahrtsberg Tabor, wo sich die bedeutendste ihrer Gemeinschaften aufhielt.[84] Sie waren nicht nur in religiöser Hinsicht radikaler als die Calixtiner, weil sie die römische Liturgie, die Sonderrolle der Priester und das Besitzrecht der Kirche verwarfen, sondern stellten mit ihrer chiliastischen Interpretation des Evangeliums, d. h. ihrer Überzeugung von dem Beginn des Tausendjährigen Reiches Christi auf

79 Vgl. Brandmüller, Das Konzil von Pavia-Siena, 117 ff.

80 Vgl. Miethke, Einleitung, in: Quellen zur Kirchenreform II, 23.

81 A. Vauchez, Protest- und Häresiebewegungen in der römischen Kirche, in: GCh 6, 315–346, hier: 341.

82 Vgl. Šmahel, Die Hussitische Revolution, Bd. III, 1913 ff.

83 Vgl. a. a. O., Bd. II, 964 ff.

84 Vgl. ders., Tabor als Modell einer Gesellschaftsordnung, in: Hlavácek/Patschovsky, Reform, 191–201.

Erden, auch die bestehende Gesellschaftsordnung in Frage, denn sie wandten sich gegen den Staatsapparat, die Königsgewalt und die Gerichtsbarkeit der Grundherren.[85] Während zu ihren Anhängern vor allem Mitglieder des niederen Adels, Angehörige der Landbevölkerung, städtische Handwerker und manche Kleriker gehörten, kamen die Anhänger der Calixtiner in erster Linie aus der Bürgerschaft Prags und der dortigen Universität. Als 1420 ein Kreuzfahrerheer, das von Papst Martin V. und König Sigismund aufgestellt worden war, in Böhmen einzufallen drohte,[86] konnten sich die konkurrierenden Gruppen mit den vier Prager Artikeln noch einmal auf eine gemeinsame Grundlage einigen. Danach sollte (erstens) das Wort Gottes in tschechischer Sprache in ganz Böhmen frei verkündet werden; (zweitens) das Abendmahl unter beiderlei Gestalt ausgeteilt werden; (drittens) dem Klerus aller Besitz und weltliche Macht entzogen und die Kirche einem Konsistorium unterstellt werden, das vom Adel, von dem Bürgertum, utraquistischen Geistlichen und Lehrern der Prager Universität zu besetzen war; und (viertens) sollte im ganzen Land eine Reform der Sitten durchgeführt werden.[87] Die zusätzlichen Forderungen, mit denen die Taboriten diese Artikel nach der gelungenen Abwehr der angreifenden Kreuzfahrer verschärften,[88] offenbarten wieder die grundlegenden Differenzen, die in der Folgezeit zu kriegerischen Auseinandersetzungen führten, bis sich 1434 die Calixtiner durchsetzen konnten.

Von den Zeitgenossen wurde die Bewegung der Hussiten sehr ambivalent beurteilt. Auf der einen Seite galt sie vielen als Ausdruck der Anarchie und des religiösen wie sittlichen Verderbens – trotz oder gerade wegen der puritanischen Züge vor allem der Taboriten. Auf der anderen Seite bot Böhmen zu dieser Zeit vielen Dissidenten und Nonkonformisten wie dem Waldenser Nikolaus von Dresden (gest. um 1416) oder dem Lollarden Peter Payne (um 1385–1456) Zuflucht und weckte Hoffnung auf die Realisierung religiöser und politischer Alternativen zum Bestehenden.[89] Unter dem Einfluss der Hussiten entstanden auch in Süddeutschland Unruhen, die aber bald niedergeworfen wurden. In Böhmen war die Revolution der Hussiten jedoch nicht mehr rückgängig zu machen. Nachdem es Papst und Kaiser bis 1431 in fünf Kreuzzügen nicht gelungen war, sie zu bezwingen, war die Zeit für Verhandlungen gekommen. Es war das Verdienst des Konzils von Basel, diese Verhandlungen eingeleitet und erfolgreich zum Abschluss gebracht zu haben.

85 Vgl. ders., Die Hussitische Revolution, Bd. I, 675 ff.

86 Vgl. a. a. O., Bd. II, 1071 ff.

87 Vgl. a. a. O., Bd. I, 636 ff.

88 KTGQ 2, 231.

89 Vgl. A. Vauchez, Protest- und Häresiebewegungen in der römischen Kirche, in: GCh 6, 315–346, hier: 344.

## B. DAS KONZIL VON BASEL UND DIE UNION VON FLORENZ (1431–1449)

### 1. Die Zuspitzung des Konziliarismus

Das Konzil von Basel dauerte insgesamt 18 Jahre und ist damit das längste der Geschichte gewesen. In seinem Verlauf und seinem Ergebnis spiegelt es die Spannungen und die Ambivalenz der Kirchengeschichte des 15. Jahrhunderts wider. Hier wurde „verfassungsgeschichtlich wie theologisch an Grenzen gerührt, die zum Teil nie wieder erreicht, zum Teil erst in der Neuzeit überschritten wurden."[90] War das Konstanzer Konzil durch das Schisma geprägt, so stand das Basiliense zunächst vor anderen Problemen: der grundlegenden Reform der Kirche, der Hussitenfrage und der Union mit den Griechen. Die Debatten über diese Themenbereiche verliefen parallel und waren auch dadurch verbunden, dass es im Kern, ekklesiologisch und kirchenpolitisch, um das Wesen der Kirche ging. Damit verknüpft war noch immer die prinzipielle Frage der Stellung eines Konzils, wobei sich die Konzilsteilnehmer in der Nachfolge des Konstanzer Konzils sahen, „dessen Dekret ‚Haec Sancta' sie sozusagen zu ihrem konziliaren Grundgesetz erhoben".[91] Dabei strebten die Konzilsväter eine *reformatio* der Kirche in dem Sinne an, dass ihr ursprünglicher Zustand wieder hergestellt werden sollte.[92] Kritik übten sie nicht grundsätzlich an den Strukturen der Kirche, sondern an Missbräuchen, die es vom ‚alten Recht' her als solche wahrzunehmen und zu beseitigen galt. Mit dieser Orientierung am vormaligen Status der Kirche (*status ecclesiae pristinus*) wurde erstmals die historische Methode als argumentatives Mittel eingesetzt.[93] So spielten auch die Kirchenrechtsgelehrten, die Kanonisten, auf dem Konzil eine wichtige Rolle.

Auf Grund der Erfahrungen des gescheiterten Konzils von Pavia und Siena war das Klima des Basler Konzils in der Anfangszeit sehr angespannt.[94] In organisatorischer Hinsicht wurden neue Wege beschritten, indem die Beratung und Abstimmung nicht mehr wie bisher in den ‚Nationen' vollzogen wurde, sondern in vier Fachgruppen, ‚Deputationen' genannt, die sich jeweils eigenen Arbeitsgebieten widmeten: dem Glauben, dem Frieden, der Reform und Allgemeinem.[95] Durch die Einführung der Deputationen und die strikte Verteilung der Konzilsteilnehmer proportional zu den kirchlichen Ständen wurden die nationalen wie auch die hierarchischen Zuordnungen durchbrochen, ohne dass sie gänzlich außer Kraft gesetzt wurden.[96] Das Beispiel der Franzosen, die das Basiliense rein zahlenmäßig dominierten, zeigt, welchen Einfluss die ‚Nationen' immer noch auf den Verlauf des Konzils hatten, denn hier wurden vor allem „die politischen Weichen gestellt".[97]

Die Tendenz, jeglichen Bestrebungen entgegenzuwirken, die darauf abzielten, Machtpositionen zu besetzen, wurde durch ein Rotationsprinzip bei der Ämter-

---

90 Helmrath, Das Basler Konzil, 3.

91 Ebd.

92 Vgl. Krämer, Konsens, 17.

93 Vgl. a. a. O., 67.

94 Vgl. Miethke, Kirchenreform, 28.

95 MC II, 126–128.260–263; CB II 41.46 f.; vgl. Lazarus, 106 ff.

96 Vgl. Helmrath, Das Basler Konzil, 24 ff.

97 Meuthen, Rota, 483; vgl. Müller, Franzosen, 812 ff.

belegung noch verstärkt, was allerdings zur Folge hatte, dass Kontinuität und Effektivität darunter litten.[98] Ein Zwölfer-Gremium bildete das Bindeglied zwischen den Deputationen und dem Plenum, das wiederum vom Konzilspräsidenten – bzw. von 1434 bis 1437 von vier Präsidenten – geleitet wurde.[99] Seit März 1432 führte das Konzil ein eigenes Siegel und bildete in der Folgezeit eine eigene Bürokratie mit Kanzlei, Gericht (Rota), Finanzverwaltung und einer Behörde für Ablassangelegenheiten (Pönitentiarie).[100] Neben dem ekklesiologischen und kirchenpolitischen Selbstverständnis des Basiliense sowie den konkreten historischen Entwicklungen kann diese Tendenz des Konzils zur Bürokratisierung, die dem allgemeinen Zeitgeist der ‚Zentrierung' entsprach, als ein weiterer Grund dafür angesehen werden, dass es über einen so langen Zeitraum hin ohne Unterbrechung tagte.

Eine zweite organisatorische Neuerung neben der Einführung der Deputationen betraf die Erweiterung des Stimmrechts, wodurch nun auch der Universitätsklerus unterhalb der Doktoren und einfache Pfarrgeistliche stimmberechtigt waren.[101] Zugleich wurde das Majoritätsprinzip eingeführt, wobei nach Köpfen abgestimmt werden und jede Stimme gleichwertig sein sollte. Beides, sowohl die Erweiterung des Stimmrechts als auch das Majoritätsprinzip, wurde von der kirchlichen Elite – vor allem der Mehrheit der Prälaten – als eine unbotmäßige Auslieferung der Kirche an den ‚Pöbel' kritisiert und auch noch in späterer Zeit als eine Demokratisierung der Kirche angesehen, die – je nach Kirchenverständnis – positiv oder negativ bewertet wurde.[102] Unter Berufung auf das Konzil von Chalcedon wurde in den konziliaren Debatten des 15. Jahrhunderts die Exklusivität des bischöflichen Stimmrechts auf Konzilen erörtert.[103] Die theologische Begründung, die der bedeutende Konzilstheologe Johannes von Segovia (um 1395–1458) für die Gleichheit des Stimmrechts und das Majoritätsprinzip lieferte, ging demgegenüber von der Gleichheit des Evangeliums aus, das Höhergestellte und Niedere vereint, so dass auch das Konzil als „Vermischung" gesellschaftlicher Unterschiede angesehen werden müsse.[104] In ekklesiologischer Hinsicht bezeichnet das Basiliense eine kirchengeschichtliche „Klimax",[105] bevor sich erneut das altkirchliche Modell des Bischofskonzils durchsetzte. Eine prosopographische Analyse der Zusammensetzung des Basler Konzils – im Schnitt ist von 300–400 Konzilsvätern auszugehen, die in Basel anwesend waren – lässt allerdings erkennen, dass ungeachtet aller egalitären Bestrebungen der Einfluss bestimmter Persönlichkeiten wie auch Netzwerke von Interessengruppen eine wichtige Rolle in den Konzilsdebatten spielten.[106] Auf Grund ihrer eigenen Reformbestrebungen zeigten sich die Ordensleute auf dem Basler Konzil besonders engagiert. Zeitweilig

98 Vgl. Helmrath, Das Basler Konzil, 43 ff.
99 Vgl. Lazarus, 83 ff.181 ff.
100 Vgl. a. a. O., 197 ff.; Meuthen, Rota, 473 ff.
101 MC II 580; RTA XIV 389,43–45; Lazarus, 31 ff.; Black, Council and Commune, 130.
102 Vgl. Helmrath, Das Basler Konzil, 34, der den Begriff der „Egalität" für sachlich angemessener hält.
103 Vgl. a. a. O., 33.
104 MC II, 275; vgl. Wohlmuth, Verständigung, 54 ff.
105 Helmrath, Das Basler Konzil, 33.
106 Vgl. Helmrath, Das Basler Konzil, 21.58 ff.

stellten sie 40 Prozent der Konzilsteilnehmer.[107] Allerdings gab es in der Haltung zum Konzil Unterschiede nicht nur zwischen den Orden, sondern auch innerhalb der einzelnen Verbände. Das sollte sich mit der Spaltung zwischen Konzil und Papst nach 1437 noch verstärken.
Einen beträchtlichen Teil der Konzilsteilnehmer stellten die Universitätsgelehrten, wie überhaupt die Universitäten in der Zeit der Reformkonzilien als „intellektuelle Zentren und als Reservoir von theologischen und juristischen Fachleuten"[108] bedeutenden Einfluss ausübten und als Korporationen Modellcharakter für die Kirchentheorie der Konziliaristen hatten.[109] Dabei war die Haltung der Universitäten zum Konzil keineswegs einheitlich – auch wenn sie überwiegend zum Konziliarismus tendierten, bildeten sie doch keine geschlossene Front, wie das Beispiel der Universität Louvain ebenso zeigt wie die Haltung der Universitäten von Oxford und Cambridge. Ausschlaggebend waren dafür sowohl kirchentheoretische Ansichten als auch die politische Rücksichtnahme auf die Haltung des jeweiligen Landesherrn vor allem nach der Spaltung zwischen Konzil und Papst.[110] Zu den entschiedensten Anhängern des Basler Konzils auch noch in den 1440er-Jahren gehörten die Universitäten von Erfurt, Wien und Köln.[111] Welche Schulrichtung an den einzelnen Universitäten vorherrschte, war für die Einstellung zum Konzil nicht maßgeblich – so gehörte die Kölner Universität als Hochburg der *via antiqua* ebenso zu den Verfechtern des Konziliarismus wie die Erfurter Universität, an der die *via moderna* den Ton angab, während wiederum die Heidelberger Universität, an der ebenfalls die *via moderna* vorherrschte, keine konziliaristische Position vertrat.[112] In Konkurrenz zur Kurienuniversität in Rom, die nach ihrer Schließung 1406 erst 1431 von Papst Eugen IV. ([1383] 1431–1447) wieder eröffnet worden war, gründete das Basler Konzil eine eigene Universität ohne päpstliches Privileg.[113] Damit wurde nicht nur dem Bedürfnis der Theologen Rechnung getragen, während ihres Aufenthaltes weiter zu studieren, sondern auch ein Zeichen der Eigenständigkeit gesetzt. Die Universitätsgelehrten engagierten sich auf dem Basler Konzil – wie zuvor schon in Konstanz – für höhere Qualifikationen der Kleriker, wobei nicht zuletzt die Hoffnung eine Rolle spielte, damit die eigene Karriere zu fördern.[114]
Am klerikalen Charakter des Konzils gab es auch bei den Verfechtern eines Kon-

107 Vgl. Black, Council and Commune, 33 f.

108 Helmrath, Das Basler Konzil, 132; vgl. J. Wohlmuth, Universität und Konzil. Verfassungsrechtliche und wissenschaftstheoretische Einflüsse der Universitäten auf die Konzilien von Konstanz und Basel, in: I. Craemer-Ruegenberg/A. Speer (Hg.), *Scientia* und *ars* im Hoch- und Spätmittelalter, Berlin/New York 1994 (MM 22/2), 877–892.

109 Vgl. Krämer, Konsens, 327.

110 Vgl. A. J. Black, The Universities on the Council of Basle. Ecclesiology and Tactics, in: AHC 6 (1974), 341–351.

111 Vgl. Stieber, Pope Eugenius IV, 78 ff.

112 Vgl. Helmrath, Das Basler Konzil, 149 f.

113 Vgl. J. Schweizer, Zur Vorgeschichte der Basler Universität (1432–1448), in: Aus fünf Jahrhunderten schweizerischer Kirchengeschichte, FS P. Wernle, hg. von der Theologischen Fakultät der Universität Basel, Basel 1932, 1–21.

114 Vgl. J. Miethke, Karrierechancen eines Theologiestudiums, in: R. C. Schwinges (Hg.), Gelehrte im Reich. Zur Sozial- und Wirkungsgeschichte akademischer Eliten des 14. bis 16. Jahrhunderts, Berlin 1996 (ZHF.B 18), 181–209, hier: 197 ff.

ziliarismus keinen Zweifel. Laien waren hier kaum vertreten, vielmehr erhob das Konzil den Anspruch, als Repräsentantin der gesamten Kirche auch für die Laien zu sprechen, ohne dass diese anwesend sein oder gar mit abstimmen mussten.[115] Dass die Idee eines ‚Priestertums aller Gläubigen' von dem in Basel versammelten Klerus in keiner Weise akzeptiert wurde, hat die Auseinandersetzung mit den Hussiten deutlich vor Augen geführt. Auf der anderen Seite spielten die weltlichen Obrigkeiten für den Verlauf des Basiliense eine große Rolle, obwohl Laien nach dem Willen der Konzilsväter möglichst wenig Einfluss haben sollten und zur Unterstreichung dessen die alte Kampfformel von der ‚Freiheit der Kirche' herangezogen wurde.[116] Die Realität war aber längst eine andere, denn das landesherrliche Kirchenregiment wurde inzwischen immer weiter ausgebaut, wobei diese Entwicklung durch die Konkurrenz von Papst und Konzil noch gefördert wurde. Die Gesandten der europäischen Fürsten hatten deshalb auch auf dem Konzil einen großen Einfluss, zumal sie nicht nur als Diplomaten fungierten, sondern auch als Konzilsväter, denn an der Spitze dieser Gesandtschaften standen zumeist Bischöfe, die somit ein ureigenes Interesse an diesem Konzil hatten, was teilweise zu Konflikten mit ihrer Obrigkeit führen konnte.[117]

Kaiser Sigismund, der auf dem Konzil von Konstanz eine zentrale Rolle gespielt hatte, versprach sich vom Basler Konzil vor allem die Klärung der Hussitenfrage. Dabei bestimmten ihn dynastische Motive sowie die Leitidee eines „imperialen Universalismus",[118] so dass er daran interessiert war, das Konzil in die politische Stärkung des Reiches einzubinden. Im Konflikt zwischen Papst Eugen IV. und dem Basler Konzil bezog Sigismund eine vermittelnde Position. Einerseits nahm er das Konzil gegen die Auflösungsversuche des Papstes in Schutz, zugleich war er jedoch auf das Einvernehmen mit dem Papst bedacht, nicht nur wegen der lang ersehnten Kaiserkrönung, die er im Mai 1433 endlich erreichen konnte, sondern auch weil ihm an einem Sieg des Konziliarismus nicht gelegen war.[119] So verteidigte er Eugen IV. gegen Bestrebungen des Konzils, ihn zu suspendieren bzw. abzusetzen. Die beherrschende Rolle, die er in Konstanz als *advocatus ecclesiae* erlangen konnte, blieb ihm in Basel jedoch verwehrt, so dass er das Konzil im Mai 1434 nach siebenmonatigem Aufenthalt „tief verstimmt und beinahe fluchtartig"[120] verließ. Zu groß war seine Distanz zum Selbstverständnis und zu den Zielsetzungen des Konzils, an dessen Reformanliegen er kaum Interesse zeigte.[121] Nach seinem Tod im Dezember 1437 bestimmten vor allem die Kurfürsten die Haltung des Reiches in dem sich zuspitzenden Konflikt zwischen Papst und Konzil.

Zum Präsidenten des Konzils hatte noch Papst Martin V. im Januar 1431 den Kardinallegaten für Deutschland, Giuliano Cesarini (1398–1444), bestimmt. Dieser

115 Vgl. Meuthen, Das Basler Konzil als Forschungsproblem, 26 ff.; Helmrath, Das Basler Konzil, 83 ff.

116 Vgl. COD$^3$, 471,16–21; AC I, 1, Nr. 135, Z. 5–7; RTA XIII 371,16–19 (Nr. 195).

117 Vgl. Helmrath, Das Basler Konzil, 105 f.

118 Angermeier, Das Reich und der Konziliarismus, 552; vgl. ders., Reichsreform, 68.

119 Vgl. A. Gottschalk, Kaiser Sigmund als Vermittler zwischen Papst und Konzil (1431–1434), Borna/Leipzig 1911, 113 ff.; Angermeier, Das Reich und der Konziliarismus, 552.

120 Helmrath, Das Basler Konzil, 288.

121 Vgl. Angermeier, Das Reich und der Konziliarismus, 548 ff.

hatte zuvor kanonisches Recht in Padua gelehrt, war den Humanisten verbunden und wurde mit seiner Persönlichkeit, die als fromm und unkompliziert beschrieben wird, sowie seinem Reformeifer zu einer treibenden Kraft des Konzils.[122] Dessen Eröffnung verzögerte sich aber zunächst durch den Tod Martins V. im Februar 1431. Sein Nachfolger, Eugen IV., musste eine Wahlkapitulation akzeptieren, mit der das Kardinalskolleg seine Position zu stärken versuchte und der Papst verpflichtet wurde, sich auf einem Generalkonzil für die Reform der Kirche einzusetzen.[123] Bald nach seiner Wahl bestätigte er Cesarini als päpstlichen Legaten und Präsidenten des Konzils, das im Juli 1431 in Basel eröffnet wurde. Cesarini befand sich zu dieser Zeit noch auf einem Kreuzzug gegen die Böhmen und traf erst im September 1431 in Basel ein. Zu Beginn war die Teilnahme am Konzil gering, und so löste der Papst es bereits nach vier Monaten wieder auf. Er folgte damit dem Beispiel seines Vorgängers und berief für das Jahr 1433 eine neue Synode nach Bologna, auf den Boden des Kirchenstaates.[124] Aber noch bevor die Auflösungsbulle publiziert wurde, fand die erste Sitzung des Konzils in Basel statt. Cesarini widersetzte sich der päpstlichen Verfügung, das Konzil aufzulösen, und organisierte dessen Widerstand. Zwar gab er der päpstlichen Forderung nach, sein Amt als Konzilspräsident niederzulegen, er blieb aber in Basel und wurde in der Folgezeit einer der engagiertesten Verfechter konziliarer Interessen. Indem das Konzil an seiner Stelle den Bischof von Coutance, Philibert de Montjeu (um 1374–1439),[125] zum Vorsitzenden wählte, wurde der Konzilspräsident zum Funktionsträger des Konzils und nicht mehr als Stellvertreter des Papstes betrachtet.[126] Im September 1432 übernahm Cesarini gegen den Willen des Papstes wieder dieses Amt und brachte damit seine Auffassung von der Überordnung des Konzils über den Papst zum Ausdruck.[127]

Das Konzil hatte schon auf seiner dritten Sitzung am 29. April 1432 seinen kirchenpolitischen Anspruch formuliert, indem es sich die Konstanzer Dekrete *Frequens* und *Haec Sancta* zu eigen machte.[128] Die Mehrheit der Kardinäle stand auf der Seite des Konzils, ebenso die meisten weltlichen Herrscher wie auch König Sigismund, dem es in dieser Zeit noch vorrangig um die Kaiserkrönung ging.[129] Für den Fall, dass der Papst nicht einlenken sollte, hatte das Konzil Vorsorge getroffen, indem es sich auf eine Absetzung des Papstes und eine Neuwahl vorbereitete, wobei eine Wahl außerhalb des Konzils ausdrücklich verboten wurde.[130] Die „ekklesiologische Grund-

---

122 CB VIII, 33–186; vgl. G. Christianson, Cesarini. The Conciliar Cardinal. The Basel Years, 1431–1438, St. Ottilien 1979 (KGQS 10).

123 Vgl. W. Brandmüller, Der Übergang vom Pontifikat Martins V. zu Eugen IV., in: Ders., Papst und Konzil, 85–110.

124 Vgl. Stieber, Pope Eugenius IV, 12 ff.; R. Reinhardt, Martin V. und Eugen IV., in: Greschat, Bd. 12, 27–38, hier: 32 f.

125 Vgl. C. Kleinert, Philibert de Montjeu (um 1374–1439). Ein Bischof im Zeitalter der Reformkonzilien und des Hundertjährigen Krieges, Sigmaringen 2004.

126 Vgl. P. Ladner, Johannes von Segovias Stellung zur Präsidentenfrage auf dem Basler Konzil, in: ZSKG 62 (1968), 1–113, hier: 7.

127 Vgl. Krämer, Konsens, 136.

128 COD[3], 457; Quellen zur Kirchenreform II, 178–187 (Nr. VII f.).

129 Vgl. Fink, Das abendländische Schisma, 575; Helmrath, Das Basler Konzil, 286 ff.

130 COD[3], 462 f.464; vgl. Wohlmuth, Konzilien, 256.

satzdiskussion",[131] die hierüber in der Reformdeputation geführt wurde, zeigt, dass es nicht allein um eine kirchenpolitische Frage ging, sondern um das theologische Verständnis von Kirche überhaupt. Dabei argumentierten die Konziliaristen historisch und kritisierten die von den Päpsten und der Kurie betriebene Entwicklung des kirchlichen Rechts.

Im Februar 1433 erhob das Konzil gegen Papst Eugen Anklage wegen seiner eigensinnigen Weigerung, auf dem Konzil zu erscheinen, und in seiner elften Sitzung am 27. April 1433 drohte es, den Papst zu suspendieren, falls er weiterhin dem Konzil fernbleibe oder sich darauf konzentriere, „das Konzil de facto irgendwie zu behindern, zu verlegen, zu vertagen oder aufzulösen".[132] Zugleich wurde dem Papst das Recht abgesprochen, die Teilnahme an einem Generalkonzil zu verbieten. Die Auflösung oder Verlegung des Konzils könne nur dieses selbst mit der Zustimmung von zwei Dritteln jeder Deputation beschließen.[133] Die Tragweite dieses Dekretes unterstrich die Basler Synode dadurch, dass sie alle Metropoliten und Ordensoberen anwies, es „in den Provinzial- und Synodalkonzilien bzw. in den Generalkapiteln verlesen und veröffentlichen zu lassen".[134] Nachdem das Konzil dem Papst ein Ultimatum gesetzt hatte, verhinderte die Ankunft des Kaisers in Basel am 11. Oktober 1433, dass es zum Äußersten kam. Die Verhandlungen in den folgenden Wochen führten dazu, dass der Papst einlenkte und das Konzil anerkannte, während dieses im Gegenzug drei päpstliche Konzilspräsidenten akzeptierte.[135] Dass der Papst sich dem Druck schließlich beugen musste, hatte auch damit zu tun, dass politische Unruhen in Rom seine Position schwächten.[136] Nicht nur für den Verlauf des Basler Konzils, sondern auch für die Geschichte des Papsttums insgesamt war es folgenreich, dass Eugen IV., der als ‚Mönchspapst' in die Geschichte eingegangen ist, wegen der Auseinandersetzungen mit der einflussreichen Familie der Colonna 1434 aus Rom fliehen musste und zunächst in Florenz, dann in Bologna Zuflucht fand, bevor er 1443 in die Ewige Stadt zurückkehren konnte.[137]

Auch nach seinem Einlenken blieb Papst Eugen IV. ein Gegner des Konzils, und so überschattete dieser Konflikt den weiteren Verlauf bis zur Spaltung des Konzils im Jahre 1437. Im Kompetenzstreit mit dem Papst beanspruchte das Basiliense auch Entscheidungsbefugnisse in Fragen, die bislang in der Zuständigkeit des Papstes bzw. der Kurie gelegen hatten. Besonders hervorzuheben sind das Verfahren der Heiligsprechung und die Gewährung eines Plenarablasses (vollständiger Ablass). Beides war von großer Bedeutung für Ansehen und Einfluss in der Kirche, weil es um zentrale Aspekte der kirchlichen Frömmigkeit ging, deren theologische Legitimation auch für das Konzil außer Frage stand. So verhandelte das Basler Konzil nicht nur seit Juli 1433 über die Heiligsprechung des Peter von Luxemburg (gest. 1387),[138]

131 Krämer, Konsens, 24.
132 COD³, 466,23 f.
133 COD³, 467,17–28.
134 COD³, 469,10 f.
135 Vgl. Krämer, Konsens, 139 ff.
136 Vgl. Fink, Das abendländische Schisma, 575.
137 Vgl. Stieber, Pope Eugenius IV, 19 ff.
138 CB II, 450; CB III, 410.413.471 f.479; CB IV, 64.72.75; vgl. Sudmann, 199 ff.

sondern schrieb im April 1436 auch per Dekret einen Ablass zur Finanzierung eines Unionskonzils aus.[139]

Bis zum endgültigen Bruch mit dem Papst nahm das Konzil drei große Aufgaben in Angriff: die Klärung von Glaubensfragen, vor allem die Auseinandersetzung mit den Hussiten, die Sicherung bzw. Wiederherstellung des Friedens und die Reform der Kirche. Die europäische Dimension des Basiliense zeigte sich daran, dass das Konzil auch durch die machtpolitischen Interessen sowie Rivalitäten bestimmt wurde. Im Vordergrund stand der noch immer andauernde Hundertjährige Krieg zwischen England und Frankreich, zumal vom gewichtigen Anteil der französischen Konzilsteilnehmer viele aus Gebieten kamen, die von den Engländern besetzt waren. Seit 1432 engagierte sich das Konzil als Vermittler und entsandte 1435 den angesehenen Kardinal Niccolò Albergati (1357–1443) auf den Kongress zu Arras, dessen Friedensschluss vom Konzil als Erfolg gefeiert wurde, obgleich der Krieg doch noch weiterging.[140] Auch wenn das Basiliense auf vielfältige Weise als „Richter und Schlichter"[141] agierte, indem es sich mit Auseinandersetzungen um weltlichen Besitz ebenso wie mit dem Streit um die Besetzung von Bischofsstühlen befasste, war es doch insgesamt mit der Aufgabe überfordert, einen umfassenden Frieden zu vermitteln, wie es dem eigenen Friedensideal und den Friedenssehnsüchten der Zeitgenossen entsprochen hätte.

Demgegenüber stellten die Verhandlungen mit den Hussiten tatsächlich einen Erfolg des Konzils dar, und sie trugen nicht nur zu dessen Stabilisierung bei, sondern gehörten auch zu seinen bemerkenswertesten Leistungen.[142] Angesichts der Furcht vor einer Ausbreitung der Hussiten war die Bereitschaft zu einer Disputation über den Glauben zwar von der politischen und religiösen Lage her geboten, aber insoweit erstaunlich, als damit zwar nicht religiöse Toleranz im modernen Sinne intendiert war, ein Dialog jedoch immerhin möglich wurde.[143] Die Dringlichkeit der Hussitenfrage vor allem in den Gebieten nördlich der Alpen schätzte Cesarini richtig ein, während Papst Eugen IV. aus seinem mediterranen Blickwinkel mehr Gewicht auf die Union mit den Griechen legte und dem Konzil vorwarf, dessen Gesprächsbereitschaft gegenüber den Böhmen stehe einer Einigung mit den Griechen im Wege.[144] Bei den Verhandlungen mit den Hussiten von Januar bis März 1433, die von gegenseitigem Respekt geprägt waren, wurde vor allem über die Sakramentenlehre und die Ekklesiologie debattiert.[145] Zu Grunde gelegt wurden dabei die ‚Vier Artikel', auf die sich die auseinanderstrebenden Richtungen der hussitischen Bewegung 1420 hatten einigen können. Bezeichnend war, dass die prinzipielle Kirchenkritik der Hussiten und ihre Reformvorstellungen von den Vertretern des Basler Konzils nicht einmal im Ansatz geteilt wurden, sie vielmehr jegliche Kritik am Priestertum zurückwie-

139 COD³, 506 f.; MC II 877–882; CB IV, 106 f.; Mansi 29, 128–133; vgl. Sudmann, 291 ff.

140 Mansi 30, 967–969; MC II, 852 f.; vgl. Helmrath, Das Basler Konzil, 185 f.; Sudmann, 163 ff.

141 Sudmann, 45.

142 Vgl. Boockmann/Dormeier, 76.

143 Vgl. Helmrath, Das Basler Konzil, 358 f. – Wie wenig ‚tolerant' auch das Basler Konzil gewesen ist, zeigt sich an seinem Judendekret (s. Kap. 5 A).

144 Vgl. Helmrath, Das Basler Konzil, 357; Wohlmuth, Konzilien, 255.

145 Mansi 29, 699–1168; 30, 306–475.

sen und an der hierarchischen Struktur der Kirche ebenso wie an den Privilegien der Geistlichen und am Pfründenwesen festhielten.[146] Dogmen- und theologiegeschichtlich bedeutsam ist, dass die historische Perspektive in der ekklesiologischen Debatte bestimmend wurde, zumal sich die Böhmen auf die Theologie der Väter und die Tradition beriefen. Von Seiten der Konzilsredner wurde der Primat der Heiligen Schrift anerkannt, jedoch dadurch relativiert, dass der Schriftsinn an die Autorität des kirchlichen Lehramtes gebunden wurde.[147] Allerdings bemühten sich die Basler Theologen, ihre Positionen bibelexegetisch darzulegen.
Großen Einfluss bei den Verhandlungen mit den Hussiten hatte der Theologe Heinrich Toke (um 1390–1455), der bereits im Vorfeld des Basler Konzils mit dieser Thematik beschäftigt gewesen war und Ende des Jahres 1432 einen Traktat *De ecclesia militanti catholica* (‚Über die streitende katholische Kirche') vortrug, in dem er in Abgrenzung zu Hus und Wyclif definierte, was ‚Kirche' nach katholischem Verständnis bedeutete. Zunächst stellte er in kritischer Auseinandersetzung mit Hus' Augustin-Rezeption fest, dass nicht nur die Prädestinierten und Heiligen die Kirche bilden, sondern alle „Guten und Bösen",[148] sofern sie an Christus glauben. Damit wurde das Modell einer ‚umfassenden' Kirche entworfen, deren hierarchische Struktur sich konsequent aus dieser Gemeinschaft von Heiligen und Sündern ergibt, weil nur so die Heilsvermittlung der Kirche gewährleistet sein kann. Anschließend zeigte Toke auf, dass diese Gemeinschaft der Gläubigen mit der römischen Kirche identisch sei und diese wiederum durch das Allgemeine Konzil vertreten werde, so dass der Papst zwar über dem Konzil stehe, dieses aber den *consensus fidelium* repräsentiere und deshalb den Papst nicht nur korrigieren, sondern sogar zum Rücktritt zwingen könne, falls er sich diesem Konsens widersetze.[149]
Das Kirchenverständnis der hussitischen Delegation auf dem Basler Konzil legte Johannes von Rokycana (ca. 1390/92–1471) dar, ein Schüler des Jakob von Mies, dem eine führende Rolle bei den Utraquisten zukam.[150] In seinen Ausführungen, die er mit Schriftzitaten begründete, vollzog er eine scharfe Abgrenzung zwischen der wahren Kirche und jenen Christen, die auf Grund von Ämterkauf, Konkubinat oder Schisma als Gegenkirche unter der Führung des Antichrist zu betrachten seien.[151] Demgegenüber müsse die Kirche in ihrem eigentlichen Sinne als die verborgene Gemeinschaft der zum Heil Vorherbestimmten verstanden werden, von der die sichtbare Kirche als *corpus mixtum* zu unterscheiden sei. Die wahre Kirche der Prädestinierten könne – im Unterschied zu den Päpsten – nicht irren, und nur ihr gebühre auch der Gehorsam der Gläubigen. In diesen Ausführungen kam die theologische Orientierung am Evangelium ebenso zur Geltung wie die spiritualistische

146 Vgl. P. De Vooght, La confrontation des thèses hussites et romains au concile de Bâle, in: RThAM 36 (1969), 97–137.254–291, hier: 135 ff.

147 Vgl. H. Schüssler, Der Primat der Hl. Schrift als theologisches und kanonistisches Problem im Spätmittelalter, Wiesbaden 1977 (VIEG.R 86), 154 ff.; Helmrath, Das Basler Konzil, 365.

148 Zit. n. Krämer, Konsens, 364 (Edition).

149 Vgl. a. a. O., 79.264 f.

150 Vgl. Šmahel, Die Hussitische Revolution, Bd. 3, 1868 ff.

151 Vgl. Krämer, Konsens, 86; vgl. die Edition der Replik des Johannes von Rokycana, a. a. O., 366–368.

Konzeption eines Kirchenverständnisses, das die institutionalisierte Kirche nur als Verrat am Auftrag der Nachfolge Christi wahrnehmen konnte.
Die Position der römischen Kirche vertrat demgegenüber Johannes Stoiković von Ragusa (1390/95–1443), einer der prominentesten Konzilstheologen.[152] Das Resultat seiner ekklesiologischen Reflexionen bildet der *Tractatus de ecclesia*, dessen herausragende Bedeutung darin besteht, dass er „der erste dogmatische Kirchentraktat in der Geschichte der Theologie"[153] war. Johannes von Ragusa definierte darin die Kirche als die Gemeinschaft sowohl der Vorherbestimmten als auch der Verdammten, soweit sie den rechten Glauben bekennen. Nicht Gottes Heilsplan, sondern der Glaube der Menschen, wie ihn der Dominikanertheologe im Kontext der scholastischen Tugendlehre verstand, bestimme über die Zugehörigkeit zur Kirche. Unter Berücksichtigung der scholastischen Grundannahme, dass es den Christen nicht möglich ist, eine Prädestinationsgewissheit zu erlangen, wandte sich Johannes von Ragusa gegen den Grundsatz der hussitischen Ekklesiologie und warf den Böhmen vor, dass sie damit die Christen letztlich in ihrer Ungewissheit allein ließen. Demgegenüber verkörpere die römische Kirche als ‚katholische', d. h. universale Kirche die Gemeinschaft der Gläubigen, an deren Spitze der Papst stehe, deren Glaubenskonsens und die Entscheidungen eines repräsentativen Konzils allein Unfehlbarkeit beanspruchen könnten, während der Papst „mit seinem gesamten Klerus irren und häretisch sein kann".[154] Damit vertrat Johannes von Ragusa noch keine konziliaristische Kirchentheorie im eigentlichen Sinne, weil er das Konzil nicht als oberstes Verfassungsorgan der Kirche bestimmte, jedoch in der Folgezeit setzte er sich immer stärker für die Interessen des Basler Konzils ein und blieb diesem auch in der Zeit des Schismas treu.[155]
Neben Johannes von Ragusa lieferten auch Johannes von Segovia, Heinrich Kalteisen (gest. 1465)[156] und Nikolaus von Kues (1401–1464) grundlegende Beiträge zur Ekklesiologie. Cusanus, der in der wechselvollen Geschichte des Basler Konzils eine besondere Rolle gespielt hat und zu den bedeutendsten Persönlichkeiten des 15. Jahrhunderts insgesamt zählt (s. Kap. 4 B), vertrat auf dem Basler Konzil zunächst eine konziliaristische Position. Als Interessenvertreter Ulrichs von Manderscheid (um 1400–1438) im Streit um die Neubesetzung des Trierer Erzbischofsstuhls forderte er, dass Laien bei kirchlichen Wahlen ein Konsensrecht zukomme, und wich damit von der dominierenden Ansicht zur Rolle der Laien ab.[157] Schon bald wurde er aber als Experte in kirchenrechtlichen Fragen allgemein geschätzt, so dass er auf dem Konzil an Einfluss gewann.[158] Er erwies sich als ein Theologe, der um die Einheit der Kirche besorgt war und sich für eine umfassende Reform der Kirche und des Reiches einsetzte. In diesem Sinne verfasste er 1433 sein erstes großes Werk mit dem

152 Vgl. Meuthen, Das Basler Konzil als Forschungsproblem, 41 f.; Krämer, Konsens, 90 ff.
153 Krämer, Konsens, 90; vgl. die Edition dieses Traktates, a. a. O., 369–383.
154 Johannes von Ragusa, Tractatus de ecclesia, ed. Krämer, a. a. O., 379,43.
155 Vgl. Krämer, Konsens, 182 ff.
156 Vgl. T. Prügl, Die Ekklesiologie Heinrich Kalteisens OP in der Auseinandersetzung mit dem Basler Konziliarismus, Paderborn u. a. 1995 (VGI NF 40).
157 Vgl. E. Meuthen, Nikolaus von Kues und der Laie in der Kirche. Biographische Ausgangspunkte, in: HJb 81 (1962), 101–122, hier: 109 ff.
158 Vgl. ders., Nikolaus von Kues, 49 ff.

programmatischen Titel *De concordantia catholica*, in dem er das Konsensmodell auf die Kirche insgesamt ausweitete.

In dem Bemühen um die Systematisierung einer „universellen Kirchentheorie"[159] stimmten Johannes von Ragusa, Nikolaus von Kues und Johannes von Segovia überein. Im Rückgriff auf die Theologie der Väter und die Strukturen der Alten Kirche entwickelten sie ein föderatives Kirchenverständnis, das den Gemeinschaftscharakter der Kirche hervorhob, ohne die Relevanz des kirchlichen Amtes in Frage zu stellen.[160] Im Unterschied zur papalistischen Monarchietheorie, für die jedes kirchliche Amt von oben delegiert war, vertraten die Konziliaristen ein Repräsentationsprinzip, wonach ein Amtsträger zugleich Christus vor den Gläubigen wie auch das Kirchenvolk vor Gott repräsentiere. In dieser Perspektive repräsentierte auch das Konzil die Gesamtkirche vollkommener als der Papst, weil die dort versammelten Prälaten ihre jeweilige Gemeinschaft vertraten, zu deren Repräsentanten sie durch Wahl oder Konsens bestimmt worden waren. Die Geltung der Konzilsbeschlüsse gründete demnach im Glaubenskonsens der Gesamtkirche, der nach Auffassung der Konziliaristen das entscheidende Wahrheitskriterium bildete.[161] Darin unterschieden sie sich von den Hussiten, die hier allein die Übereinstimmung mit der Schrift gelten ließen. Ungeachtet der bedeutenden ekklesiologischen Differenz gegenüber den Papalisten hielten die Konziliaristen prinzipiell an der institutionalisierten Kirche und am päpstlichen Primat fest und grenzten sich damit von der hussitischen Konzeption einer Geistkirche ab, wie sie in der Basler Debatte von Jan Rokycana dargelegt wurde. Dass die Differenz zwischen dem konziliaristischen und dem papalistischen Kirchenverständnis in der Auseinandersetzung mit den Hussiten zurücktrat, während sie doch sonst so dominierend war, lag somit nicht primär an taktischen Gründen der Abgrenzung von den Häretikern, sondern an einem ekklesiologischen Grundkonsens.[162] Andererseits gab es in zentralen Punkten wie dem Verständnis der Kirche als ‚Gemeinschaft aller Gläubigen' und *corpus Christi mysticum* aber durchaus mehr Gemeinsamkeiten mit den Hussiten als später mit den Griechen. Die weiteren Verhandlungen mit den Hussiten, die in Prag fortgesetzt wurden, führten im November 1433 zu einem Kompromiss, den Basler bzw. Prager Kompaktaten. Darin wurde für die Gebiete Böhmens, in denen der Laienkelch dargereicht wurde, zugestanden, dieses weiterhin praktizieren zu dürfen.[163] Im Zuge der weiteren Entwicklung, die zu einer böhmischen Landeskirche führte, ratifizierte das Basler Konzil 1437 die Iglauer Kompaktaten, die ein Jahr zuvor im Beisein des Kaisers verkündet worden waren.

Für den weiteren Verlauf des Basler Konzils entscheidend war die Frage der Union mit den Griechen, die seit dem Konstanzer Konzil nicht mehr aus den Augen verloren worden war.[164] Es ging dabei um die Einheit der Kirche und deren Verteidigung gegen ein weiteres Vordringen der Osmanen. Papst Martin V. hatte noch 1430 mit ei-

159 Krämer, Konsens, 69.

160 Vgl. a. a. O., 319 ff.

161 Nikolaus von Kues, De concordantia catholica II, 29 (Opera omnia XIV, 263–267).

162 Vgl. Helmrath, Das Basler Konzil, 370 f.

163 Mansi 31, 273–278; vgl. Šmahel, Die Hussitische Revolution, Bd. 3, 1612.

164 Vgl. Gill, Council, 16 ff.; Leidl, Einheit (s. Abschn. A), 13 ff.; Heimpel, Die Vener (s. Abschn. A), Bd. 2, 808 ff.

ner Gesandtschaft des griechischen Kaisers einen Vertragsentwurf aushandeln können, wonach das avisierte Unionskonzil in Italien stattfinden sollte, doch der Tod des Papstes verhinderte, dass dieser Vertrag in Kraft trat. Gleichwohl wurde damit eine richtungsweisende Entscheidung für das zukünftige Unionskonzil wie auch für den weiteren Verlauf des Basiliense getroffen. Das Konzil und der Papst konkurrierten in dieser prestigeträchtigen Angelegenheit miteinander, indem sie gleichzeitig und gegeneinander mit den Byzantinern verhandelten.[165] Bereits im Januar 1433 wurde eine Delegation des Konzils nach Konstantinopel entsandt, und im Gegenzug kamen Gesandte des byzantinischen Kaisers und des Patriarchen von Konstantinopel nach Basel. In der 19. Sitzung des Konzils am 7. September 1434 wurden Unionsvereinbarungen mit den Griechen erzielt, die vor allem die Finanzierung und den Ort des zukünftigen Unionskonzils betrafen, das nach dem Willen des byzantinischen Kaisers und des Patriarchen nicht in Basel stattfinden sollte.[166] Zu diesem Zeitpunkt war das Basler Konzil bereit, eine Verlegung nach Italien, d. h. in den Einflussbereich des Papstes, zu akzeptieren. In den folgenden zwei Jahren änderte jedoch eine Mehrheit des Konzils diese Haltung, was 1437 zum Bruch führte.

Parallel zu den Verhandlungen mit den Hussiten und den Griechen wurde auf dem Konzil über weitere Problemfelder beraten. Wenngleich Debatten über Glaubensfragen weniger Zuspruch bei den Konzilsteilnehmern fanden, erlangte das Konzil mit seiner Dogmatisierung der Unbefleckten Empfängnis Mariens doch eine weitreichende dogmengeschichtliche Bedeutung. Dass die Mariologie auf dem Konzil ein wichtiger Gegenstand der theologischen Beratungen war, erklärt sich auch aus ihrer Relevanz für die Frömmigkeit dieser Zeit und die damit verbundenen Interessen der Amtskirche. Die Beratungen begannen am 8. Dezember 1435, dem Tag, der mit der abschließenden Definition der Lehre im September 1439 zum Festtag der *Immaculata Conceptio* erklärt wurde.[167] Einen Höhepunkt erreichte die Debatte in einer Disputation in der Basler Minoritenkirche, bei der vor allem die Franziskanertheologen als Befürworter dieser Lehre auftraten, während die Dominikaner ihre Gegner waren.[168] Auch nachdem 1439 die Mehrheit des Basler Konzils – nach dessen Spaltung – für die Dogmatisierung der Unbefleckten Empfängnis gestimmt hatte,[169] war die Diskussion unter den Theologen nicht beendet. Zu den vehementesten Gegnern dieser Lehre gehörte der spanische Kardinal und Dominikaner Johannes von Torquemada (1388–1468), der schon während des Konzils in einem Traktat Stellung bezogen hatte und diese Auffassung in seinem Kommentar zum Decretum Grati-

165 Vgl. Leidl, Einheit (s. Abschn. A), 35 ff.; ders., Die Verhandlungen über die Struktur eines Unionskonzils im 15. Jahrhundert, in: G. Schwaiger (Hg.), Konzil und Papst, FS H. Tüchle, München u. a. 1975, 247–276.

166 COD[3], 478–482.

167 MC III, 364 f. 959 ff.; vgl. R. Bäumer, Die Entscheidung des Basler Konzils über die Unbefleckte Empfängnis Mariens und ihre Nachwirkungen in der Theologie des 15. und 16. Jahrhunderts, in: Helmrath/Müller, Studien, Bd. 1, 193–206, hier: 195; Sudmann, 204 ff.

168 Vgl. Bäumer, a. a. O., 196; U. Horst, Die Diskussion um die Immaculata Conceptio im Dominikanerorden, Paderborn u. a. 1987, 15 ff.; ders., *Nova Opinio* und *Novelli Doctores*. Johannes de Montenigro, Johannes Torquemada und Raphael de Pornassio als Gegner der Immaculata Conceptio, in: Helmrath/Müller, Studien, Bd. 1, 169–191.

169 MC III, 364 f.; Mansi 29, 182D–183D.

ani sowie seiner *Summa de ecclesia* untermauerte. Zu den Verteidigern des Basler Immaculata-Dekretes gehörten hingegen u. a. Gottschalk Hollen, Dionysius der Kartäuser (1402/03–1471), Gabriel Biel (gest. 1495), Johannes von Paltz (gest. 1511) und Johannes Trithemius (1462–1516), d. h. sowohl Vertreter der Spätscholastik als auch der Augustinertheologie und des Klosterhumanismus.
Während andere theologische Themen auf dem Basler Konzil eher am Rande standen – so die Auseinandersetzung mit dem Augustinismus bei der Verurteilung des Agostino Favaroni (1360–1443), eines ehemaligen Ordensgenerals der Augustiner-Eremiten[170] –, fanden die Beratungen über die Reform der Kirche den größten Zuspruch bei den Konzilsteilnehmern. Insbesondere in den Sitzungen zwischen Juli 1433 und März 1436 wurden einige Dekrete verabschiedet, die den Reformwillen zum Ausdruck brachten. Im Wahldekret vom 13. Juli 1433 wurde die Besetzung kirchlicher Stellen geregelt. Dabei wurden die päpstlichen Reservationen von Bistümern und Klöstern auf begründete Ausnahmefälle beschränkt und demgegenüber die zuständigen Gremien bei Bischofs- und Prälatenwahlen gestärkt.[171] Die Tragweite wie auch Problematik des Wahldekrets war den Konzilsvätern bewusst, und so debattierten sie im Vorfeld insbesondere über die Frage, ob das Dekret eine Klausel enthalten solle, dass Rechtsakte des Papstes, die dem entgegengesetzt waren, für nichtig zu erklären seien.[172] Die Mehrheit glaubte schließlich, darauf verzichten zu können, um den Handlungsspielraum des Papstes nicht allzu sehr einzuschränken. Demgegenüber vertraten die Befürworter einer solchen Nichtigkeitsklausel die Ansicht, dass sich die kuriale Praxis ansonsten nicht ändern werde. Im Rückblick sollten sie Recht behalten, denn obwohl das Wahldekret mit seiner Veröffentlichung Gesetzeskraft bekam, hielt sich Papst Eugen IV. nicht daran.[173] In der Folgezeit wurde immer wieder über eine Novellierung des Dekrets debattiert, jedoch ohne dass sich das Konzil dazu durchringen konnte, eine Nichtigkeitsklausel zu verabschieden.
Einen radikalen Einschnitt in die bisherigen Strukturen der Papstkirche bedeutete das Annatendekret, denn damit wurde die seit der zweiten Hälfte des 14. Jahrhunderts übliche Zahlung an die Kurie abgeschafft, die von den niederen Pfründen aus dem Ertrag eines halben Jahres zu leisten war.[174] Die Reform der Kurie betraf zum einen die Einschränkung der kurialen Gerichtsbarkeit sowie der Appellationen,[175] zum anderen wurden Bestimmungen zur Papstwahl und zum Kardinalskolleg erlassen, die teilweise wieder zu alten Gewohnheiten zurückkehrten, indem allein den Kardinälen das Recht der Papstwahl zugestanden wurde, die zum Teil aber auch die Reformansätze des Konstanzer Konzils fortsetzten. So wurde nicht nur die Zahl der Kardinäle, sondern auch ihre Qualifikation festgelegt: Sie sollten Doktoren der Theologie oder des – kanonischen bzw. weltlichen – Rechtes sein.[176] Jeder neu gewählte Papst musste in Zukunft einen Eid leisten, der ihn auf Beschlüsse der Reformkonzilien verpflichtete. Dagegen erhob Johannes von Torquemada als Ver-

170 Vgl. Helmrath, Das Basler Konzil, 394 ff.
171 COD³, 469–472; Quellen zur Kirchenreform II, 318–325 (Nr. XV).
172 Vgl. Krämer, Konsens, 24 ff.
173 Vgl. a. a. O., 65 f.
174 COD³, 488 f.; Quellen zur Kirchenreform II, 352 (Nr. XIX).
175 COD³, 488; Quellen zur Kirchenreform II, 350 f. (Nr. XVIIId).
176 COD³, 501–504; Quellen zur Kirchenreform II, 366–375 (Nr. XXb).

treter einer papalistischen Position Einspruch, weil er der Ansicht war, dem Papst werde seine Gewalt allein von Gott übertragen.[177] Mit seiner *Summa de ecclesia* lieferte Torquemada den papalistischen Gegenentwurf zu den kirchentheoretischen Konzeptionen der Konziliaristen, ein Werk, das für die weitere Entwicklung der Ekklesiologie große Bedeutung haben sollte.

Die Reformdekrete des Basler Konzils betrafen vornehmlich die Spitze der kirchlichen Hierarchie. Zwar musste sich das auf die Struktur der gesamten Kirche auswirken und wurde dieser Ansatz ekklesiologisch im Anschluss an Gerson damit begründet, dass die Heilung eines Körpers nur von dessen Haupt her gelingen könne,[178] aber die umfassende Reform an ‚Haupt *und Gliedern*' war damit noch keineswegs erreicht. Dass sie auf dem Basler Konzil letztlich nicht gelang, lag an den widerstreitenden Interessen, die zu keinem Ausgleich gebracht werden konnten. So entbrannte 1434 der seit langem schwelende Konflikt zwischen den Mendikanten und dem Weltklerus, bei dem es um die wichtige Frage der Seelsorgerechte ging. Dieser Konflikt führte dazu, dass sich die zuvor zerstrittenen Bettelorden in einer *Concordia* solidarisierten.[179] Für die kirchliche Basis war damit nichts gewonnen, vielmehr hatte die gegenseitige Blockade von Welt- und Ordensgeistlichen zur Folge, dass auf dem Konzil andere Reformanliegen ebenso wenig vorangebracht werden konnten. Aber nicht allein dieser Konflikt verhinderte notwendige Reformen, sondern auch die Polarisierung innerhalb der kirchlichen Hierarchie. So leisteten die Prälaten erbitterten Widerstand gegen eine Stärkung der synodalen Strukturen der Kirche, wie sie per Dekret beschlossen,[180] dann aber nicht verwirklicht worden ist. Kam jedoch in diesem Dekret ebenso wie in Bestimmungen über die theologische und sittliche Qualität des Klerus sowie in der Einschärfung des Zölibats immerhin der Reformwille einer großen Mehrheit des Konzils zum Ausdruck, womit man weit verbreiteten Kritikpunkten Rechnung trug,[181] so wurden auf der anderen Seite die Missstände des Pfründenwesens, von denen das Kirchenvolk unmittelbar betroffen war, wenn sie ihre Geistlichen oftmals kaum zu Gesicht bekamen, überhaupt nicht beseitigt.[182]

Die lange Dauer des Konzils hatte viele Gründe: Die Beratungen zogen sich in die Länge, weil neben dem Majoritätsprinzip der Konsensgedanke verfochten wurde, wonach die in einer Deputation erzielten Ergebnisse auch in den anderen Deputationen debattiert werden mussten, wenn die Abstimmung zwar eine Mehrheit, aber keinen Konsens erbracht hatte.[183] Diese langwierigen Verfahren verzögerten die Arbeit des Konzils ebenso wie die zahlreichen Ausschüsse und Kommissionen, deren Einrichtung die Deputationen eigentlich entlasten sollte, aber den Fortgang

177 Vgl. U. Horst, Grenzen der päpstlichen Autorität. Konziliare Elemente in der Ekklesiologie des Johannes Torquemada, in: ZPhTh 19 (1972), 361–388; Black, Council and Commune, 53 ff.

178 COD³, 497,30–498,2.

179 Vgl. Helmrath, Das Basler Konzil, 124 f.

180 COD³, 473–476; Quellen zur Kirchenreform II, 326–335 (Nr. XVI),

181 COD³, 485–488; Quellen zur Kirchenreform II, 344–349 (Nr. XVIIIa).

182 Vgl. Leinweber, 120 ff.

183 Vgl. Helmrath, Das Basler Konzil, 30 ff.

der Beratungen noch komplizierter machte.[184] Daneben hatte das Konzil durchaus ein Interesse daran, immer weiter zu tagen, denn auf diese Weise wurde es zu einer ‚Dauersynode' und damit letztlich zu einem Ersatz der Kurie. Das entsprach den praktischen Gegebenheiten, weil das Basler Konzil mit seiner Verwaltung, seinen Finanzen, seinen politischen Verbindungen und seinem kulturellen Leben Dimensionen annahm, die ein permanentes Fortbestehen erstrebenswert erscheinen ließen.[185] Kirchentheoretisch wurde dies von Johannes von Segovia begründet, der auf das Modell der Jerusalemer Apostelkonzile verwies, die „immer fortbestanden" hätten[186]. Nach den Vorstellungen des Konzils von Basel sollten die Diözesansynoden in den Dienst der Kirchenreform gestellt werden, indem der dort versammelte Klerus zur Erfüllung seiner geistlichen Pflichten ermahnt und zugleich ein Grundwissen in der Sakramententheologie vermittelt werden sollte.[187]

Angesichts der Dringlichkeit, mit der die Kirchenreform in den Beratungen des Konzils ebenso wie in Traktaten und Predigten thematisiert wurde, stellt sich die Frage, welche Wirkung diese Debatte in der breiten Öffentlichkeit erzielen konnte in einer Zeit, in der die Übermittlung von Nachrichten schwierig und der Buchdruck noch nicht erfunden war, so dass der Verbreitung der ‚Reformpublizistik' enge Grenze gesetzt waren.[188] So sehr die Konzilien ein „Forum der öffentlichen Meinung"[189] im 15. Jahrhundert waren, so wenig bedeutete dies, dass die Öffentlichkeit viel davon mitbekam. Die Verbreitung der Reformschriften beschränkte sich auf bestimmte Kreise von „geschlossenen Öffentlichkeiten",[190] d. h. einzelne, unterschiedlich große Gruppen von Lesekundigen, die an diesem Thema interessiert waren und ohne deren Nachfrage die aufwändige Abschrift von Handschriften gar nicht erst zu Stande gekommen wäre. Die Frage, wie sehr die Reformdebatte auf mündlichem Wege tradiert wurde, lässt sich von den Quellen her schwer beantworten. Die Predigten, die in Basel selbst gehalten und der Nachwelt überliefert wurden, haben im Vergleich zu den Predigten während des Konstanzer Konzils einen apolitischen Charakter.[191] Da die konziliare Thematik aber nicht einmal von einem berühmten Wanderprediger wie Bernhardin von Siena (1380–1444) aufgegriffen wurde, liegt die Schlussfolgerung nahe, dass die breite Masse der Bevölkerung „von jenen Problemen trotz Schisma und Konzilien unberührt geblieben"[192] ist. Die Konzilsteilnehmer hatten von ihrem klerikalen Selbstverständnis her auch gar kein Interesse, dass das Konzil eine Volksbewegung in Gang setzte, und so nahm die Anteilnahme der Öffentlichkeit noch ab, nachdem erst einmal das Hussitenproblem, das breitere Kreise der Bevölkerung betraf, gelöst war.

---

184 Vgl. a. a. O., 45; Lazarus, 188 ff.

185 Vgl. Meuthen, Das Basler Konzil, 37.

186 Johannes von Segovia, Tractatus super praesidencia (ed. Ladner), 110: „semper durasse aut continuatum fuisse".

187 COD$^3$, 449 f.

188 Vgl. Miethke, Kirchenreform, 28 f.

189 Ders., Die Konzilien als Forum der öffentlichen Meinung, in: DA 37 (1981), 736–773.

190 Ders., Kirchenreform, 31.

191 Vgl. Helmrath, Das Basler Konzil, 67.

192 W. Brandmüller, Kirche in der Predigt des Hl. Bernhardin, in: MThZ 31 (1980), 284–295, hier: 294 f.

Für den Ausgang des Basler Konzils entscheidend war die Frage der Union mit den Griechen. Dem Papst bot sich hier die Möglichkeit, in einem zweiten Anlauf die Auflösung des Konzils herbeizuführen. Alles konzentrierte sich auf die Frage des Ortes, an dem das Unionskonzil stattfinden sollte, wobei es 1436 „auf die Alternative einer päpstlichen Synode in Italien oder eines ‚konziliaren Konzils' in Avignon zulief".[193] In Frankreich verstärkte dies Tendenzen einer nationalen Solidarisierung mit „antirömischen Vorzeichen".[194] Als das Basler Konzil den Griechen im April 1436 die Finanzierung ihrer Teilnahme am Konzil zusicherte und zu diesem Zweck die Verkündigung eines Ablasses beschlossen wurde, verschärfte sich der ohnehin schon bestehende Streit um Kompetenzen zwischen Papst und Konzil, denn nach kanonischem Recht stand es allein dem Papst zu, Ablass zu gewähren.[195] Dieses Thema bildete in der Folgezeit einen Schwerpunkt im Verfassungskonflikt zwischen Konzil und Papst. Der Streit eskalierte, als sich im Mai 1437 die Mehrheit des Konzils auf Drängen der französischen Teilnehmer für Avignon als Konzilsort entschied, während eine Minderheit für einen Ort in Italien eintrat.[196] Unter Berufung auf diese Minorität verlegte Eugen IV. im September 1437 das Konzil nach Ferrara. Zuvor war es ihm gelungen, die Griechen auf seine Seite zu ziehen, was ihm dadurch erleichtert wurde, dass die Basler Konzilsmajorität für die spezifischen Interessen der Griechen nicht hinreichend sensibilisiert war bzw. das Scheitern des Unionskonzils und ein Schisma in Kauf nahm.[197]

An der päpstlichen Gesandtschaft, die in Konstantinopel um die Gunst des Basileus warb, nahm auch Nikolaus von Kues teil, der 1436/37 einen spektakulären Wechsel der kirchenpolitischen Fronten vollzogen hatte.[198] Er schloss sich der kurialen Partei an, weil er die Absetzung von Papst Eugen IV. durch die Mehrheit des Konzils für nicht rechtens hielt, denn dafür wäre seiner Ansicht nach eine einstimmige Entscheidung erforderlich gewesen.[199] Darüber hinaus warf er dem Konzil auch im Rückblick immer wieder vor, die Unionsvereinbarung mit den Griechen gebrochen zu haben und damit für das Scheitern des geplanten Unionskonzils verantwortlich gewesen zu sein.[200] Auf der Rückreise von Konstantinopel verdichteten sich für ihn philosophische und theologische Gedanken zu einer Konzeption, die im 15. Jahrhundert einzigartig sein sollte (s. Kap. 4 B). In der Auseinandersetzung mit dem Konzil unterstützte Cusanus die ekklesiologische und kirchenpolitische Position der Kurie, indem er den Fürsten im Rahmen seines Konsensmodells das Recht einräumte, den Konzilsbeschlüssen zuzustimmen und sie zu rezipieren.[201] Der Wechsel in das päpst-

193 Müller, Franzosen, 820.

194 Ebd., Anm. 51; vgl. Black, Council and Commune, 39 f.

195 Vgl. Helmrath, Das Basler Konzil, 376.

196 COD³, 510–513.

197 Vgl. E. Meuthen, Eine bisher unbekannte Stellungnahme Cesarinis (Anfang November 1436) zur Papstgewalt, in: QFIAB 62 (1982), 143–177, hier: 148 ff.; Helmrath, Das Basler Konzil, 373.

198 Vgl. W. Krämer, Der Beitrag des Nikolaus von Kues zum Unionskonzil mit der Ostkirche, in: MFCG 9 (1971), 34–52.

199 Vgl. Kandler, 21; Meuthen, Nikolaus von Kues, 47 f.

200 AC I,2 Nr. 469.481.520.

201 AC I,2 Nr. 520, Z. 711–714; vgl. E. Meuthen, Konsens bei Nikolaus von Kues und im Kir-

liche Lager, für dessen Belange er sich fortan als *Hercules Eugenianorum*[202] einsetzte, förderte seine eigene Karriere in der kirchlichen Hierarchie.
Die Motive auf Seiten der Griechen, die Union mit dem Papst einem Zusammengehen mit dem Basler Konzil vorzuziehen, waren vielfältig: Neben dem politischen Druck, den Venedig ausübte, und der Auffassung, dass der Papst die Finanzierung des Unionskonzils eher gewährleisten könne, schien dieser auch insgesamt verlässlicher zu sein, während das Konzil bei den Griechen den Eindruck von Zerstrittenheit und Wankelmütigkeit hinterließ.[203] Den Ausschlag gaben aber letztlich die fundamentalen Differenzen in der Ekklesiologie. Das hierarchische und episkopalistische Kirchenverständnis der Griechen sowie ihr Festhalten an dem Konzept der Pentarchie, d. h. an den fünf altkirchlichen Patriarchaten als Grundlage für ein Unionskonzil, war mit der korporativen Ekklesiologie und der Repräsentationstheorie des Basiliense nicht zu vereinbaren.[204] Weil aber eine Union ohne den Papst als dem Patriarchen der lateinischen Kirche für die Griechen nicht in Frage kam, trafen sie ihre Entscheidung angesichts des drohenden Schismas von Papst und Konzil zu Gunsten des Papstes.

## 2. Die Union von Florenz

In einer feierlichen Sitzung wurde das Unionskonzil am 9. April 1438 eröffnet. Die Zahl der Konzilsteilnehmer aus der Ostkirche war beachtlich, sie wird auf mindestens 700 geschätzt, unter ihnen 200 Würdenträger.[205] Die Hoffnung des Papstes wie auch des byzantinischen Kaisers, die abendländischen Fürsten würden zumindest Vertreter entsenden, wurde enttäuscht. Nur der Herzog von Burgund und die Anjous schickten Gesandte.[206] Die Atmosphäre auf dem Konzil war zunächst angespannt, zumal es vor Beginn Streit um die Sitzordnung gegeben hatte, als der Papst beanspruchte, in der Mitte zu sitzen, um damit seinen Primatsanspruch zum Ausdruck zu bringen.[207] Auf Grund einer Pestepidemie, leerer Kassen und der politischen Unsicherheit, die Söldner des Herzogs von Mailand verursachten, wurde das Unionskonzil im Winter 1438/39 nach Florenz verlegt. Dafür hatte sich vor allem Cosimo de' Medici eingesetzt, der sich damit im Wettstreit mit anderen italienischen Städten durchsetzen konnte.[208] Die Unionsverhandlungen waren schwierig, standen aber unter großem Erfolgsdruck, weil der byzantinische Kaiser Johannes VIII. Paläologus ([1392] 1425–1448), der mit einem Aufsehen erregenden Gefolge persönlich in Ferrara erschien, unbedingt militärische Hilfe gegen die Osmanen benötigte,

chenverständnis des 15. Jahrhunderts, in: D. Albrecht u. a. (Hg.), Politik und Konfession, FS K. Repgen, Berlin 1983, 11–29, hier: 16 ff.

202 AC I,2 Nr. 427a, Z. 3; vgl. Boockmann/Dormeier, 88 f.

203 Vgl. D. J. Geanakoplos, Die Konzile von Basel (1431–49) und Florenz (1438–39) als Paradigma für das Studium moderner ökumenischer Konzile aus orthodoxer Perspektive, in: ThZ 38 (1982), 330–359, hier: 346 ff.; Gill, Council, 83 f.; Leidl, Einheit (s. Abschn. A), 69 ff.

204 Vgl. Helmrath, Das Basler Konzil, 377 f.; Leidl, Einheit (s. Abschn. A), 67 ff.

205 Vgl. Proch, 311.

206 Vgl. Fink, Das abendländische Schisma, 580.

207 CFl 5, 11–13; vgl. Leidl, Einheit (s. Abschn. A), 94 f.

208 Vgl. W. Brandmüller, Siena und das Basler Konzil – die Legation des Battista Bellanti, in: Helmrath/Müller, Studien, Bd. 1, 207–229.

während der Papst in seiner Auseinandersetzung mit dem Konzil auf den Abschluss der Union angewiesen war. Mehr als ein Jahr dauerten die langwierigen Diskussionen über die strittigen Themen. Die Gesprächsprotokolle belegen, dass beide Seiten trotz aller sprachlichen und theologischen Differenzen ernsthaft bemüht waren, sich gegenseitig zu verstehen und Kompromisse zu finden.[209] Von allen geachtet wurde Patriarch Joseph II., der sich unablässig für Harmonie und Konsens einsetzte. Die Gleichrangigkeit beider Gruppen drückte sich auch im Abstimmungssystem aus: Zunächst wurde in beiden getrennt abgestimmt, und für einen Konsens war die Zustimmung beider Gruppen erforderlich.[210] Die Diskussionsbeiträge wurden in beiden Sprachen protokolliert und ebenso wie die Zitate aus patristischer Literatur und Konzilstexten genau kontrolliert. Insbesondere die Humanisten auf Seiten der Lateiner bemühten sich in dieser Zeit, alte Manuskripte zu entdecken, die für den Fortgang der Unionsgespräche von Bedeutung sein konnten, um generell die Relevanz der Vätertradition aufzuzeigen.

Zwischen Mai und Juli 1438 wurde über die Frage des Fegefeuers debattiert, ohne dass man zu einer Einigung darüber gelangte, wie der Läuterungszustand genau aufzufassen sei, und man setzte sich auch nicht mit den Vorstellungen von der Gottesschau auseinander, wie sie der griechische Theologe und Erzbischof von Ephesus, Markos Eugenikos (1391/92–1444), darlegte.[211] Im Oktober 1438 begann in einer Plenumssitzung die Debatte über das *Filioque*, das einen Schwerpunkt der jahrhundertelangen Streitigkeiten bildete.[212] Der Dissens schien unüberbrückbar zu sein, wurde doch von Seiten der Griechen immer wieder die Anklage erhoben, dass das Glaubensbekenntnis damit verändert worden sei, während die Lateiner sich damit rechtfertigten, dass die Hinzufügung zum Credo den Glauben nicht verändert, sondern geklärt und expliziert habe.[213] Als hilfreich erwies sich in dieser Lage eine Denkschrift Cesarinis zum Dekret von Ephesus (431), die dessen theologische Intention ergründete und damit das starre Festhalten am Wortlaut durchbrach.[214]

Die Bedeutung, die dem Unionskonzil von Humanisten beigemessen wurde, und der Einfluss, den sie dort besaßen, machten sich vor allem bei den Verhandlungen über die Trinitätslehre bemerkbar. Als die Gräben auch hier unüberwindbar schienen, waren es Humanisten wie der Kamaldulensergeneral Ambrosius Traversari (1386–1439), die einen Ausweg aus der festgefahrenen Debatte aufzeigten, indem sie den offiziellen Redner der Lateiner, den Dominikanertheologen Giovanni di Montenero (gest. 1444), dazu bewegen konnten, auf scholastische Beweisverfahren, die dem griechischen Denken fremd waren, zu verzichten und sich stattdessen auf die Kommentierung patristischer Texte zu konzentrieren.[215] Das entsprach dem Anliegen der Humanisten, das Erbe der (Spät-)Antike für die Gegenwart wieder zu beleben, und es

209 CFl 5, 399–444; vgl. Gill, Konstanz und Basel-Florenz, 265 f.

210 Vgl. Proch, 312 ff.

211 CFl 5, 19–27; vgl. Gill, Council, 270 ff.

212 Vgl. Peter Gemeinhardt, Die Filioque-Kontroverse zwischen Ost- und Westkirche im Frühmittelalter, Berlin/New York 2002 (AKG 82).

213 CFl 5, 49–217; 6, 40–132; vgl. Gill, Council, 227 ff.

214 Giuliano Cesarini, Denkschrift über das Symbolum, hg. v. Georg Hofmann, in: OrChr(R) 22 (1931), 3–63.

215 CFl 6, 135–222; 5, 393–399; vgl. Gill, Konstanz und Basel-Florenz, 284 ff.

beeindruckte durch die Verbindung sprachlicher und theologischer Kompetenz die kompromissbereiten Gesprächspartner auf Seiten der Griechen, wie Bessarion von Nikaia (gest. 1472) und Isidor von Kiew (gest. 1463), so stark, dass es in der Folgezeit zu einer Spaltung in der ostkirchlichen Gruppe zwischen den Befürwortern und den strikten Gegnern der Union unter Führung von Markos Eugenikos kam. Letzteren blieb nurmehr übrig, den Nachweis, dass in den lateinischen und griechischen Vätertexten sehr wohl von einer Beteiligung des Sohnes an der Hauchung (*spiratio*) des Heiligen Geistes die Rede war, dadurch zu entkräften, dass sie die Texte für gefälscht erklärten. Der Gegenbeweis, den Bessarion in seiner *Oratio dogmatica* lieferte,[216] überzeugte aber doch die Mehrheit der Griechen, und so waren sie nach langwierigen Verhandlungen und angesichts des Nachdrucks, den der Basileus auf eine Einigung legte, schließlich bereit, die lateinische Formel anzuerkennen, während die Lateiner im Gegenzug die griechische Redeweise akzeptierten, dass der Heilige Geist „aus dem Vater *durch* den Sohn"[217] hervorgehe. Während in der Frage der Epiklese (Bitte um den Heiligen Geist) keine Übereinkunft erzielt werden konnte, wurde im Blick auf die Verwendung gesäuerten oder ungesäuerten Brotes bei der Eucharistie entschieden, dass beide Formen erlaubt seien und jeder „nach der Gewohnheit der eigenen Kirche"[218] verfahren dürfe. Erst kurz vor Abschluss des Konzils wurden die Griechen noch mit der Frage des Primats konfrontiert, die für den Papst und die Kurie das größte Gewicht hatte.[219] In den anschließenden Verhandlungen wurden grundlegende Differenzen in der jeweiligen Ekklesiologie deutlich.

Am 6. Juli 1439 wurde das Unionsdekret *Laetentur coeli* in der Florentiner Kirche Santa Maria del Fiore feierlich verkündet und anschließend in zahlreichen Exemplaren in die Christenheit verschickt. Wenngleich das Konzil von Florenz für den Papst wie auch für die Medici ein Prestigeerfolg und für die Renaissance und den Humanismus in Italien von großer Bedeutung war, zeigte sich doch schon bald, dass die Union auf brüchigem Fundament gegründet war.[220] Dass Patriarch Joseph II. noch während der Verhandlungen in Florenz starb, sollte sich als verhängnisvoll erweisen. Angesichts massiver Kritik und Anfeindungen in der Heimat widerriefen einige griechische Konzilsteilnehmer ihre Zustimmung zum Unionsdekret bereits nach wenigen Tagen, und der Kaiser setzte es auch bis zu seinem Tode nicht in Kraft, obwohl er es selbst unterschrieben hatte und die beiden Patriarchen Metrophanes II. (1440–1443) und Gregorios III. Mammas (1443–1451, gest. 1459 in Rom), die auf Joseph II. folgten, ihn immer wieder dazu drängten.[221] In Moskau wurde das Unionsdekret von der Rus unter Leitung des Großfürsten Wassilij II. ([1415] 1425–1462) abgelehnt und der Metropolit Isidor von Kiew, der sich in Florenz für die Union eingesetzt hatte, wurde eingekerkert.[222] Der politische Zweck der Union schien hin-

216 CFl 7, 1–73; PG 161, 543–612; vgl. Mohler, Bd. 1, 159 ff.

217 COD³, 526,44–527,3.

218 COD³, 527,27–29.

219 CFl 5, 441–458; 6, 231–236.241–247; vgl. A. Leidl, Die Primatsverhandlungen auf dem Konzil von Florenz als Antwort auf den westlichen Konziliarismus und die östliche Pentarchietheorie, in: AHC 7 (1975), 272–289; Gill, Council, 180 f.

220 Vgl. Boockmann/Dormeier, 82 f.

221 Vgl. H.-G. Beck, Die byzantinische Kirche: Das Zeitalter des Palamismus, in: HKG III/2, 589–624, hier: 599.

222 Vgl. Proch, 323.

gegen noch in Erfüllung gehen zu können, als ein Heer, das sich aus ungarischen, venezianischen und päpstlichen Kräften zusammensetzte und von den Byzantinern unterstützt wurde, gegen die Türken zog. Doch dieser letzte Kreuzzug scheiterte 1444 mit der Niederlage in der Schlacht von Varna, in der auch Cesarini fiel. Angesichts der sich verschärfenden Türkengefahr vollzog schließlich der letzte byzantinische Kaiser, Konstantin XI. Dragases ([1404] 1448–1453), die Promulgation des Unionsdekretes in einer feierlichen Liturgie in der Hagia Sophia am 12. Dezember 1452. Die politische Absicht, die er damit verband, erwies sich aber schon ein halbes Jahr später mit dem Fall Konstantinopels als vergebens. Für die Gegner der Union war dies ein – zweifelhafter – Triumph, wurde doch nun Georgios Scholarios (1405–1472), der nach dem Tod des Markos Eugenikos im Jahre 1445 an ihrer Spitze stand, zum neuen Patriarchen Gennadios II. ernannt – allerdings von Gnaden des Sultans.

Bessarion, der Wortführer der griechischen Konzilsteilnehmer, die sich für eine Union eingesetzt hatten, war bereits 1439 den Weg ins Exil gegangen und wurde noch im gleichen Jahr zum Kardinal der lateinischen Kirche ernannt.[223] Das Konzil von Florenz bestand auch nach der Einigung mit der Ostkirche weiter. Noch 1439 wurde eine Union mit den Armeniern geschlossen, die dogmengeschichtlich bedeutsam war, weil für die Sakramentenlehre festgestellt wurde, dass Taufe, Firmung und Weihe „der Seele ein Merkmal einprägen, das heißt ein unzerstörbares geistiges Zeichen, das sie von den übrigen unterscheidet".[224] Diese Anschauung vom *character indelebilis* dieser drei Sakramente, die vom Tridentinum dogmatisiert worden ist,[225] reflektierte die zeitgenössische Sakramentsfrömmigkeit und markierte im 16. Jahrhundert eine konfessionelle Differenz zwischen dem römischen Katholizismus und dem Protestantismus.

Nach der Union mit den Armeniern wurde auf dem Konzil von Florenz 1442 die Vereinigung mit den Kopten und 1444, nachdem das Konzil ein Jahr zuvor nach Rom verlegt worden war, wohin auch der Papst nunmehr zurückgekehrt war, die Union mit den Syrern sowie 1445 die Vereinigung mit den Chaldäern (ostsyrische Kirche) und den Maroniten Zyperns (syrisch-antiochenische Kirche) erzielt.[226] Von einem offiziellen Ende des Florentinum ist den Quellen nichts zu entnehmen.

## 3. Der Ausgang des Basler Konzils – der Triumph des Papalismus

Mit der Abstimmung des Basler Konzils über den Ort des Unionskonzils war im Mai 1437 der konziliare Konsens endgültig zerbrochen. Zugleich wurde das Majoritätsprinzip in Frage gestellt, das zu den Neuerungen des Basiliense gehörte. Die Minorität weigerte sich, den Mehrheitsbeschluss anzuerkennen, und beanspruchte, der „gesündere Teil" des Konzils zu sein.[227] War es für das Konzil unvorstellbar, dass es in Glaubensfragen keinen Konsens geben sollte, sondern die Mehrheit entscheiden musste, so zerbrach es nun an einer Frage, die für den Glauben nicht unmittelbar

223 Vgl. Mohler, Bd. 1, 179 ff.

224 COD$^3$, 542,11–13; DH, 1313.

225 DH, 1609.

226 COD$^3$, 534–559.567–583.586–591.

227 Johannes von Palomar, Historia de initio dissidiorum inter concilium et papam (Mansi 31, 197–206, hier: 201D); vgl. Krämer, Konsens, 306 ff.

relevant war, deren kirchenpolitische Tragweite jedoch allen Beteiligten vor Augen stand. Mit ihr gingen grundlegende ekklesiologische Debatten einher, in deren Verlauf sich nicht nur der bedeutende Kirchenrechtslehrer Nikolaus Tudeschi, gen. Panormitanus (1386–1445), für die Stärkung des monarchischen Prinzips in der Kirche und die Aufwertung des Bischofsamtes einsetzte.[228] Demgegenüber bezog die konziliaristische Partei immer radikalere Positionen. Nachdem der Papst das Basler Konzil im September 1437 aufgelöst und das Konzil diesen Akt kurze Zeit später für ungültig erklärt hatte, folgte im Januar 1438 der nächste Schritt, indem das Basler Konzil den Papst für suspendiert erklärte.[229] Seine Zuspitzung erfuhr der Konziliarismus am 16. Mai 1439 auf der 33. Sitzung des Basler Konzils mit der Formulierung von „drei Wahrheiten", wonach – erstens – „das allgemeine Konzil als Repräsentantin der Gesamtkirche über jedermann und auch über dem Papst steht", – zweitens – „der Papst ein versammeltes Konzil ohne dessen Zustimmung in keiner Weise aus eigener Autorität verlegen oder auflösen kann", und – drittens – derjenige ein „Häretiker" sei, der „gegen diese beiden Wahrheiten hartnäckig verstößt."[230] Damit wurde das Konstanzer Dekret *Haec Sancta*, in dem die Superiorität des Konzils über den Papst festgestellt worden war, zum Dogma erhoben. Da sich das Konzil darauf berief, diese Wahrheiten seien unmittelbar von Christus hergeleitet, war ein Einlenken, wie es die Fürsten wünschten, nicht mehr möglich, und so erklärte das Konzil Ende Juni die Absetzung Eugens IV. wegen Häresie im Sinne der ‚drei Wahrheiten'.[231] Nach dem Abschluss der Union mit den Griechen auf dem Konzil von Florenz sowie dessen Verdammungsdekret vom 4. September 1439[232] stand das Basler Konzil unter erheblichem Druck. Am 5. November des gleichen Jahres wählte es Herzog Amadeus VIII. von Savoyen (1383–1451) zum Papst. In der Wahl dieses weltlichen Fürsten, der sich als Papst fortan Felix V. nannte, spiegelt sich die Verknüpfung politischer und religiöser Interessen des Basler Konzils wider, denn der Fürst hatte 1434 zu Gunsten seines Sohnes abgedankt und seitdem zurückgezogen am Genfer See gelebt, um sich auf die Religion zu konzentrieren.[233] Diese Verbindung persönlicher Frömmigkeit mit politischer Erfahrung und nicht zuletzt die Erwartung, mit ihm könnten die finanziellen Nöte des Konzils überwunden werden, machten ihn zu einem geeigneten Kandidaten für sein neues Amt. Cesarini, der sich stets für die Interessen des Konzils eingesetzt hatte, war nicht bereit, den Schritt in das Schisma mitzugehen, und so trat er nicht nur von seinem Amt als Konzilspräsident zurück, sondern engagierte sich fortan auf dem Konzil von Florenz für den Papst und die Union mit der Ostkirche.

Für den Ausgang des Basler Konzils entscheidend war die Haltung der Fürsten. Ihr Interesse an einem Ausbau des landesherrlichen Kirchenregiments gab den Ausschlag zu Gunsten des Papstes, der ihnen hierin größere Zugeständnisse machte. Ein

228 Vgl. A. Vagedes, Das Konzil über dem Papst? Die Stellungnahme des Nikolaus von Kues und des Panormitanus zum Streit zwischen dem Konzil von Basel und Eugen IV., Paderborn 1981 (PaThSt 11), Bd. 1, 211 f.

229 MC II, 1043–1048; III, 75–82.

230 Quellen zur Kirchenreform II, 396 f. (Nr. XXIII).

231 MC III, 325–327.

232 COD$^3$, 529–534.

233 Vgl. Stieber, Amedée VIII, 339 ff.

wichtiges Signal über den Kreis der französischen Konzilsteilnehmer hinaus war die Pragmatische Sanktion von Bourges vom 7. Juli 1438.[234] Sie war das Ergebnis einer Versammlung des französischen Klerus, die König Karl VII. ([1403] 1422–1461) einberufen hatte, um über die Lage der französischen Kirche in der Auseinandersetzung zwischen Papst und Konzil zu beraten. Die Stellungnahme dieser Versammlung ermöglichte es dem französischen König, eine Reihe von Reformdekreten des Basler Konzils an die Gegebenheiten seines Landes anzupassen und damit die Entwicklung einer französischen Nationalkirche voranzutreiben. So wurden die finanziellen Abgaben an die römische Kurie vermindert und deren Gerichtsbarkeit sowie das Recht der Appellation nach Rom eingeschränkt. Doch das war alles andere als eine kirchliche Reformpolitik im Sinne des Basler Konzils, denn es ging Karl VII. nicht um die ‚Freiheit der Kirche', sondern um deren Kontrolle unter seiner Regierung, damit er ‚Papst in seinem Königreich' werden konnte.[235] So wenig der französische König die kirchenpolitischen Vorstellungen des Basiliense teilte, so wenig akzeptierte er die Absetzung des Papstes und die Wahl eines Konzilspapstes. Dass das Papstamt für den französischen Königshof nach den Erfahrungen des Großen Schismas unantastbar war,[236] brachte Poggio Bracciolini in einer Schmährede gegen Felix V. zutreffend zum Ausdruck, indem er schrieb, der französische König habe die Einheit der Kirche immer gewahrt und „dem wahren Stellvertreter Christi"[237] gegenüber Treue und Verehrung bewiesen. So gab es seit 1439/40 keine geschlossene *Natio gallicana* mehr auf dem Basler Konzil, vielmehr zerfielen die französischen Diözesen in zwei Obödienzen.

Im Reich mit seinem Dualismus von kaiserlicher Zentralgewalt und Ständen war die Situation komplizierter. Hier wurde nach dem Tod Kaiser Sigismunds im Dezember 1437 im März des folgenden Jahres der österreichische Herzog Albrecht ([1397] 1438–1439) zu seinem Nachfolger gewählt. In seiner kurzen Regierungszeit verließ er seine Erblande nicht, so dass die Kurfürsten im Reich frei schalten und dessen Kirchenpolitik bestimmen konnten. Zunächst erklärten sie sich in der Auseinandersetzung zwischen Papst und Konzil für neutral und schlossen ein Bündnis, mit dem die kirchliche Einheit gefördert werden sollte.[238] Nach dem Vorbild der Pragmatischen Sanktion von Bourges übernahmen sodann die drei geistlichen Kurfürsten und die übrigen Metropoliten des Reiches zusammen mit Vertretern des Königs in der Mainzer Akzeptation vom 26. März 1439 die wichtigsten Basler Reformdekrete für das Reich.[239] Zugleich bemühten sich die Kurfürsten um die Beilegung des Konflikts zwischen Papst und Konzil, wobei auch der Plan eines dritten Konzils ins Spiel kam.[240]

234 Quellen zur Kirchenreform II, 412–441 (Nr. XXVI).

235 Vgl. Müller, Franzosen, 827.

236 Vgl. a. a. O., 824.

237 Poggio Bracciolini, Opera omnia, Bd. I, 156; vgl. Müller, Franzosen, 824 f.

238 Vgl. Boockmann/Dormeier, 84; Helmrath, Das Basler Konzil, 289 ff.

239 RTA 14, 109–113; Quellen zur Kirchenreform II, 442–449 (Nr. XXVII); vgl. H. Hürten, Die Mainzer Akzeptation von 1439, in: AMRhKG 11 (1959), 42–75.

240 Vgl. R. Bäumer, Eugen IV. und der Plan eines ‚Dritten Konzils' zur Beilegung des Basler Schismas, in: E. Iserloh/K. Repgen (Hg.), Reformata Reformanda, FS H. Jedin, Münster 1965 (RGST Suppl. I/1,2), 87–128.

Die Wahl des Herzogs von Savoyen zum Konzilspapst ließ endgültig erkennen, wie sehr das Basiliense trotz aller Beschwörungen der *libertas ecclesiae* faktisch doch von den Laienfürsten abhängig war. Zudem profitierten diese von dem Wettstreit um die Obödienzen, der nun zwischen Konzil und Papst entbrannte. Eugen IV. bediente sich der Indulgenzen (Ablässe) und Konkordate, um die Fürsten für sich zu gewinnen. Dieser Schritt verstärkte die nationalkirchliche Entwicklung. Das war nicht nur kirchenpolitische Taktik, sondern wurde von Seiten der Kurie ekklesiologisch begründet, indem die Rolle der Fürsten für die gesamte Kirche aufgewertet wurde.[241] Zu diesem Zeitpunkt hielt aber noch die große Mehrheit der Fürsten und Bischöfe des Reiches an ihrer kirchenpolitischen Neutralität fest.[242] Das sollte sich nach dem Tod Albrechts unter seinem Nachfolger Friedrich III. ([1415] 1440–1493) ändern, dessen lange Regierungszeit das Verhältnis von Reich und Kirche nachhaltig prägte, selbst wenn die Zeitgenossen seine schon sprichwörtliche Trägheit kritisierten.[243] Eine wichtige Rolle bei dem kirchenpolitischen Kurswechsel spielten nicht zuletzt personelle Konstellationen. Dem Konzil gingen einflussreiche Befürworter der Reform verloren, die für die Verbindung zum Reich wichtig waren, so etwa der Bischof von Lübeck, Johannes Scheele, der 1439 starb.[244] Demgegenüber engagierten sich bedeutende Persönlichkeiten, die bislang zur konziliaren Partei gezählt hatten, nunmehr für die gegnerische Seite: Enea Silvio Piccolomini (1404–1464), einer der führenden Humanisten seiner Zeit, der in Basel auch zu kirchenpolitischem Ansehen gelangte und später Sekretär Papst Felix' V. war, setzte sich seit 1443 als einer der Räte Friedrichs III. für Papst Eugen ein.[245] Nachdem Friedrich hatte erkennen müssen, dass sich der Plan eines dritten Konzils nicht verwirklichen ließ, wandte er sich dem Papst zu.[246] 1445 leistete er ihm Obödienz, wofür er bedeutende Privilegien für die habsburgischen Erblande sowie das Versprechen der Kaiserkrone erhielt. Zunächst sah sich Friedrich III. aber einer Einheitsfront der Kurfürsten gegenüber, als der Papst die beiden Erzbischöfe und Kurfürsten von Köln und Trier, die sich zusammen mit dem sächsischen und dem Pfälzer Kurfürsten dem Konzilspapst Felix V. zugeneigt und ein Bündnis mit Frankreich geschlossen hatten, absetzte und daraufhin die übrigen Kurfürsten ihre Solidarität bekundeten. Es gelang jedoch den Gesandten des Papstes und des Königs, die Kurfürsten zu spalten. Im Februar 1447 leisteten zunächst der Mainzer Erzbischof und der brandenburgische Kurfürst dem Papst Obödienz. Als Friedrich III. daraufhin alle Reichsstände aufforderte, sich für Papst Nikolaus V. ([1397] 1447–1455) zu erklären, der nach dem Tod Eugens IV. zu seinem Nachfolger gewählt worden war, traten Ende des Jah-

241 Vgl. Helmrath, Das Basler Konzil, 99 f.

242 RTA 13, 217 f.; Quellen zur Verfassungsgeschichte, 480–485 (Nr. 123).

243 Vgl. K. Schreiner, „Correctio principis". Gedankliche Begründung und geschichtliche Praxis spätmittelalterlicher Herrscherkritik, in: F. Graus (Hg.), Mentalitäten im Mittelalter. Methodische und inhaltliche Probleme, Sigmaringen 1987 (VKAMAG 35), 203–256, hier: 244 ff.

244 Vgl. Helmrath, Das Basler Konzil, 307.

245 Vgl. H. Diener, Enea Silvio Piccolominis Weg von Basel nach Rom. Aus den päpstlichen Registern der Jahre 1442–1447, in: J. Fleckenstein/K. Schmid (Hg.), Adel und Kirche, FS G. Tellenbach, Freiburg i. B. 1968, 516–533.

246 Vgl. Stieber, Pope Eugenius IV, 259 ff.

res auch die vier Kurfürsten, die zuvor auf der Seite des Konzils gestanden hatten, zur Obödienz des Papstes über. Das Ende des Basler Konzils war damit besiegelt, zumal es zu diesem Zeitpunkt ohnehin nur noch ein Rumpfkonzil war. Der französische König setzte sich nun dafür ein, den übrig gebliebenen Teilnehmern des Konzils wie auch Felix V. einen „halbwegs ehrenvollen und friedlichen Abgang zu verschaffen".[247] Auf seiner letzten Sitzung im Juni 1448 beschloss das Basler Konzil, dass nach drei Jahren ein neues Konzil in Lyon stattfinden solle.[248] Nachdem die Stadt Basel dem Konzil die Unterstützung entzogen hatte, wurde es nach Lausanne verlegt, ohne dass es zu einer Auflösung des Konzils kam. In seiner dritten Sitzung in Lausanne signalisierte es die Bereitschaft zum innerkirchlichen Frieden.[249] Im April 1449 trat Felix V. zurück, und zwei Monate später sicherte der auf Versöhnung bedachte Papst Nikolaus V. den Anhängern des Basler Konzils die volle Integration zu.[250]

Das Basiliense hatte von Anfang an den Anspruch erhoben, das Konstanzer Konzil fortsetzen und vollenden zu wollen. Sein Scheitern markiert deshalb auch einen wichtigen Einschnitt in der Geschichte der konziliaren Bewegung und der konziliaristischen Theoriebildung.[251] Zwar meldeten sich Konziliaristen auch noch in der zweiten Hälfte des 15. Jahrhunderts zu Wort, und selbst Papst Pius II. konnte mit seinem Dekret im Jahre 1460, das die Appellation an ein künftiges Konzil untersagte, nicht verhindern, dass in der Folgezeit immer wieder solche Appellationen erfolgten.[252] Aber die Bedeutung, die der Konziliarismus in Basel gehabt hatte, vermochte er nicht wieder zu gewinnen. Sein ekklesiologisches Programm und der damit verbundene Anspruch, das Konzil repräsentiere die Gemeinschaft der Gläubigen und bringe deren Glaubenskonsens zur Geltung, wurde am Ende gegen ihn selbst verwandt, als die Forderung der Konziliaristen, Konzilsbeschlüsse müssten auch von den Gläubigen rezipiert werden, um tatsächlich in Kraft gesetzt zu werden, von den Papalisten als Argument gegen die Gültigkeit der Absetzung Papst Eugens IV. durch das Basler Konzil benutzt wurde.[253]

Die europäische Dimension des Basler Konzils, was seine Teilnehmer, die politischen Beziehungen und die verfassungsgeschichtliche sowie ekklesiologische Tragweite seiner Debatten und Dekrete anbetrifft, ließ es zu einem Schlüsselereignis des 15. Jahrhunderts werden. Entgegen seinem eigenen Selbstverständnis war das Konzil mit den politischen Interessen weltlicher Herrscher nicht nur eng verwoben, sondern wurde durch sie so stark bestimmt, dass sein Ausgang letztlich davon abhing. Auch wenn es dem Konziliarismus nicht gelang, die Strukturen der Kirche grundlegend zu ändern, wurde er doch auf längere Sicht zum Vorbild für das Modell einer politischen

247 Helmrath, Das Basler Konzil, 216.

248 Vgl. Wohlmuth, Konzilien, 270.

249 Mansi 32, 60.

250 Vgl. Helmrath, Das Basler Konzil, 217.

251 Vgl. K. A. Fink, Die konziliare Idee im späten Mittelalter, in: Bäumer, Entwicklung, 275–294.

252 Vgl. H.-J. Becker, Die Appellation vom Papst an ein allgemeines Konzil. Historische Entwicklung und kanonistische Diskussion im späten Mittelalter und in der frühen Neuzeit, Köln u. a. 1988 (FKRG 17), 162 ff.; Boockmann/Dormeier, 224.

253 Vgl. Krämer, Konsens, 358 f.

Repräsentation.[254] Konziliaristische Theorien wurden in Basel umso radikaler vertreten, je stärker der Konflikt zwischen Papst und Konzil wurde; sie waren Reflex der kirchenpolitischen Situation und lassen sich ohne diesen historischen Kontext nicht angemessen einordnen. Dass die Reform der Kirche ‚an Haupt und Gliedern' nicht gelang, lag nicht an dem Unvermögen der Konzilsteilnehmer oder an der Vermengung religiöser und kirchenpolitischer Fragen, sondern an der allen Gruppierungen gemeinsamen Grundüberzeugung, dass zwar ein Umbau der Kirche, nicht aber deren grundlegender Neubau notwendig sei.[255]

Angesichts der gescheiterten Bemühungen des Basler Konzils, die Kirche grundlegend zu reformieren, resignierten viele Zeitgenossen. Wenn der einflussreiche Theologe Johann Nider (um 1390–1438) schon 1437 feststellte, er habe „im Blick auf die Reform der Kirche gegenwärtig und auch in näherer Zukunft keine Hoffnung",[256] so entsprach das einer weit verbreiteten Einschätzung. Das bedeutete aber nicht, dass die Reformbemühungen endgültig aufgegeben worden wären, vielmehr verlagerten sie sich vom Konzil zu einer „Selbstreform der Glieder".[257] An erster Stelle zu nennen ist hier die Reformtätigkeit der Orden (s. Kap. 4 A), aber auch einige deutsche und oberitalienische Bischöfe setzten sich in ihren Bistümern für Reformen ein, die in der Reformationszeit einen Anknüpfungspunkt für die katholische Reform bildeten. Nach 1450 hatten solche Reformbemühungen allerdings stets die national- bzw. landeskirchlichen Tendenzen einerseits und die weitere Entwicklung des Renaissancepapsttums andererseits zu berücksichtigen.

## C. DIE KIRCHE ZWISCHEN UNIVERSALEM ANSPRUCH UND NATIONALEN INTERESSEN

### 1. Nationalkirchliche Bestrebungen

Für die kirchengeschichtliche Entwicklung in Frankreich und England war der Hundertjährige Krieg, den die beiden Staaten seit 1339 führten, von großer Bedeutung. Nachdem der englische König Heinrich V. ([1387] 1413–1422) im Jahre 1415 in der Normandie gelandet war und in den folgenden Jahren weite Gebiete Frankreichs erobert hatte, erlahmten die Kräfte der Engländer. Seit den 1430er-Jahren konnten sie von den Franzosen immer weiter zurückgedrängt werden, bis diesen schließlich 1449/50 auch die Rückeroberung der Normandie gelang.

Die militärischen Siege der Engländer in den Jahren 1415–1429 sorgten dafür, dass die Kirche Englands den im 14. Jahrhundert eingeschlagenen „Weg einer von Rom weitgehend unabhängigen Staats-Kirche"[258] unbeirrt weiterging. Ihre Eigenständigkeit war so weit gesichert, dass die Statuten ‚of Provisors' (1351 und 1389/90) und

254 Vgl. M. Schmoeckel, Auf der Suche nach der verlorenen Ordnung. 2000 Jahre Recht in Europa – Ein Überblick, Köln u. a. 2005, 226.

255 Vgl. Miethke, Kirchenreform, 41.

256 Johannes Nider, Formicarius I 7 (ed. Biedermann, 35).

257 H. Jedin, Geschichte des Konzils von Trient, Bd. I: Der Kampf um das Konzil, Freiburg i. B. ³1977, 111.

258 Helmrath, Das Basler Konzil, 224; vgl. Harvey, 8 ff.; Hylson-Smith, 51 ff.

‚Praemunire' (1353 und 1392/93), mit denen der Einfluss des Königs bei kirchlichen Stellenbesetzungen gestärkt und Appellationen an den Papst eingeschränkt worden waren, im Konstanzer Konkordat nicht einmal erwähnt werden mussten. Die Emanzipation von der Papstkirche kam auch darin zur Geltung, dass konziliaristische Ideen in der Kirche Englands im Unterschied zu den anderen europäischen Ländern kaum Resonanz fanden.[259] Zu Beginn des Basler Konzils hatte sich die militärische und politische Lage Englands zwar verschlechtert, dennoch zeigten die englischen Prälaten weder am Konzil noch an der Reform der Kirche überhaupt größeres Interesse.[260] Die englische Regierung unterstützte Papst Eugen IV., ohne Zweifel daran aufkommen zu lassen, dass der König beanspruchte, oberster Patron der Kirche Englands zu sein.[261] Auf die Besetzung kirchlicher Stellen hatte die Kurie inzwischen ebenso wenig Einfluss wie auf die Rechtsprechung. Auch von den kirchlichen Abgaben an die Kurie hatte sich die englische Kirche weitgehend befreit. Die Emanzipation von Rom bedeutete aber alles andere als eine tatsächliche Freiheit der englischen Kirche, vielmehr war sie vom König abhängig, der vor allem die Besetzung der Bischofssitze kontrollierte und damit die Personalpolitik der Kirche insgesamt bestimmte.[262] Darüber hinaus war die Kirche zu steigenden Abgaben an die Staatskasse verpflichtet, während die Krone in Rechtsfragen zu Kompromissen mit dem Klerus bereit war, indem etwa Eduard IV. ([1442] 1461–1483) den Geistlichen 1462 das Privileg zusprach, nicht vor einem Zivilgericht erscheinen zu müssen.[263] Die englische Kirche wies auch deshalb eine große Geschlossenheit auf, weil es dem Klerus zusammen mit der Krone gelungen war, die sozialrevolutionäre und kirchenkritische Bewegung der Lollarden weitgehend zu unterdrücken. Sie konnte sich nur noch in wenigen Regionen halten und besaß dort weder eine effiziente Organisation noch ein theologisch überzeugendes Programm.[264] Aber nicht nur das Fehlen eines nennenswerten Dissentismus (Nichtübereinstimmung mit der Kirchenlehre) ließ die englische Kirche zu einer in sich und nach außen geschlossenen Einheit werden, sondern auch die relativ große Wertschätzung, die dem Klerus von den Gläubigen entgegengebracht wurde.[265] Zu Beginn des 16. Jahrhunderts änderte sich das allerdings signifikant, und es kam angesichts bestehender Missstände eine antiklerikale Stimmung auf.[266] Für die Reformation der englischen Kirche unter Heinrich VIII. ([1491] 1509–1547) bildete jedoch weniger diese Kritik am Klerus als vielmehr die vorangegangene Umgestaltung zur Nationalkirche die Voraussetzung.

---

259 Vgl. V. Barrie-Curien, England, in: GCh 7, 373–383, hier: 373.

260 Vgl. A. N. Edward D. Schofield, England and the Council of Basle, in: AHC 5 (1973), 1–117, hier: 67; Helmrath, Das Basler Konzil, 224 ff.

261 Vgl. P. Contamine, Die Kirche auf den Britischen Inseln, in: GCh 6, 655–682, hier: 672.

262 Vgl. C. Harper-Bill, The Pre-Reformation Church in England 1400–1530, London 1989, 14.

263 Vgl. V. Barrie-Curien, England, in: GCh 7, 373–383, hier: 375.

264 Vgl. Hylson-Smith, 91 ff.

265 Vgl. D. M. Loades, England under the Tudors, in: Brady, Handbook, Bd. 1, 403–435, hier: 418.

266 Vgl. P. Heath, The English Parish Clergy on the Eve of the Reformation, London 1969, 193; C. Cross, Church and people 1450–1660. The Triumph of the Laity in the English Church, London 1976, 44.

Wie in England so setzten sich auch in Frankreich die nationalkirchlichen Bestrebungen fort. Angesichts der militärischen Unterlegenheit gegenüber den Engländern waren die traumatisierten Franzosen Ende der 1420er-Jahre für messianisch-soteriologische Prophezeiungen sehr empfänglich.[267] In dieser angespannten Situation trat mit Jeanne d'Arc (um 1412–1431) eine Persönlichkeit auf, die mit ihren Visionen die politischen Hoffnungen beflügelte und darüber hinaus den nationalkirchlichen Bestrebungen in Frankreich wichtige Impulse gab.[268] Der Sieg der Franzosen im Kampf um Orléans wurde daraufhin geschichtstheologisch als ein Zeichen der Gnade Gottes und der Erwählung des französischen Königs gedeutet. Der Kult, der um Jeanne d'Arc betrieben wurde und die Laienreligiosität mit einer Mischung aus magischen Elementen einer paganen Tradition und christlichen Vorstellungen widerspiegelte, rief die Amtskirche auf den Plan, die darin eine Gefährdung ihrer Autorität sah. Nachdem Jeanne d'Arc in burgundische Gefangenschaft geraten und an die Engländer ausgeliefert worden war, wurde sie 1431 wegen Zauberei und Ketzerei angeklagt und schließlich auf dem Scheiterhaufen verbrannt.[269]
Der politische Aufschwung Frankreichs nach dem Ausgleich mit dem burgundischen Herzog im Frieden von Arras 1435 und der Rückeroberung von Paris im folgenden Jahr motivierte den französischen König Karl VII. ([1403] 1422–1461) in der zweiten Hälfte der 1430er-Jahre, die eigene Position kirchenpolitisch auszubauen. Dieses Schritt erfolgte im Zusammenhang mit einer allgemeinen ‚Erneuerung', die mit Reform- und Restitutionsgesetzen vorangetrieben wurde.[270] Diesem Ziel diente auch die Pragmatische Sanktion von Bourges von 1438, mit der die Bildung einer französischen Nationalkirche verfolgt wurde. Bemühungen Papst Eugens IV., mit dem französischen Hof ein Konkordat auszuhandeln, das der Kurie wieder größeren Einfluss sichern sollte, scheiterten an der Unnachgiebigkeit des französischen Königs.[271] Dabei ging es Karl VII. ebenso wenig wie seinem Nachfolger Ludwig XI. ([1423] 1461–1483) um die Freiheit der französischen Kirche, wohl aber um ihre Unabhängigkeit von Rom und ihre Einbindung in den französischen Staat. Die enge Verflechtung von Staat und Kirche wurde nach dem militärischen Triumph über die Engländer tief im öffentlichen Bewusstsein verankert, indem in alljährlichen Prozessionen und Hochämtern dieser Siege gedacht und der heilige Erzengel Michael zum Patron des Landes gewählt wurde, denn es war den Engländern nicht gelungen, den symbolträchtigen Mont St. Michel zu erobern.[272] Unzufrieden mit der Instrumentalisierung der Kirche für die politischen Interessen des französischen Königs waren vor allem diejenigen Mitglieder des französischen Klerus, die erkannten, dass die Pragmatische Sanktion zwar nominell für die Erneuerung der gallikanischen Freiheiten der Kirche (Vorrechte, die ihr die Unabhängigkeit von Rom garantierten) eintrat, faktisch aber damit die Abhängigkeit von der Krone immer größer wurde.

267 Vgl. S. Tanz/E. Werner, Spätmittelalterliche Laienmentalitäten im Spiegel von Visionen, Offenbarungen und Prophezeiungen, Frankfurt a. M. 1993 (Beiträge zur Mentalitätsgeschichte 1), 223 ff.

268 Vgl. Heinz Thomas, Jeanne d'Arc. Jungfrau und Tochter Gottes, Berlin 2000, 175 ff.

269 Vgl. a. a. O., 513 ff.

270 Vgl. Müller, Franzosen, 826.

271 Vgl. a. a. O., 828 ff.

272 Vgl. C. Beaune, Naissance de la nation France, Paris $^{2}$1993, 226 ff.

Eine stärkere Bindung an das Papsttum wurde insbesondere im Süden des Königreiches befürwortet sowie in jenen Territorien, die – wie Burgund, Aquitanien und die Bretagne – von der Krone nicht kontrolliert wurden.[273] Trotz solcher Widerstände schritt die Entwicklung zur französischen Nationalkirche weiter fort. Eine große Rolle spielte dabei, dass Kleriker, die ein Universitätsstudium absolviert hatten, in den Aufbau der staatlichen Verwaltung eingebunden wurden und dort nicht nur zu materiellem Auskommen, sondern auch zu politischem Einfluss kamen.[274] Derweil wurde in zahlreichen Prozessen um die Verleihung niederer Pfründen gestritten, nachdem die Parlamente den Geistlichen das Recht zugesprochen hatten, in Berufungsverfahren vor Zivilgerichten ihre Ansprüche geltend zu machen.[275] Das kirchliche Leben litt genau wie in den anderen Ländern oftmals darunter, dass die Residenzpflicht missachtet wurde, dass Pfarrstellen vakant blieben und die Seelsorger schlecht ausgebildet sowie unzureichend versorgt waren, wobei es regionale Unterschiede gab.[276] Gegen Ende des 15. Jahrhunderts wurde unter dem Einfluss humanistischer und reformorientierter Kreise die geistliche Erneuerung der Kirche durchaus erfolgreich in Angriff genommen.[277]

Auch in Italien, wo sich Mitte des 15. Jahrhunderts eine Pentarchie der Stadtstaaten Mailand, Venedig, Florenz und Neapel sowie des Kirchenstaates herausbildete, deren Gleichgewicht Italien bis zum Ende des Jahrhunderts den Frieden sicherte, war die Kurie gezwungen, angesichts der politischen Stärke der vier Stadtstaaten Kompromisse einzugehen und Konkordate auszuhandeln.[278] Mit dem Einfall des französischen Königs Karl VIII. ([1470] 1483–1498) im Jahre 1494 und dem Ringen Frankreichs und Habsburgs um die politische Beherrschung vor allem Norditaliens endete die Zeit des italienischen Friedens. Nun spielte auch die Kurie wieder eine besondere Rolle, so dass sich Papst Julius II. ([1443] 1503–1513) als Interessenverwalter Italiens darstellen konnte.[279] Nationalkirchliche Tendenzen gab es in Italien nur insofern, als die Kirche hier durch ihre obersten Repräsentanten national – im Sinne dieser Zeit – geprägt war, während Bestrebungen, von Rom unabhängig zu werden, wie sie in anderen Ländern zu beobachten waren, in Italien wegen der räumlichen Nähe zur Kurie und wegen der engen Verflechtungen weltlicher und kirchlicher Interessen keine Bedeutung hatten.[280]

Die Kirche auf der iberischen Halbinsel nahm im 15. Jahrhundert in der Geschichte der Nationalkirchen eine Sonderstellung ein, denn einerseits blieb sie dem Papst und der römischen Kurie eng verbunden, andererseits nahmen aber auch hier Bestrebungen der Könige zu, im Zuge der Zentralisierung der Macht Einfluss auf den Klerus des Landes zu gewinnen. So ließ sich König Alfons V. ([um 1396] 1416–1458)

---

273 Vgl. B. Guillemain, Die französische Kirche, in: GCh 6, 626–654, hier: 642 ff.

274 Vgl. B. Guenée, Entre l'Église et l'État. Quatre vies de prélats français à la fin du Moyen Âge (XIII^e^–XV^e^ siècles), Paris 1987, 7 ff.

275 Vgl. Rapp, Frankreich, in: GCh 7, 345–373, hier: 351.

276 Vgl. Chiffoleau, 19 ff.; B. Guillemain, Die französische Kirche, in: GCh 6, 626–654, hier: 649 ff.

277 Vgl. F. Rapp, Frankreich, in: GCh 7, 345–373, hier: 358 ff.

278 Vgl. C. de La Roncière, Die Kirche in Italien, in: GCh 6, 717–750, hier: 728.

279 Vgl. Pastor, Bd. III/2, 774 ff.; s. Kap. 3 B.

280 Vgl. Hay, 41 ff.

den Entzug der Obödienz gegenüber Benedikt XIII. und die Anerkennung Martins V. mit weitreichenden Zugeständnissen wie der Überlassung der kirchlichen Zehnten, der Aufhebung von Appellationen nach Rom und dem Vorschlagsrecht für die Besetzung von Kirchenpfründen vergelten.[281] Die nationalkirchlichen Tendenzen beschleunigten sich im Zuge der Reconquista (Rückeroberung), die 1492 unter den ‚Katholischen Königen' Isabella von Kastilien ([1451] 1474–1504) und Ferdinand II. von Aragon ([1452] 1474–1516) zum Abschluss kam (s. Kap. 5). Die enge Verbindung von Staat und Kirche zeigte sich an dem Einfluss, den der oberste Berater Königin Isabellas, der Erzbischof von Toledo, González de Mendoza (1428–1495), und sein Nachfolger, Kardinal Francisco Ximenez de Cisneros (1436–1517), hatten.[282]
Unter den nationalkirchlichen Bewegungen des 15. Jahrhunderts kommt den Hussiten eine herausragende Bedeutung zu, hatte doch ihre Revolution zur Folge, dass sich „erstmals in einem Land der Christenheit ein religiöser Dualismus durchgesetzt"[283] hat. Dabei war der Katholizismus vor allem im Adel und im deutschsprachigen Bevölkerungsteil vertreten,[284] was dazu führte, dass zwei Kirchen in einem spannungsvollen Nebeneinander bestanden. Eine Führungsrolle bei den Utraquisten hatte Jan Rokycana inne, der 1435 vom böhmischen Landtag zum Erzbischof von Prag gewählt wurde.[285] Er trug maßgeblich zur Stabilisierung der Utraquisten bei, indem er in Zusammenarbeit mit dem Landtag für eine dogmatische Ausrichtung der böhmischen Kirche sorgte, die in Liturgie, Sakramentsverständnis und im Festhalten an der apostolischen Sukzession der katholischen Tradition verpflichtet blieb, zugleich jedoch die päpstliche Autorität in kirchenorganisatorischer und -rechtlicher Hinsicht zurückwies. Mit diesem Konzept eines „mittleren Weges"[286] zwischen der Papstkirche und den radikalen Taboriten verfolgte Rokycana das Ziel, sowohl die Eigenständigkeit des Utraquismus zu wahren als auch die Aussöhnung mit Rom zu erreichen. Darin stimmte er mit Georg von Podiebrad ([1420] 1458–1471) überein, der 1448 Prag eroberte und zehn Jahre später zum König gewählt wurde.[287]
Im Blick auf die Situation der Kirche war es inzwischen ein großes Problem, dass es gemäß dem Grundsatz der apostolischen Sukzession in Böhmen an Bischöfen mangelte und deshalb keine Priester geweiht werden konnten. Die Auseinandersetzungen des Königs mit der katholischen Opposition unter den böhmischen Adeligen und die päpstliche Aufhebung der Kompaktaten im Jahre 1462 verschärften die Lage und beschleunigten „die konfessionelle Spaltung der böhmischen Gesellschaft in zwei rivalisierende Machtblöcke".[288] Nachdem König Georg 1466 von Papst Paul II. ([1417] 1464–1471) exkommuniziert worden war, erklärte ihm der ungarische König Matthias Corvinus ([1443] 1458–1490) zwei Jahre später den Krieg, der erst 1479

281 Vgl. K. A. Fink, Martin V. und Aragon, Berlin 1938 (HS 340), 7 ff.

282 Vgl. J. García Oro, El cardenal Cisneros. Vida y Empresas, 2 Bde., Madrid 1992/93; Ladero, 136 ff.

283 Eberhard, Konfessionsbildung und Stände in Böhmen, 45.

284 Vgl. J. Kłoczowski, Das Erbe des Jan Hus, in: GCh 7, 461–473, hier: 461.

285 Vgl. Šmahel, Die Hussitische Revolution, Bd. 3 (s. Abschnitt A), 1868 ff.

286 Z. V. David, Finding the Middle Way. The Utraquists' Liberal Challenge to Rome and Luther, Washington D. C. 2003, 31.

287 Vgl. Šmahel, Die Hussitische Revolution, Bd. 3 (s. Abschnitt A), 1839 ff.

288 A. a. O., 1860.

mit dem Frieden von Olmütz beendet wurde. Böhmen konnte seine Unabhängigkeit wahren, jedoch verstärkte sich durch Wladislaw Jagiełło ([1456] 1471–1516), der als Sohn des polnischen Königs nach Georgs Tod 1471 an dessen Stelle gerückt war, der Einfluss der katholischen Kirche. In Prag reagierten die Utraquisten mit Gewalt: Sie schlossen 1483 die katholischen Kirchen und vertrieben den Klerus.[289] Daraufhin wurde der Kuttenberger Religionsfriede geschlossen, der den Bestand beider Kirchen sicherte. Die Utraquisten konzentrierten sich nun auf die Verfolgung der Gemeinschaft der Böhmischen Brüder, die sich 1457/58 gebildet hatte und in der Nachfolge ihres geistigen Oberhauptes Peter Chelčický (ca. 1390–1460) ein evangeliumsgemäßes Leben in Distanz zur Welt propagierte.[290] Während sich die Brüderunität von den radikalen Taboriten durch ihre Ablehnung jeglichen Zwanges unterschied, sahen sich die Utraquisten durch ihre Kirchenkritik herausgefordert, zumal die Brüdergemeinde sich 1467 einen eigenen Klerus schuf.[291] Aus ihrer Beschäftigung mit der paulinischen Theologie gewannen die Böhmischen Brüder grundlegende Einsichten in den Geschenkcharakter der Gnade Gottes.[292] An der Wende vom 15. zum 16. Jahrhundert war es vor allem Lukas von Prag (ca. 1458–1528), der nach einer Zeit strenger Selbstbesinnung wieder für eine gewisse Öffnung der Brüdergemeinde zur Welt eintrat. Daraufhin nahm deren Mitgliederzahl signifikant zu.[293] Zugleich verstärkte sich in dieser Zeit auch „eine neue utraquistische Linke" im Sinne eines „entschiedenen und unabhängigen, antirömischen Utraquismus",[294] der gegenüber den Böhmischen Brüdern aufgeschlossener war. Am Vorabend der Reformation war Böhmen damit dasjenige Land in Europa, in dem der religiöse Pluralismus am ausgeprägtesten war und gegenseitige Toleranz, wenn auch nicht aus prinzipieller Überzeugung, so doch aus der Einsicht in ihre Notwendigkeit praktiziert wurde.[295]

Auch in Nord- und Ostmitteleuropa verstärkten die Territorialgewalten im 15. Jahrhundert ihre Bemühungen, Macht über die Kirche zu erlangen. Aber hier blieben die kirchlichen Strukturen weitgehend intakt, wie auch die Religiosität mit ihren Bräuchen und der Reichhaltigkeit kirchlicher Kunst lebendig blieb.[296] Dazu trug das pastorale Engagement der Amtskirche und der Orden bei, das mit einer Blüte der Geisteskultur zusammenhing und dazu führte, dass Geistliche zur intellektuellen Elite gehörten und auch in den Zentralen politischer Macht Schlüsselstellen besetzten. Eine große Herausforderung für die Kirche bildete vor allem in Polen und Litauen die Koexistenz von katholischer und orthodoxer Kirche. Das Verhältnis von katholischer und orthodoxer Kirche war nicht nur von einem friedlichen Nebeneinander

289 Vgl. Eberhard, Konfessionsbildung und Stände in Böhmen, 53 ff.

290 Vgl. F. Seibt, Peter Chelčický, in: Ders., Hussitenstudien, München $^{2}$1991, 209–216.

291 Vgl. R. Říčan, Die Böhmischen Brüder, Berlin 1961, 29 ff.

292 Vgl. Eberhard, Konfessionsbildung und Stände in Böhmen, 145.

293 Vgl. Kłoczowski, Das Erbe des Jan Hus, in: GCh 7, 461–473, hier: 471.

294 Eberhard, Konfessionsbildung und Stände in Böhmen, 83 f.

295 Vgl. F. Seibt, Das Toleranzproblem im alten böhmischen Staat, in: Ders., Mittelalter und Gegenwart, Ausgew. Aufsätze, hg. v. W. Eberhard/H.-D. Heimann, Sigmaringen 1987, 265–276; W. Eberhard, Entstehungsbedingungen für öffentliche Toleranz am Beispiel des Kuttenberger Religionsfriedens von 1485, in: CV 19 (1986), 129–154.

296 Vgl. J. Kłoczowski, Ostmittel- und Nordeuropa, in: GCh 7, 415–438.

geprägt, sondern zum Teil auch von einer Kooperation, die in dieser Zeit einmalig war und auf lange Sicht das Spezifikum des Christentums in diesem Kulturraum ausmachte. Weitreichende Bedeutung hatte die Spaltung der Kiever Metropolie, als sich die russische orthodoxe Kirche wegen ihrer Ablehnung der Union von Florenz 1448 von Konstantinopel löste und faktisch für autokephal, d. h. kirchenrechtlich selbständig erklärte.[297]
Eine besondere Rolle spielte in Ostmitteleuropa der Deutsche Orden, der sich im 15. Jahrhundert in einer schweren inneren und äußeren Krise befand. Während er sich angesichts der allgemeinen Reformbewegung in den Orden vor die grundsätzliche Frage nach seinen eigentlichen Zielen und seiner Existenzberechtigung überhaupt gestellt sah, musste er sich zugleich damit auseinandersetzen, dass der Adel und das aufstrebende Bürgertum in seinem Territorium immer weniger bereit waren, den Orden als politische Obrigkeit anzuerkennen.[298] Nachdem sie sich 1440 im Preußischen Bund zusammengeschlossen hatten, lehnten sie sich 1454 gegen den Orden auf und forderten den Anschluss an das Königreich Polen. Als Preußen 1466 nach einem zwölf Jahre dauernden Krieg im Zweiten Thorner Frieden geteilt wurde, wobei die westliche Hälfte zu Polen kam, während das restliche Territorium dem Orden verblieb, aber unter polnische Lehnshoheit gestellt wurde, versuchten die Hochmeister des Deutschen Ordens diese Entwicklung mit Unterstützung des Kaisers und des Reiches wie auch des Papstes rückgängig zu machen. Die weitere politische Entwicklung verschärfte die innere Krise und führte nach der Trennung des deutschen vom livländischen Ordenszweig zu einer fortschreitenden Säkularisierung des Ordenslandes.

## 2. Das Wiener Konkordat 1448 und die Gravamina der deutschen Nation

Bereits mit der Mainzer Akzeptation von 1439 lässt sich auch für das Reich eine nationalkirchliche Tendenz erkennen. Der König und die Kurfürsten erklärten zwar, sie wollten ihre Wünsche, was die Änderung der Konzilsdekrete anbetraf, vom Basiliense bestätigt sehen,[299] und bekundeten damit ihre Absicht, an der „Unterordnung unter die kirchliche Zentralgewalt“[300] festzuhalten; zu einer solchen Präsentation der Modifikationen kam es gleichwohl nicht. Der weitere Verlauf des Konzils und der Sieg des Papalismus verstärkten den „nationalen Partikularismus“[301] der deutschen Kirche. Entscheidend war dabei das Wiener Konkordat vom 17. Februar 1448, das die Beziehungen zwischen dem Reich und der Kurie für mehr als dreieinhalb Jahrhunderte bis zum Ende des Alten Reichs 1806 bestimmen sollte.[302] Im Vordergrund standen Regelungen der kirchlichen Einnahmen und der Besetzung kirchlicher Stellen. Während das Basler Konzil vergeblich versucht hatte, das päpstliche Reservationsrecht einzuschränken, wurde nach zähen Verhandlungen durch das Wiener Konkordat dem Domkapitel wieder das primäre Recht der Bischofswahl zuerkannt,

---

297 Vgl. Bryner, 83 f., 101 ff.

298 Vgl. H. Boockmann, Der Deutsche Orden. Zwölf Kapitel aus seiner Geschichte, München [4]1994, 197 ff.

299 RTA XIV, 112,33 f.

300 Hürten, 60.

301 Helmrath, Das Basler Konzil, 306.

302 Quellen zur Verfassungsgeschichte, 498–507 (Nr. 127).

wenngleich mit Einschränkungen, die der Kurie gewisse Mitspracherechte einräumten. So war dem Apostolischen Stuhl das Wahlergebnis innerhalb einer bestimmten Frist zu präsentieren. Falls die Wahl nicht den kanonischen Vorschriften entsprach oder der Papst zusammen mit dem Kardinalskollegium einen geeigneteren Kandidaten vorschlug, so konnte Rom das Recht der Besetzung beanspruchen.[303] Die Vergabe von Pfründen sollte in Zukunft alternierend erfolgen: In ungeraden Monaten konnte der Papst die freien Stellen besetzen, in gerade Monaten stand dieses Recht den Kollatoren zu.[304] Auch wurde ein Teil der Reservationen und Annaten wieder eingeführt, indem die entsprechenden Bestimmungen des Konkordats von 1418 weitgehend übernommen wurden. Verglichen mit der vorkonziliaren Situation verringerte sich damit für die deutsche Kirche die Steuerlast – entgegen weitverbreiteter Klagen.[305] Die Geltungsdauer des Wiener Konkordats war nicht genau festgelegt, vielmehr sollte es „bis zur Zeit eines zukünftigen allgemeinen Konzils“[306] in Kraft bleiben. Bei aller Kritik, die bereits die Zeitgenossen an dem Wiener Konkordat übten, indem sie Kaiser Friedrich III. vorwarfen, er habe damit die Freiheiten der Deutschen verkauft, darf doch nicht übersehen werden, dass dieser Kompromiss immerhin so tragfähig war, dass er zur Konsolidierung der Reichsverfassung in der zweiten Hälfte des 15. Jahrhunderts beitrug.[307]

Die dualistische Struktur des Reiches brachte es mit sich, dass sich partikularistische Tendenzen in der Religionspolitik nicht nur auf Reichsebene, sondern auch in den Territorien verstärkten.[308] Am Ausbau des landesherrlichen Kirchenregiments waren deshalb viele Fürsten wie auch städtische Magistrate interessiert, und so nahmen sie mit Zustimmung des Papstes ihr ‚ius reformandi‘ wahr, indem sie vor allem die Kirchenverwaltung beaufsichtigten und sich für Reformen in den Ordenskonventen einsetzten. Dabei verschränkten sich politische Interessen mit dem Pflichtbewusstsein, für die Belange und den Schutz der Kirche Verantwortung zu tragen. Zudem spielte auch die persönliche Religiosität eines Landesherrn eine wichtige Rolle, wenn dieser seinen Einsatz für die Reform der Kirche als „Angeld auf sein ewiges Leben“[309] betrachtete. Teilweise ging der religiöse Eifer so weit, dass die Frömmigkeit selbst reglementiert wurde, wie in Württemberg, wo Graf Eberhard V. im Barte ([1445] 1459–1496) entsprechende Bestimmungen erließ.[310] Da sie bestrebt waren, auf die Besetzung kirchlicher Stellen Einfluss zu nehmen, bemühten sich die Fürsten darum, die reichsunmittelbaren Bistümer ihrer Herrschaft zu unterwerfen oder Landesbistümer zu errichten. In den Städten wiederum versuchten die Magistrate die Immunitäten der Kleriker einzuschränken, um sie in die Bürgerschaft integrieren und damit auch in rechtlicher Hinsicht kontrollieren zu können. Obwohl die Rechtsgrundlage für das kirchenpolitische Handeln der Magistrate weitaus beschei-

303 QGPRK I, 487–490, hier: 489.

304 Vgl. Meyer, Zürich und Rom (s. Kap. 1 A), 48.

305 Vgl. Helmrath, Das Basler Konzil, 317 f.

306 Quellen zur Verfassungsgeschichte, 506 f.

307 Vgl. Boockmann, Das 15. Jahrhundert und die Reformation (s. Einführung), 24.

308 Vgl. Sieglerschmidt (s. Abschn. B), 19 ff.; Schulze, 13 ff.; Boockmann/Dormeier, 240 ff.; Schneider, 11 ff.; Heinig, 888 ff.

309 Schulze, 23.

310 Vgl. F. Rapp, Deutschland, in: GCh 7, 305–329, hier: 311.

dener war als die der Fürsten, weil sie nicht in einem vergleichbaren Umfang über Patronats- und Vogteirechte verfügten und ihnen auch kaum einmal ein päpstliches Privileg verliehen wurde, übten sie doch großen Einfluss auf die kirchlichen Einrichtungen aus. Dabei konzentrierten sich die Reformbemühungen in den Städten wie in den Territorien auf disziplinarische Maßnahmen und die Kontrolle über die Besetzung kirchlicher Stellen, während die Lehre der Kirche als „wesenhaft unveränderlich"[311] und jedem menschlichen Zugriff entzogen galt. Insgesamt wurde durch den Ausbau des landesherrlichen und städtischen Kirchenregiments die „Territorialisierung und Kommunalisierung der Kirche"[312] beschleunigt. Dass dieses Bestreben kriegerische Auseinandersetzungen nach sich ziehen konnte, zeigt insbesondere die Soester Fehde in den Jahren 1444 bis 1449, als sich die Stadt Soest von ihrem Stadtherrn, dem Erzbischof von Köln, emanzipierte und sich dem Herzog von Kleve unterstellte, was Letzterem in seiner Territorialpolitik sehr gelegen kam.[313] Die Brisanz dieses Konfliktes verschärfte sich dadurch, dass Papst Eugen IV. letztlich erfolglos versuchte, den Erzbischof von Köln – wie auch den von Trier – abzusetzen, weil er auf der Seite des Basler Konzils stand. Nach einem verheerenden Krieg wurde 1449 mit dem Friedensschluss von Maastricht, den Nikolaus von Kues als einer der beiden führenden Diplomaten des Papstes vermittelte, die Eingliederung Soests in den Herrschaftsbereich des Herzogs von Kleve bestätigt. Dieser war damit seinem Ziel nähergekommen, ‚Papst in seinen Territorien' zu werden, so wie es auch andere Landesfürsten in dieser Zeit anstrebten.[314]

Bei allen partikularistischen Bestrebungen in der Religionspolitik dieser Zeit gab es doch immer noch eine starke Verbindung zwischen dem Reich und der Papstkirche. Die enge Beziehung zwischen Papst Nikolaus V. und Kaiser Friedrich III. wurde im März 1452 demonstriert, als der Papst in der alten Peterskirche die Einsegnung der Ehe Friedrichs mit Eleonora von Portugal (1436[?]–1467) vornahm und drei Tage später die letzte Kaiserkrönung eines deutschen Königs in Rom folgte. Dem Anliegen des Papstes, sein Konzept einer Kirchenreform im Reichsgebiet nördlich der Alpen zu verwirklichen, diente die Legationsreise des Nikolaus von Kues 1451/52. Nachdem es der Kurie gelungen war, die deutsche Nation mit dem Wiener Konkordat wieder enger an das Papsttum zu binden, hatte diese Legationsreise das Ziel, „die

311 Schneider, 48.

312 Seebaß, 41.

313 Vgl. V. Honemann, Gründe und Begründungen für den Ausbruch der Soester Fehde in den zeitgenössischen Quellen, in: H. Brunner (Hg.), Der Krieg im Mittelalter und in der Frühen Neuzeit. Gründe, Begründungen, Bilder, Bräuche, Recht, Wiesbaden 1999 (Imagines Medii Aevi 3), 217–227; W. Ehbrecht, Emanzipation oder Territorialisierung? Die Soester Fehde als Ausdruck des Ringens um die staatliche Ordnung im Nordwesten zwischen Reich, Burgund, Erzstift Köln und Hanse, in: F. B. Fahlbusch u. a. (Hg.), Studia Luxemburgensia, FS H. Stoob, Warendorf 1990 (Studien zu den Luxemburgern und ihrer Zeit 3), 404–432; H.-D. Heimann, Die Soester Fehde, in: Ders. u. a. (Hg.), Soest. Geschichte der Stadt, Bd. 2: Die Welt der Bürger. Politik, Gesellschaft und Kultur im spätmittelalterlichen Soest, Soest 1996, 173–259; W. Janssen, Das Erzbistum Köln im späten Mittelalter 1191–1515, Teil I, hg. v. E. Hegel, Köln 1995 (Geschichte des Erzbistums Köln 2/1), 266 ff.

314 Vgl. G. Koller, Princeps in ecclesia. Untersuchungen zur Kirchenpolitik Herzog Albrechts V. von Österreich, Wien 1964 (Archiv für österreichische Geschichte 124), 45; vgl. Boockmann/Dormeier, 97.245 f.

deutsche Kirche in enger Anlehnung an die römische disziplinarisch und moralisch zu stabilisieren".[315] Unter der Leitung des Cusanus wurden dazu Provinzialkonzilien und Diözesansynoden abgehalten und damit ein Weg beschritten, wie ihn die Reformkonzilien des 15. Jahrhunderts vor Augen hatten. Nikolaus von Kues folgte zugleich dem eigenen ekklesiologischen und kirchenpolitischen Programm, wie er es 1433 in *De concordantia catholica* entworfen hatte, indem er auf den innerkirchlichen Konsens bei der Umsetzung der Kirchenreform setzte.[316] Die Reformdekrete, die der Legat auf seiner Reise verkündete,[317] beinhalteten die Vorschrift, in jeder Sonntagsmesse für den Papst, den Ortsbischof und die gesamte Kirche zu beten und dafür einen Ablass von 50 Tagen zu erhalten; sodann die Anweisung, sich beim Gottesdienst würdig zu verhalten; die Förderung bestehender Sakramentsbruderschaften und das Verbot der Gründung neuer Bruderschaften; die rechtmäßige Verteilung der Kircheneinkünfte und die Regelung der Annaten; die Behandlung der Geistlichen, die in einem Konkubinat lebten; die Einschränkung des Interdikts; die Durchsetzung der Ordensreform; die äußere Kennzeichnung der Juden, denen er auch untersagte, Wuchergeschäfte mit Christen zu tätigen (s. Kap. 5 A); und schließlich das Verbot, blutige Hostien wie beim ‚Wilsnacker Blutwunder' zu verehren. Insgesamt entfaltete der päpstliche Legat und deutsche Kardinal hier eine einzigartige ‚reformerische Aktivität', die durch die ‚allgemeine religiöse Dynamik' dieser Zeit ebenso motiviert war wie durch die spezielle Situation der deutschen Kirche.[318] Durch die Bezugnahme auf Konzilsbullen und päpstliche Dekretalen sowie deren Verknüpfung mit der spezifischen Tradition deutscher Synodalbeschlüsse sollte ein harmonischer Ausgleich erzielt werden, der vor dem Hintergrund der kirchengeschichtlichen Entwicklung seit 1431 die Einheit der römischen Kirche als *ecclesia universalis* vor Augen hatte. Die Wirkung dieser Reformbemühungen war allerdings bescheiden. So musste Nikolaus von Kues erleben, dass auf dem Provinzialkonzil zu Aschaffenburg 1455 die ‚Gravamina der deutschen Nation' verabschiedet und dem gerade gewählten Papst Calixt III. ([1378] 1455–1458) vorgelegt wurden. Allerdings zeigt auch die Art und Weise, wie Cusanus selbst Pfründen kumulierte,[319] dass Theorie und Praxis der ‚Reform an Haupt und Gliedern' oftmals auseinanderklafften. Wie sehr aber auf der anderen Seite die Handlungsspielräume der Kirche durch das landesherrliche Kirchenregiment eingeengt waren, hat Nikolaus von Kues unmittelbar erfahren müssen, als er nach einem zehnjährigen Machtkampf mit dem Herzog von Tirol 1458 resignierte und sein Bistum Brixen, das er vom Papst gegen den Willen des Domkapitels erhalten hatte, aufgab.[320]

315 Vgl. Meuthen, Legationsreise (s. Kap. 1 A), 446.

316 Vgl. Nikolaus de Cusa, De concordantia catholica II 18 (Opera omnia XIV, 194–203); vgl. E. Meuthen, Konsens bei Nikolaus von Kues und im Kirchenverständnis des 15. Jahrhunderts, in: D. Albrecht u. a. (Hg.), Politik und Konfession, FS K. Repgen, Berlin 1983, 11–29, hier: 15 f.

317 AC I,3 Nr. 1008.1009.1016.1223.1251.1264.1389.1409.1414.1415.1418.1423.1454.1585.1845.

318 Meuthen, Legationsreise (s. Kap. 1 A), 498; zum frömmigkeitsgeschichtlichen Kontext dieser Reformdekrete s. Kap. 4 D.

319 Vgl. Kandler, Nikolaus von Kues (s. Abschn. B), 13 ff.

320 Vgl. H. J. Hallauer, Bruneck 1460. Nikolaus von Kues – der Bischof scheitert an der weltlichen Macht, in: Helmrath/Müller, Studien, Bd. 1, 381–412.

Neben Nikolaus von Kues bemühte sich der Franziskaner Johannes Capestrano (1386–1456) auf einer Predigtreise nördlich der Alpen darum, die Bindung der deutschen Kirche an das Papsttum zu stärken und die Verbreitung hussitischer Ideen zu verhindern.[321] Dabei reiste er aber nicht im Auftrag der Kurie, sondern auf Einladung Enea Silvio Piccolominis, der zu dieser Zeit Sekretär Kaiser Friedrichs III. war. Angesichts der Erfolge, die Capestrano bei der Reform des Franziskanerordens in Italien und als allseits geschätzter Wanderprediger erzielt hatte,[322] erhoffte man sich am Wiener Hof, ihm werde es gelingen, auch in den habsburgischen Ländern die Franziskanerklöster zu reformieren und mit seinen Predigten das Volk zu überzeugen. Der Massenzulauf, den seine Predigten zunächst in Villach und Wien und zwischen 1451 und 1455 auch darüber hinaus fanden, zeugt von der Wirkung seiner Persönlichkeit. In zunehmendem Maße wurde diese Reise von den politischen Ereignissen bestimmt, so vor allem von der Auseinandersetzung mit den Türken. Deshalb nahm Capestrano auch an den Reichstagen in Regensburg und Frankfurt teil und rief zum Kreuzzug gegen die Türken auf.

Bei allen Bemühungen der Kurie, die Kirchenreform in ihrem Sinne voranzutreiben, hing es doch letztlich von der weltlichen Obrigkeit ab, ob die Durchsetzung der *reformationes in membris* gelang. Dass die Fürsten dafür von den Päpsten nicht nur in der Zeit des Konfliktes zwischen Konzil und Papst, sondern auch im weiteren Verlauf des 15. Jahrhunderts Privilegien erhielten, hat das landesherrliche Kirchenregiment weiter gefördert. Wenngleich die Kurie auf diese Weise ihre realistische Einschätzung der Möglichkeiten und Grenzen päpstlicher Einflussnahme in den Territorien des Reiches bewies, machten die Landesherren im Gegenzug keine Zugeständnisse, vielmehr richteten sich ihre kirchenpolitischen Ambitionen schließlich darauf, auch die Bistümer in ihre Territorialherrschaft einzubinden.[323] Die ‚Gravamina der deutschen Nation' wurden zu einem festen Bestandteil der Reichstage, wobei diese Beschwerden sich insbesondere gegen die Praxis der kurialen Ämterverleihung in Form der zahlreichen Expektanzen (Optionen auf frei werdende Pfründe) und Reservationen richteten sowie die vielen Fälle, in denen geistliche und weltliche Prozesse an den päpstlichen Hof gezogen wurden. „Derweil geschehen Morde, die Gottesdienste werden nicht mehr besucht, man kümmert sich nicht mehr um das Seelenheil, die geistliche Lebensführung wird unterdrückt, die Frömmigkeit (Andacht) der Christen wird geschmälert."[324] Immer wieder wurde auch beklagt, die deutsche Kirche werde von Rom finanziell ausgepresst, was den tatsächlichen Verhältnissen im Vergleich zur Situation vor dem Abschluss des Wiener Konkordates nicht gerecht wurde,[325] aber die weit verbreitete antikuriale Stimmung widerspiegelte. Wortführer dieser kritischen Haltung gegenüber Rom waren vor allem die in den Diensten des Trierer und Mainzer Erzbischofs stehenden Juristen Martin Mair (um 1420–1480)

321 Vgl. Elm, Kapistrans Predigtreise, 500 ff.; Šmahel, Die Hussitische Revolution, Bd. 3 (s. Abschn. A), 1897 f.

322 Vgl. J. Hofer, Johannes Kapistran. Ein Leben im Kampf um die Reform der Kirche, 2 Bde., Rom/Heidelberg 1964/65 (BFr 1,2).

323 Vgl. Boockmann/Dormeier, 245.

324 Frankfurter Avisamenta von 1456, in: KTGQ 2, 245.

325 Vgl. Helmrath, Das Basler Konzil, 317 f.

und Gregor Heimburg (um 1400–1472),[326] die beide den „Typ des gelehrten Rates"[327] verkörperten, der in dieser Zeit immer mehr Bedeutung gewann. In ihren Plänen für eine grundlegende Reichsreform ging es nicht mehr – wie bei Job Vener und Nikolaus Cusanus – um die „Vision einer gerechten Ordnung von Kirche und Welt",[328] sondern um die Autonomie des Reiches und die Identität der „deutschen Nation"[329] in kritischer Abgrenzung zur Papstkirche. Diese Abgrenzung vollzogen auch die drei geistlichen Kurfürsten von Mainz, Trier und Köln, die 1469 die Kurie über die ‚Gravamina der deutschen Nation' informierten und ein Nationalkonzil forderten. Die antikuriale Stimmung fand vor allem in den Kreisen eines humanistisch gebildeten Bürgertums Resonanz und wurde in der zweiten Hälfte des 15. Jahrhunderts in Theaterstücken und literarischen Werken wie Sebastian Brants ‚Narrenschiff' intensiviert. Nach 1470 fand die ‚Reformatio Sigismundi' Verbreitung, die 1439 im Umfeld des Basler Konzils veröffentlicht wurde, wobei es ihrem anonymen Verfasser nicht um eine revolutionäre Veränderung der bestehenden Verhältnisse ging, sondern um einen Reformvorschlag, der sich im Horizont dieser Zeit bewegte.[330]
Die Verquickung politischer und religiöser Unzufriedenheit wird nicht zuletzt an den Bauernaufständen deutlich, die seit dem Ende der 1430er-Jahre regelmäßig ausbrachen und im letzten Viertel des 15. Jahrhunderts eine Verbindung zur hussitischen Revolution erkennen ließen.[331] Besonders zu Tage trat das 1476 bei dem Aufstand in der Umgebung von Niklashausen, wo Hans Behem, das sogenannte ‚Pfeiferhänslein', unter Berufung auf eine Marienerscheinung und mit der Anziehungskraft seiner religiös-schwärmerischen Verkündigung eine Massenwallfahrt auslöste. In fester Überzeugung, von Gott auserwählt und vom Geist inspiriert zu sein, verband er in seiner Verkündigung scharfe Kritik an der Amtskirche mit der religiös begründeten Vision einer Gesellschaft, in der die sozialen und wirtschaftlichen Unterschiede aufgehoben sein sollten.[332] Hier kamen – wenn nicht direkt, so doch zumindest indirekt – Einflüsse hussitisch-taboritischer Ideen zur Geltung,[333] die in letzter Konsequenz dazu führten, dass bewaffnete Anhänger des Propheten nach dessen Verhaftung vor die Residenz des Würzburger Bischofs zogen, aber nicht

326 Vgl. K. Stadtwald, Roman popes and German patriots. Antipapalism in the politics of the German humanist movement from Gregor Heimburg to Martin Luther, Genève 1996 (THR 299), 40 ff.

327 Schubert, Einführung, 243.

328 Ebd.

329 Vgl. P. Moraw, Bestehende, fehlende und heranwachsende Voraussetzungen des deutschen Nationalbewußtseins im späten Mittelalter, in: J. Ehlers (Hg.), Ansätze und Diskontinuität deutscher Nationsbildung im Mittelalter, Sigmaringen 1989 (Nationes 8), 99–120; E. Isenmann, Kaiser, Reich und deutsche Nation am Ausgang des 15. Jahrhunderts, ebd., 145–246.

330 Vgl. L. Graf zu Dohna, Reformatio Sigismundi. Beiträge zum Verständnis einer Reformschrift des 15. Jahrhunderts, Göttingen 1960 (VMPIG 4), 138 ff.

331 Vgl. Šmahel, Die Hussitische Revolution, Bd. 3 (s. Abschn. A), 1990 f.

332 Vgl. Arnold, Niklashausen 1476 (s. Kap. 1 A), 79 ff.

333 Vgl. S. Hoyer, Hans Böheim – der revolutionäre Prediger von Niklashausen, in: ZfG 17 (1970), 185–196; ders., Neues vom Pfeifer von Niklashausen, in: Jahrbuch für Geschichte des Feudalismus 3 (1979), 205–218.

verhindern konnten, dass Behem zusammen mit zwei Anführern der bäuerlichen Rebellen hingerichtet wurde.
Ohne Verbindung zur hussitischen Bewegung, jedoch ebenso überzeugt von der religiösen Legitimation ihrer politischen Ziele und Forderungen waren die Bauernaufstände, die im ausgehenden 15. Jahrhundert große Gebiete in der Steiermark und in Kärnten sowie in Ober- und Mitteldeutschland erfassten. Eine überregionale Rolle spielte dabei die Bundschuhbewegung, auf deren Fahne das Kreuz Christi auf dem gebundenen Schuh des Bauern als ihrem Symbol stand.[334] Richtete sich diese Bewegung in ihren Anfängen gegen bestimmte Belastungen durch Steuern und Abgaben sowie gegen die Anhäufung von Pfründen, so radikalisierte sie sich immer mehr und strebte schließlich nach der Verwirklichung der ‚göttlichen Gerechtigkeit', was darin gipfelte, dass die Aufständischen keiner anderen Obrigkeit mehr untergeben sein wollten als direkt dem Kaiser und dem Papst.[335] Die Begründung bäuerlicher Forderungen mit dem Verweis auf die Gerechtigkeit der göttlichen Ordnung bestimmte auch die Reformschrift des ‚Oberrheinischen Revolutionärs'.[336] Hier wurden messianische Erwartungen in einer eschatologischen Perspektive formuliert, wobei „revolutionärer Millenarismus und mystischer Anarchismus"[337] Hand in Hand gingen.
Nach langem Ringen wurde 1495 auf dem Reichstag zu Worms eine umfassende Reichsreform beschlossen.[338] Die Initiative ging dabei von Reformern aus, an deren Spitze der Mainzer Erzbischof Berthold von Henneberg (1441–1504) stand.[339] Er setzte sich für eine überterritoriale Neuordnung des Reiches ein, wobei alle Reichsstände in einem Bund vereint sein sollten. Wichtige Punkte der Reichsreform waren das Verbot der Fehde und die Verkündigung eines Ewigen Landfriedens, womit für die Zukunft verhindert werden sollte, dass sich Vorfälle wie der Kriegszug des Markgrafen Albrecht Achilles von Brandenburg-Ansbach Mitte des 15. Jahrhunderts wiederholten. Gerade den Fürstbischöfen der Diözesen, die unter solchen Verwüstungen zu leiden hatten, war daran gelegen, Recht und Ordnung im Reich zu sichern. So wenig die Mehrheit von ihnen willens oder in der Lage war, die Reform der Kirche ‚an Haupt und Gliedern' zu verwirklichen, so sehr haben sie doch dazu beigetragen, mit der politischen Reform des Reiches die Grundlagen für ein

334 Vgl. G. Franz, Der deutsche Bauernkrieg, Darmstadt [10]1975, 56 ff.; P. Blickle, Unruhen in der ständischen Gesellschaft 1300–1800, München 1988 (Enzyklopädie deutscher Geschichte 1), 23 f.

335 Vgl. A. Rosenkranz, Der Bundschuh. Die Erhebungen des südwestdeutschen Bauernaufstandes in den Jahren 1493–1517, 2 Bde., Heidelberg 1927, hier: Bd. 2, 1 f.125 f.

336 Vgl. A. Franke/G. Zschäbitz, Das Buch der hundert Kapitel und der vierzig Statuten des sogenannten Oberrheinischen Revolutionärs, Leipzig 1967, 383 ff.

337 N. Cohn, Das neue irdische Paradies. Revolutionärer Millenarismus und mystischer Anarchismus im mittelalterlichen Europa, Hamburg 1988, 257 f.

338 Quellen zur Reichsreform, 412 ff.; vgl. Reinhard, Reichsreform und Reformation, 232 ff.

339 Vgl. C. Roll, ‚Sin lieb sy auch eyn kurfurst …' Zur Rolle Bertholds von Henneberg in der Reichsreform, in: P. C. Hartmann (Hg.), Kurmainz, das Reichserzkanzleramt und das Reich am Ende des Mittelalters und im 16. und 17. Jahrhundert, Stuttgart 1998 (Geschichtliche Landeskunde 47), 5–43; F. Jürgensmeier, Art. Henneberg-Römhild, Berthold Graf von, in: Gatz, Bischöfe, 283–285.

funktionsfähiges Staatswesen zu schaffen.[340] Auch die Überlegungen bezüglich der administrativen Untergliederung des Reiches orientierten sich zunächst am Vorbild der bestehenden Kirchenprovinzen,[341] bis dann 1500 an deren Stelle die regionale Einteilung in Reichskreise erfolgte.[342]
Die Lage der Kirche und des Corpus christianum am Vorabend der Reformation war somit ambivalent: Drohte noch zu Beginn des 15. Jahrhunderts das Große Abendländische Schisma die lateinische Christenheit zu zerreißen, so konnte die Einheit doch wiederhergestellt werden und Bemühungen um eine Reform der Kirche ‚an Haupt und Gliedern' waren unverkennbar. Das Wiedererstarken des Papalismus in seiner Auseinandersetzung mit dem Konziliarismus ging allerdings einher mit einer Beschleunigung partikularistischer Tendenzen, deren politische Intentionen durchaus genuine Interessen der Kirche beinhalten konnten, die aber die Struktur und die Ausrichtung der Gemeinschaft der Gläubigen langfristig veränderten. Zugleich war für das äußere Erscheinungsbild der Papstkirche und für ihre Ausstrahlung nach innen die Entstehung eines spezifischen Renaissancepapsttums bedeutsam.

340 Vgl. Brady, The Holy Empire's Bishops (s. Kap. 1 A), 41; Angermeier, Reichsreform (s. Abschn. B), 84 ff.

341 RTA mittlere Reihe 5, 336 (Nr. 327).

342 Vgl. W. Dotzauer, Die deutschen Reichskreise (1383–1806). Geschichte und Aktenedition, Stuttgart 1998.

# Kapitel 3
# Studia humanitatis und Renaissancepapsttum

## A. DIE AUSBREITUNG DER RENAISSANCE UND DES HUMANISMUS

Im 15. Jahrhundert wurde die Kultur der Renaissance in Europa zu einem prägenden Element des gesellschaftlichen Lebens vor allem der Oberschichten, aber auch der Kirche. In ihrer jeweiligen Ausprägung in den kulturellen Zentren zeigten sich Unterschiede zwischen den Stadtstaaten Italiens und der höfischen Welt Nordwesteuropas, vor allem Burgunds und der Niederlande.[1] Die grundlegende Orientierung an der Antike – ihren Sprachen, ihrer Kunst und Wissenschaft sowie allgemein ihren Lebensidealen – wurde in vielfältiger Weise zur Signatur der Zeit.[2] Ihren sinnfälligen Ausdruck fand diese ‚Wiedergeburt' der Antike in der Kunst, die ein neues Selbstverständnis und Selbstbewusstsein der Künstler und ihrer Auftraggeber widerspiegelt.[3] Zunächst traten die reichen Familien des städtischen Patriziats als Mäzene in Erscheinung, indem sie ihre repräsentativen Paläste und Villen dem neuen Stil gemäß bauen und ausschmücken ließen.[4] Als Mitglieder der einflussreichen Zünfte oblag ihnen darüber hinaus die Erhaltung und Ausgestaltung öffentlicher Gebäude, der Rathäuser, Kirchen und Kapellen. Ein kulturgeschichtliches Schlüsselereignis war 1423 die Fertigstellung der Bronzetüren am Baptisterium in Florenz, die Lorenzo Ghiberti (1378–1455) in mehr als 20-jähriger Arbeit anfertigte, nachdem er den Auftrag von der Florentiner Fernhändlerzunft erhalten hatte. Die detaillierte Plastizität, Perspektivität und Dynamik insbesondere der Darstellung alttestamentlicher Szenen an der Paradiestür des Baptisteriums begeisterte die gesamte Öffentlichkeit und beflügelte in der Folgezeit die Plastik der Renaissance ebenso wie die Malerei. Stilprägend wirkte auch ein zweites kirchliches Bauwerk in Florenz, der Dom, dessen Neubau die Tuchmacherzunft in Auftrag gegeben hatte und dessen gewaltige Kuppel Filippo Brunelleschi (1377–1446) auf der Grundlage der römisch-antiken Bautradition vollendete. Solchen Vorbildern folgend haben auch die obersten Repräsentanten der Kirche als Auftraggeber von Kirchenbauten, Altären und Bildern zur Förderung

1 Vgl. R. Porter/M. Teich (Hg.), The Renaissance in National Context, Cambridge u. a. 1992; Burke, Die europäische Renaissance, 24 ff.

2 Vgl. Meuthen, Das 15. Jahrhundert, 180 ff.

3 Vgl. J. Hale, Die Kultur der Renaissance in Europa, München 1994, 227 ff.

4 Vgl. R. A. Goldthwaite, The Building of Renaissance Florence, Baltimore/London 1980; G. Brucker, Florenz in der Renaissance. Stadt, Gesellschaft, Kultur, Reinbek b. Hamburg 1990; B. Roeck, Kunstpatronage in der frühen Neuzeit. Studien zu Kunstmarkt, Künstlern und ihren Auftraggebern in Italien und im Heiligen Römischen Reich (15.–17. Jahrhundert), Göttingen 1999; Burke, Die Renaissance in Italien, 85 ff.

der Renaissance beigetragen. Kunst- und kirchengeschichtlich bedeutsam wurde der Neubau des Petersdoms in Rom ab 1506, weil sich in diesem Meisterwerk der Hochrenaissance die Multiperspektivität mit der Ambivalenz kirchlicher Baukunst – als beeindruckendes Artefakt, als Raum institutionalisierter Frömmigkeit, als Repräsentationsobjekt kirchlicher Machtansprüche und als materielle Verdichtung des Ablasswesens – verbindet.

Der Wandel, der sich in der Malerei vollzog, brachte neben den stilistischen auch inhaltliche Veränderungen mit sich, da einerseits – wie bei Masaccio (1401–1428), Leonardo da Vinci (1452–1519) und Albrecht Dürer (1471–1528) – die neue Maltechnik genutzt wurde, um nach antikem Vorbild eine idealisierte Wahrheit der Natur zum Ausdruck zu bringen, und andererseits Themen der antiken Mythologie in den Mittelpunkt rückten wie in Sandro Botticellis (1445–1510) ‚Geburt der Venus'. Hier kündigte sich eine neue Bildersprache an, die sich aus dem bis dahin dominierenden kirchlichen Bezugsrahmen löste. Zur gleichen Zeit boten aber gerade die ambitionierten Neubauten und Ausgestaltungen von Kirchen die Möglichkeit der öffentlichkeitswirksamen Darstellung traditioneller Bildmotive der religiösen Kunst in neuer Perspektive. Die Ausmalung der Decke der Sixtinischen Kapelle, an der Michelangelo (1475–1564) in den Jahren 1508–1512 arbeitete, ist ein besonders eindrucksvolles Beispiel dafür, wie die Renaissance im Raum der Kirche und mit Unterstützung des Renaissancepapsttums Gestalt annehmen konnte. Geradezu revolutionär war das Kunst- und Naturverständnis Leonardos, denn er schreckte bei seinen Proportionsstudien zur menschlichen Anatomie nicht davor zurück, Leichen zu sezieren, was nach den damaligen Vorstellungen und Normen in Theologie und Kirche einen ungeheuren Tabubruch darstellte. Hier zeigten sich besonders deutlich die „säkularisierenden Grundtendenzen der italienischen Renaissance",[5] die trotz der fortlebenden mittelalterlichen Traditionen doch insgesamt ein neues Welt- und Menschenbild aufkommen ließen.[6] Dass immer mehr Porträts angefertigt wurden, die sich um eine realistische Darstellung bemühten, und immer häufiger auch Selbstporträts gemalt wurden, steht im Zusammenhang mit der weitreichenden „Diskursrevolution",[7] die durch die Renaissance initiiert wurde.

Grundlegende Veränderungen machten sich insbesondere in der Einstellung zum Tod sowie im Zeit- und Geschichtsverständnis bemerkbar. Der Tod wurde als individuelles Ereignis seiner soteriologischen Funktion entkleidet und ethisch neutral betrachtet.[8] Das monumentale Grabmal, das in der Renaissance eine Blütezeit erlebte, war Ausdruck einer Haltung, die das Diesseits betonte und dementsprechend die irdischen Verdienste des Verstorbenen hervorhob.[9] In gleicher Weise verlor die Zeit ihren metaphysischen Charakter, insofern ihr ‚Wert' im wirtschafts- und gesellschaftsgeschichtlichen Kontext des Frühkapitalismus der italienischen Kommu-

5 Buck, Säkularisierende Grundtendenzen der italienischen Renaissance, 609.

6 Vgl. Roeck, Säkularisierungstendenzen, 127 ff.; Burke, Die Renaissance in Italien, 27 ff.; ders., Die europäische Renaissance, 14 ff.

7 Roeck, Säkularisierungstendenzen, 136.

8 Vgl. Buck, Säkularisierende Grundtendenzen der italienischen Renaissance, 610 f.

9 Vgl. D. Rigaux, Die Blüte der Künste im christlichen Westen, in: GCh 7, 474–494, hier: 486; Schleif (s. Kap. 1 B), 186.

nen entdeckt und kalkuliert wurde,[10] während sie im Vorstellungshorizont einer theologischen Konzeption von Ewigkeit vor allem in ihrer Vergänglichkeit in den Blick kam.[11] Die Geschichte wurde nun nicht mehr auf einen göttlichen Heilsplan, sondern auf den Menschen als das in ihr handelnde Subjekt bezogen. Das hatte Folgen für die Periodisierung des Geschichtsverlaufs, denn an die Stelle der biblisch begründeten Lehre von den sechs Zeitaltern und den vier Weltreichen trat eine Dreiteilung, die zwischen den beiden kulturellen Hochzeiten der Antike auf der einen und deren Wiedererweckung sowie produktiver Fortsetzung in der Renaissance auf der anderen Seite nur noch die ‚dunkle Zeit' des jetzt auch erstmals sogenannten ‚Mittelalters' zu sehen vermochte.[12] Das Selbstverständnis und Selbstbewusstsein, am Anfang einer ‚neuen Zeit' zu stehen, die das Erbe der Antike neu zur Entfaltung bringen sollte, hatte Konsequenzen für den Umgang mit der kulturellen Tradition jenes ‚dunklen Mittelalters', als dessen institutionelle und ideelle Säulen die Kirche und das Christentum vor der Herausforderung standen, sich mit dem neuen Zeitgeist auseinanderzusetzen.

Als „Bildungsbewegung der Renaissance"[13] breitete sich im 15. Jahrhundert der Humanismus in Italien und nördlich der Alpen aus.[14] Er profitierte ebenfalls von der Unterstützung durch Mäzene sowie von der Erfindung des Buchdrucks, die es ermöglichte, die neuen Ideale und Ansichten in Büchern und Druckgrafiken zu verbreiten. Im Mittelpunkt der humanistischen Bildungsbewegung standen die *studia humanitatis* mit ihrer Konzentration auf die Ethik und die *vita activa*. Das entsprach den spezifischen Interessen des aufstrebenden Bürgertums, was erklärt, warum dieses Bildungs- und Erziehungsideal dort besonders rezipiert und gefördert wurde.[15] Das Ideal des ‚Universalmenschen', das Leon Battista Alberti (1404–1472) verfocht, und die Betonung der ‚Würde des Menschen' und seiner einzigartigen Befähigung, als Schöpfer von Kultur auf Erden wie ein Gott zu herrschen und sich mit seiner Vernunft ins Überirdische erheben zu können, wie es Giovanni Pico della Mirandola (1463–1494) paradigmatisch darlegte,[16] waren Ausdruck eines Selbstbewusstseins, das neue Perspektiven eröffnete und für überkommene Vorstellungen vom Menschen zur Herausforderung wurde. Dabei kam es zu tiefgreifenden Konflikten, doch es gab auch Konvergenzen, da das humanistische Vertrauen in das menschliche Leistungsvermögen grundsätzlich mit der traditionellen Auffassung in Theologie und Kirche vereinbar war, dass der Mensch sein Bestes tun müsse, um das Heil zu erlangen. Generell waren die Humanisten alles andere als religiös indifferent

10 Leon Battista Alberti, I Libri Famiglia III (ed. Grayson, Bd. I, 214); vgl. G. Dohrn-van Rossum, Die Geschichte der Stunde. Uhren und moderne Zeitordnungen, München/Wien 1992, 210 ff.

11 Vgl. J. Le Goff, Au moyen âge. Temps d'église et temps du marchand, in: AESC 15 (1960), 417–433.

12 Vgl. Buck, Säkularisierende Grundtendenzen der italienischen Renaissance, 618 f.

13 Buck, Der italienische Humanismus, 1; W. Rüegg, Das Aufkommen des Humanismus, in: Ders., Geschichte der Universität, Bd. 1, 387–408, hier: 392 ff.

14 Vgl. R. G. Witt, The Humanist Movement, in: Brady, Handbook, Bd. 2, 93–125, hier: 98 ff.

15 Vgl. Buck, Der italienische Humanismus, 30 ff.

16 Pico della Mirandola, De hominis dignitate (ed. Buck, 4–7).

oder gar areligiös, vielmehr strebten sie nach einer Synthese von Antike und Christentum, in der Humanität und Gottesbezug als unauflösbare Einheit verstanden wurde.[17] Es bildete sich ein ‚Bibelhumanismus' als eine „Facette des Renaissance-Humanismus".[18] Einige Humanisten gehörten religiösen Orden an, darüber hinaus gab es enge persönliche Kontakte zwischen Humanisten und reformorientierten Ordensangehörigen, die an den Bildungszielen und -inhalten des Humanismus interessiert waren wie etwa Egidio da Viterbo (1469–1532), der 1506 Ordensgeneral der Augustiner-Eremiten wurde.[19] Insgesamt hat die neuere Forschung gegenüber der älteren – vor allem von Jacob Burckhardt vertretenen – Auffassung einer scharfen Epochenzäsur viel stärker die „Gleichzeitigkeit des Ungleichzeitigen"[20] herausgearbeitet. So existierten die ‚mittelalterliche' Orientierung am Jenseits und die ‚neuzeitliche' Hinwendung zum Diesseits mit ihrer Betonung von Individualität nicht nur nebeneinander, vielmehr wiesen sie vielfältige Überschneidungen sowohl in individuellen als auch in kollektiven Mentalitäten auf.
Scharfe Kritik übten die Humanisten an der Konzeption von Wissenschaft und Bildung an den Universitäten und Schulen.[21] Insbesondere die Dominanz der Dialektik nicht nur in der Philosophie, sondern auch in der scholastischen Theologie wurde in der Nachfolge Petrarcas im 15. Jahrhundert vor allem von Lorenzo Valla (1407–1457) kritisiert und demgegenüber eine rhetorische Konzeption der Theologie proklamiert, wozu „Kenntnis des Göttlichen, Integrität des Lebenswandels und Erhabenheit des Charakters erforderlich"[22] seien. In der Organisation der humanistischen Studienprogramme schlug sich das in einer Reform der *artes liberales* nieder, so dass die Grammatik und die Rhetorik an die erste Stelle rückten. Dem Streben, zu den Quellen (*ad fontes*) menschlichen Wissens zu gelangen, entsprachen die unermüdliche Suche nach antiken Handschriften und eine textkritische Methode, die sich um die Rekonstruktion des authentischen Inhaltes und seines historischen Kontextes bemühte. Auf dieser Grundlage war es möglich, dass Valla – ebenso wie Nikolaus von Kues schon einige Jahre zuvor – die Konstantinische Schenkung, d. h. die angebliche Übertragung von Herrschafts- und Gebietsansprüchen durch Kaiser Konstantin I. ([270 od. 288] 306–337) an Papst Silvester I. (Pontifikat 314–335), als Fälschung entlarven konnte.[23] Dass der Humanismus in der zweiten Hälfte des 15. Jahrhunderts an Dynamik gewann, lag nicht nur an der Überzeugungskraft seiner

17 Vgl. Trinkaus, In Our Image and Likeness, Bd. 1, 51 ff.; Meuthen, Das 15. Jahrhundert, 185.

18 Augustijn, H47; zum Zusammenhang mit den Ordensreformen s. Kap. 4 A.

19 Vgl. E. Rummel, Voices of Reform from Hus to Erasmus, in: Brady, Handbook, Bd. 2, 62–91, hier: 81 f.

20 Roeck, Säkularisierungstendenzen, 131; P. O. Kristeller, The Contribution of Religious Orders to Renaissance Thought and Learning, in: Ders., Medieval Aspects, 93–114, hier: 113

21 Vgl. Buck, Der italienische Humanismus, 7 ff.; Seifert, 226 ff.

22 Lorenzo Valla, De vero bono III prooem. (ed. Schenkel, 252 f.): „necessariam esse divinorum scientiam, vite integritatem, morum gravitatem"; vgl. Trinkaus, In Our Image and Likeness, Bd. I, 126.

23 Vgl. Meuthen, Nikolaus von Kues, 26 f.; W. Setz, Lorenzo Vallas Schrift gegen die Konstantinische Schenkung. Zur Interpretation und Wirkungsgeschichte, Tübingen 1975 (BDHIR 44).

Ideale, sondern verdankte sich auch dem historischen Umstand, dass nach dem Fall Konstantinopels griechische Gelehrte nach Italien gekommen waren und bedeutende Manuskripte mitgebracht hatten. Dadurch wurde der Gedankenaustausch der Humanisten intensiviert und das Interesse an der griechischen Sprache nahm zu.[24] Das kam wiederum der Platonrezeption ebenso zugute wie dem Studium des Neuen Testaments. Dessen originalen Wortlaut für die Exegese fruchtbar zu machen, indem er die Vulgata einer Korrektur unterzog, war das Verdienst Lorenzo Vallas,[25] dem darin Erasmus von Rotterdam (1466/69–1536) folgen sollte. Dabei sah sich Valla erheblicher Kritik selbst aus den Reihen der Humanisten gegenüber. Poggio Bracciolini (1380–1459), der seit 1453 Kanzler in Florenz war und in seinem Werk ‚Über die Habsucht' (*De avaritia*) in durchaus kritischer Abgrenzung von der mittelalterlichen Werteordnung die Bedeutung des Reichtums für die Freiheit des Individuums hervorgehoben hatte, klagte Valla an, „die Heilige Schrift selbst korrigieren zu wollen, ‚Christus den Krieg zu erklären' und daher die Religion zu erschüttern".[26] Valla erwiderte, er wolle nicht die Schrift korrigieren, sondern nur ihre lateinische Übersetzung, deren maßgebliche Rolle in der kirchlichen Tradition er damit bestritt. Wenngleich bedeutende Theologen seiner Zeit wie Cusanus und Bessarion die bahnbrechende Leistung Vallas anerkannten und auch Papst Nikolaus V. seine Arbeit schätzte, dauerte es noch einige Jahrzehnte, bis sich diese exegetische Methode der Orientierung am biblischen Urtext in Theologie und Kirche durchsetzte. Es waren dann vor allem Johannes Reuchlin (1455–1522), Jacques Lefèvre d'Etaples (Faber Stapulensis, um 1450–1536/37) und Erasmus von Rotterdam, die diese Impulse aufnahmen und mit ihren eigenen philologischen sowie theologischen Arbeiten die Bibelexegese entscheidend förderten. Vor allem das zweite Jahrzehnt des 16. Jahrhunderts wurde zu einer „Blütezeit des Bibelhumanismus".[27]

Dem humanistischen Bestreben, zu den Quellen geistiger und geistlicher Erkenntnis zu gelangen, entsprach die Wertschätzung der Kirchenväter und das Bemühen, deren Werke in neuen Editionen zugänglich zu machen. Das ließ sich mit Hilfe des Buchdruckes realisieren, wobei der Basler Drucker Johannes Amerbach (1443–1513) an der Wende vom 15. zum 16. Jahrhundert eine herausragende Rolle spielte. Seinem Engagement war es zu verdanken, dass Werkausgaben von Ambrosius, Hieronymus, Augustinus und Gregor dem Großen gedruckt wurden, von denen die Edition der Werke Augustins auf die theologischen Reflexionen und Diskussionen dieser Zeit unmittelbar eingewirkt hat.

Das Verhältnis der Humanisten zu den Universitäten war im 15. Jahrhundert ambivalent: Solange ihre Reformvorschläge von den Verfechtern traditioneller Lehrpläne abgelehnt wurden, gingen sie auf Distanz zu den Universitäten, während sie mit der allmählichen Aufwertung und neuen Profilierung insbesondere der Artistenfakultät in diese integriert werden konnten und damit die Universitäten nachhaltig befruchteten.[28] Institutionell wurden das Gymnasium und die Akademie für den

24 Vgl. J. Harris, Greek Emigres in the West 1400–1520, Camberley 1995, 119 ff.

25 Vgl. J. H. Bentley, Humanists and Holy Writ. New Testament Scholarship in the Renaissance, Princeton 1983, 32 ff.

26 A. Godin, Humanismus und Christentum, in: GCh 7, 612–672, hier: 617.

27 Augustijn, H78.

28 Vgl. Meuthen, Das 15. Jahrhundert, 194.

Humanismus richtungsweisend, wobei die Platonische Akademie in Florenz, die Marsilio Ficino (1433–1499) auf Betreiben von Cosimo de' Medici gründete und leitete, wesentlich zur Verbreitung des Platonismus beitrug.[29] Ficino setze sich ebenso wie sein Schüler Giovanni Pico della Mirandola für die Synthese von Christentum und (platonischer) Philosophie im Sinne einer *pia philosophia* und *docta religio* ein. In der Verschränkung von Philosophie und Theologie wird das Christentum als *die* „wahre Religion"[30] verstanden, in deren Mittelpunkt die Auffassung vom Menschen als Ebenbild Gottes und als „Mikrokosmos"[31] steht. Diese anthropologische Konzeption bestimmt auch die Christologie und Soteriologie der Vertreter eines christlichen Humanismus.[32] Ihnen ging es um die ethische Relevanz ihres philosophisch-theologischen Entwurfes, wenngleich gegenüber der Frührenaissance Fragen der Metaphysik stärker erörtert wurden. Die Spiritualität ihres Konzeptes einer Christusnachfolge war dabei von dem individualistischen Ansatz des Humanismus geprägt, während die Ekklesiologie weitgehend vernachlässigt wurde. Setzte der christliche Platonismus gegenüber dem bis dahin auch in der Theologie vorherrschenden Aristotelismus einen neuen Akzent, so gab es doch daneben einen humanistischen Aristotelismus, der sich darum bemühte, die peripatetische Philosophie von allen Zusätzen zu reinigen.[33] Über Paris, wo Jacques Lefèvre d'Etaples Aristoteles-Ausgaben publizierte, deren Übersetzungen das Originalwerk statt der Kommentare in den Mittelpunkt rücken sollten, gelangte diese Bewegung zu Beginn des 16. Jahrhunderts auch nach Deutschland.

Die Ausbreitung des Humanismus nördlich der Alpen ist ebenso gekennzeichnet von der Rezeption seines italienischen Vorbilds wie von einer eigenständigen Prägung und Entfaltung.[34] Während Rudolf Agricola (1444–1485) unmittelbar an Petrarca anknüpfte und Johannes Reuchlin wissenschaftliche Studien im Geiste der Florentinischen Akademie betrieb, deren Schüler er selbst gewesen war, gründete das Selbstverständnis und -bewusstsein jener Humanisten, die sich – wie Conrad Celtis (1459–1509) und Jakob Wimpfeling (1450–1528) – durch den Spott der italienischen Humanisten über die ‚Barbaren' im Norden provoziert sahen, auf der Lektüre der *Germania* des Tacitus, die als Grundlage einer Idealisierung deutscher Geschichte und Wesensart diente.[35] Auf deutschem Reichsgebiet verbreitete sich der Humanismus vor allem in der Städtelandschaft des Südwestens, im Umkreis der Universitäten

---

29 Vgl. P. O. Kristeller, Die platonische Akademie von Florenz, in: Ders., Humanismus, Bd. II, 101–114.

30 W. A. Euler, „Pia philosophia" et „docta religio". Theologie und Religion bei Marsilio Ficino und Giovanni Pico della Mirandola, München 1998 (Humanistische Bibliothek R. 1, 48), 237.

31 A. a. O., 188.

32 Vgl. J. Lauster, Die Erlösungslehre Marsilio Ficinos. Theologiegeschichtliche Aspekte des Renaissanceplatonismus, Berlin/New York 1998 (AKG 69), 39 ff.

33 Vgl. P. O. Kristeller, Die italienische Universitäten der Renaissance, in: Ders., Humanismus, Bd. II, 207–222.

34 Vgl. Deutscher Humanismus. Verfasserlexikon, hg. v. F.-J. Worstbrock, Bd. 1, 1./2. Lieferung, Berlin/New York 2005/2006.

35 Vgl. P. Joachimsen, Tacitus im deutschen Humanismus, in: Ders., Ges. Aufsätze, Bd. I, Aalen 1970, 275–296.

Sachsens und Thüringens sowie in Franken.[36] Weil in Deutschland ein mit Italien vergleichbares Mäzenatentum fehlte, das die Ausbreitung der Renaissance hätte fördern können, konzentrierte sich der Humanismus auf die Kreise der Gebildeten und des städtischen Bürgertums, das vor allem im Südwesten des Reiches im Umkreis der Reformkonzilien von Konstanz und Basel mit diesem Gedankengut in Berührung kam. In besonderem Maße trug Enea Silvio Piccolomini mit seiner persönlichen Ausstrahlung und seinem politischen Einfluss als kaiserlicher Rat dazu bei, dass der Humanismus im Reich Verbreitung fand.[37] Nach 1439 stieg die Zahl der deutschen Studenten, die an italienischen Universitäten studierten und nach ihrer Rückkehr für die Verbreitung humanistischer Ideen und Schriften sorgten, beträchtlich an.[38] Die Erfindung des Buchdrucks half dabei ebenso wie die ‚Reformeuphorie' angesichts der vielfältigen Umbrüche dieser Zeit, durch die etwa im Zusammenhang mit der zunehmenden Verrechtlichung des öffentlichen Lebens die Rezeption des römischen Rechtes gefördert wurde, dessen Studium innerhalb der Jurisprudenz immer mehr Bedeutung gewann.[39]

In gesellschaftlicher Hinsicht waren Renaissance und Humanismus nicht an eine bestimmte soziale Gruppe gebunden, jedoch im städtischen Patriziat und der höfischen Kultur des Adels besonders ausgeprägt.[40] Das hatte unmittelbare Konsequenzen für die Kirche, weil in einflussreichen Kreisen Ideale verfochten wurden, die sich auf die äußere Erscheinung der Kirche und ihr Innenleben auswirkten. Lag der Orientierung am Kunst- und Bildungsideal der Antike auch die Intention zu Grunde, im sozialen und kulturellen Leben ‚feine Unterschiede' zu markieren und damit ein bestimmtes Selbstverständnis zur Geltung zu bringen,[41] so bedeutete das für die Kirche als Spiegelbild solcher Gesellschafts- und Kommunikationsstrukturen, dass die soziale Differenzierung ihrer Mitglieder ebenso fortschritt wie die Festigung der Hierarchie. Dabei verlief die Trennlinie längst nicht mehr zwischen Klerus und Laien, sondern zwischen den Einflussreichen in Kirche und Gesellschaft, für die Bildung zunehmend wichtiger wurde, und den Ungebildeten – zu denen einfache Pfarrer ebenso zählten wie ein Großteil der Bauern und Angehörige der städtischen Unterschichten. Auf der anderen Seite verband der Humanismus gebildete Laien und Geistliche über alle Konflikte zwischen weltlichen und kirchlichen Interessen hinweg und mobilisierte auf diese Weise Kräfte, die sich für die Reform der Kirche und den Aufschwung der Kultur einsetzten.[42] Für einen *litteratus* gehörte es sich, die antike Bildungstradition hochzuhalten und vor allem die Verächter des Lateinischen in die Schranken zu verweisen.[43] Auf Initiative von Humanisten und städtischen

---

36 Vgl. B. Hamm, Humanistische Ethik und reichsstädtische Ehrbarkeit, in: Ders., Lazarus Spengler (1479–1534). Der Nürnberger Ratsschreiber im Spannungsfeld von Humanismus und Reformation, Politik und Glaube, Tübingen 2004 (SuR NR 25), 1–72, hier: 2 f.

37 Vgl. Buck, Der italienische Humanismus, 44 ff.

38 Vgl. H. de Ridder-Symoens, Mobilität, in: Rüegg (Hg.), Geschichte der Universität, Bd. 1, 255–275, hier: 263 f.

39 Vgl. Buck, Der italienische Humanismus, 29.

40 Vgl. Burke, Die europäische Renaissance, 23 ff.; Meuthen, Das 15. Jahrhundert, 194 ff.

41 Vgl. Roeck, 138.

42 Vgl. Kießling, Bürgerliche Gesellschaft und Kirche, 53 ff.

43 Vgl. K. Schreiner, Volkssprache als Element gesellschaftlicher Integration und Ursache

Räten, die versuchten, Einfluss auf das von der Kirche kontrollierte Schulwesen zu gewinnen, wurde die Lektüre von Autoritäten der klassischen Bildung zum Pflichtprogramm deutscher Stadtschulen erhoben.[44]
Wenngleich sich das humanistische Bildungsideal, wie es Leon Battista Alberti 1434 in seiner Schrift ‚Della famiglia' programmatisch formulierte, an Männer richtete, eiferten ihm doch auch Frauen nach.[45] Zwar war ihnen das Studium an den Universitäten verwehrt, doch sie konnten sich an den Debatten der Humanisten beteiligen, zumal diese vor allem in gelehrten Gesellschaften und Korrespondenzen neue Diskursformen pflegten, um so der Dominanz der Scholastik an den Universitäten alternative Formen des Gedankenaustauschs entgegenzusetzen. An dem humanistischen Bildungsstreben waren insbesondere Frauen aus einflussreichen Familien beteiligt.[46] Herrscherinnen wie Königin Isabella von Kastilien förderten als Mäzeninnen den Humanismus, dessen Ideale aber auch unter den gebildeten Frauen des städtischen Patriziats vertreten wurden, wie z. B. Caritas Pirckheimer (1467–1532) zeigt. Frauen haben das humanistische Bildungsideal aber nicht nur befolgt, sondern in dessen Konsequenz auch das Menschsein der Frau neu bestimmt: Nachdem Christine de Pizan (1364–1431) in ihrem ‚Buch von der Stadt der Frauen' bereits zu Beginn des 15. Jahrhunderts eine neue anthropologische Konzeption entwickelt hatte, stellte in der Mitte des Jahrhunderts die Veroneser Humanistin Isotta Nogarola (1418–1466) in ihrem Dialog ‚Über die gleiche oder ungleiche Sünde Evas und Adams' die traditionelle Abwertung der Frau in Frage, indem sie die dort angewandten Kategorien scholastischer Anthropologie einer grundsätzlichen Kritik unterzog und im Rekurs auf eine neuplatonische Schöpfungsidee die Gottebenbildlichkeit der Frau herausstellte.[47]
Wurde der Orientierung an der antiken Kultur von den Verfechtern der Renaissance und des Humanismus oberste Priorität beigemessen, so bedeutete dies doch nicht den Bruch mit dem mittelalterlichen Denken und Handeln. Vielmehr entstanden neue Denk- und Handlungsstrukturen, die vielfältig und spannungsgeladen Neues und Altes miteinander verbanden.[48] Dieses komplexe Verhältnis von Kontinuität und Diskontinuität lässt sich an der Rezeption der aristotelischen Philosophie ablesen, deren philologische Analyse im 15. Jahrhundert stärker betrieben wurde als ihre systematische Weiterentwicklung.[49] Gerade die Anknüpfung an die aristotelische Ethik und die Einsicht in die Notwendigkeit einer Studienreform ermöglichten es einem scholastischen Theologen wie Johannes Tinctoris (um 1435–1511), der an der Universität zu Köln lehrte, die *studia humanitatis* in die *via antiqua* thomistischer

sozialer Konflikte. Formen und Funktionen volkssprachlicher Wissensverbreitung um 1500, in: Seibt/Eberhard, Europa 1500, 468–495, hier: 469.

44 Vgl. U. Schindel, Die „auctores" im Unterricht deutscher Stadtschulen im Spätmittelalter und in der frühen Neuzeit, in: Moeller u. a., Studien, 430–452.

45 Vgl. Fietze, 78.

46 Vgl. King, 188 ff.

47 Vgl. Fietze, 95 ff., sowie die deutsche Übersetzung des Dialogs, 153–165.

48 Vgl. W. Ullmann, Medieval Foundations of Renaissance Humanism, London 1977; P. O. Kristeller, Humanismus und Scholastik, in: Ders.: Humanismus, Bd. I, 87–111.

49 Vgl. E. Keßler, Die Pädagogik der italienischen Humanisten im Kontext des späten Mittelalters, in: Boockmann u. a., Lebenslehren, 160–180, hier: 179.

Prägung zu integrieren.[50] Auch in der Wertschätzung der Kirchenväter konnten scholastische Theologen und Humanisten übereinstimmen, wobei Letztere in ihrer Synthese antiker Bildung und christlicher Religiosität sich noch stärker für Hieronymus als für Augustin begeisterten.[51]
Das Basler Konzil wurde zum Treffpunkt der Humanisten und zum „Umschlagplatz"[52] ihrer Ideen. Wie schon in Konstanz so nutzten auch in Basel die humanistisch gesonnenen Konzilsteilnehmer die Gelegenheit zum Gedankenaustausch und zur Suche nach Handschriften in nahe gelegenen Bibliotheken. Der Nachfrage entsprechend wurde Basel selbst zu einem bedeutenden Büchermarkt. Eine Präferenz der Humanisten für den Konziliarismus ergab sich daraus aber nicht, vielmehr standen sie dem Basler Konzil größtenteils gleichgültig bis reserviert gegenüber, während das Gegenkonzil von Ferrara-Florenz stärker ihr Interesse weckte. Das lag nicht nur an dem Kontakt mit den Griechen, der ihnen dort möglich war, sondern hatte auch kirchenpolitische Gründe, die mit dem Renaissancepapsttum dieser Zeit zusammenhingen.[53] Als bedeutende Mäzene von Kunst und Wissenschaft konnten die Kurie und der Papst mit der Unterstützung zumindest der Humanisten rechnen, die auf ihre Auftraggeber angewiesen waren.

## B. DAS RENAISSANCEPAPSTTUM

Nach der Überwindung des Schismas und des Konziliarismus begann für das Papsttum in der zweiten Hälfte des 15. Jahrhunderts eine Phase der Konsolidierung und Restauration. Das bedeutete vor allem die Konzentration auf den Kirchenstaat und war zugleich eine Reaktion auf die mangelnde Unterstützung der Päpste in ihrem Bemühen, sich nach dem Fall Konstantinopels an die Spitze des Kreuzzuges gegen die Osmanen zu stellen. Eine solche Führungsrolle blieb jedoch den Päpsten versagt, weil dem machtpolitische Rivalitäten im Wege standen oder die Herrschenden einfach kein Interesse zeigten. Doch das Ansehen der Papstkirche hing nicht nur nach dem Selbstverständnis ihrer obersten Repräsentanten, sondern auch nach weit verbreiteten Überzeugungen in Kirche und Gesellschaft von einer starken Machtstellung der Päpste in ihrem eigenen Territorium ab.[54] So war es nur konsequent, dass sie sich auf den Ausbau des Kirchenstaates konzentrierten. In einer Zeit, in der sich in Italien – mit Ausnahme Venedigs – die machtpolitischen und kulturellen Zentren von den Stadtrepubliken zu den Fürstenhöfen verlagerten,[55] agierten auch die Päpste als Territorialfürsten, wobei sie ständig im Spannungsfeld der Auseinandersetzungen zwischen den stadtrömischen Adelsfamilien der Colonna und der Orsini standen. Kriege dienten der Herrschaftssicherung der Päpste ebenso wie ein

50 Vgl. G.-R. Tewes, Frühhumanismus in Köln. Neue Beobachtungen zu dem thomistischen Theologen Johannes Tinctoris von Tournai, in: Helmrath/Müller, Studien, Bd. 2, 667–695.

51 Vgl. Hamm, Hieronymus-Begeisterung, 127 ff.

52 Helmrath, Das Basler Konzil, 167.

53 Vgl. a. a. O., 166 ff.

54 Vgl. Fink, Vom Mittelalter zur Reformation, 663; Strnad, Päpste, 49.

55 Vgl. M. Venard, Das Europa der Renaissance, in: GCh 7, 497–520, hier: 506.

Nepotismus, unter dem Schlüsselpositionen mit Vertrauten besetzt wurden, um so regelrechte Papstdynastien zu begründen.[56] Die institutionelle und personelle Verdichtung der Papstkirche verstärkte an der Kurie Tendenzen der Patronage.[57] Weil die Päpste immer mehr Angehörige der italienischen Adelsfamilien zu Kardinälen ernannten, wurde das Kardinalskollegium in zunehmendem Maße national geprägt. Diese Entwicklung der Papstkirche war ambivalent, weil sie auf der einen Seite zur Festigung der päpstlichen Herrschaft beitrug, langfristig aber die Kirche spirituell schwächen und materiell belasten sollte. Die ambitionierte Machtpolitik der Päpste – wie auch der Kardinäle[58] – führte nicht nur dazu, dass sie ihre eigentliche Aufgabe als geistliches Oberhaupt der Kirche immer mehr vernachlässigten, sondern ließ auch die Kosten immer weiter steigen. Dabei war in erster Linie gar nicht ihr Repräsentationsbedürfnis für den finanziellen Ruin der päpstlichen Kassen verantwortlich, vielmehr wurden sie vor allem von den Aufwendungen für die Verwaltung des Kirchenstaates und für die päpstlichen Armeen belastet.[59] Allein die Zahl derer, die an der römischen Kurie beschäftigt waren, verfünffachte sich zwischen 1471 und 1517.[60] Im eng geknüpften Kommunikationsnetz der Papstkirche spielten die Kurienprokuratoren eine herausragende Rolle. Sie hielten sich für längere Zeit an der Kurie auf, um für ihre Auftraggeber Dispense und Privilegien zu erwirken oder auf Prozesse Einfluss zu nehmen, und fungierten in der anderen Richtung als wichtige Informanten über die Vorgänge im Machtzentrum der Kirche.[61] Neben den Einnahmen aus dem Kirchenstaat, die zwischen 60 und 80 Prozent der gesamten Geldeinnahmen der Kurie ausmachten, wurde der Ämterverkauf für die Finanzierung des Renaissancepapsttums immer wichtiger.[62] Bei allen Bemühungen, die Einnahmen durch ein ausgeklügeltes Finanzsystem zu steigern, und trotz der ertragreichen Alaunvorkommen bei Tolfa waren die Päpste gezwungen, Kredite aufzunehmen, um dem Bankrott zu entgehen. Mit dem Ausbau Roms insbesondere vor den Jubiläumsjahren 1475 und 1500 wurde die Größe der Ewigen Stadt auch äußerlich demonstriert. Bei allen Problemen, die diese Veränderungen vor allem für die Lebensmittelversorgung der Stadt aufwarfen, profitierte Rom doch vom Renaissancepapsttum und hatte um 1500 Florenz und Venedig den Rang der kulturellen Metropole Italiens abgelaufen.[63]

56 Vgl. Schimmelpfennig, Der Papst als Territorialherr, 89; W. Reinhard, Nepotismus, in: ZKG 86 (1975), 145–185.

57 Vgl. Partner, The Popes Men, 150 ff.

58 Vgl. D. S. Chambers, A Renaissance Cardinal and His Wordly Goods: The Will and Inventory of Francesco Gonzaga (1444–1483), London 1992; K. J. P. Lowe, Church and Politics in Renaissance Italy. The Life and Career of Cardinal Francesco Soderini (1453–1524), Cambridge 1993.

59 Vgl. P. Partner, Papal Financial Policy in the Renaissance and Counter Reformation, in: PaPr 88 (1980), 17–62.

60 Vgl. T. Frenz, Die Kanzlei der Päpste der Hochrenaissance, 234 ff.; F. Rapp, Das Wiedererstarken des Papsttums – Ein unvollständiger und kostspieliger Sieg, in: GCh 7, 69–141, hier: 113.

61 Vgl. Sohn, Deutsche Prokuratoren an der römischen Kurie (s. Kap. 1 A), 35.

62 Vgl. Strnad, Päpste, 49; Schimmelpfennig, Der Ämterhandel, 3 ff.

63 Vgl. Schimmelpfennig, Der Papst als Territorialherr, 91 f.; Burke, Die europäische Renaissance, 92 ff.; J. F. D'Amico, Renaissance Humanism in Papal Rome. Humanists and

Im Zuge der Zentralisierung und Fiskalisierung des Papsttums spiegelte sich das Selbstverständnis des Renaissancepapsttums sowohl in seiner Außendarstellung als auch in der Ekklesiologie dieser Zeit wider. Die papalistische Theorie reflektierte die Machtstellung der Päpste nach der erfolgreichen Auseinandersetzung mit dem Konziliarismus.[64] Während die Konziliaristen ein föderatives Kirchenverständnis vertraten, war die Kirche nach Auffassung der papalistischen Monarchietheorie als „Ausfluß aus einer einzigen Ursache“[65] zu betrachten, so dass die hierarchische Struktur und die Delegierung des kirchlichen Amtes von oben nach unten absolut gesetzt wurden. Angesichts der Fehlentwicklungen an der Spitze der Kirche aber waren selbst Anhänger des päpstlichen Primats bereit einzuräumen, dass es die Lage der Kirche erfordern könnte, ein Konzil einzuberufen.[66] Das bedeutete zwar keineswegs die Wiedergeburt des Konziliarismus in seiner radikalen Ausprägung wie zur Zeit des Basler Konzils, zeigte aber doch, dass die Idee einer regulativen Funktion des Konzils im Interesse der Kirchenreform wieder an Überzeugungskraft gewann. Strittig war, unter welchen Bedingungen das Kardinalskollegium an der Stelle des Papstes befugt sein sollte, ein Konzil einzuberufen. Darüber hinaus erwies es sich als problematisch, dass die Drohung, ein Konzil einzuberufen, zu einem Instrument rein politisch motivierter Auseinandersetzungen mit den Päpsten geworden war, so dass die Bemühungen um eine konziliare Reform der Kirche in den Verdacht machtpolitischer Rivalitäten gerieten.

Der Pontifikat Papst Nikolaus' V. ([1397] 1447–1455) stellte „einen der wichtigsten Wendepunkte in der Geschichte des Papsttums“[67] dar. Zu seinen größten Verdiensten gehörte die Förderung von Kunst und Wissenschaften, die zum Charakteristikum des ‚Renaissancepapsttums‘ wurde und zugleich dessen Schwäche bedeutete, weil damit eine Entwicklung in Gang kam, deren Auswirkungen nicht nur in materieller Hinsicht für die Kirche als Ganze folgenreich waren. Dabei dominierte zunächst keineswegs nur ein äußerliches Repräsentationsbedürfnis, vielmehr setzte Nikolaus V., der während eines zweijährigen Aufenthaltes in Florenz für Wissenschaft und Kunst begeistert worden war, alles daran, möglichst viele kostbare Handschriften zu erwerben.[68] So schuf er den Grundstock der späteren Vatikanischen Bibliothek. In seinem Pontifikat begann aber auch der Ausbau Roms zur Residenzstadt mit dem Vatikanpalast als Hauptresidenz und dem Hadriansmausoleum als Fluchtburg. Immer mehr Behörden der Kurie konzentrierten sich in Rom,[69] neue Kirchen und Kardinalspaläste wurden gebaut. Damit begann eine Entwicklung, die die Ewige Stadt

Churchmen on the Eve of the Reformation, Baltimore 1983 (Johns Hopkins University studies in historical and political science 101), 38 ff.

64 Vgl. H. Smolinsky, Papstgewalt ohne Grenzen? Papalistische Theorie im Zeitalter der Renaissancepäpste und des römisch-italienischen Humanismus, in: RoJKG 11 (1992), 71–81.

65 Krämer, Konsens und Rezeption (s. Kap. 2 B), 318.

66 Vgl. H. Jedin, Geschichte des Konzils von Trient. Bd. I: Der Kampf um das Konzil, Freiburg i. B. $^{2}$1951, hier: 77 ff.

67 Pastor, Bd. I, 379.

68 Vgl. a. a. O., 381; Strnad, Päpste, 40.

69 Vgl. W. von Hofmann, Forschungen zur Geschichte der kurialen Behörden vom Schisma bis zur Reformation, 2 Bde., Rom 1914 (BDHIR 12,13).

ebenso wie das Papsttum nachhaltig verändern sollte. Mit der fortschreitenden Differenzierung und Spezialisierung des kurialen Behördenapparates wurde die Amtskirche immer mehr zu einem „Rechtsstaat".[70] Die Zentralisierung der Papstkirche mit der Kurie als ihrem Verwaltungs- und Machtzentrum hatte zur Folge, dass die Produktion päpstlicher Urkunden geradezu explosionsartig zunahm. So entstanden im späten 15. Jahrhundert „in einem Jahr ebenso viele Urkunden wie im gesamten ersten Jahrtausend der Kirchengeschichte".[71] In der päpstlichen Pönitentiarie, in der Mitte des 15. Jahrhunderts über 200 Personen tätig waren, wurden jedes Jahr Tausende von Bittschriften (Suppliken) bearbeitet, in denen Christen aus allen Teilen der abendländischen Kirche um Dispense und Rehabilitierung baten.[72]

Papst Calixtus III. ([1378] 1455–1458), der erste der sogenannten Borgia-Päpste aus dem gleichnamigen katalanischen Geschlecht, war im Unterschied zu seinem Vorgänger an Renaissance und Humanismus wenig interessiert.[73] Sein Pontifikat war vor allem von den – letztlich gescheiterten – Bemühungen um einen Kreuzzug der Christenheit gegen die Osmanen bestimmt (s. Kap. 5 B). Daneben fiel Calixtus III. dadurch auf, dass er den Nepotismus förderte, der unter dem Borgia-Papst Alexander VI. ([1430] 1492–1503) seinen Höhepunkt erreichte.[74]

Eine der herausragenden Gestalten des Papsttums im 15. Jahrhundert war Papst Pius II. ([1405] 1458–1464). Enea Silvio Piccolomini, wie er mit Geburtsnamen hieß, gehörte zu den bedeutendsten Vertretern des italienischen Humanismus dieser Zeit. Seine politische Kompetenz, insbesondere seine diplomatischen Fähigkeiten sowie seine rhetorische Begabung ließen viel von ihm erwarten – und umso mehr wurden die Hoffnungen, die auch er selbst in sein Pontifikat gesetzt hatte, enttäuscht. Daran, dass er dem monarchischen Prinzip anhing, ließ er schon bei seiner Amtsübernahme keinen Zweifel, obwohl er früher, als er im Dienste des Basler Konzils stand, konziliaristische Ansichten vertreten hatte. Unbedingte Priorität hatte für ihn der Kreuzzug gegen die Türken, dessen Scheitern er sich jedoch an seinem Lebensende eingestehen musste. Hierfür, wie auch für die sonstigen Widerstände gegenüber der päpstlichen Politik, waren in erster Linie die Fürsten verantwortlich, die ihre eigenen Interessen denen der römischen Kirche überordneten. Bereits auf dem Kongress von Mantua, den er 1459 einberief, um den Türkenkreuzzug in Gang zu bringen, musste Papst Pius II. diese Erfahrung machen. Dieser Kongress diente ihm zugleich dazu, den Ruf nach einem erneuten Konzil, von dem er sich ständig bedroht sah, verstummen zu lassen. So wurde von Mantua aus die Bulle *Execrabilis* erlassen, mit der die Appellation an ein allgemeines Konzil prinzipiell verboten wurde.[75] Gleich-

70 G. Dolezalek, Rechtsprechung der Sacra Romana Rota – unter besonderer Berücksichtigung der Rotamanualien des Basler Konzils, in: Bertram (Hg.), Stagnation oder Fortbildung?, 133–157, hier: 133.

71 T. Frenz, Papsturkunden des Mittelalters und der Neuzeit, Stuttgart 1986 (Historische Grundwissenschaften in Einzeldarstellungen 2), 9; vgl. ders., Die Kanzlei der Päpste der Hochrenaissance, 80 ff.

72 Vgl. L. Schmugge, Kanonistik in der Pönitentiarie, in: Bertram (Hg.), Stagnation oder Fortbildung?, 93–115.

73 Vgl. Pastor, Bd. I, 666 ff.

74 Vgl. Strnad, Päpste, 41.

75 DH 1375; vgl. Pastor, Bd. II, 77 ff.

wohl nahm Pius die Erwartungen, er selbst werde von der Spitze der Kirche aus die überfällige ‚Reform an Haupt und Gliedern' in Angriff nehmen, ernst und berief kurz nach seinem Amtsantritt eine Kommission ein, der auch Nikolaus von Kues angehörte. Dessen Reformschrift *Reformatio generalis* belegt die Ernsthaftigkeit der Reformbemühungen ebenso wie der Reformentwurf, den Pius selbst verfasste.[76] Die Bulle *Pastor aeternus*, mit der er die Reform vorantreiben wollte, wurde wegen seines Todes nicht mehr publiziert. Es war aber ohnedies offensichtlich, dass er mit seinem Reformanliegen nicht durchdringen konnte, weil er nicht genügend Unterstützung erhielt. Nationalkirchliche Tendenzen standen der Absicht des Papstes im Wege, aber auch bei den meisten Kardinälen fand Pius II. keinen Rückhalt. Sie hatten sich längst an einen Lebensstil gewöhnt, der mehr ihren machtpolitischen und repräsentativen Interessen als ihren eigentlichen Aufgaben im Dienste der Kirche entsprach. Aber Pius selbst war von solchen Versuchungen genauso wenig frei: Der Nepotismus nahm während seines Pontifikates ein Ausmaß an, das auch von seinen Zeitgenossen kritisiert wurde.[77] Auf der anderen Seite zeichnete er sich durch seine Bedürfnislosigkeit aus und ihm, dem Humanistenpapst, lag wenig an der Prachtentfaltung Roms, denn einen Großteil seines Pontifikats verbrachte er außerhalb der Ewigen Stadt, für deren Ausbau er sich daher weit weniger einsetzte als vor ihm Nikolaus V. und später Sixtus IV.[78]

Papst Paul II. ([1417] 1464–1471) bildet in der Reihe der Renaissancepäpste insofern eine Ausnahme, als er den Humanisten gegenüber kritisch eingestellt war und sogar so weit ging, die Lektüre antiker Autoren an den Schulen zu verbieten.[79] Damit wollte er sich nicht gegen das Streben nach Bildung wenden, sondern gegen die Verbreitung paganer Traditionen, die mit dem christlichen Glauben seiner Ansicht nach nicht vereinbar waren.

Mit seinem Nachfolger Sixtus IV. ([1414] 1471–1484) begann die Hochrenaissance, in der das Papsttum umso mehr in den Sog politischer Machtinteressen und -kämpfe geriet. Fortan wurde der Nepotismus auf die Spitze getrieben und die Päpste bemühten sich, ihre eigenen Kinder, Neffen und sonstigen Verwandten auf ertrag- und einflussreichen Posten in der kirchlichen Hierarchie unterzubringen. So ernannte Sixtus IV. kurz nach seiner Thronbesteigung zwei Neffen zu Kardinälen.[80] Zugleich überschüttete er den Franziskanerorden, dessen Ordensgeneral er 1464 geworden war, mit Privilegien.[81] Aber nicht nur als Kirchenpolitiker verkörperte er das Renaissancepapsttum mit all seinen Licht- und Schattenseiten, sondern auch als bedeutender Mäzen. Er förderte Kunst und Wissenschaft, indem er 1473–1484 im Vatikan die nach ihm benannte Palastkapelle errichten ließ, deren Fresken von Botticelli und anderen führenden Renaissancekünstlern den päpstlichen Anspruch auf umfassende

76 Vgl. E. Iserloh, Reform der Kirche bei Nikolaus von Kues, Wiesbaden 1965, 6 ff.; R. Haubst, Der Reformentwurf Pius' des Zweiten, in: RQ 49 (1954), 188–242; Pastor, Bd. II, 184 ff.

77 Vgl. Reinhard, Papa Pius, 261 ff.

78 Vgl. A. Esch, Enea Silvio Piccolomini als Papst Pius II: Herrschaftspraxis und Selbstdarstellung, in: Boockmann u. a., Lebenslehren, 112–140, hier: 128 f.

79 Vgl. Pastor, Bd. II, 336 ff.

80 Vgl. Strnad, Päpste, 43.

81 Vgl. Pastor, Bd. II, 607 ff.

Lehr- und Jurisdiktionsgewalt zum Ausdruck brachten.[82] Den Ausbau der Ewigen Stadt trieb Sixtus IV. ebenfalls voran, indem er 1475 anlässlich des Heiligen Jahres neue Straßenzüge errichten ließ.[83] Die hohen Kosten wurden durch Ablässe, höhere Steuern auf Pfründen und den Verkauf kirchlicher Ämter aufgebracht.[84] Diese Maßnahmen steigerten wiederum den Unmut und das Verlangen nach einer Kirchenreform, zumal der Kirchenstaat am Ende seines Pontifikates ebenso zerrüttet war wie das Verhältnis zu den italienischen Staaten. Frömmigkeitsgeschichtlich ist bedeutsam, dass Sixtus IV. der Marienverehrung besondere Aufmerksamkeit schenkte, indem er sich für die Rosenkranzandacht einsetzte und in dem wieder aufflammenden Streit zwischen Franziskanern und Dominikanern über die Unbefleckte Empfängnis der Gottesmutter entschieden die Position seines Ordens vertrat.[85]
Für seinen Nachfolger, Papst Innozenz VIII. ([1432] 1484–1492), der sich gesundheitlich und kirchenpolitisch als schwach erwies, bestimmte faktisch Guiliano Della Rovere (1443–1513), einer der beiden Neffen, die Sixtus IV. zum Kardinal erhoben hatte, die päpstliche Politik.[86] Papst Alexander VI. ([1430] 1492–1503) aus der Dynastie der Borgia, mit dem das Papsttum auf seinen „absoluten Tiefpunkt“[87] fiel, nahm dagegen die Herrschaft selbst mit Macht in die Hand. Nachdem er im ersten Jahr des Pontifikats seines Onkels Calixt III. in das Kardinalskollegium aufgenommen worden war, erlangte er in der Folgezeit so viele Benefizien, dass er als einer der reichsten Kardinäle seiner Zeit galt. Die entscheidenden Stimmen bei der Papstwahl sicherte er sich durch großzügige Geschenke an seine Wähler.[88] Seine Lebensführung war alles andere als vorbildlich: Von seinen Kindern, deren genaue Anzahl sich nicht ermitteln lässt, spielten die Söhne Cesare (1475–1507), Juan (1474–1497) und Joffré (1481–1517) sowie seine Tochter Lucrezia (1480–1519) eine besondere Rolle, zum einen, weil er sie unmittelbar nach seiner Wahl zum Papst fürstlich versorgte, zum anderen, weil sie zum Ansehensverlust des Papsttums maßgeblich beitrugen.[89] Nach der Ermordung Juans, deren Hintergründe nie geklärt wurden, legte Cesare mit Zustimmung seines Vaters die Kardinalswürde nieder, um mit dem Geld der Kirche und durch die Heirat mit einer französischen Prinzessin ein weltliches Königreich der Borgia-Dynastie zu begründen. Bei aller Kritik an der skrupellosen Familienpolitik und am unsittlichen Lebenswandel Alexanders VI. ist doch anzuerkennen, dass er als Herrscher des Kirchenstaates geschickt agierte.[90] Es gelang ihm, in dem ständigen Ringen der führenden europäischen Mächte um Einfluss in Italien den Kirchenstaat durch wechselnde Bündnisse nach außen zu sichern. Das Ansehen, das der Papst und die Kurie in der politischen Öffentlichkeit genossen, spiegelt sich in seiner Rolle als Schiedsrichter zwischen den beiden Kolonialmächten Spanien

82 Vgl. E. Lee, Sixtus IV and Men of Letters, Rom 1978.
83 Schimmelpfennig, Der Papst als Territorialherr, 91 f.
84 Vgl. Feine, 341 ff.; D. Brosius, Päpstlicher Einfluß auf die Besetzung von Bistümern um die Mitte des 15. Jahrhunderts, in: QFIAB 55/56 (1976), 200–228.
85 QGPRK I, 491 f. (Nr. 779); vgl. Pastor, Bd. II, 614 ff.
86 Vgl. Pastor, Bd. III/1, 216 ff.
87 Strnad, Päpste, 45; vgl. Fink, Vom Mittelalter zur Reformation, 667.
88 Vgl. Pastor, Bd. III/1, 344 ff.
89 Vgl. a. a. O., 360 ff.
90 Vgl. Strnad, Päpste, 46.

und Portugal wider, die er schließlich zu einer Vereinbarung über die Abgrenzung ihrer Interessensphären bewegen konnte (s. Kap. 5 C). Neben seinen Erfolgen als Kirchenpolitiker kann ihm auch nicht das Bewusstsein für die spezifisch religiösen Belange der Kirche abgesprochen werden. So förderte er die Orden und nahm sich erneut der Frage der Kirchenreform an, indem er eine hochrangige Kommission einsetzte. Sie erarbeitete ein ansehnliches Reformprogramm, dessen offizielle Inkraftsetzung aber unterblieb.[91] Allerdings wurden solche Reformansätze von Alexander VI. selbst unterlaufen, denn er verschärfte die Missstände, indem er es zuließ, dass die Käuflichkeit kirchlicher Ämter nun auch auf das Kardinalskollegium übergriff. Er erweiterte die Anzahl der Kardinäle nach Belieben – an seinem Lebensende waren es 45, während das Konstanzer Konzil eine Höchstzahl von 24 beschlossen hatte – und ließ sich die Ernennungen neuer Kardinäle teuer bezahlen.

Von besonderer Bedeutung für Alexanders Pontifikat war seine Auseinandersetzung mit Girolamo Savonarola (1452–1498). Dieser gehörte seit 1476 dem Dominikanerorden an und wirkte als Bußprediger vor allem in Florenz, wo er zunächst die Unterstützung von Lorenzo de' Medici (1449–1492) hatte, der sich von ihm erhoffte, das Ansehen der Kirchen und Klöster seiner Stadt verbessern zu können.[92] 1491 wurde Savonarola Prior des Dominikanerklosters San Marco, das er zwei Jahre später aus der Lombardischen Kongregation löste und zum Mittelpunkt einer neuen, Toskanischen Kongregation der observanten Reformbewegung machte (s. Kap. 4 A). Mit seinen Predigten, in denen er sich gegen den Sittenverfall der Florentiner Bürger und der Repräsentanten der Amtskirche wandte, sprach Savonarola breite Bevölkerungsschichten an, die von seiner humanistischen Bildung ebenso fasziniert waren wie von seiner tiefen Religiosität. Seine Prophezeiungen des bevorstehenden Endgerichts und der fundamentalen Erneuerung der Kirche spitzten sich 1492 zu, als nach dem Tod Lorenzos de' Medici dessen Sohn Piero (1472–1503) versuchte, die republikanische Regierungsstruktur in ein Prinzipat umzuwandeln. Mit der Wahl des Borgia-Papstes im selben Jahr gewann zudem Savonarolas Kritik am Sittenverfall des Klerus an Dringlichkeit. Als der französische König Karl VIII. 1494 die Medici aus Florenz vertrieb, sahen viele die Prophezeiungen Savonarolas bestätigt und betrachteten ihn als den von Gott gesandten Erneuerer der Kirche. Savonarola rief Christus zum König von Florenz aus und errichtete eine Theokratie. Dem französischen König schrieb er ganz gegen dessen Ambitionen die Aufgabe zu, ein Generalkonzil einzuberufen, um die Kirche zu reformieren und den amtierenden Papst durch einen würdigeren zu ersetzen. Alexander VI. belegte Savonarola zunächst mit einem Predigtverbot und exkommunizierte ihn später als Häretiker, während Florenz ein Interdikt angedroht wurde.[93] Savonarola suchte seine Rettung in der Flucht nach vorn, indem er zu einem Konzil aufrief und damit auf das immer noch virulente Problem der Kirchenreform hinwies. Inzwischen war es aber in Florenz zu einem Stimmungsumschwung gekommen, so dass Savonarola 1498 verhaftet und nach einem kirchlichen Prozess gehenkt wurde.[94] Für Alexander VI. standen bei der Auseinandersetzung mit Savonarola politische Interessen im Vordergrund, denn

91 Vgl. Fink, Vom Mittelalter zur Reformation, 665.

92 Vgl. Adriano Prosperi, Girolamo Savonarola, in: Greschat, Bd. 4, 320–334.

93 Vgl. Pastor, Bd. III/1, 469 ff.

94 Vgl. a. a. O., 500 ff.

ihm war daran gelegen, dass Florenz der Koalition gegen Frankreich beitrat, und diesem Vorhaben stand die Verbindung Savonarolas mit Karl VIII. im Wege. Seit dem Einfall des französischen Königs in Italien war auch der Kirchenstaat unmittelbar bedroht. 1495 trat der Papst der antifranzösischen ‚Heiligen Liga' bei, die zwischen dem Kaiser, den Katholischen Königen von Spanien sowie Mailand und Venedig geschlossen worden war. Als Alexander VI. 1503 starb – wohl eher an den Folgen eines grassierenden Fiebers als an einer Vergiftung, worauf einige Berichte hindeuteten – war das Papsttum machtpolitisch gefestigt, aber sein moralisches Ansehen schwer angeschlagen. Sein Nachfolger Pius III. ([1439] 1503), ein Neffe Pius' II., starb bereits nach 26 Tagen, was von den Zeitgenossen umso mehr bedauert wurde, als sie sich von ihm einen Fortschritt in der Kirchenreform erhofft hatten.[95]

Mit Papst Julius II. ([1443] 1503–1513) gelangte ein Mann an die Spitze der Kirche, dem es in erster Linie um weltliche Macht ging. Es handelte sich um jenen Giuliano Della Rovere, der 1471 von seinem Onkel, Papst Sixtus IV., zum Kardinal ernannt worden war und später an Stelle von Innozenz VIII. die päpstliche Politik bestimmt hatte. Nun schaffte er es mit Hilfe von Bestechungsgeldern, selbst zum Papst gewählt zu werden.[96] Was seinem Onkel nur im Ansatz gelungen war, verwirklichte Julius II.: Rom wurde zum Zentrum der Hochrenaissance.[97] Er beschloss den vollständigen Neubau des Petersdoms in Rom, im April 1506 erfolgte die Grundsteinlegung. Den Entwurf lieferte Bramante (1444–1514), der auch der erste Bauleiter war, bevor nach seinem Tod Raffael (1483–1520) diese Aufgabe übernahm. Einzigartig in ihrer kulturgeschichtlichen Bedeutung ist Michelangelos Deckenmalerei in der Sixtinischen Kapelle. Julius II. erwarb sich aber nicht nur als Mäzen der Renaissancekunst große Verdienste, sondern zugleich als Territorialherr des Kirchenstaates, dessen Macht er gegen die Ambitionen Cesare Borgias, Venedigs und Frankreichs festigte. Dabei vollzog er je nach politischer Lage einen radikalen Frontenwechsel: Zunächst verbündete er sich mit den Franzosen, damit sie Venedigs Expansion verhinderten, und nach dem Sieg der französischen über die venezianischen Truppen 1509 stilisierte er sich zum Retter Italiens, der die barbarischen Franzosen abwehrte.[98] Indem er den ‚katholischen König' Ferdinand II. von Aragon mit Neapel belehnte, versuchte Julius II., ein Gegengewicht zu Frankreich zu schaffen. Mit der Vereinigung des habsburgischen und des spanischen Erbes unter Kaiser Karl V. ([1500] 1519–1556) sollte das Problem des politischen Gleichgewichts in Europa später an Brisanz gewinnen. Wie sehr das Papsttum inzwischen zum Gegenstand und zum Motor territorialer Machtinteressen geworden war, zeigen nicht nur die Persönlichkeit und das politische Handeln Julius' II., sondern auch seine ambivalenten Beziehungen zu Kaiser Maximilian I. ([1459] 1493–1519). Einerseits benötigte er ihn als Bündnispartner, andererseits wollte er verhindern, dass Maximilian zu viel Einfluss in Italien gewann. Deshalb widersetzte er sich dessen Ansinnen, nach Rom zu ziehen, um dort zum Kaiser gekrönt zu werden. Maximilian seinerseits entwickelte 1511,

95 Vgl. A. Strnad, Francesco Todeschini-Piccolomini. Politik und Mäzenatentum im Quattrocento, in: Römische Historische Mitteilungen 8/9 (1964/66), 101–425.

96 Vgl. Fink, Vom Mittelalter zur Reformation, 668.

97 Vgl. Hochrenaissance im Vatikan 1503–1534. Kunst und Kultur im Rom der Päpste I, Ausstellungskatalog, Bonn 1999.

98 Vgl. Pastor, Bd. III/2, 774 ff.

als der Papst schwer erkrankte, den Plan, selbst Papst zu werden, um durch die Verbindung von Kaiserkrone und Tiara vor allem über das Vermögen und die Rechte der Reichskirche verfügen zu können.[99] Angesichts der in erster Linie dynastischen und machtpolitischen Ausprägung des Renaissancepapsttums dieser Zeit war ein solcher Plan nicht völlig abwegig, zumal der Kaiser seit einem Jahr verwitwet war.[100] Es blieb aber eine vorübergehende Idee, denn schon 1512 verbündete sich der Kaiser mit dem Papst in der ‚Heiligen Liga', was er sich von Julius II. entgelten ließ, indem er einen Sonderzehnten auf die deutschen Pfründen für sich in Anspruch nehmen durfte. Diese Vorgänge verdeutlichen, dass die geistliche Funktion des Papstamtes keine Rolle mehr spielte. Gerade Julius II., der nach den Worten des florentinischen Geschichtsschreibers Francesco Guicciardini (1483–1540) von einem Priester nichts hatte außer dem Rock und dem Namen,[101] nahm seine Aufgabe als geistliches Oberhaupt der Kirche überhaupt nicht wahr. Vielmehr wandelten sich die Päpste „von Trägern des universalen Gedankens zu typischen Renaissancefürsten und italienischen Territorialherren ..., für die der weltliche Besitz der Kirche nicht nur wichtig war, sondern – aus mitunter purem Egoismus – sogar zum Selbstzweck und bestimmenden Element ihres politischen Handelns werden konnte".[102] Einer der wesentlichen Angriffspunkte für die reformatorische Kritik am Papsttum war damit vorbereitet.

Dass ausgerechnet Julius II. noch einmal ein Reformkonzil in die Wege leitete, ergab sich nicht aus einem plötzlichen Sinneswandel, sondern aus politischen Zwängen. Die Auseinandersetzung mit Frankreich hatte den Widerspruch einer Gruppe von Kardinälen provoziert, die im Spätsommer 1511 ein Konzil nach Pisa einberiefen, was zunächst auf das Wohlwollen des Kaisers stieß. Julius II. reagierte auf diese Herausforderung, indem er eine Kirchenversammlung in den römischen Lateran einberief mit dem ausdrücklichen Ziel einer umfassenden Reform der Kirche.[103] Während das Pisaner Gegenkonzil schon bald mit der Vertreibung der Franzosen aus Italien ein unrühmliches Ende fand, bildete das V. Laterankonzil, das Julius II. am 3. Mai 1512 eröffnete und das unter seinem Nachfolger, Leo X. ([1475] 1513–1521), bis 1517 tagen sollte, eine neue Etappe des nunmehr über 100 Jahre andauernden Bemühens, die Kirche mit Hilfe von Reformkonzilien zu erneuern.

99 Vgl. H. Wiesflecker, Kaiser Maximilian I. Das Reich, Österreich und Europa an der Wende zur Neuzeit, Bd. 4: Gründung des habsburgischen Weltreiches, Lebensabend und Tod (1508–1519), München 1981, 90 ff.

100 Vgl. Reinhard, Reichsreform, 229 f.

101 Frencesco Guicciardini, Storia d'Italia IX 13 (Opere Bd. 2, 894); vgl. Fink, Vom Mittelalter zur Reformation, 670.

102 Strnad, Päpste, 48.

103 Mansi 32, 574–578, hier: 577D.

## C. DIE DEMONSTRATION DES PÄPSTLICHEN SUPREMATS IN DEN ‚HEILIGEN JAHREN'

Nachdem sich 1449 das Basler Rumpfkonzil, das inzwischen nach Lausanne verlegt worden war, selbst aufgelöst hatte, trachtete Papst Nikolaus V. danach, die Einheit der Kirche und die Stärke des Papsttums zu demonstrieren, indem er das Jahr 1450 zum Jubeljahr erklärte.[104] Offiziell kehrte er damit zum 50-jährigen Zyklus zurück, nachdem Urban VI. 1390 verordnet hatte, dass solche Jubiläen alle 33 Jahre stattfinden sollten.[105] Nach dem Jubiläum im Jahre 1423 während des Pontifikates Martins V. wäre also erst 1456 das nächste Jubeljahr fällig gewesen. Es lag aber im Interesse des Papstes, die Gunst der Stunde zu nutzen und mit einem Jubeljahr den päpstlichen Supremat öffentlichkeitswirksam zur Geltung zu bringen.[106] In der Folgezeit setzte sich der Trend zur Verkürzung des Abstandes zwischen den Jubiläen weiter fort. Für die öffentliche Resonanz des ‚Heiligen Jahres' 1450 spielte die Aussicht auf einen Jubiläumsablass – wie schon seit seiner Einführung durch Bonifaz VIII. ([um 1235] 1294–1303) – eine zentrale Rolle. War damit der Besuch einer römischen Kathedralkirche verknüpft, so verlieh der Pilgerstrom, der daraufhin einsetzte, dem Papsttum neuen Glanz. Größer noch als der materielle Gewinn, den der Andrang der Pilger für die Kirche bedeutete, war der Zuwachs an Ansehen für das Papsttum. Seinen Anfang nahm das Jubiläumsjahr am Heiligen Abend 1449 mit der feierlichen Eröffnung der Heiligen Pforte in der Laterankirche.[107] Speziell in Italien wurde die Anziehungskraft des Jubiläums dadurch erhöht, dass der berühmte Volksprediger Bernhardin von Siena (1380–1444) am Pfingstfest 1450 heiliggesprochen wurde. Der Massenandrang der Pilger aus allen Ländern Europas stellte die Kirche und die Stadt Rom vor große organisatorische Probleme. Auf der Engelsbrücke kam es im Dezember 1450 zu einer Katastrophe, als in den Menschenmassen mehr als 200 Pilger zu Tode getrampelt wurden. Als Ende des Jahres 1450 immer häufiger der Wunsch geäußert wurde, den Jubiläumsablass erhalten zu können, auch ohne nach Rom reisen zu müssen, verlieh Papst Nikolaus V. dieses Privileg zunächst einzelnen hochrangigen Persönlichkeiten, am 30. Dezember der Stadt Freiburg und im Februar 1451 ganz Burgund.[108] Als noch weiteren Ländern, Orten, Institutionen und Personen der Ablass verliehen wurde, entsprach das zwar den Interessen der Kurie, war aber nicht allein auf deren Initiative zurückzuführen,[109] weil sich hier die Initiativen der Amtskirche und die Erwartungen der Gläubigen gegenseitig verstärkten. Für die weitere Verkündigung des Jubiläumsablasses nördlich der Alpen spielte in der Folgezeit die Legationsreise des Nikolaus von Kues eine entscheidende Rolle, und in deren Verlauf zeigte sich, wie groß auf Seiten des Kirchenvolkes das Verlangen nach einem Ablass war. Trotz aller Kritik, die z. B. der Franziskaner Matthias Döring (um 1390–1469)

---

104 Vgl. Pastor, Bd. I, 433 ff.; Strnad, Päpste, 40.

105 Vgl. Paulus, Geschichte des Ablasses, 160; vgl. H. Smolinsky, Art. Jubeljahr (II), in: TRE 17, 1988, 282–285, hier: 283.

106 Vgl. Schmugge, Kirche (s. Kap. 1 A), 176 ff.

107 Vgl. Pastor, Bd. I, 435 ff.

108 Vgl. Meuthen, Legationsreise (s. Kap. 1 A), 423.430.

109 Vgl. Thomson, 87.

in dem Vorwurf äußerte, die Gnade werde damit käuflich,[110] stellte Cusanus selbst den Jubiläumsablass in den Dienst seines seelsorgerlichen Anliegens.[111]
Nachdem Papst Paul II. 1470 angeordnet hatte, das ‚Heilige Jahr‘ solle fortan alle 25 Jahre gefeiert werden, erklärte Sixtus IV. 1473 in einer päpstlichen Bulle, dass alle anderen Ablässe in der Zeit des bevorstehenden Jubiläumsjahres aufgehoben seien.[112] Rom wurde inzwischen weiter verschönert und ausgebaut, um auf den erwarteten Andrang der Pilger vorbereitet zu sein und ein Unglück wie im Jahre 1450 zu verhindern. Dass der Andrang zunächst doch nicht so groß war, lag nach Ansicht eines Chronisten dieser Zeit nicht nur an den kriegerischen Auseinandersetzungen in vielen Gegenden Europas, sondern auch an einer kritischen Haltung gegenüber dem Klerus.[113] Obwohl die Zahl der Pilger im Laufe des Jahres deutlich zunahm, dehnte der Papst das Jubiläum auf bestimmte Länder aus und ermöglichte so denjenigen, die 1475 an einer Romfahrt verhindert waren, den Ablass in ihrer Heimat zu erhalten. Neben Italien, Frankreich, Schottland, England und Irland sowie Ungarn und Böhmen profitierten davon 1479 auch Deutschland und die Schweiz.[114] Indem sie einen Teil der Ablassgelder ausdrücklich für den Türkenkrieg bestimmte, setzte die Papstkirche ein religionspolitisches Zeichen und erneuerte ihren Anspruch auf eine Führungsrolle im Kreuzzug gegen die Muslime.
Im Zusammenhang mit dem Jubiläumsablass von 1475 stand auch der aufsehenerregende Inquisitionsprozess gegen Johann Rucherat von Wesel (um 1420–1481), den ehemaligen Rektor der Universität Erfurt, der 1461 für zwei Jahre Professor der Heiligen Schrift in Basel wurde und danach als Domprediger in Worms wirkte. Seit Beginn der 1470er-Jahre kritisierte er kirchliche Lehren und Bräuche unter Berufung auf das Schriftprinzip.[115] 1475 entwarf er Thesen gegen den Ablass und entfaltete sie im darauffolgenden Jahr in einem Traktat,[116] woraufhin er seines Amtes enthoben wurde. Zwar konnte er durch die Protektion des Mainzer Erzbischofs Diether von Isenburg (1412–1482) eine Pfarrstelle als Dompfarrer in Mainz erhalten, doch schon bald kam es zu einem neuen Konflikt, als er den Hussiten einen Traktat zukommen ließ, in dem er die Verbindlichkeit kirchlicher Gebote in Zweifel zog. Der Erzbischof überantwortete ihn einem Inquisitionsgericht unter Leitung des Kölner Dominikanerpriors Gerhard von Elten (um 1420–1484). Im Februar 1479 leistete Rucherat öffentlich Widerruf und rettete so sein Leben. Seine Schriften wurden verbrannt. Er selbst wurde zu lebenslänglicher Haft im Kloster der Mainzer Augustiner-Eremiten verurteilt, wo er 1481 starb. Sein Andenken wurde vor allem von den Humanisten weiterhin hochgehalten. 1501/02 kam es im Frankfurter Theologenstreit zwischen dem Stadtpfarrer Konrad Hensel (1450–1509), einem Schüler Rucherats, und dem

110 Vgl. P. P. Albert, Matthias Döring. Ein deutscher Minorit des 15. Jahrhunderts, Stuttgart 1892, 109 f.
111 Vgl. Meuthen, Legationsreise (s. Kap. 1 A), 432.
112 Bullarum Diplomatum et Privilegiorum Sanctorum Romanorum Pontificium, Bd. V, Turin 1860, 200a–203a; vgl. Paulus, Geschichte des Ablasses, 162.
113 Cronaca di Viterbo di Giovanni di Juzzo dal 1475 al 1479, 411; vgl. Pastor, Bd. II, 514 ff.
114 Vgl. Paulus, Geschichte des Ablasses, 162 f.
115 Vgl. J. F. G. Goeters, Johann Rucherat von Wesel. Mittelalterlicher Ketzer oder Vorläufer der Reformation?, in: MEKGR16 (1967), 184–191, hier: 186 f.
116 Vgl. Benrath, Wegbereiter, 443 ff.

Dominikanerprior Wigand Wirt (um 1460–1519) zu einem Prozess, bei dem Jakob Wimpfeling und Sebastian Brant für Hensel Partei ergriffen. Das bildete ein Vorspiel zu Reuchlins Kampf gegen die „Dunkelmänner".[117]

Während Rucherat mit seiner Kritik am Ablass noch die traditionelle Lehre und Praxis der Kirche vor Augen hatte, wandelte sich diese zur gleichen Zeit grundlegend. Die theologische Neuerung, die weitreichende Folgen haben sollte, bestand darin, dass Papst Sixtus IV. 1476 in einer Bulle für die Domkirche von Saintes die bis dahin bereits existierende, aber sehr umstrittene Vorstellung, dass der Ablass auch Verstorbenen zugutekommen konnte, als kirchliche Lehre approbierte und damit einen Umbruch im Ablasswesen einleitete.[118] Insbesondere der Domdekan von Saintes, Raimundus Peraudi (1435–1505), den der Papst zum Ablasskommissär ernannt hatte, leistete mit seinen theologischen Darlegungen zur päpstlichen Bulle einem Ablassverständnis Vorschub, wonach es in der Macht des Papstes stehe, aus dem Kirchenschatz die Fegefeuerstrafen der Verstorbenen zu verringern oder ganz zu erlassen. Trotz der theologischen Kritik und der Ermahnung der Pariser Universität, solches dürfe nicht dem Volk gepredigt werden, setzte sich diese Auffassung in der Verkündigung der Kirche und in der Frömmigkeitspraxis durch.[119]

Die praktischen Konsequenzen der Ablassbulle von 1476 lassen sich an den Ablasskampagnen der Jahre 1486–1490 ablesen. Eine Reihe städtischer Chroniken gibt Aufschluss über die Verbreitung der Ablassverkündigung, deren treibende Kraft Raimundus Peraudi war.[120] Einerseits wurde das Verfahren immer mehr vereinheitlicht und andererseits fanden diese Veranstaltungen großen Zulauf. So berichtet die Chronik der Stadt Dortmund von der Feier des Jubeljahres in der Zeit vom 16. Oktober bis zum 24. Dezember 1502: „Und ist domals darselvest binnen Dortmunde so vil uetlendis Volk komen aflaet to halen, dat uf etliche dage, als sunderlings am dage Praesentationis und Conceptionis Mariae und Thome apostoli so vil volks in Sanct Reinolts kerken sich drank, dat it sich kume umbkeren kondern; saten so villen tiden 20 preister togelijche bijcht."[121] Nach Peraudis Tod folgten in den Jahren 1503–1506 und 1507–1510 weitere Ablasskampagnen in den deutschen Kirchenprovinzen, bevor die „maßlose Vermehrung"[122] der Ablässe unter Papst Leo X. die Kritik Luthers hervorrief. Obwohl sich nicht genau ermitteln lässt, wie hoch die Einnahmen aus dem Ablasshandel waren und welchen Stellenwert sie für die Finanzen der Päpste sowie der weltlichen und geistlichen Obrigkeiten hatten, die ebenfalls daran partizipierten, kann doch keine Rede davon sein, dass die Deutschen hier ausgebeutet worden wären, wie es zeitgenössische Kritiker und die nationalprotestantische Geschichtsschreibung des 19. Jahrhunderts behauptet haben.[123] Gleichwohl hatte der Ablass enorme Bedeutung für Kirche und Frömmigkeit (s. Kap. 4 D), was sich daran

117 Vgl. ders., Johann Rucherat von Wesel, in: TRE 17, 1988, 150–153, hier: 152.

118 Vgl. N. Paulus, Der Ablaß für die Verstorbenen am Ausgang des Mittelalters, in: ZKTh 24 (1900), 249–266, hier: 250 f., Anm. 3.

119 Vgl. ders., Geschichte des Ablasses, 326.

120 VE 15, Bd. 3, 260–357; vgl. Moeller, Die letzten Ablaßkampagnen, 63 f.

121 Chroniken der deutschen Städte XX, 372,24–28.

122 Paulus, Johann Tetzel der Ablaßprediger, Mainz 1899, 116.

123 Vgl. Boockmann, Das 15. Jahrhundert und die Reformation (s. Einführung), 23 f.; Schimmelpfennig, Das Papsttum, 287 ff.

ablesen lässt, dass auch in den Kreisen der Devotio moderna, die sich um eine ‚neue Frömmigkeit' bemühte, die Frage, wie ein Ablass zu gewinnen sei, großes Interesse fand.[124]

Die Ausdehnung des Ablasses auf die Verstorbenen wirkte sich insbesondere im ‚Heiligen Jahr' 1500 aus, als Papst Alexander VI. in seiner Bulle vom 20. Dezember 1499 gestattete, den Jubiläumsablass für die Verstorbenen im Fegefeuer zu erlangen.[125] Die Vorbereitungen für dieses Jubiläum hatten bereits im Frühjahr 1498 begonnen, als der Papst, wie zuvor Sixtus IV., die Aufhebung aller anderen Ablässe im Jubiläumsjahr anordnete, was mancherorts – vor allem im Reich – Unzufriedenheit hervorrief.[126] Die feierliche Eröffnung des ‚Heiligen Jahres' vollzog sich nach der üblichen Zeremonie.[127] Der Andrang der Pilger war wieder groß, selbst Franzosen, die angesichts des Kriegszuges ihres Königs Karl VIII. befürchten mussten, in Italien nicht willkommen zu sein, kamen in stattlicher Zahl. Aus dem Reich berichtete Johannes Trithemius (1462–1516), einer der bedeutenden Vertreter des Klosterhumanismus (s. Kap. 4 A), dass viele Ordensangehörige ohne Erlaubnis über die Alpen zogen. Zu den berühmtesten Rompilgern dieses Jubiläumsjahres zählten der französische Humanist Jacques Lefèvre d'Etaples und Nikolaus Kopernikus (1473–1543), der ein ganzes Jahr dort verweilte. Wie schon bei den beiden vorangegangenen Jubiläumsjahren erfolgte am Ende des Jahres 1500 eine Ausdehnung des Jubiläums, so dass Christen im anschließenden Jahr den Jubiläumsablass erlangen konnten, ohne die Romreise auf sich nehmen zu müssen. Papst Alexander VI. bewilligte noch vor seinem Tod dem Deutschen Orden einen doppelten Jubelablass, der 1503/06 und 1507/10 gepredigt wurde.

Die räumliche und zeitliche Ausdehnung der Jubiläumsjahre verstärkte zusammen mit dem eigenmächtigen Zugriff Cesare Borgias auf die italienischen Ablassgelder die Vorbehalte gegenüber dieser Praxis. Gleichwohl stimmten die religiösen Bedürfnisse der Gläubigen und die Interessen der Päpste doch so weit überein, dass mit der Inszenierung der ‚Heiligen Jahre' und den damit verbundenen Ablässen die kirchen- und kulturgeschichtliche Bedeutung Roms weiter aufgewertet werden konnte.

124 Thomas von Kempen, Chronica Montis Sanctae Agnetis (Opera omnia VII, 520 ff.).

125 Vgl. Paulus, Geschichte des Ablasses, 336 f.

126 Vgl. a. a. O., 401; Pastor, Bd. III/1, 606 f.

127 Vgl. Pastor, Bd. III/1, 609 ff.

# Kapitel 4
# Frömmigkeit, Theologie und Glaubensvermittlung

In einer Zeit, in der tiefgreifende politische, gesellschaftliche und kulturelle Veränderungen die Menschen verunsicherten und in der fast in jedem Jahr Pestepidemien ausbrachen, bemühten sich Kirche und Theologie darum, Orientierung und Halt zu vermitteln. Die Kirche reagierte damit zugleich auf eine zunehmende Verselbständigung der Laien,[1] welche die Dominanz des Klerus in Frage stellte. Im 15. Jahrhundert nahm aber auch die Bedeutung der Theologen insbesondere auf den Reformkonzilien zu, da ihre Fachkompetenz gegenüber den Kirchenjuristen wichtiger genommen wurde. Der ‚Wegestreit', d. h. die primär erkenntnistheoretischen Schulgegensätze zwischen den Vertretern der *via antiqua* (‚Realisten', vor allem Thomisten und Scotisten) und der *via moderna* (Nominalisten, vor allem Ockhamisten), spielte an den Universitäten immer noch eine große Rolle, während er kirchenpolitisch, wie etwa auf dem Basler Konzil, und für die Frömmigkeit nicht ausschlaggebend war.[2] Das Bemühen um eine grundlegende Erneuerung der Frömmigkeit, wie sie insbesondere in den Ordensreformen zur Geltung kam, schlug sich auch in einer seelsorgerlichen Ausrichtung der Theologie nieder.

## A. DIE ERNEUERUNG DER FRÖMMIGKEIT

### 1. Devotio moderna

Die ‚neue Frömmigkeit', die gegen Ende des 14. Jahrhunderts in den Niederlanden maßgeblich von Geert Groote (1340–1384) initiiert und zunächst vor allem von Handwerkern und Kleinbürgern aufgegriffen wurde, breitete sich im 15. Jahrhundert nach Nordwestdeutschland und Nordfrankreich aus.[3] Die Gemeinschaft der ‚Brüder (und Schwestern) vom gemeinsamen Leben', die auf lebenslängliche Gelübde und kirchenrechtliche Reglementierung verzichtete, gründete Brüder- und Schwes-

1 Vgl. G. Zimmermann, Spätmittelalterliche Frömmigkeit in Deutschland. Eine sozialgeschichtliche Nachbetrachtung, in: ZHF 13 (1986), 65–81, hier: 75.

2 Vgl. C. A. Zuckerman, The Relationship of Theories of Universals to Theories of Church Government in the Middle Ages. A Critique of Previous Views, in: JHI 36 (1975), 579–594; W. J. Courtenay, Nominalism and Late Medieval Religion, in: C. Trinkaus/H. A. Oberman (Hg.), The Pursuit of Holiness in Late Medieval and Renaissance Religion, Leiden 1974 (SMRT 10), 26–59.

3 Vgl. Post, 343 ff.; Rehm, 99 ff.; T. Kock, ‚Per totum Alamanicum orbem'. Reformbeziehungen und Ausbreitung der niederländischen ‚Devotio moderna', in: Derwich/Staub, 31–56.

ternhäuser als geistliche Zentren.[4] Deren Verbreitung vollzog sich unterschiedlich schnell, da auf Grund der größeren sozialen Mobilität der Fraterherren die Neugründung von Bruderhäusern auch über große Entfernungen erfolgte, während Schwesternhäuser erst dann entstehen konnten, wenn die Devotio moderna in einem Gebiet Fuß gefasst hatte und Frauen von den Idealen dieser Gemeinschaft angezogen wurden.[5] Die Devoten rekrutierten sich zunehmend aus allen gesellschaftlichen Schichten, während die Schwesternkonvente sich vorwiegend aus Angehörigen des Bürgertums zusammensetzten.[6] An der Gründung der devoten Konvente war in den kleineren Städten vor allem der Adel, in den größeren Städten hingegen das wohlhabende Bürgertum beteiligt.[7] Die Bruder- und Schwesternhäuser wiesen eine klosterähnliche Ämterstruktur auf, die Leitung der Bruderhäuser lag in der Hand von Rektoren, die in ihren Entscheidungen autonom waren, ein Schwesternhaus wurde von der Oberin gemeinsam mit einem Rektor geleitet, der oft der Beichtvater der Schwestern war.[8]

Dank ihrem Lebensstil und ihrer Moralität erfuhren die Konvente der Devoten in der Bevölkerung eine große Wertschätzung.[9] Hier wurden Exerzitien abgehalten, gemeinsame Gebete und Meditationen praktiziert, die Heilige Schrift studiert und Enthaltsamkeit geübt. Eine besondere Rolle in der Spiritualität der Devoten spielten die täglichen Betrachtungen der Worte und Taten Christi, die nach einem festen Wochenplan erfolgten.[10] Bei allem Streben nach geistlicher Vervollkommnung wurde zugleich Wert darauf gelegt, den Unterhalt mit eigener Hände Arbeit zu bestreiten. Dabei betätigten sich die Schwestern vor allem in der Textilherstellung, und in den Brüderhäusern stand die hochspezialisierte Handschriftenproduktion an erster Stelle.[11] Das Abschreiben von Handschriften für die eigene Bibliothek der Gemeinschaft oder für den Verkauf auf dem Buchmarkt galt den Devoten als die angemessenste Form der körperlichen Betätigung, die in materieller Hinsicht die Eigenständigkeit dieser Gemeinschaft sichern und zugleich der Selbstvervollkommnung dienen sollte.[12] Bei ihrer Lektüre und dem Abschreiben der Heiligen Schrift und patristischer Werke sammelten die Devoten Zitate, die sie in ihre persönlichen Zitatsammlungen (*rapiaria*) eintrugen. Dabei ging es nicht darum, das Memorieren und Rezitieren einzuüben, wie es in der kirchlichen Liturgie und der traditionellen Frömmigkeitspraxis gepflegt wurde, sondern darum, zu einem wirklichen Verstehen der Texte anzuleiten.

---

4 Vgl. K. Elm, Die Bruderschaft vom gemeinsamen Leben. Eine geistliche Lebensform zwischen Kloster und Welt, Mittelalter und Neuzeit, in: Ons Geestelijk Erf 59 (1985), 470–496; Rehm, 113 ff.

5 Vgl. Höing, 154 ff.; Rehm, 100.

6 Vgl. Post, 259; Kohl, Die Schwesternhäuser, 43 ff.

7 Vgl. Rehm, 107.

8 Vgl. a. a. O., 190 ff.

9 Vgl. A. G. Weiler, Soziale und sozial-psychologische Aspekte der Devotio moderna, in: Schreiner, Laienfrömmigkeit, 191–201.

10 Vgl. R. Th. M. Van Dijk, Die Wochenpläne in einer unbekannten Handschrift von ‚de spiritualibus ascensionibus' des Gerhard Zerbolt von Zutphen, in: Helmrath/Müller, Studien, Bd. 1, 445–455.

11 Vgl. Rehm, 230 ff.; Klug, 166 ff.; Post, 349; Kock, Buchkultur, 9 ff.

12 Vgl. Kock, Buchkultur, 306 ff.; Klausmann, 306 f.

Die Schriftlichkeit wurde zum „wichtigsten praktischen Reforminstrument“,[13] hinter dem die äußere, körperliche Übung der Frömmigkeit zurücktrat, um schließlich ganz verdrängt zu werden. Die Devotio moderna war eine „Buchgemeinschaft“,[14] die mit der ihr eigenen Intensität des Lesens und Schreibens nicht nur die individuelle Persönlichkeit formte, sondern ihre Reformideen verbreitete. Darin kam das Spezifikum dieser Frömmigkeitsbewegung zur Geltung, die sich von der Welt unterscheiden, zugleich aber in ihr wirken wollte. Die Außenkontakte der Gemeinschaft waren genau geregelt und wurden penibel kontrolliert. Die Zusammenarbeit mit der Ortsgeistlichkeit beschränkte sich auf das Notwendige, solange die Fraterhäuser noch keine völlige Eigenständigkeit erreicht hatten, die erst gegeben war, wenn sie eine eigene Kirche und das Beerdigungsrecht besaßen.[15] Die Einstellung zum Priesteramt war generell ambivalent: Einerseits hielten die Devoten an der sakramentalen Heilsvermittlung der Kirche fest, andererseits kritisierten sie die Missstände und die prinzipielle Gefährdung des Klerikerstandes, dem übertragenen Amt nicht gerecht zu werden.[16] Stolz und Überheblichkeit drohten ihrer Meinung nach auch bei einer rein intellektuellen Beschäftigung mit Bibel und geistlicher Literatur, wenn nicht die innere Erbauung und der Dienst an der Gemeinschaft das eigentliche Ziel solcher Lektüre darstellten.[17] Im Unterschied zu den Humanisten ging es den Devoten nicht darum, das individuelle geistige Vermögen durch vielseitige Studien zur Entfaltung zu bringen, sondern sie wollten auf spirituelle Weise anbahnen, dass die Herzen der Menschen durch den Geist Gottes bestimmt werden. Das religiöse Leitmotiv der Devotio moderna war die ‚Nachahmung Christi‘. So lautete auch der Titel der viel gelesenen Schrift, die einer ihrer einflussreichsten Repräsentanten, Thomas von Kempen (um 1380–1471), verfasst oder zumindest zusammengestellt hat. Aus der Betrachtung des Kreuzesleidens Christi sollte der Wille erwachsen, das eigene Leid zu ertragen und in Demut ein tugendhaftes und gehorsames Leben zu führen.[18]

In ihrem Bemühen, die Gegensätze zwischen den theologischen Schulen und religiösen Orden zu überwinden, um „jene Einheit von Wissenschaft und Weisheit zu erzielen, welche der Frömmigkeit, d. h. der Wiederbelebung der frühchristlichen Liebe, dient“,[19] stimmte die Devotio moderna mit dem Reformanliegen dieser Zeit und den grundlegenden Intentionen des Humanismus überein. Die seelsorgerliche Betreuung und geistliche Förderung Jugendlicher hatte für die Devoten immer einen hohen Stellenwert. Mehr und mehr betonten sie den Bildungsauftrag der Kirche und organisierten die schulische Ausbildung der Jugend.[20] Sie machten sich um die

13 N. Staubach, Pragmatische Schriftlichkeit im Bereich der Devotio moderna, in: FMSt 25 (1991), 418–461, hier: 428.

14 Kock, Buchkultur, 306.

15 Vgl. Klausmann, 322.

16 Vgl. J. Van Engen, Late Medieval Anticlericalism: The Case of the New Devout, in: Dykema/Oberman, Anticlericalism, 19–52.

17 Ders., Sayings, 298 f.

18 Thomas von Kempen, De imitatione Christi III, 56 (ed. F. Eichler, 121 ff.); vgl. B. S. Gregory, Late Medieval Religiosity and the Renaissance of Christian Martyrdom in the Reformation Era, in: Bast/Gow, 379–399, hier: 386 f.; Ruh, 187 ff.

19 Oberman, Spätscholastik und Reformation, Bd. 2, 57.

20 Vgl. a. a. O., 58 ff.; Epiney-Burgard, 187 ff.; A. Jostes, Gelehrte und Gelehrsamkeit in der

Laienbildung verdient, indem sie sich für die Übersetzung und Kommentierung der Bibel einsetzten, deren Notwendigkeit vor allem Gerard Zerbolt van Zutphen (1367–1398) hervorhob.

Zur Regelung des gemeinsamen Lebens in den Fraterhäusern wurden ‚Bräuche' (*consuetudines*) zusammengestellt und damit eine Textform aufgegriffen, die aus Benediktinerklöstern bekannt war.[21] Das Einprägen von Verhaltensformen bis hin zu Körperhaltungen, die dem Demutsideal Ausdruck verliehen, stellte eine Form symbolischer Kommunikation dar, die zur Stabilisierung der Hausgemeinschaft beitrug.[22] Der Glaubensunterweisung und ethischen Normierung dienten auch Traktate und Exerzitien sowie Schwesternbücher und Sammlungen von ‚Vätersprüchen' angesehener Vertreter der Devotio moderna.[23] Das entsprach dem pastoralen Anliegen, zentrale Anschauungen der Frömmigkeit in der Sprache des Volkes zu tradieren und das Prinzip der ‚imitatio' zu konkretisieren, indem man sich an der Lebensführung und den Lebenslehren vorbildhafter Persönlichkeiten orientierte. Die Devotio moderna konzentrierte sich auf eine die persönliche Existenz bestimmende religiöse Erfahrung, wirkte damit weit in eine zumeist städtische Laienschaft hinein und übte zugleich großen Einfluss auf die Theologie des 15. Jahrhunderts aus. Zudem verstärkte der Zulauf, den diese Frömmigkeitsbewegung fand, die allgemeinen Reformbemühungen in den Kreisen der Amtskirche und der Orden.

Wenngleich grundsätzliche Zweifel am Existenzrecht der Devotio moderna, die der Dominikaner Matthäus von Grabow (gest. 1421) auf dem Konstanzer Konzil geäußert hatte, von dem damaligen Rektor des Kölner Fraterhauses, Heinrich von Ahaus (um 1370–1439), und von Gerson sowie d'Ailly zurückgewiesen werden konnten, war der Status der Devoten bis zur Mitte des 15. Jahrhunderts doch immer noch fragil, sie standen vor der Herausforderung, ihre Lebensform verteidigen und durch das Erreichen von Privilegien absichern zu müssen.[24] Dabei hatten sie sich nicht nur mit dem Pfarrklerus und den Bettelmönchen auseinanderzusetzen, denen mehr noch als ihre Konkurrenz im Blick auf mögliche Stiftungen ihre kirchenrechtliche Stellung ein Dorn im Auge war, sondern auch das Verhältnis zur Stadt konnte Konflikte bergen, wenn Besitzrechte strittig waren oder wenn Zünfte die wirtschaftliche Tätigkeit insbesondere der Schwestern einzuschränken suchten.[25] Die Städte und Landesherren legten Höchstzahlen für die jeweilige Größe der Konvente fest, um so die wirtschaftliche Konkurrenz zu begrenzen.

Die einzelnen Häuser der Brüder und Schwestern waren zunächst weitgehend unabhängig voneinander, dann gründeten die Rektoren der norddeutschen Konvente

Windesheimer Kongregation, in: R. Suntrup u. a. (Hg.), Erziehung, Bildung, Bildungsinstitutionen/Education, Training and their Institutions, Frankfurt a. M. u. a. 2006 (Medieval to Early Modern Culture/Kultureller Wandel vom Mittelalter zur Frühen Neuzeit 6), 285–338, hier: 305 ff.

21 Vgl. Stupperich, Das Fraterhaus zu Herford, 19 ff.

22 Vgl. Klausmann, 314 ff.

23 Vgl. A. Bollmann, „Apostolinne van Gode gegeven". Die Schwestern vom gemeinsamen Leben als geistliche Reformerinnen in der Devotio moderna, in: Litz u. a., Frömmigkeit, 131–144; Van Engen, Sayings, 279 ff.

24 Vgl. Klausmann, 111 ff.; Post, 358 ff.; Van Engen, Sayings, 294.

25 Vgl. Rehm 225 ff.; Klug, 189 ff.

1431 das Münstersche Kolloquium, um fortan für die äußere und innere Ordnung der Häuser zu sorgen und als *fraternitas caritativa* die Gemeinschaft der Devoten zu stärken.[26] Die Tendenz zur Regulierung der Devotio moderna erklärt sich aus den Befürchtungen, als freie religiöse Gemeinschaft so wie Beginen oder Lollarden dem Verdacht der Häresie ausgesetzt zu sein. Vor allem aus den Reihen des Hildesheimer Brüderhauses gab es kritische Stimmen, die sich solchen Bestrebungen zur Vereinheitlichung und Geschlossenheit widersetzten, was schließlich in der zweiten Hälfte des 15. Jahrhunderts zur Spaltung der deutschen Brüderbewegung führte.[27]

Schutz gegen Anfeindungen von außen bot den Devoten die Verbindung mit der Windesheimer Kongregation, die schon Ende des 14. Jahrhunderts als eine eigene Ordensgemeinschaft aus der Devotio moderna hervorgegangen war und nun im 15. Jahrhundert ihre größte Ausdehnung insbesondere im niederländisch-niederdeutschen Raum erlebte.[28] Vom Basler Konzil wurde die Kongregation unter dem Hildesheimer Augustinerpropst Johannes Busch (1399/1400–1479/80) damit beauftragt, die deutschen Konvente der Augustiner-Chorherren zu reformieren.[29] Bis zum Ende des 15. Jahrhunderts schlossen sich fast 100 Konvente dieser Reform an. Zwischen 1456 und 1465 nahm auch eine Vielzahl von Brüder- und Schwesternhäusern die Augustinerregel an. Das entsprach insbesondere den Interessen der Amtskirche und der weltlichen Obrigkeit, war aber unter den Devoten nicht unumstritten.[30] Die Windesheimer Kongregation behielt trotz der Übernahme der Augustinerregel ihren eigenen Charakter und nahm damit innerhalb der spätmittelalterlichen Orden einen besonderen Platz ein. Ihre Verbindung mit laikaler Frömmigkeit rief das Misstrauen des Klerus und der konkurrierenden Orden hervor, zumal viele Laien sich fest an sie banden und der Windesheimer Kongregation ihren Besitz vermachten.[31] In den Städten gehörten eher die Neubürger als die alteingesessenen Familien zu den Anhängern und Förderern der Devotio moderna.[32] Auch von Seiten der weltlichen Obrigkeit wurden die neu gegründeten Konvente unterstützt.[33] Religiöse und politische Interessen gingen hier miteinander Hand in Hand, denn das Bemühen um eine Intensivierung der Frömmigkeit stimmte mit der zunehmenden Tendenz, Macht zu zentralisieren, umso besser überein, je stärker jene Organe kontrolliert werden konnten, die für die Vermittlung von Normen zuständig waren. Dieser Zusammen-

26 Vgl. Rehm, 123 ff.

27 Vgl. a. a. O., 126.

28 Vgl. Post, 293 ff.502 ff.; Kohl, Die Windesheimer Kongregation, in: Elm, Reformbemühungen, 83 ff.

29 Vgl. B. Lesser, Johannes Busch: Chronist der Devotio moderna. Werkstruktur, Überlieferung, Rezeption, Frankfurt a. M. u. a. 2005 (Tradition – Reform – Innovation 10), 10 ff.

30 Vgl. Rehm, 167 ff.

31 Vgl. H. Rüthing, Frömmigkeit, Arbeit, Gehorsam. Zum religiösen Leben von Laienbrüdern in der Windesheimer Kongregation, in: Schreiner, Laienfrömmigkeit, 203–226, hier: 203.

32 Vgl. M. Groten, Devotio moderna in Köln, in: Helmrath/Müller, Studien, Bd. 2, 971–987.

33 Vgl. W. Kohl, Die Windesheimer Kongregation, in: Elm, Reformbemühungen, 83–106, hier: 94 f.

hang religiöser und politischer Interessen – wie auch das spannungsgeladene Verhältnis von Devotio moderna und Ordensreformen – wird am Beispiel Württembergs besonders deutlich: Graf Eberhard V. förderte die Ausbreitung der Windesheimer Kongregation nach Württemberg und verknüpfte damit die Gründung der Tübinger Universität, die der Verwaltung des Landes und der Reform der Kirche zugutekommen sollte.[34]

Die räumliche Ausbreitung der Windesheimer Kongregation und die steigenden Mitgliederzahlen ihrer Konvente sind Belege für die Anziehungskraft dieser Bewegung und für ihre frömmigkeitsgeschichtliche Bedeutung. Zu den prägenden Persönlichkeiten gehörten Thomas von Kempen, der mit seinem Werk *De imitatione Christi* der Frömmigkeit und der Theologie weit über die Devotio moderna hinaus Impulse verlieh,[35] und Johannes Busch, der sich auf seinen häufigen Visitationsreisen um die Disziplin der Kongregation bemühte. Für die Reform der französischen Konvente setzte sich Johannes Mauburnus (um 1460–1501) ein, zu dessen geistlichen Schriften der 1494 erstmals erschienene Traktat *Rosetum exercitiorum spiritualium* gehört, eine weitverbreitete Anleitung zum kontemplativen Leben.[36] Auf Dauer verlor die Windesheimer Kongregation aber doch an Kraft, weil bestimmte Aspekte klösterlicher Frömmigkeit, wie die Klausur und der schrittweise Erwerb immer größerer Verdienste, mit den ursprünglichen Idealen der Devotio moderna nicht zu vereinbaren waren. So passten sich die Klöster der Windesheimer Kongregation immer mehr den anderen Orden an.[37] Besonders eindrücklich zeigt sich diese Tendenz zur Klerikalisierung und Monachisierung der Windesheimer Kongregation bei Gabriel Biel (gest. 1495), dem bedeutendsten Theologen seiner Zeit und Organisator der südwestdeutschen Brüderhäuser. In einer programmatischen Schrift, in der er die Ideale der Devoten darlegte und verteidigte, ging es Biel darum, die offizielle Approbation (Zulassung) der Windesheimer aufzuzeigen und den laikalen Charakter dieser Frömmigkeitsbewegung auf ihre Anfänge zu beschränken.[38] Dessen ungeachtet blieb die Devotio moderna in der Laienschaft verankert, und die Brüder und

34 Vgl. B. Neidiger, Das Dominikanerkloster Stuttgart, die Kanoniker vom gemeinsamen Leben in Urach und die Gründung der Universität Tübingen. Konkurrierende Reformansätze in der württembergischen Kirchenpolitik am Ausgang des Mittelalters, Stuttgart 1993 (Veröffentlichungen des Archivs der Stadt Stuttgart 58); W. Teufel, Universitas Studii Tuwingensis. Die Tübinger Universitätsverfassung in vorreformatorischer Zeit (1497–1534), Tübingen 1977, 53 ff.; Oberman, Spätscholastik und Reformation, Bd. 2, 63 ff.

35 Thomas von Kempen, De imitatione Christi, hg. u. übers. v. F. Eichler, München 1966; vgl. Post, 521 ff.

36 Johannes Mauburnus, Rosetum exercitiorum spiritualium et sacrarum meditationum, Paris 1510; vgl. É. Brouette, Art. Devotio moderna (I), in: TRE 8, 1981, 605–609, hier: 607.

37 Vgl. W. Kohl, Die Windesheimer Kongregation, in: Elm, Reformbemühungen, 83–106, hier: 98 f.; Rehm, 34 ff. – Die Autobiografie des Rutger Sycamber (1456–1517[?]) vermittelt einen Einblick in die Windesheimer Klosterkultur um die Wende vom 15. zum 16. Jahrhundert (vgl. A. Beriger, Windesheimer Klosterkultur um 1500. Vita, Werk und Lebenswelt des Rutger Sycamber, Tübingen 2004 [Frühe Neuzeit 96], 127 ff.).

38 Gabriel Biel, Tractatus de communi vita clericorum, 79 ff.; vgl. Oberman, Spätscholastik und Reformation, Bd. 2, 66 ff.

Schwestern des gemeinsamen Lebens hatten an der Intensität und Vielfalt des religiösen Lebens um 1500 erheblichen Anteil, bis ihre Bewegung durch die Reformation erschüttert wurde.[39]

## 2. Die Ordensreformen

Im 15. Jahrhundert wurden die Reformbemühungen im Ordenswesen, die in der Mitte des vorangegangenen Jahrhunderts eingesetzt hatten, fortgeführt und im Kontext der umfassenden Reformanstrengungen intensiviert.[40] Das Bestreben der Ordensreformer zielte vor allem auf die ‚Observanz', d. h. die strenge Einhaltung der jeweiligen Ordensregel. Das Gesamtbild dieser Ordensreformen ist alles andere als einheitlich, vielmehr je nach Orden und Region äußerst vielfältig, wenn nicht sogar unüberschaubar.[41] Der Zusammenhang mit den Reformkonzilien zeigte sich schon 1417 während des Konzils von Konstanz, als im benachbarten Petershausen ein Provinzkapitel der Benediktiner stattfand, an dem auch die auf dem Konzil anwesenden Ordensangehörigen teilnahmen und das für die Reform dieses Ordens wesentliche Impulse gab.[42] Es entstanden Reformkongregationen, deren Zentren in der ersten Hälfte des 15. Jahrhunderts das oberpfälzische Kastl und in der zweiten Hälfte das österreichische Kloster Melk waren.[43] Im Nordwesten des Reiches bildete Bursfelde das dritte wichtige Reformzentrum dieser Zeit. Auf einen Zusammenschluss konnten sich die drei Reformzentren innerhalb des Benediktinerordens allerdings nicht einigen. In Frankreich gingen die Reformbemühungen von Cluny und Chezal-Benoît aus, während südlich der Alpen die paduanische Abtei S. Giustina eine führende Rolle übernahm. Allen gemeinsam war die Überzeugung, dass eine Ordensreform nur in einem straff organisierten Verband funktionieren könne und deshalb die traditionelle Eigenständigkeit jedes einzelnen Konvents aufgegeben werden müsse.[44] Dieses Drängen auf Vereinheitlichung lief parallel zu den anderen Normierungsbestrebungen in Kirche und Gesellschaft.

In den Kanonikerorden, den Ritter- und Hospitalorden sowie den Bettelorden zeigte sich die gleiche Tendenz wie bei den Benediktinern.[45] Allein im Kartäuserorden gab es keine Observanz- und Reformbewegung, weil dort die Regel strikter eingehalten wurde. Deshalb wurden die Kartäuser für die anderen Gemeinschaften sowohl in organisatorischer Hinsicht als auch durch die Rezeption ihrer geistlichen Literatur zu einem Vorbild und einer Art ‚Leitorden'.[46] Zugleich häuften sich die Übertritte

39 Vgl. U. Hinz, Die Brüder vom gemeinsamen Leben im Jahrhundert der Reformation. Das Münstersche Kolloquium, Tübingen 1997 (SuR NR 9), 25 ff.

40 Vgl. Elm, Reformen, 63 ff.; ders., Reform- und Observanzbestrebungen, 3 ff.; Mertens, Reformbewegungen, 157 ff.

41 Vgl. Elm, Verfall und Erneuerung, 213.

42 Vgl. Boockmann/Dormeier, 49 f.

43 Vgl. U. Faust, Die Reformverbände und Kongregationen der Benediktiner im deutschen Sprachraum, St. Ottilien 1999 (Germania Benedictina 1), 225 ff.

44 Vgl. Elm, Reformen, 75 f.

45 Vgl. Elm (Hg.), Reformbemühungen, 23 ff.

46 Vgl. H. Rüthing, Die Kartäuser und die spätmittelalterlichen Ordensreformen, in: Elm, Reformbemühungen, 35–58.

in den Kartäuserorden, so dass die anderen Orden sich gezwungen sahen, dem entgegenzuwirken, indem sie für einen solchen Schritt die Erlaubnis der Ordensleitung verpflichtend machten. In den Bettelorden wiederum war umstritten, ob die Observanz als Rückkehr zum ursprünglichen Ideal eines eremitischen Lebens aufgefasst werden sollte oder als Erneuerung der spezifischen Ordensideale von Armut und Bettel wie auch von Studium und Predigt, denn bei allem Bemühen um eine verinnerlichte Frömmigkeit durfte die Hinwendung zur Welt, die ja ein wesentliches Motiv bei der Gründung der Bettelorden gewesen war, nicht aus dem Blick geraten. Johannes Nider, einer der führenden Reformtheologen der Dominikaner, entfaltete das Programm der Ordensreformen im Anschluss an Röm 12,2: „Passt euch dieser Welt nicht an, sondern wandelt euch durch Erneuerung eures Denkens."[47] Weder durch Absonderung von der Welt noch durch Anpassung an sie, sondern durch eine innere Erneuerung sollte die Reform des Dominikanerordens verwirklicht werden. Nachdem er mit dem Ende der Kirchenspaltung wieder zu einer Einheit geworden war, wurden seine Reformbemühungen intensiviert, wobei deren Erfolg von der Unterstützung durch die weltliche Obrigkeit abhing. In der Folgezeit wurden immer mehr Konvente reformiert, aber erst 1475 konnten die Observanten in der deutschen Ordensprovinz den entscheidenden Durchbruch erzielen, als sie bei der Wahl des neuen Provinzials ihren Kandidaten durchsetzen konnten. Bei den Franziskanern umfasste die Observanz so viele Konvente, dass sie mit der päpstlichen Bulle *Ut sacra Ordinis Minorum religio* im Jahre 1446 zu einem eigenständigen Orden wurde.[48] Die Spaltung zwischen Observanten und Konventualen war nicht mehr zu überbrücken, und so war ihre endgültige Trennung im Jahre 1517 nur eine Frage der Zeit. Auch im Orden der Augustiner-Eremiten kam es zu erbitterten Auseinandersetzungen, als der Generalvikar Andreas Proles (1429–1503) die Reform rigoros umzusetzen versuchte. Sein Nachfolger Johann von Staupitz (um 1468–1524) bemühte sich um Schlichtung, doch dessen Plan, die Einheit im Orden wiederherzustellen, scheiterte am Widerstand reformierter Konvente, weil sie die Observanz gefährdet sahen.[49]
Das Ziel der Reformen und Observanzbestrebungen war in erster Linie die „Rückwendung zu den ursprünglichen Idealen des Mönchtums, zu verstärkter Askese, zu Armut und strenger Klausur, zu gemeinsamem Leben und Gebet".[50] Dem korrelierte die Kritik an Verfallserscheinungen im Ordenswesen, wobei es zwar dem Selbstverständnis der Observanten, nicht aber unbedingt den historischen Gegebenheiten entsprach, dass den ‚Konventualen', die an bestehenden Strukturen und Traditionen festhielten, vorgeworfen wurde, sie verhinderten damit ‚die' Reform der Religiosen überhaupt, während sie selbst durchaus stabile Klostergemeinschaften aufweisen konnten, die sich an die jeweilige Ordensregel hielten.[51] Inwieweit die damit verbun-

47 Johannes Nider, Tractatus de reformatione religiosorum I, Paris 1512, fol. 3v; vgl. Weinbrenner, 145 ff.

48 Bullarium Franciscanum N.S. 1, ed. U. Hüntemann, Quaracchi 1929, 497–500; vgl. die Beiträge von R. Manselli, D. B. Nimmo und P. L. Nyhus in: Elm, Reformbemühungen, 173 ff.

49 Vgl. L. Graf zu Dohna, Von der Ordensreform zur Reformation: Johann von Staupitz, in: Elm, Reformbemühungen, 571–584; Hamm, Johann von Staupitz, 10 ff.

50 Elm, Reform- und Observanzbestrebungen, 16.

51 Vgl. Mertens, Reformbewegungen, 175 ff.

dene Flexibilität den religiösen Bedürfnissen der Bevölkerung entgegenkam, lässt sich nur schwer ermitteln, zumal die Observanten in der öffentlichen Meinungsbildung den Ton angaben. Ihre Reformvorstellungen, die auf straffe Organisation und weitgehende Gleichförmigkeit der jeweiligen Orden hinausliefen, waren ganz im Sinne jener Bestrebungen nach einer ‚Zentrierung', wie sie gerade auch von Territorialherren und städtischen Magistraten verfochten wurde.[52] Von ihrer Unterstützung hing der Erfolg der Ordensreformen ganz entscheidend ab, was auch die Päpste längst akzeptiert hatten, denn sie verliehen den einzelnen Landesherren Privilegien für die Durchführung der Klosterreform.[53] Das Engagement städtischer Magistrate für die Ordensreform wurde in Gestalt von Klosterpflegschaften institutionalisiert, mit denen der Rat die Aufsicht über die klösterlichen Angelegenheiten übernahm.[54] Mit den religiösen und politischen Motiven der weltlichen Obrigkeit waren auch wirtschaftliche Interessen verbunden, weil ein Ordenskonvent, der sich der Reform anschloss, eine größere Anziehungskraft ausübte, was sich für die weltliche Obrigkeit ebenfalls auszahlen konnte.[55] Den Reformbestrebungen der städtischen Obrigkeit kam entgegen, dass schon die zweite Generation der Observanten den Weg aus der Einsamkeit in die Städte zurückfand. Hier hielten sie auf Betreiben der Stadtherren gut organisierte Massenpredigten und betätigten sich in Wissenschaft und Bildung, nachdem sie sich zuvor vom Universitätsbetrieb distanziert hatten, weil die dort gepflegte Schultheologie ihren geistlichen Idealen nicht gerecht wurde.[56]
Der Anstoß zur Erneuerung ging in den Ordenskonventen oftmals von Ordensleuten reformierter Klöster im Umkreis von Universitäten aus.[57] Die wissenschaftliche Bildung schuf die geistige Grundlage und die gesellschaftlichen Voraussetzungen für diese Reformbemühungen, weil mit ihr das Adelsprivileg gebrochen wurde, das in vielen Klöstern dominierte und tiefgreifenden Veränderungen im Wege stand. Der Kampf gegen die Vorherrschaft des Adels in den Klöstern war ein wichtiges Ziel der spätmittelalterlichen Ordensreform und unterstrich deren „bürgerlichen Charakter".[58] Mit der Durchsetzung der Observanz sollten zugleich Autonomiebestrebungen der Ordensgemeinschaften korrigiert werden. Gegen diese Disziplinierungsmaßnahmen setzten sich diejenigen Mönche und Nonnen sowie deren Angehörige zur Wehr, die bestimmte Privilegien nicht aufgeben wollten. Dazu gehörte vor allem privates Vermögen, das eine Kluft zwischen den Ordensangehörigen hatte entstehen lassen und zur Auflösung des Gemeinschaftslebens wie des gemeinsamen Essens im Refektorium (Speisesaal) geführt hatte.[59] Eine Besonderheit der Reform der Frauenklöster war die Verschärfung der Klausurbestimmungen. Bei deren Umsetzung wurde auf die räumliche Gestaltung der Klöster und der Klosterzellen geachtet,

52 Vgl. Hamm, Von der spätmittelalterlichen *reformatio* zur Reformation (s. Einführung), 62; Seegets, 11 ff.
53 Vgl. Mertens, Reformbewegungen, 177 ff.
54 Vgl. Heitzenröder (s. Kap. 1 A), 191 ff.
55 Vgl. Becker, Ziele, 25.
56 Vgl. Elm, Reformen, 83 ff.; ders., Franziskanerobservanz, 207.
57 Vgl. Becker, Ziele, 25; Zschoch, Klosterreform, 23 ff.
58 Mertens, Reformbewegungen, 180; vgl. Elm, Verfall und Erneuerung, 230.
59 Vgl. Schlotheuber, 70 f.

um so die strikte Absonderung der weiblichen Klosterinsassen von der ‚Welt' zu gewährleisten.[60]
Auf dem Basler Konzil war die Ordensreform ebenfalls ein zentrales Thema. Reformwillige Vertreter der Orden nahmen in großer Zahl am Konzil teil, so dass es zur „Begegnungsstätte führender Reformer"[61] und zum „Brennpunkt"[62] vor allem der benediktinischen Observanzbewegung wurde. Die Verhandlungen über die Ordensreform wurden aber durch den grundlegenden Konflikt zwischen Konzil und Papst ebenso blockiert wie durch die generelle Reserviertheit der Ordensleute gegenüber jeglichem Versuch, die Privilegien der exemten (direkt dem Papst unterstellten) Orden zu beeinträchtigen.[63] Diese Haltung verhärtete sich umso mehr, je stärker die Reformimpulse von Weltgeistlichen ausgingen, deren Verhältnis vor allem zu den Bettelorden schon lange angespannt war. Für eine Stärkung des Weltklerus und eine Begrenzung des Wirkungsbereiches der Orden setzte sich der anonyme Verfasser der *Reformatio Sigismundi* ein, die im Umkreis des Basler Konzils entstand und in der die Ordensreform eine herausragende Rolle spielte. Er plädierte dafür, die Ordensangehörigen in ihre Klausuren zurückzuführen und ihnen die Aufgaben sowie Pfründen die sie vom Weltklerus übernommen hatten, wieder zu entziehen.[64]
Trotz solcher Anfeindungen beteiligten sich die Mendikanten aktiv an der Arbeit der Reformkonzilien und stellten einen großen Anteil der Konzilstheologen.[65]
Gefördert wurden die Ordensreformen im 15. Jahrhundert nicht nur von der weltlichen Obrigkeit und von reformwilligen Bischöfen, sondern auch von einzelnen Päpsten, insbesondere von Eugen IV.[66] Die Observanzbestrebungen entsprachen den päpstlichen Interessen, die innerkirchliche Zentralisierung voranzutreiben und den Konziliarismus zu überwinden. In dem Bemühen, die Observanten in dieses Konzept einzubinden, übernahmen die Kardinalprotektoren, die mit der Aufsicht über die einzelnen Orden beauftragt waren, eine Schlüsselfunktion. Ihre Machtbefugnisse wurden immer weiter ausgedehnt, so dass sie vor allem dann, wenn die Autorität eines Ordensgenerals durch die Spannung zwischen Observanten und Konventualen erschüttert war, den Einfluss der Kurie geltend machen konnten.

60 Vgl. H. Uffmann, Innen und außen: Raum und Klausur in reformierten Nonnenklöstern des späten Mittelalters, in: G. Signori (Hg.), Lesen, Schreiben, Sticken und Erinnern. Beiträge zur Kultur- und Sozialgeschichte mittelalterlicher Frauenklöster, Bielefeld 2000, 185–212; Hammer 339 ff.

61 Helmrath, Das Basler Konzil (s. Kap. 2 B), 130; vgl. ders., Capitula. Provinzialkapitel und Bullen des Basler Konzils für die Reform des Benediktinerordens im Reich, in: Ders./Müller, Studien, Bd. 1, 87–121.

62 P. Becker, Benediktinische Reformbewegungen im Spätmittelalter, in: Untersuchungen, 167–187, hier: 174.

63 Vgl. Helmrath, Das Basler Konzil (s. Kap. 2 B), 121 ff.; Sudmann (s. Kap. 2 B), 278 ff.

64 Reformatio Sigismundi, ed. Koller, 96 ff.; vgl. H. Boockmann, Die Orden in den deutschen Texten zur Kirchen- und Reichsreform des 15. Jahrhunderts, in: Šmahel, Häresie, 275–288, hier: 279.

65 Vgl. A. Zumkeller, Die Beteiligung der Mendikanten an der Arbeit der Reformkonzilien von Konstanz und Basel, in: Elm, Reformbemühungen, 459–467.

66 Vgl. K. Walsh, Papsttum und Ordensreform in Spätmittelalter und Renaissance: Zur Wechselwirkung von Zentralgewalt und lokaler Initiative, in: Elm, Reformbemühungen, 411–430, hier: 416 ff.

Die Einmischung des Papsttums in die Reformbestrebungen der Orden entsprach durchaus nicht immer deren eigenen Vorstellungen, zumal wenn dadurch ihre Eigenständigkeit bedroht war, aber andererseits profitierten sie von der päpstlichen Unterstützung und konnten in der zweiten Hälfte des 15. Jahrhunderts ihre Aktivitäten an der römischen Kurie verstärken.[67] Das Beharren auf den Exemtionsprivilegien und der Autonomie der Orden stand oft den Bemühungen um eine Ordensreform auf Bistumsebene entgegen. Gleichwohl setzten sich auch Erzbischöfe und Bischöfe für eine Erneuerung der *vita religiosa* und die Besserung des Ordens- und Klosterlebens ein.[68]

Für die Dauerhaftigkeit der Ordensreformen war es wichtig, sie juristisch abzusichern. Dazu wurden ‚Bräuche' (*consuetudines*) fixiert und tradiert, die allein schon von ihrer Bezeichnung her den Anspruch erhoben, an Bewährtem festzuhalten. Sie orientierten sich um ihrer Selbstlegitimation willen an einer – oftmals konstruierten – ‚besseren' Zeit in der Ordensgeschichte und spiegelten zugleich die kollektiven Ängste eschatologischer Endzeitvorstellungen wider.[69] In der Bursfelder Reformkongregation verpflichteten sich die Äbte durch einen Eid, für die Einhaltung dieser *consuetudines* zu sorgen.[70] Dadurch erhielt die Kongregation einen rechtlichen Charakter, der 1446 vom Basler Konzil und 1451 vom päpstlichen Legaten Nikolaus von Kues bestätigt wurde. Neben der inneren Erneuerung und deren organisatorischer Festigung spielte schließlich auch die wirtschaftliche Sicherung der Klöster eine große Rolle bei der Durchführung der Ordensreformen, denn damit sollte nicht nur dem Niedergang der Disziplin entgegengewirkt, sondern zugleich ein heruntergekommenes Kloster wirtschaftlich wiederbelebt werden.[71] Sorgfältige Wirtschaftsführung sowie Baumaßnahmen und die Pflege der Bibliotheken trugen dazu bei, dass sich die Rahmenbedingungen für die religiöse Erneuerung verbesserten. Für die Städte war zudem ökonomisch bedeutsam, dass mit der Gründung neuer Reformkonvente außerhalb der Stadtmauern Land zurückgewonnen wurde, das durch die Wüstungen nach dem Einbruch der Pest nicht mehr bewirtschaftet worden war, wobei Laienbrüder, die Konversen, eine wichtige Rolle spielten.[72] Die Kehrseite dieses wirtschaftlichen Aufschwungs war die zunehmende Abhängigkeit der bäuerlichen Bevölkerung, was Spannungen erzeugte, die sich in den Bauernkriegen entluden.

Die Bewegung der Ordensreformen war mit dem praktischen Anliegen der Devotio moderna verbunden, zugleich nahmen zahlreiche Ordensangehörige humanistische Anliegen auf. Mit dem Rückzug aus der Welt, der sich mit dem humanistischen Ideal

67 Vgl. B. Neidiger, Papst Pius II. und die Klosterreform in Deutschland. Eine Problemskizze, in: F. J. Felten/N. Jaspert (Hg.), Vita Religiosa im Mittelalter, FS K. Elm, Berlin 1999 (BHSt 31; Ordensstudien 13), 629–652.

68 Vgl. H.-J. Schmidt, Die Trierer Erzbischöfe und die Reform von Kloster und Stift im 15. Jahrhundert, in: Elm, Reformbemühungen, 469–501; Hammer, 384 ff.

69 Vgl. Mertens, Reformbewegungen, 157 f.

70 Vgl. Becker, Ziele, 32.

71 Vgl. Hammer, 329 ff.

72 Vgl. Elm, Verfall und Erneuerung, 229 f.; vgl. B. Frank, Konversen und Laien in den benedikitinischen Reformklöstern des 15. Jahrhunderts, in: K. Elm (Hg.), Beiträge zur Geschichte der Konversen im Mittelalter, Berlin 1980 (BHSt 2), 49–66.

Arkadiens in der spezifischen Ausprägung eines ‚Klosterhumanismus' berührte,[73] entwickelte sich eine Spiritualität, die der Innerlichkeit mehr Gewicht beimaß und damit der Theologie eine neue Ausrichtung gab.[74] Dabei kam der Rezeption der monastischen Theologie Bernhards von Clairvaux (1090/91–1153) besondere Bedeutung zu, so dass in der Verbindung von Frömmigkeit und Theologie eine regelrechte ‚Bernhard-Renaissance' zu verzeichnen ist.[75] Die stärkere Betonung der Innerlichkeit hatte auch Konsequenzen für die Frömmigkeitspraxis der Ordensangehörigen, wenn beispielsweise die Geißelung, wie sie im 15. Jahrhundert in Klöstern ausgeübt wurde, einer grundsätzlichen Kritik unterzogen und stattdessen für eine ‚geistliche Geißelung' plädiert wurde, die sich allein in der tugendhaften Haltung des inneren Menschen abspielen sollte.[76]

Die Vertreter des ‚Klosterhumanismus' – wie der einflussreiche Universalgelehrte Johannes Trithemius,[77] von 1483 bis 1506 Abt des zur Bursfelder Kongregation gehörigen Klosters Sponheim – waren der Auffassung, dass die Ordensreformen mit einer Steigerung des Bildungsniveaus Hand in Hand gehen müssten. Sie pflegten persönlichen Umgang mit führenden Humanisten ihrer Zeit, mit denen sie das Interesse an alten Sprachen und antikem Bildungsgut teilten. In ihrer Orientierung an den biblischen Originalsprachen stimmten sie mit der humanistischen Grundüberzeugung überein, dass allein das Hebräische und das Griechische als ungetrübte Quelle des Wissens gelten könnten, während das Lateinische einen ‚Morast' darstelle.[78] Mit ihren Sprachkenntnissen beteiligten sie sich an der Edition patristischer Werke auf der Grundlage intensiver Quellenstudien, was eine unermüdliche Suche nach alten Handschriften und die Fähigkeit zu literarischer Kritik voraussetzte. In Anknüpfung an die antike Tradition traten die Vertreter des Klosterhumanismus auch als Dichter in Erscheinung und arbeiteten historiographisch, indem sie sich in erster Linie mit der Geschichte ihrer Orden und Klöster beschäftigten. Diese Vorhaben entsprachen dem humanistischen Interesse an der Erforschung und Darstellung der eigenen Geschichte der Nation, des Landes, der Regionen und Orte. Mit dem Streben nach humanistischer Bildung ging der persönliche Einsatz für eine Reform monastischen Lebens einher, der sich an dem Engagement in leitenden Funktionen der jeweiligen Klöster ablesen lässt. Untereinander bildeten diese Klosterhumanisten ein Netzwerk, in dem Erfahrungen, Informationen und Bücher ausgetauscht wurden.[79]

---

73 Vgl. P. O. Kristeller, Contributions of Religious Orders to Renaissance Thought and Learning, in: Ders., Medieval Aspects (s. Kap. 3), 93–114; Posset, 10 f.

74 Vgl. Zschoch, Klosterreform, 50 ff.; Martin, 79 ff.; Weinbrenner, 155 ff.

75 Vgl. Köpf, Monastische Theologie im 15. Jahrhundert, 117 ff.; ders., Monastische und scholastische Theologie, 96 ff.; ders., Die Rezeptions- und Wirkungsgeschichte Bernhards von Clairvaux, 5 ff.; Posset, 116 ff.

76 Vgl. Lentes, Andacht (s. Abschn. A), 59.

77 Vgl. K. Arnold, Johannes Trithemius (1462–1516), Würzburg [2]1991; Elm, Reformen, 89 ff.

78 „Tu igitur mea sententia recte facis, qui fratres tuos hortaris, ut turpidis aquarum rivis contemtis fontium puritatem amplexentur, id est, ut uno verbo concludam, ut Hebraica in V[etere] testamento et Graeca in Novo sectentur." (Johannes Reuchlin, Brief an Leonhard Widenmann, 11. Oktober 1508, in: Ders., Briefwechsel, Bd. II, 84 f. [Nr. 148], hier: 85,20–23).

79 Ein besonders eindrucksvolles Beispiel ist die Korrespondenz des Nikolaus Ellenbog (1481– 1543), vgl. ders., Briefwechsel, Buch I/II, 1–94.

Wie die Devoten waren auch die Verfechter der Ordensreform Bücherfreunde, die den Ausbau von Klosterbibliotheken durch die Sammlung von Handschriften und die Systematisierung der Bestände vorantrieben.[80] So erlebte z. B. die berühmte Bibliothek des Nürnberger Katharinenklosters im zweiten Viertel des 15. Jahrhunderts ihre Blütezeit.[81] Auch im Orden der Augustiner-Eremiten war die Reformbewegung mit dem Klosterhumanismus verbunden. Schon seit dem 14. Jahrhundert hatte der Orden enge Verbindung zu den Humanisten,[82] und der Erfurter Konvent, in den später Martin Luther aufgenommen wurde, genoss in den humanistischen Kreisen der Universitätsstadt ein hohes Ansehen.[83]

Eine gewisse Ambivalenz in der Verbindung von Ordensreform und humanistischem Bildungsstreben zeigte sich bei der Reform von Frauenklöstern. Einerseits vertraten die Initiatoren und Organisatoren dieser Reformen die Auffassung, dass das gemeinsame Lernen von angehenden Nonnen mit Mädchen, die von ihren Familien nur vorübergehend in die Klosterschulen geschickt wurden, für die Ordensgemeinschaft verderblich sei, weil dadurch die Disziplin und das Seelenheil der zukünftigen Nonnen gefährdet werde.[84] Sie forderten deshalb ein striktes Verbot, die Klosterschulen zu besuchen, ohne zu beabsichtigen, später in die klösterliche Gemeinschaft aufgenommen zu werden. Andererseits drängten die Klosterreformer auf eine Anhebung des Bildungsniveaus in den Frauenklöstern, wobei die Nonnen nach den Vorstellungen der Bursfelder Reformer auch die lateinische Sprache beherrschen sollten.[85] Neuere – wenngleich noch nicht repräsentative – Forschungen belegen, dass diese Bildungsanstrengungen Früchte trugen und mit der Sprachkompetenz zugleich das Reflexionsvermögen der Schülerinnen verbessert wurde.[86]

Während sich die Bemühungen um eine Ordensreform in gesellschaftsgeschichtlicher Hinsicht in den Kontext der ‚normativen Zentrierung' einordnen lassen, liegt ihre kulturgeschichtliche Bedeutung darin, dass sie mit den neuen Entwicklungen in Frömmigkeit und Theologie eng verknüpft waren und von daher auf das kulturelle Leben insgesamt ausstrahlten. Zahlreiche Bischöfe und berühmte Volksprediger des 15. Jahrhunderts wie Johannes Capestrano, Bernhardin von Siena und Girolamo Savonarola gingen aus der Observantenbewegung hervor. Die religiöse Überzeugung, mit der sie sich für die Reform nicht nur der Orden, sondern der Kirche insgesamt – und damit auch der Gesellschaft – einsetzten, fand unter den Laien Anhänger und trug zur Aufbruchstimmung bei. Wenn in der zweiten Hälfte des 15. Jahrhunderts die Anstrengungen sowohl der Devotio moderna als auch der Ordensreformbewe-

80 Vgl. A. Freckmann, Die Bibliothek des Klosters Bursfelde im Spätmittelalter, Göttingen 2006, 331 ff.

81 Vgl. K. Schneider, Die Bibliothek des Katharinenklosters in Nürnberg und die städtische Gesellschaft, in: Moeller u. a., Studien, 70–82.

82 Vgl. R. Arbesmann, Der Augustinereremitenorden und der Beginn der humanistischen Bewegung, in: Aug.L 14 (1964), 250–314; 15 (1965), 251–293.

83 Vgl. Kleineidam, 111; H. Junghans, Der junge Luther und die Humanisten, Göttingen 1985, 17 ff.

84 Vgl. Schlotheuber, 112 ff.

85 Vgl. a. a. O., 278.

86 Vgl. a. a. O., 311; M.-L. Ehrenschwendtner, Die Bildung der Dominikanerinnen in Süddeutschland vom 13. bis 15. Jahrhundert, Stuttgart 2003 (Contubernium 60), 110 ff.

gung erlahmten,[87] so lag das daran, dass die geistlichen Impulse an Kraft verloren und zugleich mit dem Ende des Konziliarismus die zunehmende Zentralisierung kirchlicher Strukturen den Spielraum und die Innovationsfähigkeit christlicher Lebensformen einschränkte.

## B. THEOLOGIE

Die theologischen Konzeptionen des 15. Jahrhunderts knüpften an die bedeutenden Entwürfe der Hochscholastik und der Mystik an und zeichneten sich durch das Bemühen aus, diese Denktraditionen vor dem Hintergrund sozialer und kultureller Veränderungen neu zur Geltung zu bringen.[88] Dabei waren die kritischen Anfragen der Devotio moderna ebenso zu berücksichtigen wie die wissenschaftstheoretischen und -pragmatischen Herausforderungen durch den Humanismus, der mit seiner Kritik an den scholastischen Spekulationen viel Zustimmung fand und das Anliegen einer verinnerlichten Frömmigkeit mit der Devotio moderna teilte.

In der Debatte, die seit dem 14. Jahrhundert zwischen den scholastischen Theologen und den Humanisten geführt wurde, ging es vor allem um die methodologische Frage, ob der Tradition oder aber den Quellen autoritative Geltung beizumessen sei.[89] Beide Richtungen warfen sich gegenseitig ‚Sophismus' vor, wobei damit aus humanistischer Sicht die aristotelisch-scholastische Dialektik gemeint war, während die Gegenseite die Verkehrung der Rangordnung zwischen theologischer und säkularer Argumentation anprangerte. Dieser methodologische Grundsatzstreit wurde in erster Linie literarisch ausgefochten, und die Humanisten legten besonderes Gewicht auf den Stil dieser zunehmend polemischen Auseinandersetzung. Damit verbunden war ein Konkurrenzkampf um akademische Qualifikationen, zumal die Kontroverse gegen Ende des 15. Jahrhunderts die Universitäten erfasste und deren strukturelle Probleme verschärfte.[90] Im Kontext der Bemühungen um eine Studienreform entzündete sich der Konflikt an der Frage der Rangordnung der Wissenschaftsdisziplinen und am Stellenwert paganer Literatur im Curriculum des Artes-Studiums. Die Diskussion konzentrierte sich auf die Reichweite der aristotelischen Logik, auf die Verhältnisbestimmung von Dialektik und Rhetorik sowie auf deren pädagogische Konkretisierung.[91] Damit zielte sie auf einen Lebensbezug der Wissenschaft und auf deren Allgemeinverständlichkeit ab, die sich an der Alltagssprache orientieren und jeglichen Formalismus vermeiden sollte. In dieser pädagogisch motivierten Reflexion von Sprache entfernte sich der Humanismus am weitesten vom scholastischen Theoriekonzept. Allerdings ergaben sich im 15. Jahrhundert Übereinstimmungen in der praktischen Zielsetzung der Wissenschaft, insoweit die Theologie auf die Begründung und Festigung der Frömmigkeit hin formuliert wurde. Eine gemeinsame theoretische Basis bildete die Anknüpfung an die antike Tugendlehre mit ihrer

87 Vgl. Moeller, Frömmigkeit (s. Kap. 1 A), 78 f.

88 Vgl. Leppin, 160 ff.

89 Vgl. Rummel, The Humanist-Scholastic Debate (s. Kap. 3), 3 ff.

90 Vgl. J. H. Overfield, Humanism and Scholasticism in Late Medieval Germany, Princeton 1984; Seifert, 226 ff.

91 Vgl. Rummel, The Humanist-Scholastic Debate (s. Kap. 3), 159 ff.

Ausrichtung auf die Glückseligkeit (*beatitudo*) des Menschen, die zwar moralphilosophisch und moraltheologisch unterschiedlich konzipiert werden konnte, aber letztlich eben auch die gegenseitige Anschlussfähigkeit von *studia humanitatis* und theologischer Anthropologie eröffnete. So konnte bei allen Divergenzen im Laufe des 15. Jahrhunderts die Integration des Humanismus an den Universitäten vollzogen werden, nachdem dieser dort zuvor insbesondere durch Wanderlehrer verbreitet worden war.[92] Darüber hinaus zeigte sich die Scholastik für die humanistische Kritik aufgeschlossen und bemühte sich darum, ihre Wissenschaftssprache zu vereinfachen.[93]

## 1. Frömmigkeitstheologie

Mit Ausnahme von Nikolaus von Kues und der strengen Vertreter der einzelnen Schulrichtungen scholastischer Theologie treffen sich die theologischen Konzeptionen im 15. Jahrhundert in dem Bemühen, Theologie und Frömmigkeit in einen engen Zusammenhang zu stellen. Wegweisend hierfür war der französische Theologe und Kirchenpolitiker Johannes Gerson (1363–1429), der geradezu zum „Kirchenvater der deutschen geistlichen Schriftsteller des 15. Jahrhunderts“[94] wurde. Das Charakteristikum dieser „Frömmigkeitstheologie“[95] war die Verbindung theologischer Reflexion mit dem pastoralen Anliegen, zur rechten Lebensgestaltung anzuleiten. So stimmen Theologie und Frömmigkeit in dem Bemühen überein, den christlichen Glauben in theoretischer und praktischer Hinsicht darzulegen. Gerson entsprach damit der Forderung einer grundlegenden Reform der Kirche, die nicht nur auf konkrete Missstände abzielte, sondern auch eine Erneuerung der Theologie umfassen sollte. Diese Aufgabe war umso drängender, als der Bedarf an geistlicher Orientierung nicht zuletzt durch die einschneidende Erfahrung der Pest gewachsen war. Die Heilsungewissheit, die in der Systematik der scholastischen Soteriologie prinzipiell angelegt war,[96] hatte eine existentielle Zuspitzung erfahren, mit der es sich theologisch auseinanderzusetzen galt. Gerson stellte sich dieser Herausforderung, indem er eine Vielzahl von Schriften verfasste, die den Trost des angefochtenen Gewissens thematisierten.[97] Das theoretische Fundament bildete eine mystische Theologie, die Gerson in eigenständiger Verarbeitung spätantiker und mittelalterlicher Traditionen entfaltete.[98] Seine seelsorgerliche Motivation, den Menschen einen theologisch be-

92 Vgl. Buck, Der italienische Humanismus (s. Kap. 3), 26.46 f.

93 Vgl. Seifert, 228 f.

94 Moeller, Frömmigkeit (s. Kap. 1 A), 19.

95 Vgl. Hamm, Frömmigkeit, 464 ff.; ders., Frömmigkeitstheologie, 1 ff.; ders., Was ist Frömmigkeitstheologie?, 9 ff.; Burger, Aedificatio (s. Kap. 1 A), 40 ff. – Ulrich Köpf hat grundsätzliche Kritik am Terminus „Frömmigkeitstheologie“ geübt und spricht stattdessen von einer „monastischen Theologie“, die in spezifischer Weise das Anliegen früherer monastischer Theologie erneuert hat (vgl. Köpf, Monastische Theologie im 15. Jahrhundert, 117 ff.; ders., Monastische und scholastische Theologie, 96 ff.).

96 Vgl. M. Basse, Certitudo spei. Thomas von Aquins Begründung der Hoffnungsgewißheit und ihre Rezeption bis zum Konzil von Trient als ein Beitrag zur Verhältnisbestimmung von Eschatologie und Rechtfertigungslehre, Göttingen 1993 (FSÖTh 69), 134 ff.

97 Vgl. Grosse, 45 ff.

98 Vgl. Ozment, 49 ff.; Burger, Aedificatio (s. Kap. 1 A), 110 ff.

gründeten Trost zu spenden, brachte ihm über alle Schulgegensätze hinweg Respekt und den Ehrentitel *doctor consolatorius* ein. Um die deutschsprachige Übersetzung der Schriften Gersons machte sich der bedeutende Volksprediger Johannes Geiler von Kaysersberg (1445–1510) verdient.[99]

Gegen die oft gescholtene Tendenz zu scholastischen Spitzfindigkeiten setzte Gerson auf die Einfachheit der Theologie hinsichtlich ihrer zentralen Inhalte und ihrer entscheidenden Funktion, den Menschen durch die Liebe zu erbauen. Erstrebenswert sei nicht eitle Wissbegierde, sondern eine Theologie, „die den Glauben aufbaut, die Hoffnung und die Liebe entflammt".[100] Gersons Ziel war es, theologische Inhalte so zu ‚transformieren', dass sie für die Frömmigkeit der einfachen Christen fruchtbar wurden.[101] In Abgrenzung von einer spekulativen Theologie, die dem Kognitiven den höchsten Stellenwert beimisst, verfocht Gerson eine *theologia affectiva,*[102] die den frommen Affekt zum Gegenstand theologischer Reflexion erhob und damit einen Erfahrungsbezug der Theologie einforderte. Diese ‚Erfahrungstheologie' ist in erster Linie pneumatologisch konzipiert. Dabei stellte Gerson das theologische Reden vom Heiligen Geist in einen engen Zusammenhang mit der Frage nach den Möglichkeiten und Grenzen des freien Willens. Damit verband er eine Demutstheologie, die den Menschen an seinen eigenen Kräften verzweifeln lässt, damit er seine Hoffnung ganz auf Gott richtet. Gerade weil der Heilige Geist *allein* der *operator* wie auch der *doctor* der Geistseele des Menschen ist,[103] bedarf es nach Gerson der Hinwendung zu einer affektiven Theologie und zur Frömmigkeit.

‚Einfach' wollte diese Theologie sowohl durch ihre Konzentration auf die „Einfalt des Herzens"[104] als auch im Blick auf ihre wichtigsten Adressaten, die einfachen Gläubigen, sein. Einen konkreten Bezug zur Lebenswelt und Glaubenspraxis hatte Gersons Theologie des Trostes vor allem dadurch, dass sie eingehend bedachte, was die Menschen damals besonders beschäftigte, denen nämlich ihr individuelles Geschick nach dem Tod Sorge bereitete. Gerson begründete mit seiner Schrift *De arte moriendi* nicht nur eine neue Literaturgattung, die im weiteren Verlauf des 15. Jahrhunderts durch die Gattung der Bilderars ergänzt wurde,[105] sondern er eröffnete auch eine eschatologische und zugleich soteriologische Perspektive, die sich auf den Akt des Sterbens konzentrierte. Demnach besteht die ‚Kunst des Sterbens' in der rechten Vorbereitung auf den Tod, und es ist die genuine Aufgabe von Kirche

---

99 Johannes Geiler von Kaysersberg, Totenbüchlein (Werke, Bd. 1, 1 ff. [Nr. 1]); ders., Trostspiegel (ebd., 201 ff. [Nr. 8]); vgl. Kraume, 99 ff.

100 Johannes Gerson, Contra curiositatem studentium, in: Œuvres complètes III, 240.

101 Vgl. C. Burger, Theologie und Frömmigkeit. Transformationsversuche im Spätmittelalter, in: Boockmann u. a., Lebenslehren, 400–420, hier: 410 ff.

102 Johannes Gerson, Collectorium super Magnificat VII, in: Œuvres complètes VIII, 302; vgl. Hamm, Frömmigkeitstheologie, 156.

103 Johannes Gerson, De vita spirituali animae, in: Œuvres complètes III, 127.

104 Johannes Gerson, De mystica theologia I prologus (ed. Combes 4,69–5,77); vgl. Hamm, Frömmigkeitstheologie, 164.

105 Vgl. Wilhelm-Schaffer, 150 ff.; A. Tenenti, La vie et la mort a travers l'art du XVe siècle, Paris ²1983, 55 ff.; N. F. Palmer, Ars moriendi und Totentanz. Zur Verbildlichung des Todes im Spätmittelalter. Mit einer Bibliographie zur „Ars moriendi", in: A. Borst u. a. (Hg.), Tod im Mittelalter, Konstanz 1993 (Konstanzer Bibliothek 20), 313–334.

und Theologie, den Menschen das entsprechende Rüstzeug zu vermitteln. Ist dabei die innere Disposition des Menschen entscheidend, so läuft die Anleitung zur *Ars moriendi* darauf hinaus, sich auf die Sterbesakramente vorzubereiten.[106] Diese sakramentale Ausrichtung einer Theologie, die angesichts der Ungewissheit des individuellen Heils Trost spenden sollte, kennzeichnet Gersons Frömmigkeitstheologie insgesamt und unterstreicht ihren Bezug zur spätmittelalterlichen Sakramentenfrömmigkeit, in deren Mittelpunkt Beichte und Kommunion standen. Diese theologische Konzeption konnte sowohl ein kritisches Korrektiv gegenüber bestimmten Fehlentwicklungen des akademischen Lehrbetriebs sein als auch eine tragende Rolle bei der Begründung und Entfaltung einer Frömmigkeitspraxis übernehmen, die der Festigung der Kirche dienen und diese zugleich von ihrer Wurzel her reformieren sollte. Das erklärt die theologische Motivation Gersons, sich kirchenpolitisch zu engagieren, um die Reform der Kirche umfassend zu verwirklichen.

Die Ausrichtung, die Gerson der Frömmigkeitstheologie des 15. Jahrhunderts gab, führte nicht selten dazu, dass sich Universitätstheologen, die in diesem Geist lehrten, aus der Universität zurückzogen und für sich selbst die monastische Lebensform wählten.[107] So traten um die Mitte des 15. Jahrhunderts viele Magister und Studenten der Wiener Universität in die nahe gelegenen Benediktinerklöster der Melker Reform und in die Kartause Gaming ein.[108] Auch die Augustiner-Eremiten Johannes von Paltz, Johannes von Staupitz und Bartholomäus von Usingen sind Beispiele dafür, wie das Miteinander von Theologie und Frömmigkeit als eine Denk- und Lebensform aufgefasst wurde, für die das Kloster der ideale Ort zu sein schien. Doch solche Bestrebungen führten nicht zu einer institutionellen Verengung, sondern vielmehr zu einer „Entgrenzung der Ideale geistlicher Lebensformung in die Laienwelt hinein".[109] Das entsprach dem Anliegen und dem Vorbild der Devotio moderna wie auch den vielfältigen Ausprägungen monastischer und ‚halbmonastischer' Frömmigkeitsformen.[110] In theologischer Hinsicht zeigten sich innerhalb dieser Frömmigkeitstheologie – ebenso wie in der Frömmigkeitspraxis – große Unterschiede, je nachdem ob stärker nach einer Verinnerlichung des Glaubens getrachtet oder die Heilsmittlerschaft der Amtskirche betont wurde.[111]

## 2. Theologie der Transzendenz und der Konkordanz – Nikolaus von Kues

Mit seinem theologischen Entwurf, der von grundlegenden erkenntnis- und religionstheoretischen Differenzbestimmungen ausging und über den zentralen Gedanken der Konkordanz zum letzten Ziel der *coincidentia oppositorum* gelangte, lieferte Nikolaus von Kues (1401–1464) einen höchst originellen Beitrag zur Geistes- und Theologiegeschichte des 15. Jahrhunderts. So singulär dieser Entwurf war, so sehr

106 Vgl. Grosse, 218 ff.

107 Vgl. Hamm, Was ist Frömmigkeitstheologie?, 23.

108 Vgl. Martin (s. Abschn. A), 19 ff.

109 Hamm, Was ist Frömmigkeitstheologie?, 27.

110 Vgl. W. Werbeck, Gabriel Biel als spätmittelalterlicher Theologe, in: U. Köpf/S. Lorenz (Hg.), Gabriel Biel und die Brüder vom gemeinsamen Leben, Stuttgart 1998 (Contubernium 47), 25–34, hier: 33.

111 Vgl. Hamm, Was ist Frömmigkeitstheologie?, 33.

spiegelten sich darin die Leitmotive dieser Zeit wider, denn hier lag ein Einheitskonzept vor, in dem Differenzierung und Zentrierung zusammentrafen.[112] Diesem theoretischen Programm entsprach das praktische Wirken des Reformtheologen und Kirchenpolitikers Nikolaus von Kues. In seiner Person und seinem Lebenswerk vereinte er vielfältige Interessen und Fähigkeiten. Als Sohn eines wohlhabenden Schiffers absolvierte Cusanus zunächst das Studium der *artes* in Heidelberg und studierte dann Kirchenrecht in Padua. Hier lernte er den italienischen Humanismus kennen und wurde 1423 zum Doktor des Kirchenrechts promoviert.[113] Anschließend übernahm er für kurze Zeit eine Lehrtätigkeit an der Universität in Köln, bevor er in den Dienst des Trierer Erzbischofs trat und auf den Konzilien und in der Papstkirche großen Einfluss gewann.

Sein Denken wurde von Neuplatonikern wie Proklos (411–485) und Pseudo-Dionysius (um 500) geprägt. Im 15. Jahrhundert war er einer der bedeutendsten Vertreter des Platonismus.[114] Den Aristotelismus, der die Scholastik wissenschaftstheoretisch und -pragmatisch bestimmte, lehnte Cusanus ab, weil für ihn die gegenseitige Durchdringung von Glauben und Wissen die Voraussetzung wissenschaftlicher Erkenntnis war, die er wiederum als die systematische Ergründung wesentlicher Ursachen verstand. Sein Konzept einer Einheit, die aller Vielheit letztlich zu Grunde liegt, entwickelte Cusanus zunächst ekklesiologisch. Als Teilnehmer am Konzil von Basel verfasste er 1434 den Traktat *De concordantia catholica*, in dem er das Wesen der Kirche als „hierarchische Entfaltung der Einheit in die Vielheit und als Einigung der Vielen durch ‚Übereinstimmung' (*consensus, concordantia*)"[115] bestimmte. Cusanus zielte darauf ab, trotz der konziliaristischen Position, die er zu diesem Zeitpunkt vertrat, doch um der Einheit der Kirche willen den Konsens zu suchen, und so bedeuteten sein Bruch mit dem Basler Konzil 1437 sowie der Wechsel zu Papst Eugen IV. und dem Unionskonzil von Ferrara-Florenz nicht, dass Cusanus sein Konkordanzdenken zu Gunsten des päpstlichen Primates aufgegeben hätte, vielmehr distanzierte er sich damit von einem einseitigen Anspruch des Basler Konzils.

Auf der Rückreise von Griechenland, wo er an den Unionsverhandlungen mit Vertretern der orthodoxen Kirche teilgenommen hatte, gewann er die Einsicht in die Notwendigkeit einer neuen Erkenntnismethode. Im Zuge der platonisch-neuplatonischen Denktradition identifizierte er Gott als die absolute Einheit und Wahrheit allen Seins und entfaltete den Namen Gottes trinitarisch im Rahmen einer *theologia affirmativa.*[116] Dem entspricht wiederum eine *theologia negativa,*[117] die auf Grund der unendlichen Erhabenheit Gottes seine Unaussprechlichkeit zur Geltung bringt. Ganz im Sinne der Mystik bezeichnete ‚Gott' für Cusanus die Grenze menschlicher Erkenntnis und zugleich ihren vollkommenen Gegenstand. Nur einer ‚gelehrten Unwissenheit', wie er sie 1440 in der grundlegenden methodologischen Schrift *De*

---

112 Vgl. ders., Von der spätmittelalterlichen *reformatio* zur Reformation (s. Einführung), 16.

113 AC I,1 Nr. 18 f.; vgl. M. Thurner (Hg.), Nicolaus Cusanus zwischen Deutschland und Italien, Berlin 2002 (VGI NF 48); Meuthen, Nikolaus von Kues, 15 ff.

114 Vgl. Kandler, Nikolaus von Kues (s. Kap. 2 B), 23 ff.

115 Schmidt, 751; vgl. Flasch, 44 ff.

116 Nikolaus von Kues, De docta ignorantia I 24 (ed. Bormann, Bd. 1, 96); vgl. Flasch, 97 ff.

117 A. a. O., I 26 (ed. Bormann, Bd. 1, 108).

*docta ignorantia* konzipierte und mit der er das genaue Gegenteil von ‚Ignoranz' oder ‚Naivität' bezweckte, konnten seiner Ansicht nach solche Erkenntnisse zugänglich sein. Höchstes Ziel dieser mystischen Theologie ist die Gottesschau, wie er sie auch in seiner Schrift *De visio dei* dargelegte.[118] In ihr gipfelte auch das *Compendium*, das Cusanus ein Jahr vor seinem Tode als Zusammenfassung seiner philosophisch-theologischen Gedanken verfasste.[119]

Der erkenntnistheoretische Grundgedanke der *coincidentia oppositorum*, wonach in Gott alle Gegensätze zusammenfallen, hatte für Nikolaus von Kues auch unmittelbare Bedeutung für die Auseinandersetzung des Christentums mit anderen Religionen. In seiner Schrift *De pace fidei*, die er 1453 unter dem Eindruck des Falls von Konstantinopel verfasste, vertrat er die Ansicht, dass letztlich allen Religionen die ‚eine', ‚wahre' Religion zu Grunde liege und die Unterschiede sich allein aus den jeweiligen Riten erklärten.[120] Damit setzte er sich für gegenseitige Toleranz ein und entwarf dazu das imposante Bild eines himmlischen Konzils, an dem Vertreter aller Religionen teilnehmen. An der Vorrangstellung des Christentums gab es für Cusanus keinen Zweifel, aber dessen Wahrheitsanspruch war für ihn kein Hindernis für eine tolerante Haltung gegenüber anderen Religionen, sondern Auftrag, alle Menschen bei der religiösen Vervollkommnung zu unterstützen.

Die Wirkung der philosophischen und theologischen Gedanken des Nikolaus von Kues war im 15. Jahrhundert – und auch noch lange Zeit danach – nicht besonders groß, wenngleich einige Humanisten wie Lefèvre d'Etaples (Faber Stapulensis, um 1450–1536/37) durchaus von ihm beeinflusst wurden.[121] Den Verfechtern der scholastischen Theologie, die an den Universitäten immer noch den Ton angaben, war sein Denken suspekt, wie die kritische Stellungnahme des Rektors der Heidelberger Universität, Johannes Wenck von Herrenberg (um 1396–1459), zeigt, der 1442/43 gegen Nikolaus von Kues eine Schrift mit dem ironischen Titel *Ignota litteratura* veröffentlichte. Wenck vertrat darin die Position eines Aristotelikers der *via antiqua* und warf Cusanus häretische Ansichten vor.[122] Cusanus verteidigte sich dagegen mit seiner *Apologia doctae ignorantiae* und berief sich dabei auf Thomas von Aquin,[123] dessen Autorität in Theologie und Kirche er selbst gefördert hat.

---

118 Vgl. Flasch, 383 ff.

119 Nikolaus von Kues, Compendium, epilogus (Opera omnia XI/3, 36,4 f.); vgl. Kandler, Nikolaus von Kues (s. Kap. 2 B), 74.

120 Nikolaus von Kues, De pace fidei I 6 (Opera omnia VII, 7,11–15; ed. Berger/Nord, 36 f.).

121 Vgl. S. Meier-Oeser, Die Präsenz des Vergessenen. Zur Rezeption der Philosophie des Nicolaus Cusanus vom 15. bis zum 18. Jahrhundert, Münster 1989, 36 ff.

122 Vgl. E. Vansteenberghe, Le „De ignota litteratura" de Jean Wenck de Herrenberg contre Nicolas de Cues, Münster 1910 (BGPhMA VIII/6).

123 Nikolaus von Kues, Apologia doctae ignorantiae (Opera omnia II, 17,13–17.18, 26 f.).

## 3. Spätscholastik und Mystik

In der Mitte des 15. Jahrhunderts erlebte die thomistische Theologie an den deutschen und italienischen Universitäten einen Aufschwung.[124] Zur Rezeption des Aquinaten über den universitären Bereich hinaus im Klerus der deutschen Kirchenprovinzen trug Nikolaus von Kues bei, der während seiner Legationsreise 1451/52 festlegte, dass die *Summa de articulis fidei et ecclesiae sacramentis* des Thomas von Aquin (1224/25–1274)[125] bei den Provinzial- und Diözesansynoden als Zusammenfassung der Glaubens- und Sakramentenlehre herangezogen werden solle.[126] Der bedeutendste Vertreter des Thomismus im 15. Jahrhundert war Johannes Capreolus (um 1380– 1444), der in seinem Hauptwerk, den *Defensiones Theologiae Divi Thomae Aquinatis*, die er in Form eines Sentenzenkommentars verfasste, die Theologie des Aquinaten nicht einfach nur tradiert, sondern produktiv entfaltet hat.[127] Welche Bandbreite der spätmittelalterliche Thomismus in kirchenpolitischer Hinsicht annehmen konnte, zeigte sich bei dem konziliaristischen Dominikanertheologen Johannes von Ragusa auf der einen und dessen Ordensbruder Juan de Torquemada, einem Verfechter des Papalismus, auf der anderen Seite.[128] Beiden gemeinsam war jedoch die Auffassung, dass die Kirche mehr ist als die Summe der Glaubenden, womit sie sich von ekklesiologischen Positionen distanzierten, wie sie auf den Reformkonzilien im Anschluss an Marsilius von Padua (um 1275–1342/43), Wilhelm von Ockham und John Wyclif vertreten wurden.

Eine Verknüpfung thomistischen und mystischen Denkens vertrat Dionysius van Leeuwen, genannt der Kartäuser (1402/03–1471).[129] Er hatte zunächst eine Schule der Benediktiner und dann die der ‚Brüder vom gemeinsamen Leben' in Zwolle besucht und war dort mit den Reformansätzen sowie dem mystischen und humanistischen Denken der Devotio moderna in Berührung gekommen. Geleitet wurde diese Schule damals von dem berühmten Pädagogen Johannes Cele (1343–1417), einem Freund Gert Grootes. Neben Groote war es dessen Lehrer, der seinerseits von Meister Eckhart beeinflusste flämische Mystiker Johannes Ruusbroec (1293/94–1381), dessen Einflüsse sich bei Dionysius nachweisen lassen. In Zwolle gehörte Dionysius dem Schülerpensionat an, das von den Fraterherren des in der Nähe gelegenen Chorher-

124 Vgl. R. Haubst, Die Rezeption und Wirkungsgeschichte des Thomas von Aquin im 15. Jahrhundert, besonders im Umkreis des Nikolaus von Kues (gest. 1464), in: ThPh 49 (1974), 268–273; I. W. Frank, Die Bettelordensstudia im Gefüge des spätmittelalterlichen Universitätswesens, Stuttgart 1988, 49; E. Höhn, Köln als Ort der ersten Kommentare zur „Summa Theologiae" des Thomas von Aquin, in: Eckert, Thomas von Aquino, 641–655.

125 Thomas von Aquin, Summa de articulis fidei et ecclesiae sacramentis, in: Opera omnia XLII, 207–257.

126 AC I,3 Nr. 1003.2064.2343; vgl. Meuthen, Legationsreise (s. Kap. 1 A), 490 ff.

127 Vgl. Grabmann, Johannes Capreolus, 370 ff.

128 Vgl. Schmidt, 749 f.

129 Vgl. Wassermann, 7 ff.; É. Brouette, Art. Dionysius der Kartäuser, in: TRE 9, 1982, 4–6. – Hauptquelle für die Biographie des Kartäusers ist die Lebensbeschreibung, die der Kölner Kartäuser Theoderich Loer a Stratis verfasst hat (in: Dionysius Carthusianus, Opera omnia 1, XXIII–XLVIII).

renstifts Agnetenberg geleitet wurde, wo auch Thomas von Kempen lebte.[130] Von 1421 bis 1424/25 war der Kartäuser an der Universität Köln immatrikuliert, einem Zentrum des spätmittelalterlichen Thomismus.[131] Als *Magister artium* zog er sich, den asketischen Idealen der Kartäuser verpflichtet, in die Kartause zu Roermond zurück und hielt sich dort bis zu seinem Lebensende im Jahre 1471 auf, nur unterbrochen von einer Reise als Begleiter des Kardinallegaten Nikolaus von Kues, mit dem ihn eine lebenslange Freundschaft verband, sowie von der vorübergehenden Leitung der Kartause im niederländischen 's-Hertogenbosch. Seine praktischen Vorschläge auf religiösem wie auf politischem Gebiet ließen ihn zu einem allseits gefragten Ratgeber werden.[132] Die bereits von seinen Zeitgenossen gerühmte Intensität seines Studiums und seines schriftstellerischen Wirkens lässt sich an seinem literarischen Testament ablesen, in dem der Kartäuser die Autoren auflistete, die er gelesen hatte.[133]

Ähnlich weit gespannt wie die geistesgeschichtlichen Einflüsse auf seine Person waren Dionysius' Interessen und die daraus resultierende Thematik seiner Werke. Sein Streben nach theologischer Harmonisierung in Verbindung mit einer auf Reformen bedachten ethischen Zielsetzung und einem besonderen Bildungsideal, das nicht nur den spezialisierten Theologen vor Augen hatte, zeichnete ihn als einen Vertreter der Reformtheologie und des Klosterhumanismus aus.[134] In theologischer wie philosophischer Hinsicht verbinden sich hier aristotelisch-thomanisches und neuplatonisches Gedankengut, deshalb wurde ihm der Beiname *doctor ecstaticus* verliehen. Diese Verbindung von Scholastik und Mystik war zwar in der Gelehrtenwelt, die der Mystik eher skeptisch gegenüberstand, nicht weitverbreitet, doch sie stieß nicht auf Ablehnung, denn hier machte sich wie in der spätmittelalterlichen Mystik insgesamt die Tendenz zur Popularisierung und Diffusion bemerkbar.[135] Nicht ekstatische Erlebnisse und transzendierende Spekulationen standen im Mittelpunkt, sondern die *imitatio Christi*, die es gerade im Lebensalltag zu realisieren galt.[136]

In einer ganz eigenen Verbindung bestimmten die unterschiedlichen Einflüsse der Devotio moderna sowie der scholastischen und mystischen Theologie das Lebenswerk Gabriel Biels (1410–1495).[137] Biel vertrat eine ockhamistische Theologie, wie sie ihm an den Universitäten in Heidelberg und Erfurt vermittelt worden war, er hatte aber während eines Studienaufenthaltes in Köln auch die Tradition der *via antiqua*

130 Vgl. U. Köpf, Art. Thomas von Kempen, in: TRE 33, 2002, 480–483.

131 Vgl. G. Löhr, Die Kölner Dominikanerschule vom 14. bis zum 16. Jahrhundert. Mit einer Übersicht über die Gesamtentwicklung, Fribourg 1946, 57 ff.

132 Vgl. H. Rüthing, Die Kartäuser und die spätmittelalterlichen Ordensreformen, in: Elm, Reformbemühungen, 35–58, hier: 49.

133 Dionysius Carthusianus, Protestatio ad superiorem suum, in: Opera omnia, Bd. XLI, 625 f.

134 Vgl. Wassermann, 228 ff.

135 Vgl. Dinzelbacher, Mystik, 418 ff.

136 Vgl. B. Hamm, „Gott berühren“: Mystische Erfahrung im ausgehenden Mittelalter. Zugleich ein Beitrag zur Klärung des Mystikbegriffs, in: Ders./Leppin, 111–137, hier: 112 f.

137 Vgl. Oberman, Spätscholastik und Reformation I, 9 ff.; Leppin, 164 ff.; D. Metz, Gabriel Biel und die Mystik. Untersuchungen zur Theorie der Frömmigkeit beim ‚letzten Scholastiker‘, Stuttgart 2001.

kennengelernt. Bevor er 1484 an die Theologische Fakultät der neu gegründeten Universität Tübingen berufen wurde, wirkte er als Domprediger und Vikar in Mainz. In dieser Zeit trat er mit den ‚Brüdern vom gemeinsamen Leben' in Verbindung und wurde 1469 der erste Propst des neuen Brüderhauses im hessischen Butzbach.[138] Die Verknüpfung spätscholastischen Denkens mit den Frömmigkeitsidealen der Devotio moderna verlieh nicht nur Biels Theologie ihren individuellen und geschichtlich bedeutenden Charakter, sondern hatte auch weitreichende Konsequenzen. Die Gründungsgeschichte der Tübinger Universität war davon ebenso bestimmt wie die weitere Entwicklung der Windesheimer Kongregation, deren Fürsprecher Biel war und deren klerikalisierende Tendenzen er selbst unterstützte, denn es ging ihm darum, Theologie und Frömmigkeit im Rahmen und im Dienste der Amtskirche zu entfalten, nicht aber die Eigenständigkeit einer Laienfrömmigkeit zu fördern.[139] Biels Predigten hatten Vorbildcharakter, indem sie das Spezifikum des gepredigten Wortes dahingehend bestimmten, den Sünder zu ermahnen und ihm den Weg zur Gerechtigkeit zu weisen. Biel prägte die Theologie seiner Zeit vor allem mit zwei Werken: In seiner ‚Auslegung des Messkanons' erörterte er die grundlegenden theologischen Fragen der Messliturgie und legte damit ein Handbuch vor, das für Luthers reformatorischen Gegenentwurf den entscheidenden Bezugsrahmen bildete.[140] Erst nach Biels Tod wurde sein bedeutendstes Werk *Collectorium super quatuor libros sententiarum* (‚Sammlung über die vier Bücher der Sentenzen') veröffentlicht. Dieser Sentenzenkommentar wurde zum Standardwerk des spätmittelalterlichen Ockhamismus, wobei Biel sich insbesondere im ersten Buch auf Ockhams Ausführungen bezog, während er in den übrigen drei Büchern eine Fülle anderer Autoritäten heranzog und eigenständig kommentierte. Als Vertreter der *via moderna* und als Verfechter des pastoralen Anliegens der Devotio moderna bemühte Biel sich darum, die theologischen Inhalte auf der Grundlage der ockhamistischen Verhältnisbestimmung von Glaube und Vernunft so zu präsentieren, dass die Theologie zum Tragpfeiler von Kirche und Frömmigkeit wurde. Von Ockham übernahm er die Grundunterscheidung zwischen Gottes *potentia absoluta* und *potentia ordinata* und verknüpfte damit eine Anthropologie, die ein optimistisches Bild von den Möglichkeiten des Menschen und seiner Freiheit zeichnete. Demnach kann dem Menschen sein Bestes gelingen, wenn er „tut, was in ihm ist" (*facit quod in se est*).[141] Weil jedoch letzte Gewissheit, ob auch alles Notwendige getan wurde, nicht zu erlangen ist, setzte Biel den Gehorsam gegenüber Gott faktisch mit dem Gehorsam gegenüber der Kirche in eins. In den Mittelpunkt rückte die sakramentale Vermittlung der Gnade, die auf ihren äußeren Vollzug konzentriert wird, ohne dass damit die Vorbereitung von Seiten dessen, der das Sakrament empfängt, abgeschwächt werden sollte. An dieser Verbindung einer Gnadenlehre, die auf das Mitwirken des freien Willens setzt, mit

138 Vgl. G. Faix, Gabriel Biel und die Brüder vom Gemeinsamen Leben, Tübingen 1999 (SuR NR 11); Post, The Modern Devotion (s. Abschn. A), 442 ff.

139 Vgl. Oberman, Spätscholastik und Reformation II, 66 ff.

140 Gabriel Biel, Sacri canonis missae expositio, 1488 (ed. Oberman/Courtnay, 4 Bde., 1963–67); vgl. W. Simon, Die Messopfertheologie Martin Luthers. Voraussetzungen, Genese, Gestalt und Rezeption, Tübingen, 2003 (SuR NR 22), 90 ff.

141 Gabriel Biel, II Sent d27 q1 a2 concl.4 (ed. Werbeck/Hofmann, Bd. II, 518, K29–30); vgl. Oberman, Spätscholastik und Reformation I, 126 ff.

einer Ekklesiologie, in der die Kirche zur entscheidenden Heilsmittlerin wird, entzündete sich der theologische Protest Luthers.

Nicht nur durch seine theologischen Werke, sondern auch über seine Schüler prägte Biel die Theologie an der Wende vom 15. zum 16. Jahrhundert. Am bekanntesten wurde Wendelin Steinbach (1454–1519), der schon in Butzbach Biels Schüler war und später als Tübinger Theologieprofessor sowie Hauptherausgeber des *Collectoriums* sein Nachfolger wurde.[142] Auch mit deutschen Humanisten seiner Zeit, unter ihnen Geiler von Kaysersberg, stand Biel in engem Kontakt.[143] Diese Verbindung zwischen *via moderna* und Humanismus leitete um 1500 an der Universität Erfurt einen Aufschwung ein, von dem später auch Luther während seines Studiums profitieren sollte. Die „Spätblüte der Scholastik“[144] war hier vor allem Jacobus Trutfetter von Eisenach (1465[?]–1534) und Bartholomäus Arnoldi von Usingen (gest. 1519) zu verdanken. Mit ihren Beiträgen zur Logik und Dialektik wie zur Naturphilosophie verfolgten sie das Ziel einer sachbezogenen Konzentration des Studiums, wobei sie besonderes Gewicht auf die Sprachanalyse legten und deshalb auch bei den Humanisten Anerkennung fanden.[145] Eine weitere Verbindung ergab sich über die Sprachphilosophie hinaus bei den anthropologischen Denkvoraussetzungen sowie bei der Auffassung vom freien Willen und seiner Heilsbedeutung.

## 4. Augustinische Gnadentheologie

War Augustin „die überragende Kirchenväter-Autorität der scholastischen Theologie vom 12. Jahrhundert bis zum Tridentinum“,[146] so bildete der spätmittelalterliche Augustinismus eine besondere theologische Richtung, die vor allem durch ihre Gnadenlehre einen neuen Akzent setzte. In Anknüpfung an Gregor von Rimini (gest. 1358) und Hugolin von Orvieto (gest. 1373) war es ihr Anliegen, die antipelagianische Gnadentheologie, wie sie Augustin in seinem Spätwerk entfaltet hatte, gegen alle Harmonisierungsversuche der scholastischen Soteriologie zur Geltung zu bringen.[147] Das führte zu Spannungen, ohne dass es zum Bruch kam, denn bei aller Radikalität ihrer Gnadenlehre zweifelten die Verfechter des Augustinismus doch nicht an der Bedeutung der scholastischen Methode.[148]

Johannes Pupper von Goch (um 1415–1475) war einer der bedeutendsten Vertreter dieses Augustinismus. 1442 bis 1447 war er Mitglied der ‚Brüder vom gemeinsamen Leben‘ in Amersfoort und seit 1459 Prior des Konvents der Augustiner-Chorfrauen in Mecheln.[149] In seinen Schriften konzentrierte er sich auf Fragen der Soteriologie und der theologischen Anthropologie. Dabei lehnte er die Anschauungen des Aris-

142 Vgl. Oberman, Spätscholastik und Reformation II, 118 ff.

143 Vgl. ders., Spätscholastik und Reformation I, 18.

144 Kleineidam (s. Abschn. A), 138.

145 Vgl. W. Urban, Die ‚via moderna‘ an der Universität Erfurt am Vorabend der Reformation, in: H. A. Oberman (Hg.), Gregor von Rimini, 311–330, hier: 315 ff.

146 Hamm, Hieronymus-Begeisterung (s. Kap. 3), 134.

147 Vgl. Zumkeller, 5 ff.; M. Schulze, ‚Via Gregorii‘ in Forschung und Quellen, in: Oberman (Hg.), Gregor von Rimini, 1 f.

148 Vgl. Oberman, Spätscholastik und Reformation II, 47.

149 Vgl. G. A. Benrath, Art. Pupper von Goch, in: TRE 28, 1997, 6–8, hier: 6; Post, The Modern Devotion (s. Abschn. A), 470 ff.

totelismus ab und berief sich stattdessen auf die Autorität der Heiligen Schrift. In Abgrenzung zu semipelagianisierenden Tendenzen seiner Zeit unterzog Pupper von Goch auch Thomas von Aquin einer scharfen Kritik.[150] Im Sinne des antipelagianischen Augustinismus wandte er sich gegen die weitverbreitete Werkgerechtigkeit, indem er gegen die traditionelle Lehre von der Heilsbedeutung des freien Willens ein Konzept christlicher Freiheit vertrat, demzufolge die Erfüllung des christlichen Gesetzes von der Gnade Gottes abhängig ist. Auf der Grundlage einer Verhältnisbestimmung von Gesetz und Evangelium, die sich im Rahmen eines nominalistischen Augustinismus bewegte,[151] wandte er sich ebenso gegen die monastische Auffassung von der besonderen Heilsbedeutung der Mönchsgelübde,[152] die seinem Freiheitsverständnis widersprach, ohne dass er damit die Heilsmittlerschaft der Kirche und des Priesteramtes in Frage stellen wollte.

Einer der geistreichsten Nominalisten der Zeit und ein führender Vertreter der Reformtheologie war Johann Wessel Gansfort (um 1419–1489).[153] Er wurde im niederländischen Zwolle, dem Zentrum der Devotio moderna, durch die ‚Brüder vom gemeinsamen Leben' und die Begegnung mit Thomas von Kempen geprägt. Mit seinen theologischen Traktaten übte er später selbst großen Einfluss auf die Frömmigkeitspraxis der Devoten aus. Seine Wirkung reichte bis zu den Exerzitien des Ignatius von Loyola (1491–1556). Sein Studium hatte er 1449 zunächst in Köln begonnen und in Paris fortgesetzt, wobei er einen Wechsel von der *via antiqua* zur *via moderna* vollzog. Davon überzeugt, dass die scholastische Methode unverzichtbar sei, um die Wahrheit angemessen zur Geltung zu bringen – und sich gegebenenfalls besser verteidigen zu können als Johannes Rucherath von Wesel, dessen Verurteilung auf seine mangelnde Schulerfahrung zurückzuführen sei –, fand Wessel Gansfort im Nominalismus jene Präzision des Denkens und der Sprache, wie er sie für notwendig erachtete.[154] Diese Verbindung von *via moderna* und Devotio moderna war möglich, solange der Nominalismus vornehmlich als Methode rezipiert wurde, während die inhaltliche Entfaltung der Theologie mitsamt ihrer *Praxis pietatis* einer eigenen Grundlegung bedurfte. Diese fand Wessel Gansfort bei Augustin und in der Tradition der Mystik, und er verbreitete seine Anschauungen in kleinen Traktaten. Bis 1478 betrieb er eigenständige Studien und nahm in Italien mit führenden Vertretern des Renaissancepapsttums Verbindung auf, bevor er auf den Agnetenberg nach Zwolle zurückkehrte.[155] In Anknüpfung an Bernhard von Clairvaux und Thomas von Kempen beschrieb Wessel Gansfort den Weg und das Ziel der Hinwendung des

150 Johannes Pupper von Goch, De libertate christiana III, 2–4.6 (ed. Pijper, 184–191.196); vgl. D. C. Steinmetz, Libertas christiana: Studies in the Theology of John Pupper of Goch (d. 1475), in: HThR 65 (1972), 191–230, hier: 205 ff.

151 Vgl. L. Abramowski, Die Lehre von Gesetz und Evangelium bei Johann Pupper von Goch im Rahmen seines nominalistischen Augustinismus, in: ZThK 64 (1967), 83–98.

152 Johannes Pupper von Goch, Dialogus XV (ed. Walch, 167).

153 Vgl. S. D. Reeves, Art. Gansfort, Wessel, in: TRE 12, 1984, 25–28; Oberman, Forerunners of the Reformation, 63 ff., ders., Wessel Gansfort: Magister Contradictionis, in: F. Akkerman u. a. (Hg.), Wessel Gansfort (1419–1489) and Northern Humanism, Leiden 1993, 103–128; Post, The Modern Devotion (s. Abschn. A), 476 ff.

154 Vgl. Oberman, Spätscholastik und Reformation II, 48 f.

155 Vgl. Benrath, Wegbereiter der Reformation, 450 f.

Menschen zu Gott in mystischen Kategorien als Hochzeit der Seele mit dem Bräutigam Christus. Wie für die Devotio moderna insgesamt, so bildete auch für Wessel Gansfort die Heilige Schrift das entscheidende Fundament seiner Theologie. Sein Schriftverständnis durchbrach die traditionelle Auffassung des Verhältnisses von Schrift und Tradition, die darauf hinauslief, die Schrift der Kirche unterzuordnen. Wessel Gansfort bewegte sich demgegenüber auf einer Linie mit John Wyclif und Jan Hus, eröffnete aber durch seine Unterscheidung zwischen Gesetz und Evangelium neue Perspektiven. Damit konnten der gesetzliche Charakter eines Biblizismus überwunden und eine theologisch fundierte Schriftauslegung begründet werden. Im Mittelpunkt standen die nominalistische Auffassung von der uneingeschränkten Souveränität Gottes sowie die vom Augustinismus eines Gregor von Rimini getragene Einsicht, dass allein der Glaube an die Gerechtigkeit Christi, nicht aber menschliche Reue und Beichte von den Sünden befreit.[156] Da deshalb allein Gott und nicht dem Priester die Vollmacht der Sündenvergebung zugesprochen werden muss, so war mit diesem neuen Bußverständnis eine fundamentale Kirchenkritik verbunden. Wessel Gansfort verlagerte den Akzent vom sakramentalen Handeln der Kirche auf die innere Einkehr des Gläubigen und forderte darüber hinaus einen vorübergehenden Verzicht auf die Ohrenbeichte, weil diese als ein äußeres Werk zu sehr in den Mittelpunkt gerückt sei und der Andacht im Wege stehe, die doch die eigentliche Bestimmung der gnadenspendenden Sakramente sei. Durch die Verbindung der augustinischen Gnadenlehre mit dem Reformanliegen seiner Zeit sowie durch die eigenständige Rezeption mystischer, scholastischer und humanistischer Denktraditionen gewann Wessel Gansforts Theologie eine unverwechselbare Gestalt. Die Weite seines geistigen Horizontes lässt sich zudem an seiner Freundschaft mit Johannes Pupper von Goch, Gabriel Biel, Johannes Reuchlin[157] und Francesco della Rovere, dem späteren Papst Sixtus IV., ablesen.

Weder Pupper von Goch noch Wessel Gansfort konnten große Breitenwirkung erzielen, weil der Augustinismus in der zweiten Hälfte des 15. Jahrhunderts insgesamt an Einfluss verlor. Symptomatisch für diese Abschwächung war, dass immer mehr pseudo-augustinische Schriften gedruckt wurden, in denen eine Gnaden- und Verdienstlehre vertreten wurde, die zwar dem Zeitgeist, aber nicht Augustins Auffassung entsprach.[158] Selbst die Theologen des Augustiner-Eremiten-Ordens orientierten sich immer weniger an Augustins Antipelagianismus, vielmehr zitierten sie ihn nur noch als Gewährsmann für traditionelle Lehren der Kirche und versuchten, ihr eigenes seelsorgerliches Anliegen von ihm her zu begründen. Typisch für diese Reserviertheit gegenüber der radikalen Gnaden- und Prädestinationslehre Augustins war der Kommentar des Johannes von Dorsten (um 1435–1481), den Johannes von Paltz zitierte und verschärfte, wenn es heißt, dass Augustin diesbezüglich auf „extreme Weise“ – nach Paltz „exzessiv“ – gesprochen habe.[159] Dazu passt auch, dass 1491 auf einem Generalkapitel der Augustiner-Eremiten eingeschärft wurde,

156 Johann Wessel Gansfort, Opera, 712 ff.771 ff.; vgl. Benrath, Reformtheologen, 63 ff.

157 Vgl. H. A. Oberman, Gansfort, Reuchlin and the ‚Obscure Man‘. First Fissures in the Foundation of Faith, in: Helmrath/Müller, Studien, Bd. 2, 717–735.

158 Vgl. Hamm, Hieronymus-Begeisterung (s. Kap. 3), 138.

159 Johannes von Paltz, Supplementum Coelifodinae (ed. Hamm, 316,13); vgl. Hamm, Hieronymus-Begeisterung (s. Kap. 3), 137.

die Ordenskonstitution aus dem Jahre 1290, wonach der Sentenzenkommentar des Aegidius Romanus (um 1243–1316) als Grundlage der theologischen Vorlesungen dienen solle, habe noch immer Gültigkeit. Die Werke Gregors von Rimini durften nach der Entscheidung des Generalkapitels nur außer der Reihe Berücksichtigung finden.[160]

Ganz auf der Linie dieser aegidianisch-thomistischen Schultradition dachte zunächst auch Johannes von Staupitz (um 1468–1524), der nach dem Artes-Studium an den Universitäten von Köln und Leipzig – zwei Hochburgen der *via antiqua* – zwischen 1490 und 1495 in die Reformkongregation der Augustiner-Eremiten eintrat. 1497 immatrikulierte er sich an der Universität Tübingen und wurde dort 1500 durch den Biel-Schüler Wendelin Steinbach zum Doktor der Theologie promoviert.[161] In seinen Predigten, die er 1497/98 in der Tübinger Klosterkirche über den Anfang des Buches Hiob hielt, trug er im Zusammenhang mit dem Reformideal der Observanz grundsätzliche Überlegungen zur theologischen Anthropologie und Soteriologie vor, in denen sich die kontroverse Augustin-Rezeption dieser Zeit widerspiegelt. Ohne Gregor von Rimini direkt zu nennen, wird dessen Gnadenlehre im Rahmen einer dem Hiob-Prolog nachempfundenen theologischen Disputation verurteilt, wobei Staupitz den Teufel als den Verfechter eines strikten Antipelagianismus auftreten und demgegenüber Gott auf der Seite derjenigen Theologen stehen lässt, die nicht die Konsequenz eines radikalen Augustinismus ziehen, sondern der Freiheit des menschlichen Willens eine Heilsbedeutung zuschreiben.[162] Wenn Staupitz zugleich eine Theologie der Demut vertrat,[163] so stand das nicht im Widerspruch zu seiner Gnaden- und Verdienstlehre, sondern zielte darauf ab, „die geistliche Hochleistung vor geistlichem Hochmut zu schützen".[164] Dabei zeichnete sich schon in den Tübinger Predigten eine neue Perspektive ab, indem der Blickwinkel der Demutstheologie auf Gott ausgerichtet und dadurch allen Angefochtenen Trost vermittelt wurde.[165] Diese Perspektive sollte ab 1512 an Bedeutung gewinnen, als Staupitz vor allem als Prediger und geistlicher Schriftsteller wirken konnte, nachdem er seine Bibelprofessur an der Wittenberger Universität Martin Luther übertragen hatte. An der Gründung dieser Universität im Jahre 1502 war Staupitz selbst beteiligt, und es war auch ihm zu verdanken, dass Augustin zum Schutzpatron dieser Universität und zu einer wichtigen Autorität im theologischen Lehrbetrieb wurde.[166] Die allgemeine Wertschätzung Augustins und die Nachfrage nach einer kritischen Edition seiner

---

160 Vgl. Zumkeller, 432 ff.

161 Vgl. Oberman, Spätscholastik und Reformation II, 97 f.

162 Johannes von Staupitz, Tübinger Predigten, Sermo XV (ed. Wetzel, 270–272, Z. 193–233); vgl. M. Schulze, Der Hiob-Prediger. Johannes von Staupitz auf der Kanzel der Tübinger Augustinerkirche, in: Hagen, Augustine, 60–88, hier: 70 ff.

163 Johannes von Staupitz, Tübinger Predigten, Sermo VIII (ed. Wetzel, 145, Z. 198–204); vgl. A. Zumkeller, Johannes von Staupitz und seine christliche Heilslehre, Würzburg 1994 (Cass. 45), 193.

164 Schulze, Der Hiob-Prediger, 79; vgl. Hamm, Johann von Staupitz (s. Abschn. A), 25 ff.

165 Johannes von Staupitz, Tübinger Predigten, Sermo XXIII (ed. Wetzel, 357, Z. 247–252); vgl. Schulze, Der Hiob-Prediger, 81.

166 Vgl. B. Lohse, Zum Wittenberger Augustinismus. Augustins Schrift De Spiritu et Littera in der Auslegung bei Staupitz, Luther und Karlstadt, in: Hagen, Augustine, 89–109.

Schriften gaben nicht zuletzt den Anstoß zu der großen Werkausgabe durch den Basler Drucker Amerbach in den Jahren 1504 bis 1506. Auf dieser Grundlage wurden neue theologische Perspektiven entfaltet, so dass es sogar bei Wendelin Steinbach, dem bedeutendsten Schüler Gabriel Biels, durch das intensive Augustin-Studium zwar nicht zur Revision grundlegender Auffassungen, aber doch zu deutlichen Akzentverschiebungen in der Gnadenlehre kam.[167] Insgesamt ließ jedoch das Interesse an Augustin in den letzten Jahrzehnten vor der Reformation nach, während die Begeisterung für Hieronymus zunahm.[168] Das lag am Einfluss des Humanismus und an den Intentionen einer Frömmigkeitstheologie, die mit einem konsequenten Augustinismus letztlich unvereinbar war.

## 5. Christlicher Humanismus

Der Humanismus belebte die spätmittelalterliche Theologie nicht nur mit seinen philologischen Interessen, sondern vertrat auch anthropologische und soteriologische Auffassungen, die mit der Frömmigkeitstheologie des 15. Jahrhunderts übereinstimmten. Zu den herausragenden Repräsentanten eines christlichen Humanismus gehörten Marsilio Ficino und Erasmus von Rotterdam. Ficino stand an der Spitze der von Lorenzo Medici begründeten Platonischen Akademie in Florenz, die zum Zentrum des Platonismus und zum Anziehungspunkt vieler Humanisten aus ganz Europa wurde. Seiner Grundüberzeugung entsprechend, dass die (neu)platonische Philosophie und der christliche Glaube letztlich eine Einheit bildeten, bemühte sich Ficino darum, die christliche Lehre durch Gedanken des Platonismus zu ergänzen und zu vertiefen.[169] In diesem Sinne ermahnte er die Philosophen, „daß sie die Religion tiefer erfassen oder berühren, die Priester aber, daß sie sich mit Sorgfalt den Studien der echten Weisheit widmen".[170] Er selbst wurde 1473 zum Priester geweiht und verfasste Kommentare zu Schriften des Neuen Testaments, in denen er Christus gemäß der platonischen Ideenlehre zum „Urbild der Tugenden"[171] erklärte. Der mystische Grundzug dieser Verbindung von christlichem Glauben und platonischer Philosophie zeigte sich nach Ficino darin, dass die göttliche Wahrheit „allein den Augen der Frommen sichtbar wird".[172] Angesichts des hohen Anspruches, den er an die Kirche als die Vermittlerin der philosophisch-theologischen Wahrheit stellte, brachte Ficino in einem Schreiben an Papst Sixtus IV. seine Enttäuschung darüber zum Ausdruck, dass ihn die Hoffnung getrogen habe, dieser Papst sei ein „Phönix der Philosophie", mit dem das „goldene Zeitalter" wiederkehren werde.[173] Stattdessen sei das „eiserne" Zeitalter angebrochen, das von Waffen und Kriegen beherrscht

---

167 Vgl. Oberman, Spätscholastik und Reformation II, 119 ff.

168 Vgl. Hamm, Hieronymus-Begeisterung (s. Kap. 3), 132.

169 Vgl. W. Beierwaltes, Denken des Einen. Studien zur neuplatonischen Philosophie und ihrer Wirkungsgeschichte, Frankfurt a. M. 1985, 216 ff.; ders., Plotin und Ficino: Der Selbstbezug des Denkens, in: Helmrath/Müller, Studien, Bd. 2, 643–666.

170 Marsilio Ficino, De christiana religione, zit. n. Benrath, Wegbereiter, 484 f.

171 Marsilio Ficino, In Epistolas D. Pauli (Opera I, 853 f.); vgl. Benrath, Wegbereiter, 485 f.

172 Marsilio Ficino, De christiana religione, zit. n. Benrath, Wegbereiter, 484; vgl. W. Dreß, Die Mystik des Marsilius Ficinus, Berlin/Leipzig 1929, 24 ff.

173 Zit. n. Benrath, Wegbereiter, 487.

werde, und deshalb sah sich Ficino genötigt, den Papst daran zu erinnern, dass er sich als „Stellvertreter des sanftmütigen, mildesten Christus" in Demut bewähren und für den Frieden einsetzen müsse.[174] So resultiert aus Ficinos eindrucksvoller Konzeption einer Verknüpfung von Philosophie und Theologie ein Aufruf zur Reform, der dem dominierenden Anliegen dieser Zeit entsprach.

Beeinflusst durch einen Schüler Ficinos, den englischen Humanisten John Colet (1466/67–1519), entwickelte Erasmus von Rotterdam sein Konzept eines christlich-platonischen Humanismus. Nachdem er als illegitimer Sohn eines Priesters zunächst bei den ‚Brüdern vom gemeinsamen Leben' im Geist der Devotio moderna erzogen und als Augustiner-Chorherr 1492 zum Priester geweiht worden war, wandte er sich während seines Theologiestudiums in Paris vom spätscholastischen Nominalismus ab und schloss sich den Humanisten an. Nach einem ersten Aufenthalt in England 1499/1500 entfaltete er ein Denken, dessen Verbindung von Philologie und Theologie mit der Frömmigkeit der Devotio moderna eine ganz eigene Prägung hatte und ihn zum berühmtesten Humanisten seiner Zeit werden ließ. Der Weite seines Denkens entsprach der kosmopolitische Zug seines bewegten Lebens, das er an den bedeutendsten Orten der europäischen Geistesgeschichte verbrachte. In seinen satirischen Schriften – wie der *Laus stultitae* (‚Lob der Torheit') und den *Colloquia familiaria* – verurteilte er die Spitzfindigkeiten scholastischer Theologie und darüber hinaus die Amtskirche und die Frömmigkeit seiner Zeit, denen er eine „christliche Philosophie"[175] gegenüberstellte, indem er aus der Bergpredigt eine Tugendlehre ableitete, die zur umfassenden Reform des Christentums beitragen sollte. In den ‚allgemeinen Regeln des wahren Christentums', die er 1502/03 in seinem *Enchiridion militis Christiani* (‚Handbüchlein des christlichen Streiters') formulierte, verlangte er von dem Christen, der bereit ist, sein Leben für Christus hinzugeben, gegen alle weltlichen Anfechtungen nur in ihm das „Vorbild seiner Frömmigkeit"[176] zu erblicken. Das philologische Interesse, das Erasmus den Diskussionen verdankte, die er mit den ‚Brüdern vom gemeinsamen Leben' über die Kirchenväter und klassische antike Autoren geführt hatte, motivierte ihn zu einer Reihe von Editionen und Übersetzungen patristischer Werke und gab den Anstoß für die erste kritische Ausgabe des Neuen Testaments, die Erasmus 1516 vorlegte und die für die biblische Exegese in der Folgezeit grundlegend wurde.

Das Ideal einer ‚gelehrten Frömmigkeit' (*docta pietas*) vertrat auch der französische Humanist Lefèvre d'Etaples (Faber Stapulensis).[177] Wie so viele Humanisten konzentrierte Faber Stapulensis das Wesen des Menschen auf seine inneren Werte und betrachtete die Stille des Klosters als den idealen Ort der inneren Einkehr. Entsprach diese Idee ganz den Intentionen des Klosterhumanismus, so zeigte sich die Affinität zwischen dem Humanismus und der Frömmigkeitstheologie des 15. Jahrhunderts besonders deutlich in der humanistischen Wertschätzung des Kirchenvaters Hieronymus. In ihm sahen viele Humanisten, gerade auch Erasmus von Rotterdam,

174 A. a. O., 488 f.

175 Erasmus von Rotterdam, In Novum Testamentum praefationes. Paraclesis (ed. Welzig, Bd. 3, 2).

176 Ders., Enchiridion militis christiani (ed. Welzig, Bd. 1, 154–161.240–269).

177 Vgl. E. Rummel, Voices of Reform from Hus to Erasmus, in: Brady, Handbook II, 61–91, hier: 69 ff.

ihr Ideal einer Verbindung von Sprachkompetenz, Bibelphilologie und christlicher Lebensgestaltung vorbildhaft verwirklicht. In Deutschland erreichte die humanistische Hieronymus-Begeisterung im letzten Jahrzehnt vor der Reformation ihren Höhepunkt. Hieronymus wurde zu einer „Identifikationsfigur für zentrale Impulse spätmittelalterlicher Laienfrömmigkeit, Ordensspiritualität und Gelehrtenkultur",[178] wobei er mehr ein Heiliger der Eliten als der einfachen Menschen war.

## C. GLAUBENSVERMITTLUNG

Zwischen der Theologie als wissenschaftlich begründeter Glaubenslehre und der Frömmigkeit der Gläubigen gab es vielfältige institutionelle und personale Verknüpfungen. Die Vermittlung des Glaubens vollzog sich nicht nur in einer Richtung, sondern in einem – wenn auch nicht ausgewogenen – Wechselverhältnis zwischen Amtskirche, Universitäten und der Gemeinde der Gläubigen. Sie war eingebunden in sozial und kulturell bedingte Kommunikationsstrukturen, die durch die Erfindung des Buchdrucks revolutioniert wurden. Die Bandbreite im Bildungsniveau und in der gesellschaftlichen Stellung der Adressaten einer solchen Glaubensvermittlung sorgte dafür, dass die Ausprägungen der Frömmigkeitstheologie von elitären, humanistischen Idealen verpflichteten Konzeptionen bis zu popularisierenden Darstellungen reichten.[179] Bei der Vermittlung theologischer Erkenntnisse an Laien, die sich als ein Prozess der „Transformation"[180] beschreiben lässt, setzte man sowohl auf lateinkundige Kleriker als auch auf einfache Priester und Mönche als Katecheten.[181]

### 1. Theologische Ausbildung

Ein reguläres Theologiestudium an einer Universität absolvierten im 15. Jahrhundert nur die wenigsten Kleriker. Das lag im Wesentlichen daran, dass ein vollständiges Studium an einer theologischen Fakultät im Anschluss an das Studium der *artes liberales* insgesamt acht bis 12 Jahre und bis zur Erlangung des Magistergrades sogar bis zu 15 Jahre in Anspruch nahm. Das kam für die meisten Kleriker, vor allem für Angehörige des Weltklerus, schon aus finanziellen Gründen nicht in Frage und war für die Amtskirche ebenso wenig erstrebenswert. Höhere Positionen in der Ämterhierarchie der Kirche wurden ohnehin eher von Juristen besetzt, was dem Rechtscharakter der Kirche entsprach.[182] Zudem gab es in manchen Regionen gar keine

178 Hamm, Hieronymus-Begeisterung (s. Kap. 3), 134.

179 Vgl. ders., Was ist Frömmigkeitstheologie? (s. Abschn. A), 32.

180 C. Burger, Theologie und Frömmigkeit. Transformationsversuche im Spätmittelalter, in: Boockmann u. a., Lebenslehren, 400–420, hier: 418; ders., Transformation theologischer Ergebnisse für Laien im späten Mittelalter und bei Martin Luther, in: M. Nieden/H. J. Nieden, 47– 64, hier: 51. – Mit Ulrich Köpf ließe sich diese theologische Literatur auch als „eine Art von Vermittlungstheologie" charakterisieren (U. Köpf, Einleitung, in: Ders. [Hg.], Theologen des Mittelalters. Eine Einführung, Darmstadt 2002, 9–42, hier: 41).

181 Vgl. C. Burger, Direkte Zuwendung zu den ‚Laien' und Rückgriff auf Vermittler in spätmittelalterlicher katechetischer Literatur, in: Hamm/Lentes, Frömmigkeit, 84–109.

182 Vgl. Meuthen, Klerusbildung, 277.

Universität, im Reichsgebiet nördlich der Alpen bis zur Mitte des 15. Jahrhunderts nur in Prag (gegründet 1348), Wien (1365), Heidelberg (1386), Köln (1388), Erfurt (1392), Würzburg (1402), Leipzig (1409), Rostock (1419) und Löwen (1425), bevor in der zweiten Hälfte des Jahrhunderts etliche Neugründungen erfolgten – u. a. in Greifswald 1456, in Tübingen 1477 und in Wittenberg 1502.[183] Wenn die Kleriker überhaupt eine Universitätsausbildung genossen, so beschränkte sich diese in der Regel auf ein relativ kurzes, ein- oder höchstens zweijähriges Grundstudium der *artes liberales*. Das Studium der *artes* galt als Propädeutik des Theologiestudiums.[184] Theologische Inhalte kamen hier nicht vor, da sie für das Studium an der ‚höheren' Fakultät vorgesehen waren.

Die große Mehrheit der Kleriker studierte allerdings nicht an einer Universität, sondern besuchte nur eine höhere Schule. Das war zumeist eine Schule unter geistlicher Aufsicht, eine Dom-, Stifts- und Klosterschule oder eine der städtischen Lateinschulen, die mit dem Aufstieg des Bürgertums aufblühten, allerdings in erster Linie für die Vorbereitung auf bürgerliche Berufe gedacht waren.[185] An diesen Schulen wurden den angehenden Klerikern Grundkenntnisse des Lateinischen vermittelt, womit sie in sprachlicher Hinsicht auf ihre liturgische Aufgabe bei der Feier der Messe vorbereitet werden sollten. Zugleich lernten sie die Grundlagen des christlichen Glaubens kennen, wozu nach den Vorgaben der Kirche die Zehn Gebote, das Vaterunser und das Glaubensbekenntnis sowie geistliche Lieder, Psalmen, Heiligenviten und Kenntnis des Kalenders gehörten. Auch die Mitwirkung beim Chor- und Altardienst der Pfarrkirche am Ort war Teil der kirchlichen Prägung und Vorbereitung auf den späteren Beruf.[186] Weit verbreitet waren Handbücher für Gemeindepfarrer, in denen grundlegende Instruktionen für den pastoralen Dienst vermittelt werden sollten.[187] Die Mendikanten hatten neben dem Generalstudium an den bedeutenden Konventen sowie dem Studium an einer Universität auch die Möglichkeit, an einigen Ordenskonventen Partikularstudien zur Vorbereitung auf das Generalstudium zu absolvieren; an diesen konnten gelegentlich auch Weltgeistliche und Laien teilnehmen.[188] Wichtige Impulse für die theologische Bildung gingen wiederum von der Devotio moderna aus. Deren Schulen in Zwolle unter der Leitung von Johannes Cele

183 Vgl. J. Verger, Grundlagen, in: Rüegg, Geschichte der Universität, Bd. 1 (s. Kap. 3), 49–80, hier: 77 f.; Seifert (s. Abschn. B), 198.

184 Vgl. J. Dolch, Lehrplan des Abendlandes, Darmstadt 1982, 116 ff.

185 Vgl. P. F. Grendler, Schooling in Western Europe, in: Ders., Schooling in Renaissance Italy. Literacy and Learning 1300–1600, Baltimore u. a. 1989 (Johns Hopkins University Studies in Historical and Political Sciences 107/1), 775–787; ders., The Organization of Primary and Secondary Education in Italian Renaissance, a. a. O., 185–205; J. A. Hoeppner Moran, The Growth of English Schooling 1340–1548. Learning, Literacy and Laicization in pre-Reformation York Diocese, Princeton 1985, 21 ff.; Seifert (s. Abschn. B), 223 ff.

186 Vgl. F. W. Oediger, Über die Bildung der Geistlichen im späten Mittelalter, Leiden u. a. 1953 (STGMA 2), 36.

187 Vgl. P. A. Dykema, Handbooks for Pastors. Late Medieval Manuals for Parish Priests and Conrad Porta's Pastorale Lutheri (1582), in: Bast/Gow, Continuity and Change, 143–162.

188 Vgl. K. Elm, Mendikantenstudium, Laienbildung und Klerikerschulung im spätmittelalterlichen Westfalen, in: Boockmann u. a., Lebenslehren, 586–617, hier: 592 ff.

und in Deventer unter Alexander Hegius (um 1433–1498) prägten führende Geistesgrößen wie Erasmus von Rotterdam und wurden mit ihrer Verknüpfung christlicher und antiker Traditionen zum Vorbild für eine weitreichende Bildungsreform.[189]
Mit der Gründungswelle neuer Universitäten in der zweiten Hälfte des 15. Jahrhunderts, die im Zusammenhang mit der Tendenz zu ‚gestalteter Verdichtung' stand und aus der wachsenden Bedeutung der Universitäten im Zuge der allgemeinen Reformbemühungen resultierte, nahm die Zahl der Studierenden unter den angehenden Klerikern signifikant zu, obwohl sie keineswegs die Mehrheit stellten. Die „Theologisierung",[190] d. h. die Aufwertung der Theologen gegenüber den Juristen vor allem auf den Reformkonzilien, wirkte sich auf das universitäre Theologiestudium aus. Der Humanist Jakob Wimpfeling, der Rektor der Heidelberger Universität war und den Ehrentitel *Praeceptor Germaniae* trug, begrüßte diese Entwicklung, zeugte sie doch von einer größeren Wertschätzung der theologischen Bildung insbesondere im Bürgertum. Solche Bildung konnte für die Aufgaben der Geistlichen nur von Nutzen sein, so wie die städtischen Verwaltungen in zunehmendem Maße an Personal insbesondere mit (kirchen)rechtlichen Kenntnissen interessiert waren.[191] Die wachsende Zahl der Studenten und die grundsätzliche Kritik am traditionellen Aufbau des Studiums, die vor allem von Humanisten vorgetragen wurde, gaben Anlass, über die Notwendigkeit einer Studienreform zu debattieren und entsprechende Maßnahmen zu ergreifen. Dabei kritisierten die Humanisten weniger eine mangelhafte theologische Bildung der Kleriker als vielmehr die unzureichende Sprachkompetenz der Studenten und Absolventen. Dementsprechend plädierten sie in erster Linie für eine Reform des Studiums der *artes liberales*, das unter der Dominanz der Logik und dem daraus resultierenden Hang zu Spitzfindigkeiten litt, eine Entwicklung, die durch die Konkurrenz der unterschiedlichen ‚Wege' scholastischer Theologie noch verstärkt worden war. Nach den Vorstellungen der Humanisten sollte die Beschäftigung mit Grammatik und Rhetorik in den Mittelpunkt rücken.[192] Dass sich auch Vertreter der Frömmigkeitstheologie für eine Reform von Bildung und Studium engagierten, wird vor allem bei Gerson deutlich.[193]
Die Reformtheologen setzten verstärkt auf die Volkssprache, um die religiöse Bildung der Laien zu vertiefen.[194] Das entsprach ihrem frömmigkeitstheologischen Anliegen und spiegelte zugleich ein neues Wissenschaftsverständnis wider, denn hier wurden die traditionellen Standesprivilegien und hierarchischen Denkmuster der ‚scientific community' grundsätzlich in Frage gestellt, was Widerstand hervorrief, da der gesellschaftliche Einfluss der Gelehrten zu schwinden drohte. Deshalb wurden Forderungen laut, einer unkontrollierten Verbreitung des Wissens durch

189 Vgl. Oberman, Spätscholastik und Reformation, Bd. 2, 60 ff.

190 Helmrath, Das Basler Konzil (s. Kap. 2 B), 135.417 ff.

191 Vgl. K. Wriedt, Stadtrat – Bürgertum – Universität am Beispiel norddeutscher Hansestädte, in: Moeller u. a., Studien, 499–523, hier: 515.

192 Vgl. Rummel, The Humanist-scholastic debate (s. Kap. 3), 63 ff.; F. J. Worstbrock, Die „Ars versificandi et carminum" des Konrad Celtis. Ein Lehrbuch des deutschen Humanismus, in: Moeller u. a., Studien, 462–498.

193 Johannes Gerson, Tractatus de parvulis ad Christum trahendis, in: Œuvres complètes IX, 669–686; vgl. oben 144 ff.

194 Vgl. Schreiner, Volkssprache 471 ff.; ders., Laienbildung, 287 ff.

Zensurmaßnahmen entgegenzuwirken. Der Mainzer Erzbischof Berthold von Henneberg (1441/42–1504) bildete 1485 ein Gremium aus Professoren der Mainzer und Erfurter Universitäten, das die Aufgabe hatte, alle Übersetzungen vor ihrer Drucklegung daraufhin zu überprüfen, ob sie im Interesse der Wissenschaft und der Kirche seien.[195]
Die richtungsweisenden Entwicklungen in der Bildungsgeschichte des ausgehenden 15. Jahrhunderts konzentrierten sich auf die städtische Kultur, so dass sich am Bildungsniveau des Landklerus zunächst wenig änderte.[196] Über den persönlichen Glauben und die seelsorgerlichen Qualitäten dieser Geistlichen ist damit nichts gesagt, doch es wird verständlich, warum sie zur Zielscheibe der Kritik des gebildeten Bürgertums wurden. Den gestiegenen Erwartungen an die intellektuellen Fähigkeiten der Kleriker konnte das Festhalten an traditionellen Bildungsstandards nicht genügen.

## 2. Predigt und Katechese

Obwohl die Predigt nicht im Mittelpunkt des Messgottesdienstes stand, hatte sie zusammen mit der Katechese eine entscheidende Bedeutung für die Vermittlung des Glaubens. Das Konzil von Basel rief 1433 den Bischöfen in Erinnerung, dass sie für die regelmäßige Wortverkündigung zu sorgen hatten. Dass die Laien sich sehr für aussagekräftige Predigten interessierten, zeigt sich an dem Zulauf, den die berühmten Volksprediger dieser Zeit bekamen. Ihre Resonanz resultierte aus der Fähigkeit, den Zusammenhang von Theologie und Frömmigkeit in einer Form zu vermitteln, wie sie den jeweiligen Adressaten angemessen war und ihren religiösen Bedürfnissen und den gesellschaftlichen Umständen entsprach. Auf diese Weise übernahmen die Volksprediger die Rolle von ‚dirigenti religiosi', die den Laien Orientierung gaben.[197] Besonders hervorzuheben sind die Franziskaner Bernhardin von Siena und Johannes Capestrano, der Dominikaner Girolamo Savonarola und der Straßburger Münsterprediger Johannes Geiler von Kaysersberg. Während Bernhardin von Siena und Johannes Capestrano die Massen vor allem als Bußprediger anzogen, begeisterte Geiler von Kaysersberg die Zeitgenossen mit seiner Mischung aus Witz und beißender Kritik an den gesellschaftlichen und kirchlichen Missständen und verkündigte ihnen dabei theologisch moderat sowohl die Strenge des Gesetzes und der Gerechtigkeit Gottes als auch dessen Güte.[198] Savonarola wiederum gewann in Florenz durch die Verknüpfung religiöser und politischer Radikalität mit apokalyptischen Vorzeichen viele Anhänger, brachte damit aber zugleich die Herrschenden so gegen sich auf, dass er schließlich exkommuniziert und hingerichtet wurde.[199] In den Predigten dieser

195 QGPRK 1, 493 f.; vgl. G. Rietschel, Art Bibellesen und Bibelverbot, in RE$^3$ 2, 1897, 700–713, hier: 704.

196 Vgl. Meuthen, Klerusbildung, 270 ff.

197 Vgl. Hamm, Between Severity and Mercy, 321 ff.

198 Vgl. Origo, 15 ff.; Elm, Kapistrans Predigtreise (s. Kap. 2 C), 504 ff.; Hamm, Between Severity and Mercy, 344 ff.

199 Vgl. J. Weinhardt, Savonarola als Apologet. Der Versuch einer empirischen Begründung des christlichen Glaubens in der Zeit der Renaissance, Berlin/New York 2003 (AKG 83); R. Ridolfi, Vita di Girolamo Savonarola, 2 Bde. Florenz $^6$1981; P. Antonetti, Savonarola. Ketzer oder Prophet? Eine Biographie, Zürich 1992.

Volksprediger spiegelt sich die Vielfalt der Theologie dieser Zeit ebenso wider wie ihr gesellschaftlicher Kontext. Der unmittelbare Bezug zur Lebenswirklichkeit ihrer Zuhörer entsprach dem theologischen und pastoralen Anliegen, grundlegende Glaubenslehren und Normen so zu vermitteln, dass die Menschen sich in ihrer Situation angesprochen sehen konnten.[200] So erklärte Geiler von Kaysersberg die Zehn Gebote für verbindliches Recht, an dem sich sowohl die Frömmigkeit der Straßburger Bürger als auch das politische und wirtschaftliche Leben der Stadt orientieren sollte. Angesichts steigender Getreidepreise seit Beginn der 1480er-Jahre zog er daraus die Konsequenz, es sei Hungerleidenden erlaubt, die Kornspeicher der Reichen gewaltsam aufzubrechen und sich das zu nehmen, was sie zum Überleben brauchten.[201] Vom Rat der Stadt wurde er allerdings angewiesen, eine solche Auffassung in seinen Predigten nicht mehr zu vertreten.[202]

Einen guten Ruf als Prediger genossen die Mendikanten,[203] was vor allem in den Städten, in denen die Konkurrenz zwischen Pfarr- und Klosterkirchen besonders groß war, zu Konflikten führte und ein ständiges Streitthema auf den Reformkonzilien darstellte. Denn der Pfarrklerus musste darum besorgt sein, dass die Gläubigen die Verbindung zu ihrer Gemeinde nicht abreißen ließen, denn das konnte materielle Konsequenzen haben, wenn etwa eine Stiftung zu Gunsten der Bettelorden erfolgte. Aber auch im Weltklerus gab es fähige Prediger, zumal wenn sie von der Devotio moderna geprägt waren. Gepredigt wurde in der Volkssprache von der Kanzel, die im 15. Jahrhundert ihre bis heute typische Form annahm.[204] Zwar gab es noch keine Kirchenbänke, aber die meisten Frauen und die vornehmen Familien hatten ihre eigenen Kirchenstühle. In der Predigtmethode dominierte eine Schriftauslegung, die sich am vierfachen Schriftsinn orientierte, d. h. an dem wörtlichen, allegorischen, moralischen und endzeitlichen Sinn der Schrift. Die stärkere Gewichtung der sprachlichen Analyse des Bibeltextes, wie sie am Ende des 15. Jahrhunderts unter dem Einfluss des Humanismus gefördert wurde, wirkte sich in der Volkspredigt zunächst noch nicht aus. Der Prediger konnte, wenn sie für ihn erschwinglich waren, auf die Bibelübersetzungen zurückgreifen, die in der zweiten Hälfte des 15. Jahrhunderts in gedruckten Ausgaben vorlagen. Hilfreich waren neben Zitatsammlungen der Kirchenväter auch Glossen (erläuternde Anmerkungen zwischen den Zeilen oder am Rand) und Postillen (Predigtsammlungen) wie die weitverbreitete *Postilla litteralis* des Nikolaus von Lyra (1270/75–1349) sowie Predigthandbücher, in denen die Predigtmethode dargelegt wurde und die dadurch einen Einblick in die Homiletik dieser Zeit gewähren.[205] Nach scholastischer Tradition wurde zwischen den *sermones de tempore*, deren Perikopenordnung sich an den Sonn- und

200 Vgl. E. Englisch, Deutsche Predigten als Vermittler zwischen Gelehrtenkultur und Volkskultur, in: Dinzelbacher/Mück, Volkskultur, 147–158.

201 Vgl. U. Israel, Johannes Geiler von Kaysersberg (1445–1510). Der Straßburger Münsterprediger als Rechtsreformer, Berlin 1997 (BHSt 27), 240.

202 Vgl. a. a. O., 240 f.

203 Vgl. Schneyer, 214 ff.; F. Rapp, Die Vielfalt der Reformbestrebungen, in: GCh 7, 142–206, hier: 149; Müller, Bettelorden (s. Kap. 1 B),101 ff.

204 Vgl. Schröer (s. Kap. 1 A), Bd. 1, 254.

205 Vgl. Schneyer, 180 ff.; J. Longère, La Prédication Médiévale, Paris 1983, 177 ff.; N. F. Palmer, Deutsche Predigthandschriften mit der Glosse. Zu den Predigten der spätmit-

Feiertagen des Kirchenjahres orientierte, und den *sermones de sanctis* unterschieden, d. h. Predigten über Heiligenviten, die sich großer Beliebtheit erfreuten und unter denen die Marienpredigten eine besondere Stellung einnahmen.[206] Mit Beispielgeschichten, die eine eigenständige literarische Gattung bildeten und auf Grund der großen Nachfrage unter den Predigern in Exemplasammlungen verbreitet wurden, konnte ein unmittelbarer Bezug zum Alltagsleben hergestellt werden,[207] wobei die moralisierende Tendenz der spätmittelalterlichen Predigten hier besonders stark ausgeprägt war. Auf der anderen Seite war es eine Grundüberzeugung spätmittelalterlicher Predigtlehre, dem einfachen Volk sei nicht zu viel Theologie zuzumuten. Selbst ein so volkstümlicher Prediger wie Johannes Geiler von Kaysersberg vertrat die Auffassung, diejenigen seien als „falsche Propheten" anzusehen, die „subteile hohe Ding sagen die dem volck zů subtil seind".[208] Dass er damit keineswegs für eine Simplifizierung der Theologie plädierte, vielmehr zwischen der hohen Kunst der Schriftauslegung, die allein dem Klerus gebühre,[209] und ihrer katechetischen Vermittlung unterschied, macht die Regel deutlich, die er den Predigern einprägte: „Also ein predicant soll predigen einfeltige, gemeine, nützliche, lerliche ding, disputieren und hohe ding richt er daheiman uß und yn der schuol bei anderen".[210] Wie sehr insbesondere die Prediger, die einen großen Zulauf hatten, wirklich an einer religiösen Bildung ihrer Zuhörerschaft interessiert waren, lässt sich an Bernhardin von Siena zeigen, für den Bildung die Grundvoraussetzung einer sittlichen Erneuerung war. Er forderte deshalb alle – auch Frauen und Mädchen – dazu auf, nach Bildung zu streben.[211] Zugleich bemühte sich Bernhardin um neue homiletische Methoden und neue Formen der Klerikerbildung.

Die vielfach geäußerte Kritik am Predigtwesen dieser Zeit lässt, ohne dass sie repräsentativ sein muss, die Probleme und Missstände erkennen. Immer wieder wurde beklagt, dass die Predigten ihre Adressaten nicht ansprächen, weil den Predigern ihre eigene Unwilligkeit oder Unfähigkeit anzumerken sei.[212] Oft vertraten sie das Prinzip der Werkgerechtigkeit in einer theologisch vereinfachenden Weise, die den Differenzierungen, wie sie in der theologischen Wissenschaft doch zumindest bedacht wurden, nicht entsprach. Darüber hinaus wurde die vorherrschende klerikal-monastische Perspektive mit ihrer Abgrenzung von allem Weltlichen der spezifischen Lebenssituation der Bauern und Bürger nicht gerecht – was wiederum

---

telalterlichen deutschen Plenarien und Evangelistare, in: H. Reinitzer (Hg.), Deutsche Bibelübersetzungen des Mittelalters, Bern u. a. 1991 (VB 9/10), 273–296.

206 Vgl. W. Williams-Krapp, Mittelalterliche deutsche Heiligenpredigtsammlungen und ihr Verhältnis zur homiletischen Praxis, in: V. Mertens/H.-J. Schiewer (Hg.), Die deutsche Predigt im Mittelalter, Tübingen 1992, 352–360.

207 Vgl. C. de La Roncière, Die Glaubensunterweisung in der römischen Kirche – Predigttätigkeit und Prediger (1280–1450), in: GCh 6, 349–392, hier: 376 ff.

208 Zit. n. Kraume, Gerson-Übersetzungen (s. Abschn. B), 222.

209 Vgl. Schreiner, Laienfrömmigkeit (s. Kap. 1 A), 20.

210 Zit. n. Kraume, Gerson-Übersetzungen (s. Abschn. B), 222.

211 Bernhardin von Siena, Le prediche volgari inedite, 188 ff.; vgl. Elm, Franziskanerobservanz (s. Abschn. A), 210.

212 Epistola de miseria curatorum seu plebanorum § 9, in: ARG 13 (1916), 212; vgl. Moeller, Frömmigkeit (s. Kap. 1 A), 84.

den Erfolg erklärt, den ein Volksprediger wie Geiler von Kaysersberg oder auch die ‚Brüder vom gemeinsamen Leben' erzielten, in deren Predigten die Weltoffenheit des christlichen Glaubens in Verbindung mit einer verinnerlichten Frömmigkeit zur Geltung kam.[213] Die Laienpredigt wurde von der Amtskirche in der Regel abgelehnt und blieb auf die Bruderschaften beschränkt.[214] Zur Verbesserung des Predigtangebotes wurden aber vor allem dort, wo sich keine Bettelorden niedergelassen hatten, Prädikaturen gestiftet.[215] So wurden zusätzliche Predigtgottesdienste in den Städten am Ende des 15. Jahrhunderts zur Regel. Städtische Magistrate waren an der Stiftung solcher Prädikaturen auch deshalb interessiert, weil sie auf diese Weise Einfluss auf die Besetzung kirchlicher Stellen nehmen konnten.

Die Katechese hatte ihren unverzichtbaren Platz in der Vorbereitung auf die Beichte, zu der seit dem IV. Laterankonzil 1215 alle Gläubigen einmal im Jahr – in der Regel zu Ostern – verpflichtet waren.[216] Die Beichte wurde damit zu einem wesentlichen Element der „Kontrolle wie auch der Indoktrination der Gläubigen durch die Amtskirche".[217] Die Einhaltung dieser Pflicht wurde unter Androhung von Sanktionen erzwungen – wer ihr nicht nachkam, durfte nicht die Kommunion empfangen und musste mancherorts vor der Kirche am Pranger stehen, weshalb dort an den Kirchentüren Halseisen angebracht waren.[218] Nach den Statuten französischer und deutscher Diözesansynoden sollten die Pfarrer die Namen der Beichtenden – wie auch die der Kommunizierenden – aufschreiben.[219] Die katechetische Bedeutung der Beichte wurde in theologischen Schriften und in Predigten dargelegt. Zunächst orientierten sie sich in ihrer Systematik an den sieben Todsünden, bis dann die Dekalogauslegungen diese Funktion übernahmen.[220] Die Beichtanleitungen, die sich auf die Zehn Gebote bezogen, waren in erster Linie Kataloge von Verfehlungen und inkriminierenden Fragen, durch die die religiöse Lebenspraxis beleuchtet und das Gewissen geschärft werden sollte.[221] Beichtbücher wurden insbesondere für weniger gebildete Beichtväter zum unmittelbaren praktischen Gebrauch verfasst, denn die Anforderungen, die an die Beichtpriester gestellt wurden, waren anspruchsvoll: Sie mussten das, was ihnen gebeichtet wurde, theologisch und rechtlich beurteilen und zugleich die Lebensverhältnisse einschätzen.[222] Allerdings war die Beichte keineswegs nur ein Mittel der kirchlichen Disziplinierung, sondern in der historischen Entwicklung ist ein Wandel festzustellen von der Anwendung eines Frageschemas hin zur

213 Vgl. Schröer (s. Kap. 1 A), Bd. 1, 269.

214 Vgl. Zerfass, 343 ff.; R. F. E. Weissmann, Ritual Brotherhood in Renaissance, Florenz/New York 1982, 99 ff.

215 Vgl. B. Neidiger, Wortgottesdienst vor der Reformation. Die Stiftung eigener Predigtpfründen für Weltkleriker im späten Mittelalter, in: RhV 66 (2002), 142–189.

216 DH 812; vgl. Ohst, 32 ff.

217 Dinzelbacher, Handbuch, 99.

218 Vgl. W. Funk, Alte deutsche Rechtsmale, Bremen 1940, 113.

219 Vgl. P. Browe, Die Pflichtkommunion im Mittelalter, Münster 1940, 114 ff.; Bünz (s. Kap. 1 A), 141.

220 Vgl. Geffcken, 1 ff.; Bast, 5 ff.

221 Vgl. Störmer-Caysa, 199 ff.; P. Bange, Soziale Prägungen von Dekalogerklärungen in den Niederlanden im späten Mittelalter, in: Schreiner, Laienfrömmigkeit, 253–262.

222 Vgl. Angenendt, 651.

Selbstbeobachtung und Selbstkontrolle.[223] Deshalb wurden die Beichtbücher auch als ‚Beichtspiegel' bezeichnet, weil die Zehn Gebote als ein ‚Spiegel' aufgefasst wurden, in dem der Mensch sich selbst in seinem Sündersein erkennen sollte.[224] Schon bald setzte sich die Auffassung durch, mit dem Einprägen der Normen müsse im Kindesalter begonnen werden. So enthält auch das meistgelesene Beichtbüchlein des Spätmittelalters, das der Frankfurter Kaplan Johannes Wolff (gest. 1468) verfasste und das 1478 im Druck erschien, einen deutschsprachigen Kinderbeichtspiegel.[225] Die herausragende Bedeutung, die der Beichte in der Frömmigkeitstheologie und der Glaubensvermittlung des 15. Jahrhunderts beigemessen wurde, lässt sich nicht nur an den Praezeptorien (Glaubensunterweisungen) dieser Zeit ablesen,[226] sondern auch bei dem Augustiner-Eremiten Johannes von Paltz.[227]

Zur Glaubensunterweisung des einfachen Volkes wurden in Kirchen, Schulen, Hospitälern und Klöstern Tafeln angebracht, auf denen die christliche Lehre prägnant zusammengefasst war.[228] Die Anregung hierzu gab Johannes Gerson in der Vorrede zu seinem *Opus tripartitum*[229], das auf Initiative von Fraterherren zwischen 1468 und 1474 in deutscher Übersetzung erschien.[230] An Gersons katechetische Überlegungen knüpfte Nikolaus von Kues an, der während seiner Legationsreise in den Hildesheimer Kirchen Katechismus-Tafeln aufhängen ließ.[231] Das Bemühen um Glaubensunterweisung, gepaart mit Handlungsanweisungen, bestimmte auch die Gattung der Pesttraktate. Sie thematisierten ein theologisches und seelsorgerliches Problem, das viele Menschen beschäftigte.[232] Es ging um die Frage, ob die Flucht vor der Pest nicht gegen das Gebot der Nächstenliebe verstoße und vor allem Priestern untersagt sei. Angesichts fortwährender Pestwellen kam diesem Problem eine erhebliche Relevanz für das Selbstverständnis der Kirche zu, schließlich ging es um die Verantwortung der Priester gegenüber ihren Gemeinden und um den Dienst an den Kranken. So wurde in theologischen Traktaten das Für und Wider diskutiert und Wanderprediger wie Johannes von Capestrano nahmen dazu Stellung. Gabriel Biel war einer der Theologen, der in dieser Frage am eindeutigsten die religiöse und soziale Verantwortung sowohl der Priester als auch der Laien vom Gebot der

---

223 Vgl. a. a. O., 647 u. 657.

224 Johannes Gerson, Le miroir de l'âme, in: Œuvres complètes VII, 193–206; ders., Opusculum tripartitum de praeceptis decalogi, de confessione, et de arte moriendi, übers. mit einer Vorrede von Johannes Geiler von Kaysersberg unter dem Titel ‚Der dreieckecht Spiegel', Straßburg o. J. [1510], abgedr. bei Geffcken, Beil. III, 29–47.

225 Johannes Wolff, Beichtbüchlein, ed. Battenberg, 1–3.

226 Neben den Dekalogauslegungen von *Johannes Herolt* (Straßburg, vor 1477), *Johannes Nider* (Straßburg 1483), *Heinrich Herp* (Basel 1496) und *Marquard von Lindau* (Straßburg 1516) ist vor allem das Praezeptorium von *Gottschalk Hollen* (Nürnberg 1503) zu nennen.

227 Vgl. Hamm, Frömmigkeitstheologie (s. Abschn. A), 1 f. u. 247 ff.

228 Vgl. Boockmann, Schrifttafeln, 210 ff.; ders., Belehrung, 1 ff.

229 Vgl. Geffcken, Beil. III, 30.36.

230 Vgl. Schreiner, Volkssprache, 478.

231 Vgl. H. J. Rieckenberg, Die Katechismus-Tafel des Nikolaus von Kues in der Lamberti-Kirche zu Hildesheim, in: DA 39 (1983), 555–581.

232 Vgl. H. Dormeier, Die Flucht vor der Pest als religiöses Problem, in: Schreiner, Laienfrömmigkeit, 331–397.

Nächstenliebe her begründete. Während die Pesttraktate ebenso wie die Pestgebete in Gebetbüchern nur einem begrenzten Kreis zugänglich waren, spielten Pestblätter als Medien für die Volksfrömmigkeit eine große Rolle.[233] Mit ihren Bildmotiven und zum Teil auch Texten vermittelten sie bestimmte Auffassungen von der Herkunft der Pest und ihrer religiösen Bewältigung, insbesondere mit der Unterstützung der Gottesmutter Maria sowie der Heiligen.

## 3. Religiöses Schrifttum im Zeitalter des Buchdrucks

Mit der wachsenden Zahl an „subtilen leyen",[234] die lesen und schreiben konnten, sowie der Verbreitung des Buchdrucks wurde das Bildungsmonopol des Klerus durchbrochen und die Nachfrage nach religiöser Literatur stieg.[235] Die Reaktionen der Kleriker waren zwiespältig: Einerseits gab es Stimmen, die vor dieser Entwicklung warnten, und es wurden grundsätzliche Bedenken dagegen geäußert, Laien mit religiösen Inhalten zu konfrontieren, die sie geistig und geistlich überforderten. Johannes Geiler von Kaysersberg etwa sprach offen die Befürchtung aus, sie könnten sich auf diesem Wege der Lehrautorität der Kirche entziehen.[236] Auf der anderen Seite bemühten sich gerade Bischöfe um die Ausbreitung der neuen Druckkunst – so waren die wichtigsten Druckorte die Bischofsstädte Mainz, Bamberg, Straßburg, Köln, Basel und Augsburg. Die Ausbreitung geschah zunächst im Kontext der Kirchenreform und sollte nach dem Verständnis des Würzburger Bischofs dazu dienen, die zerstörte „ordenung des gebets und der messebücher ... wider aufzurucken und in eynigkeyt zubringen".[237] Ganz im Sinne einer ‚normativen Zentrierung' wurde es als Aufgabe und Chance der Kirche begriffen, Laien ein religiöses Grundwissen zu vermitteln, um damit ihre Frömmigkeit und ihre Urteilsfähigkeit zu fördern.[238] So verfasste beispielsweise Ulrich von Pottenstein (gest. 1416/17) sein katechetisches Kompendium, das als ‚Summe der Theologie für Laien' bezeichnet wurde.[239] Es sollte „willigen lesårn gemain [sc. allgemein, M. B.] schol werden".[240] Viele Auflagen erlebte *De kerstenen spegel* (‚Der Christenspiegel') Dietrich Koldes (um 1435–1515), eines Franziskaners aus Münster, der dieses ‚hantbochelein' schrieb, damit es seine Leser ständig bei sich tragen und auch anderen Menschen daraus vorlesen konnten – insbesondere denen, die an Sonn- und Feiertagen untätig auf der Straße säßen.[241] Stephan von Landskron (1412–1477), Propst des Augustiner-Chorherrenstiftes in

233 Vgl. T. Esser, Pest, Heilsangst und Frömmigkeit. Studien zur religiösen Bewältigung der Pest am Ausgang des Mittelalters, Altenberge 1999 (MThA 58), 222 ff.

234 Job Vener, Ermahnung gegen die Hussiten (1421), zit. n. Heimpel, Vener, Bd. 3, 1345.

235 Vgl. Neddermeyer, Bd. 1, 452 ff.; W. Williams-Krapp, ‚Alles volck wil in yetziger zit lesen vnd schriben'. Zur literarischen Laienunterweisung im 15. und frühen 16. Jahrhundert, in: RoJKG 16 (1997), 11–22.

236 Vgl. Schreiner, Volkssprache, 479.

237 Zit. n. Schubert, Einführung, 188.

238 Vgl. Schreiner, Laienfrömmigkeit (s. Kap. 1 A), 28 f.

239 C. Burger, Theologie und Frömmigkeit. Transformationsversuche im Spätmittelalter, in: Boockmann u. a., Lebenslehren, 400–420, hier: 407.

240 Ulrich von Pottenstein, zit. n. Baptist-Hlawatsch, 71.

241 Dietrich Kolde, Christenspiegel, ed. Drees, 32 ff.; vgl. A. Groeteken, Der älteste gedruckte deutsche Katechismus und die niederdeutschen Volksbücher des seligen Dietrich Kolde

Wien, empfahl, Laien sollten das Wort Gottes nicht nur hören, sondern auch selbst lesen bzw. sich vorlesen lassen.[242] Mit der Debatte über die selbständige Lektüre von Laien – mit einer entsprechenden Befähigung, wie sie in dieser Zeit nur im städtischen Bürgertum vorausgesetzt werden konnte – waren grundsätzliche Überlegungen zur Rezeption des Wortes Gottes verbunden. Es ging dabei um die prinzipielle Frage, ob gemäß dem paulinische Grundsatz ‚Fides ex auditu' (Röm 10,17) das Hören an erster Stelle stehe oder ob das Lesen vorzuziehen sei, wie auch das Auge dem Gehör überlegen sei.[243] In seinen *Additiones* zur *Postilla* des Nikolaus von Lyra referierte Paulus Burgensis (1353–1435) die wichtigsten Ansichten, auf welche Weise der Glaube in den Menschen gelangt.[244] Bei solchen hermeneutischen Überlegungen spielte die Frage des Verhältnisses von Klerus und Laienschaft eine große Rolle, denn mit ihrer eigenständigen Lektüre konnten sich die Laien aus der Abhängigkeit von der kirchlichen Vermittlung des Wortes Gottes befreien. In der Vorrede zur Kölner Bibel von 1478/79, der ersten niederdeutschen Übersetzung der Vulgata, wurde die Überzeugung zum Ausdruck gebracht, dass alle Menschen das Wort Gottes mit Hilfe des Heiligen Geistes verstehen könnten und sie ansonsten auf die Auslegung der Kirche vertrauen sollten.[245] Das wirkliche Verstehen geistlicher Texte war ein besonderes Anliegen reformorientierter Theologen, das sie prinzipiell mit den Humanisten teilten. So stellte Dietrich Kolde fest, dass das Vaterunser in der Volkssprache dem lateinischen Paternoster vorzuziehen sei, und nach seiner Ansicht reichte es nicht, den Text andächtig zu sprechen, vielmehr komme es Gott darauf an, dass die Menschen auch „verstehen ..., was sie sagen".[246] Hier kommt ein grundlegender Perspektivwechsel zur Geltung, dessen kultur- und frömmigkeitsgeschichtliche Konsequenzen weitreichend waren.[247] Nicht der äußere Vollzug eines Ritus war demnach entscheidend, sondern eine Frömmigkeit, die mit Verstehen einhergehen sollte. Zwar ließen Reformanliegen die lateinische Sprache des Kultus unangetastet, doch ist das Bemühen deutlich, die Gläubigen zu innerlichem Nachvollziehen der Liturgie anzuleiten. Konkret schlug man z. B. in Straßburg den Weg ein, die einzelnen Teile der Messliturgie mit deutschsprachigen Gebeten zu begleiten und sie damit verständlicher zu machen. Gebetbücher mit einem hohen Anteil volkssprachlicher Texte ermöglichten die katechetische Vermittlung zumindest der Grundgebete.[248]

---

von Münster, in: FS 37 (1955), 53–74.189–217.388–410; B. De Troyer, Dietrich von Münster (um 1435–1515), in: FS 65 (1983), 156–204.

242 Vgl. Weidenhiller, 181.

243 Vgl. V. Honemann, Der Laie als Leser, in: Schreiner, Laienfrömmigkeit, 241–251, hier: 246 f.

244 Nikolaus von Lyra, Postilla super totam Bibliam cum additionibus Pauli Burgensis, Straßburg 1492 (ND Frankfurt a. M. 1971), Bl. a[ra]–a[vb].

245 Biblia, niederdeutsch, Köln um 1478/79, Bl. 2a–3a; vgl. G. Schwerhoff, Der Spott der Knaben und der Fluch der Propheten. Bildliche Darstellungen einer alttestamentlichen Geschichte (II Könige 2,23–24) am Ausgang des Mittelalters, in: Löther, Mundus in imagine, 247–284, hier: 247 f.

246 Dietrich Kolde, Christenspiegel (ed. Drees), 282 f.

247 Vgl. Lentes, Andacht (s. Abschn. A), 36 f.

248 Vgl. a. a. O., 44.

Bibelübersetzer waren der Überzeugung, „‚dy deutsche schrift' sei den Menschen zu ihrer Seligkeit überaus ‚nůczlich und tůglich'".[249] In Deutschland erschienen in der zweiten Hälfte des 15. Jahrhunderts, d. h. in der Zeit der Inkunabeldrucke, so viele Bibeln in der Volkssprache wie in keinem anderen Land: neben 22 Gesamtausgaben bis 1522 vor allem 131 Plenarien (Evangelien und Episteln der Sonntages) sowie 62 Gesamt- oder Teilausgaben des Psalters.[250] Mit Hilfe des Buchdrucks fanden religiöse Schriften Verbreitung, deren Lektüre eine eigenständige religiöse Bildung der Laien ermöglichte. Dabei konnte deren Kommunikation an die monastische Tradition anknüpfen, weil das ursprünglich im Kloster übliche Vorlesen geistlicher Texte nun auch unter Laien praktiziert wurde. Man integrierte Bücher in das Stiftungswesen, indem man regelrechte Bücherstiftungen empfahl sowie Pfründen, die dazu verpflichteten, öffentlich aus der deutschen Bibel vorzulesen.[251] Im Zusammenhang mit der Ordensreform wurden für die Laienbrüder eigene Bibliotheken mit geistlicher Literatur in der Volkssprache eingerichtet, um ihre religiöse Bildung zu verbessern.[252] Die Übersetzer solcher Werke reflektierten die grundlegenden Veränderungen, die der Buchdruck nach sich zog, denn sie berücksichtigten nicht nur „den gemainen lauf dewtscher sprach nach des lanndes gewonhait",[253] sondern lieferten den ungebildeten Leserinnen und Lesern engmaschige Interpretationsvorgaben.[254] Dazu gehörten Mustergebete, die sich in vielfältigen Gattungen geistlicher Literatur finden und teilweise separat auf Einblattdrucken veröffentlicht wurden.[255] Sie dienten der Anleitung zum Gebet und waren ihrerseits Produkte theologischer Reflexion im Kontext bestimmter Traditionszusammenhänge und Frömmigkeitsformen.

Die spätmittelalterliche Lesekultur schuf eine Verbindung zwischen Klerikern und Laien, die kultur- und frömmigkeitsgeschichtlich von großer Bedeutung war. Humanistisches Gedankengut fand hier ebenso Verbreitung wie die Orientierung an monastischen Idealen, die immer mehr die Spiritualität und die Lebensführung vor allem der städtischen Gesellschaft formten.[256] Dabei spielte die Devotio moderna eine Schlüsselrolle, denn sie hatte das Anliegen, den Alltag der Laien durch „monastische Konventionen geistlicher Lebensführung"[257] zu bestimmen, und bei ihr

249 Zit. n. Schreiner, Laienbildung, 295.

250 Vgl. Moeller, Frömmigkeit (s. Kap. 1 A), 80; M. Landgraf/H. Wendland, Biblia deutsch. Bibel und Bibelillustration in der Frühzeit des Buchdrucks, Speyer 2005 (Veröffentlichungen des Pfälzischen Bibelvereins 3); Eichenberger/Wendland, 7 ff.

251 Vgl. Weidenhiller, 96 f.

252 Vgl. K. Grubmüller, Geistliche Übersetzungsliteratur im 15. Jahrhundert. Überlegungen zu ihrem literaturgeschichtlichen Ort, in: Boockmann, Kirche, 59–74, hier: 69 f.; C. Bauer, Geistliche Prosa im Kloster Tegernsee. Untersuchungen zu Gebrauch und Überlieferung deutschsprachiger Literatur im 15. Jahrhundert, München 1994 (Münchener Texte und Untersuchungen 107).

253 Ulrich von Pottenstein, zit. n. Baptist-Hlawatsch, 146 V90.

254 Vgl. Grubmüller, Geistliche Übersetzungsliteratur, 74.

255 Vgl. S. Griese, ‚Dirigierte Kommunikation'. Beobachtungen zu xylographischen Einblattdrucken und ihren Textsorten im 15. Jahrhundert, in: W. Harms/M. Schilling (Hg.), Das illustrierte Flugblatt in der Kultur der Frühen Neuzeit, Frankfurt a. M. 1998, 75–99.

256 Vgl. Schreiner, Laienfrömmigkeit (s. Kap. 1 A), 30.

257 A.G. Weiler, Soziale und sozial-psychologische Aspekte der Devotio moderna, in: Schreiner, Laienfrömmigkeit, 191–201, hier: 193.

waren die Verbindung von Klerikern und Laien sowie die Synthese von Lesen und Beten besonders ausgeprägt. Die Rezeption geistlicher Ideale durch die Laien führte zur Abfassung bzw. Übersetzung vieler geistlicher Traktate und Meditationsanleitungen. Besonders gefragt waren die lateinischen und volkssprachigen Ausgaben der *Imitatio Christi* des Thomas von Kempen.[258] Durch die Verbreitung solcher Schriften wurden im 15. Jahrhundert Prozesse der Selbstreflexion in Gang gesetzt, die weniger der Erkenntnis der eigenen Individualität als der Einordnung in den sozialen Kontext dienten und damit den Intentionen einer ‚normativen Zentrierung' entsprachen.[259] Die meditative Selbstbeobachtung und -kontrolle sollte zur Einhaltung christlicher Lebensregeln anleiten und zur Alltagsbewältigung beitragen. Zu diesem Zweck wurde eine theologische Deutung der Wirklichkeit vermittelt, in der die göttliche Ordnung als der alles entscheidende Bezugspunkt der individuellen und sozialen Existenz zur Geltung kam. In der Buch- und Lesekultur spielten Stand und Geschlecht eine wichtige Rolle. Bücher konnten als Repräsentationsobjekte eine politische Funktion haben und der dynastischen Identitätsbildung dienen, wenn etwa Bibeln oder Gebetbücher von einer Generation zur nächsten weitergegeben wurden.[260] Adlige Buchkultur unterschied sich von bürgerlicher dadurch, dass sich die Bibliotheken höfischer Damen ebenso wie die der Männer aus Werken religiöser Erbauung und Unterhaltungsliteratur zusammensetzten, während die Lektüregewohnheiten in der Stadt geschlechtsspezifisch polarisiert waren, denn hier besaßen die Frauen fast ausschließlich Erbauungsliteratur.[261] Das entsprach der dominierenden Ansicht in den anthropologischen Reflexionen des 15. Jahrhunderts über das Wesen der Frau.[262]

Insgesamt dominierte unter den Druckwerken ein religiöses Schrifttum, das ‚populär' war sowohl im Blick auf das Angebot, das durch die Nachfrage geregelt wurde, als auch im Blick auf seinen theologischen Gehalt, der vom Streben nach Vereinfachung bestimmt war und damit den Einstellungen der Leserschaft entsprach, die nicht die Herausforderung extremer Ansichten, sondern die Schlichtheit des Glaubens suchte.[263] Darin spiegelt sich die allgemeine Situation in der Amtskirche wie auch in der Frömmigkeit des Kirchenvolks wider, da in der zweiten Hälfte des 15. Jahrhunderts die Tendenz zum Festhalten am Bestehenden zunahm. Deshalb waren vor allem solche Erbauungsschriften populär, die unter dem Einfluss von Gerson eine domestizierte Form der Mystik präsentierten. Die popularisierende und darin zugleich moralisierende Umformung der Mystik in eine ‚praktische Frömmigkeits-

258 Vgl. Ruh, 190; U. Neddermeyer, *Radix Studii et Speculum Vitae.* Verbreitung und Rezeption der ‚Imitatio Christi' in Handschriften und Drucken bis zur Reformation, in: Helmrath/Müller, Studien, Bd. 1, 457–481.

259 Vgl. Schlotheuber (s. Abschn. A), 345 ff.; Hamm, Normative Zentrierung (s. Einführung), 163 ff.; ders., Von der spätmittelalterlichen *reformatio* zur Reformation (s. Einführung), 256 ff.; Seegets (s. Abschn. A), 205 ff.

260 Vgl. G. Signori, Bildung, Schmuck oder Meditation? Bücher, Seidenhüllen und Frauenhände in der flämischen Tafelmalerei des 15. Jahrhunderts, in: Löther, Mundus in imagine, 125–168, hier: 142.

261 Vgl. a. a. O., 154 f.; Seegets (s. Abschn. A), 192 ff.

262 Vgl. Fietze, Spiegel der Vernunft (s. Kap. 3), 82 ff.

263 Vgl. Moeller, Frömmigkeit (s. Kap. 1 A), 79 f.

lehre', der es um die Schulung der Tugenden und die rechte Bußgesinnung ging, lässt sich an der Rezeption Johannes Taulers (um 1300– 1361) besonders eindrucksvoll ablesen.[264] Das Bestreben, die spekulative Mystik in ihrer Verselbständigung gegenüber institutionellen Strukturen und dogmatischen Vorgaben zu entschärfen, passte zum Interesse an einer engen Verbindung von Kirche, Theologie und Frömmigkeit und zu den Zielen der Ordensreformbewegung.[265] Für die Frauenmystik folgte daraus, dass mystische Erfahrungen von Nonnen argwöhnisch betrachtet und individuelle Frömmigkeitspraktiken eingedämmt wurden, weil die Unmittelbarkeit der mystischen Vereinigung mit Christus die exklusive, durch das Sakrament garantierte Vermittlung des Heils in Frage stellte und deshalb von den Männern als Bedrohung aufgefasst wurde.[266]

## 4. Veranschaulichung des Glaubens in bildender Kunst und Architektur

In einer Zeit, in der die überwiegende Mehrheit der Menschen nicht lesen konnte, kam visuellen und haptischen Eindrücken und Formen von Religiosität eine besondere Bedeutung zu.[267] Waren die Illustrationen in den Bibeldrucken wie die in Anton Kobergers (um 1440– 1513) deutscher Bibel von 1483 und die Bilderbibeln trotz ihrer Multiplikatorfunktion relativ wenigen zugänglich, so waren Bilder mit religiösen Motiven ansonsten überall gegenwärtig – nicht nur in Kirchen und Kapellen, sondern in vielen Bereichen der Öffentlichkeit und des Privaten. Die ikonographischen Motive und Bildprogramme waren ebenso vielfältig wie die Intentionen, die mit ihnen verbunden waren, denn sie sollten zur Andacht und frommen Nachahmung anregen und der Repräsentation und Legitimation von Herrschaftsansprüchen dienen.[268] Ein eindrucksvolles Beispiel für die Verbindung frömmigkeitstheologischer und politischer Intentionen ist der Genter Altar, den Jan van Eyck (um 1390–1441) im Auftrag des burgundischen Herzogs Philipp III., genannt der Gute ([1396] 1419–1467), 1432 vollendete. Die Kunstpatronage brachte zwar ein weltliches Repräsentationsbedürfnis zum Ausdruck, konnte aber darüber hinaus für die Mäze-

264 Vgl. Lentes, ‚Tauler im Fegefeuer' oder der Mystiker als Exempel. Formen der Mystik-Rezeption im 15. Jahrhundert. Mit einem Anhang zum Sterbeort Taulers und Textabdruck, in: C. Brinker u. a. (Hg.), Contemplata aliis tradere. Studien zum Verhältnis von Literatur und Spiritualität, FS A. M. Haas, Bern 1995, 111–155.

265 Vgl. W. Williams-Krapp, „Diese ding sint dennoch nit ware zeichen der heiligkeit". Zur Bewertung mystischer Erfahrungen im 15. Jahrhundert, in: W. Haubrichs (Hg.), Frömmigkeitsstile im Mittelalter, Göttingen 1990 (Zeitschrift für Literaturwissenschaft und Linguistik 80), 61–71; ders., Frauenmystik und Ordensreform im 15. Jahrhundert, in: J. Heinzle (Hg.), Literarische Interessenbildung im Mittelalter, Stuttgart 1993 (Germanistische Symposien. Berichtsbände 14), 301–313.

266 Vgl. B. Steinke, „Den Bräutigam nehmt euch und habt ihn und verlasst ihn nicht, denn er verlässt euch nicht." Zur Moral der Mystik im Nürnberger Katharinenkloster während des 15. Jahrhunderts, in: Hamm/Leppin, 139–164.

267 Vgl. Dinzelbacher, Handbuch, 67 ff.; D. Harmening, Art. Bildkatechese, in: LexMA 2, München 1983, 153.

268 Vgl. U. Meier, Vom Mythos der Republik. Formen und Funktionen spätmittelalterlicher Rathausikonographie in Deutschland und Italien, in: Löther, Mundus in imagine, 345–387.

ne eine religiöse Bedeutung haben, wenn ihre Stiftung für sie „den Charakter einer Investition ins Seelenheil“[269] hatte.
Bilder waren mehr als nur Abbilder. Vor allem bei den Heiligenbildern kann geradezu von einer ‚Realpräsenz‘ des Dargestellten gesprochen werden, die auf ihre Betrachter eine magische Macht ausüben konnte.[270] Gegen ihre ‚Entzauberung‘ richtete sich die vehemente Kritik der berühmten Volksprediger ebenso wie gegen die weltliche Kunst der Renaissance.[271] Bilder konnten aber auch eine „Polemik gegen die Kirche als ‚öffentlichen Ort‘“[272] zum Ausdruck bringen, wenn etwa ungebührliches Verhalten in der Kirche als Missachtung des sakralen Raums unmittelbar vor Augen geführt wurde. Schließlich gab es schon vor der Reformation auch im abendländischen Christentum des späten Mittelalters das Phänomen eines Bildersturms „mit demonstrativer Zerstörung und quasi ritueller Verhöhnung der Bilder“.[273] Dieser Ikonoklasmus bildete die Kehrseite jenes Glaubens an die ‚Macht‘ des Bildes und trat dort besonders in Erscheinung, wo nicht etwa Gleichgültigkeit, sondern Enttäuschung über die ausbleibende Wirkung der Bilderverehrung in eine gegen das Bild gerichtete Aggression umschlug. Grundsätzliche Bedeutung für Theologie und Kirche erhielt die Bilderfrage im 15. Jahrhundert durch die Auseinandersetzung mit den Hussiten einerseits und dem jüdischen Bilderverbot andererseits. Von führenden Reformtheologen ebenso wie von den Basler Konzilsvätern wurde der Bilderfrevel mit Blasphemie gleichgesetzt und damit als Häresie verurteilt.[274]
Der Mehrdeutigkeit der Bilder in semiotischer Hinsicht entsprach ihre vielfältige Funktion für Seelsorge und Katechese. Die zentrale Bedeutung der Dekalogauslegung für die Katechese spiegelt sich ikonographisch in der Druckgraphik des späten Mittelalters wider.[275] Beichtbücher, die in der Katechese eine wichtige Rolle spielten, wurden oft mit Holzschnitten illustriert, teilweise waren Abbildungen im Umlauf, sogenannte offene Blätter, die u. a. an Wände plakatiert wurden und denen, die nicht lesen konnten, unmittelbar vor Augen führten, wie die Zehn Gebote Beachtung finden sollten.[276] Das bedeutendste vorreformatorische Beispiel ist eine Münchener Beichttafel aus dem Jahre 1481.[277] Interessant ist auch eine Heidelberger Bilderhandschrift. Sie besteht aus einer Papierhandschrift von 110 Blättern über die Zehn Gebote, die Beichte und die sieben Todsünden sowie einer Reihe von Holzschnitten.[278]

---

269 Roeck, Säkularisierungstendenzen (s. Kap. 3), 138.

270 Vgl. Dinzelbacher, Die ‚Realpräsenz‘ der Heiligen in ihren Reliquiarien und Gräbern nach mittelalterlichen Quellen, in: Ders./D. R. Bauer (Hg.), Heiligenverehrung in Geschichte und Gegenwart, Ostfildern 1990, 115–174; Marchal, Bildersturm, 255 ff.; Belting, 11 ff.; Roeck, Macht und Ohnmacht der Bilder, 39 ff.

271 Vgl. Roeck, Macht und Ohnmacht der Bilder, 60 f.

272 Boockmann, Die Stadt im späten Mittelalter, München 21987, 202 f.; vgl. ders., Über Schrifttafeln in spätmittelalterlichen deutschen Kirchen, 213 f.; Bünz (s. Kap. 1 A), 112 ff.

273 Marchal, Heiligenbild, 307.

274 Vgl. Schnitzler, Ikonoklasmus, 61 ff.

275 Vgl. Thum, 21 ff.

276 Vgl. Geffcken, 50 f.; Slenczka, 25 ff.205 ff.; Boockmann, Schrifttafeln, 210 ff.

277 Vgl. Geffcken, Beil. X, 119–121.

278 Vgl. Geffken, Beil. I, 1–20, und Faksimiles im Anhang.

Die Bilder bedienten sich in der Kontrastierung von Engel- und Teufelsgestalten apokalyptischer Motive, die in der Vorstellungswelt der Menschen unmittelbar präsent waren.[279] Und nicht zuletzt wurden die Altarbilder für die theologischen und kirchlichen Zwecke der Beichte funktionalisiert: Gerade auf den Rückseiten der Hochaltäre, dort, wo die Beichte abgenommen wurde, finden sich besonders viele Höllendarstellungen.[280]

Bilder vermittelten den Gläubigen auf eigene Weise die religiösen Leitmotive der Zeit. Im Vordergrund standen Passionsdarstellungen – der Schmerzensmann war das Leitbild spätmittelalterlicher Frömmigkeit.[281] In vielfältigen Variationen wurde der zermarterte Körper des leidenden Christus vor Augen gestellt, um sowohl dessen Menschlichkeit als auch sein Erlösungswerk hervorzuheben. Dasselbe Ziel wurde auch mit Bildern des Schweißtuches der Veronika verfolgt, die immer eindrücklicher ein schmerzensreiches Antlitz darstellten.[282] Menschliche Züge nahmen verstärkt auch die Mariendarstellungen dieser Zeit an. So verbreitete sich während dieser Jahrzehnte das Motiv der stillenden Gottesmutter,[283] deren Gegenstück die Pietà bildete, die in ihren Gesichtszügen und ihrer Körperhaltung die Schmerzen der Mutter und damit der Menschheit insgesamt zum Ausdruck brachte. Das Motiv der Schutzmantelmadonna wiederum betonte die soteriologische Funktion der Gottesmutter und war ebenso ein Spiegelbild der Ängste vor dem strafenden Gott wie der Heilssehnsucht.[284]

Die Reichweite dieser Kultur des Sehens zeigt sich daran, dass der besondere Stellenwert der visuellen Praxis in der Frömmigkeit des späten Mittelalters theologisch reflektiert und in der religiösen Bildung berücksichtigt wurde. Dabei konnte von dem frömmigkeitstheologischen Anliegen dieser Zeit her die Bedeutung der Bilder für die Gläubigen sowohl positiv als auch kritisch beurteilt werden: Während die einen das Bild als Vergegenwärtigung der Heilsgeschichte betrachteten, stellten andere genau dieses in Frage. Wenn der Frankfurter Kaplan Johannes Wolff in seinem Beichtbüchlein zum ersten Gebot schrieb, dass man die Heiligenbilder nicht um ihrer selbst willen anbeten und ihnen keine „ynnerlich Gewalt" zuschreiben dürfe, vielmehr das ehren solle, worauf sie „nach gewonheyt der heyligen kyrchen" hindeuten,[285] so übte er damit Kritik an der Frömmigkeitspraxis seiner Zeit und markierte die Grenzen für eine rechte Bilderverehrung. Reformtheologen wie Konrad Summenhart (um 1458–1502) und Johannes Nider gingen einen Schritt weiter und entwickelten eine „geistliche Bildtheorie",[286] der es weniger auf den Eindruck der äußeren Bilder als vielmehr auf die Imagination innerer Bilder ankam. Danach ging es in erster Linie um die Angleichung des Betrachters an den Gehalt des Bildes, es wurde darauf re-

279 Vgl. a. a. O., Beil. I, 1–20.

280 Vgl. Dinzelbacher, Handbuch, 100 f.

281 Vgl. W. Moersmann, Art. Schmerzensmann, in: LCI 4, 1972, 87–95.

282 Vgl. A. Legner, Art. Christus, Christusbild IV, in: LCI 1, 1968, 414–425, hier: 420.

283 Vgl. W. Braunfels, Art. Maria, Marienbild (IV), in: LCI 3, 1971, 181–198.

284 Vgl. Dinzelbacher, Angst, 139 f.

285 Johannes Wolff, Beichtbüchlein, ed. Battenberg, 11.

286 Lentes, Inneres Auge, 180; vgl. ders., Andacht (s. Abschn. A), 45 ff.; N. Schnitzler, Illusion, Täuschung und schöner Schein. Probleme der Bilderverehrung im späten Mittelalter, in: Schreiner, Frömmigkeit, 221–242, hier: 227 ff.

duziert, „Mittel moralischer Unterweisung“[287] zu sein. Das Bild verlor seine unmittelbare Kraft, während seine mediale Funktion und die Notwendigkeit seiner Entschlüsselung darin zum Ausdruck kamen, dass es mit Beschriftungen versehen selbst zum Text wurde, den es in die persönliche, innere Vorstellungswelt hinein abzubilden und in die Lebensführung zu übertragen galt. Die Disziplinierung des äußeren Blicks, die dem Ideal monastischer Lebensführung entsprach, spiegelte sich in der Ikonographie im neuen Motiv des gesenkten Blicks wider, das in den Marienbildern dieser Zeit zu finden ist und die ‚normative Zentrierung‘ insofern zum Ausdruck brachte, als damit den Frauen ein bestimmtes Ideal der Scham- und Tugendhaftigkeit vor Augen gestellt wurde.[288] Die negative Bewertung des Gesichtssinns fand schließlich auch Eingang in die katechetische Literatur.[289] Dieser Ikonoklasmus, mit dem die Ablehnung visionärer Erfahrung einherging, konnte gelegentlich sogar zu einem regelrechten Bildersturm führen.[290]

Ein anschauliches Bild von Kirche und Glauben vermittelten die Kirchengebäude. Sie waren Orte, in denen Religiosität unmittelbar erfahren und praktiziert wurde.[291] Ihre äußere Erscheinungsform, ihre „Raumhierarchie“[292] und Ausstattung spiegelten die ästhetischen Ideale der Zeit ebenso wider wie die lokale Sozialstruktur und die wirtschaftliche Potenz ihrer Stifter.[293] Bei der inneren Ausstattung der Kirchen wurde im 15. Jahrhundert insbesondere auf die Sakramentshäuser Wert gelegt,[294] was der gewachsenen Sakramentenfrömmigkeit entsprach. Die Nürnberger St. Lorenzkirche bildet hierfür ein eindrucksvolles Beispiel. Repräsentative Kanzeln – wie die 1484 im Straßburger Münster für den berühmten Prediger Geiler von Kaysersberg errichtete[295] – zeugen zugleich von der gesteigerten Wertschätzung der Predigt.

## D. FRÖMMIGKEITSPRAXIS

Die Gläubigen waren im 15. Jahrhundert erfüllt von einem „immense appetit du divin“.[296] Inwieweit sie sich in ihrer Frömmigkeitspraxis von jenen Konzepten reformorientierter Theologen haben beeinflussen lassen, die auf eine stärkere Verinnerlichung der Frömmigkeit drängten, lässt sich von den Quellen her nicht hinreichend erschließen. Viele Berichte vermitteln den Eindruck, dass eine nach außen gekehrte

287 Lentes, Andacht (s. Abschn. A), 47.

288 Vgl. M. Palzkill, ‚Meditatio‘ und ‚Modestia‘. Der gesenkte Blick Marias auf italienischen Verkündigungsdarstellungen des 14. bis 16. Jahrhunderts, in: Löther u. a., Mundus in imagine, 169–203.

289 Vgl. Geffcken, 97 ff.

290 Vgl. Schnitzler, Ikonoklasmus, 29 ff.

291 Vgl. Tripps (s. Kap. 1 B), 9 ff.

292 Schleif (s. Kap. 1 B), 231.

293 Vgl. Chiffoleau (s. Kap. 2 C), 30 f.

294 Vgl. Reinle, 24.

295 Vgl. a. a. O., 44.

296 L. Fèbvre, Une question mal posée. Les origines de la Réforme française et le problème général des causes de la Réforme, in: Revue historique 161 (1929), 1–73, hier: 39; vgl. Moeller, Frömmigkeit (s. Kap. 1 A), 81.

Religiosität dominierte, der es auf Riten, Gebärden und Memorieren ankam und für die entscheidend war, dass sich die Frömmigkeit quantifizieren ließ. Auf der anderen Seite zeigt aber gerade der Zulauf, den die Devotio moderna fand, dass das Ideal einer verinnerlichten Frömmigkeit nicht nur theoretisch vertreten, sondern auch praktisch gelebt wurde. Generell gilt für die spätmittelalterliche Frömmigkeit, dass innere Empfindung und äußerer Kult in unterschiedlicher Intensität miteinander verknüpft waren. Das konnte in einer engen Verbindung von seelischer und körperlicher Gestaltung der Frömmigkeit zum Ausdruck kommen oder in deren Unterscheidung, die darauf abzielte, die spirituelle Andacht in den Mittelpunkt der Frömmigkeit zu stellen.[297] Darüber hinaus implizierte die ‚Devotio' im religions- und gesellschaftsgeschichtlichen Zusammenhang mit dem Patronatswesen die rechtliche Dimension eines Unterwürfigkeitsverhältnisses, das insbesondere in der Heiligen- und Marienverehrung vielfältig Gestalt annehmen konnte.[298]
Die von französischen Sozial- und Mentalitätshistorikern vertretene These, dass es noch zu Beginn der Frühen Neuzeit eine scharfe Trennung zwischen einer Volks- und einer Elitenkultur gegeben habe und dass im Prozess der ‚Christianisierung' im Europa des 15. und 16. Jahrhunderts das einfache Volk durch eine gebildete Elite fremdbestimmt worden sei,[299] wirft die generelle Frage auf, inwiefern zwischen einer Volksfrömmigkeit und einer Frömmigkeit von Eliten unterschieden werden kann. Ein dualistisches Konzept, bei dem die Massenhaftigkeit, der Reflexionsgrad und die soziale Trägerschaft der Religiosität als Kriterien zu Grunde gelegt werden, um so den besonderen Charakter der Volksfrömmigkeit aufzuzeigen, erweist sich dabei als zu schablonenhaft, um das religiöse Leben in seiner gesellschaftlichen und kulturellen Komplexität zu erfassen: „Volksfrömmigkeit ist nicht Frömmigkeit einer sozial homogenen Trägergruppe, sondern Medium und Ausdrucksform ständeübergreifender religiöser Vergesellschaftung."[300] Da ‚fromkeyt' im Kontext des 15. Jahrhunderts eine Gesinnung bezeichnet, deren religiöse und soziale Konnotationen eng miteinander verbunden waren,[301] ist von dieser disziplinierten und funktionalisierten Frömmigkeit noch einmal eine eigenständige Religiosität des Volkes zu unterscheiden, die in kritischer Abgrenzung zur Amtskirche eigene Wege beschritt, um das Heil zu erlangen.[302]

297 Vgl. Lentes, Andacht (s. Abschn. A), 29 ff.

298 Vgl. W. Brückner, Devotio und Patronage. Zum konkreten Rechtsdenken in handgreiflichen Frömmigkeitsformen des Spätmittelalters und der frühen Neuzeit, in: Schreiner, Laienfrömmigkeit, 78–91.

299 Vgl. R. Muchembled, Kultur des Volkes – Kultur der Eliten. Die Geschichte einer erfolgreichen Verdrängung, Stuttgart 1982, 9 ff.

300 Schreiner, Laienfrömmigkeit (s. Kap. 1 A), 10; vgl. P. Dinzelbacher, Volkskultur und Hochkultur im Spätmittelalter, in: Ders./Mück (Hg.), Volkskultur, 1–14; Scribner, Elements of Popular Belief (s. Kap. 1 A), 231 ff.; Jaritz, 15 ff.

301 Vgl. Rublack, Grundwerte (s. Kap. 1 B), 17; Wunder, „iusticia, Teutonice fromkeyt." (s. Kap. 1 B), 324.

302 Vgl. Schubert, Einführung, 272; Scribner, Elements of Popular Belief (s. Kap. 1 A), 238 ff.

## 1. Ritualisierung des religiösen Lebens

So wie die Religion das Diesseits mit dem Jenseits verband und eine Brücke „zwischen Augenblick und Ewigkeit“[303] darstellte, so beherrschten religiöse Riten das gesamte Leben – nicht nur die Passageriten an den wichtigen Lebenseinschnitten Taufe, Erstkommunion, Hochzeit und Begräbnis, sondern auch die religiöse Signatur des Alltags. Während die kirchlichen Hochfeste das Jahr insgesamt strukturierten, bestimmte der Heiligenkalender das Leben in religiöser, gesellschaftlicher und wirtschaftlicher Hinsicht. Der Tagesablauf folgte ebenfalls einer religiösen Ordnung, indem die Kirchenglocken den Tag ein- und ausläuteten.[304] Die vielfältigen Funktionen der Kirchenglocken kamen im 15. Jahrhundert in Glockeninschriften zum Ausdruck, wenn dort das Motto eingraviert wurde *Defunctos plango, vivos voco, fulgura frango* (‚Ich betrauere die Verstorbenen, ich rufe die Lebenden, ich zerschmettere die Blitzschläge‘).[305] Das hieß, dass die Kirchenglocken bei Bittprozessionen für gutes Wetter ebenso läuteten wie zur Abwehr von Unwettern.[306] Mit den Uhren, die am Rathaus oder am Kirchturm angebracht wurden, kam eine neue Zeitmessung auf, die dem bürgerlichen Selbstbewusstsein entsprach und die Lebensgestaltung grundlegend veränderte.[307] Im Unterschied zu dieser ‚abstrakten‘ – die Menschen aber nicht weniger bestimmenden – Zeiteinteilung fand im 15. Jahrhundert die monastische Orientierung an den Stundengebetszeiten auch unter den Laien gerade der städtischen Gesellschaft immer mehr Nachahmer.[308] Weit verbreitet war um 1500 die von dem Dominikaner Berthold verfasste Schrift „Das andaechtig zeitglöcklein des lebens und leidens Christi, nach den 24 Stunden ausgeteilt“.[309]
Die Ritualisierung des religiösen Lebens hatte zusammen mit ihrer gemeinschaftsbildenden Funktion einen öffentlichen Charakter, denn Rituale „artikulierten gemeinsame Werte und Interessen“.[310] Besonders deutlich wird das an den Bußritualen,

303 Jaritz, 9.

304 Vgl. W. Sulzgruber, Zeiterfahrung und Zeitordnung vom frühen Mittelalter bis ins 16. Jahrhundert, Hamburg 1995, 74 ff.; G. Dux, Die Zeit in der Geschichte. Ihre Entwicklungslogik vom Mythos zur Weltzeit, Frankfurt a. M. 1989, 320 ff.

305 Zit. n. P. Browe, Die eucharistischen Flurprozessionen, in: ThGl 21 (1929), 742–755, hier: 747; vgl. A. Haverkamp, „... an die große Glocke hängen“. Über Öffentlichkeit im Mittelalter, in: Jahrbuch des Historischen Kollegs 1995, 71–112, hier: 79.

306 Vgl. Browe, Die eucharistischen Fluprozessionen, 746 f.; Bünz (s. Kap. 1 A), 150.

307 Vgl. G. Dohrn-van Rossum, Die Geschichte der Stunde. Uhren und moderne Zeitordnungen, München/Wien 1992, 125 ff.; Sulzgruber, Zeiterfahrung, 83 ff.; Dux, Die Zeit in der Geschichte, 335.

308 Johannes Mauburnus, Rosetum exercitiorum spiritualium V; vgl. G. Achten, Das christliche Gebetbuch im Mittelalter. Andachts- und Stundenbücher in Handschrift und Frühdruck, Wiesbaden 1980 (Ausstellungskataloge/Staatsbibliothek Preußischer Kulturbesitz 13), 34 ff.; Schreiner, Laienfrömmigkeit (s. Kap. 1 A), 31.

309 Vgl. S. Griese, Das Andachtsbuch als symbolische Form. Bertholds *Zeitglöcklein* und verwandte Texte als Laien-Gebetbücher und -Bilder, in: Suntrup u. a., Mediation of Symbol, 3–35.

310 K. Schreiner, Texte, Bilder, Rituale. Fragen und Erträge einer Sektion auf dem Deutschen Historikertag, in: Ders./Signori, Bilder, 1–15, hier: 6 f.; vgl. G. Signori, Ritual und Ereignis. Die Straßburger Bittgänge zur Zeit der Burgunderkriege (1474–1477), in: HZ 264 (1997), 281–328.

die traditionell am Gründonnerstag in der Bischofsstadt oder dort, wo es einen Ablass gab, vollzogen wurden: Wer in der Öffentlichkeit Sünden begangen hatte, musste sich „zumindest kurzzeitig für alle anderen sichtbar demütigen“.[311] Die Büßer hatten barfuß, mit aufgelösten Haaren und in Bußkleidung zu erscheinen, wurden vom Klerus in die Kirche geführt und mussten sich dort niederwerfen, bevor sie mit dem Bischofsstab berührt und wieder in die Gemeinschaft der Kirche aufgenommen wurden. Die große Zahl derer, die an diesem Ritual teilnahmen, erklärt sich dadurch, dass der gemeinschaftliche Vollzug vor einer Entehrung des Individuums schützte, weil der Akzent mehr auf der gnädigen Zuwendung als auf der Demütigung lag. So gelang es der Kirche, mit diesem Ritual „Trennung und Versöhnung“[312] so zur Geltung zu bringen, dass den Gläubigen Heil vermittelt und zugleich die eigene Position gefestigt werden konnte.

Vor allem die Fronleichnamsprozessionen brachten den Zusammenhang von religiösem Ritual und politischen Interessen im öffentlichen Raum zum Ausdruck.[313] Im Mittelpunkt stand die Monstranz, in der sich die Schaufrömmigkeit der Eucharistieverehrung konzentrierte, und um sie herum waren in einer klaren hierarchischen Ordnung die Würdenträger kirchlicher und politischer Macht gruppiert, während die sozialen Außenseiter auf die Zuschauerrolle beschränkt blieben. Es entsprach dem politischen Interesse, dass in den Städten neben den Fronleichnamsprozessionen eine Reihe weiterer Prozessionen veranstaltet wurden, deren Termine vom Rat der Stadt festgelegt wurden. Allein für das vorreformatorische Basel lassen sich 35 solcher Prozessionen nachweisen.[314] In England wurde die Prozession um ein geistliches Schauspiel erweitert, das die christliche Heilsgeschichte darbot. In dessen kostspieliger Aufführung setzte sich das wohlhabende Bürgertum selbst in Szene. Das symbolische Konstrukt der Verknüpfung religiöser und politischer Traditionen prägte die Wahl des Prozessionsweges. Sein Verlauf orientierte sich einerseits an historischen Grenzen und andererseits an der bestehenden Ordnung der Siedlungs- und Lebensräume, so dass auf der Grundlage kollektiver Erinnerung soziale Identität gebildet werden konnte. Rituelle Praktiken dienten als Formen politischer Religiosität der Krisen- und Konfliktbewältigung, weil sie zur politischen Einheit beitrugen.[315] Eine ambivalente Bedeutung hatten die Fastnachtsspiele und -umzüge, die geltende Normen und gesellschaftliche Kräfteverhältnisse in Frage stellten, zugleich aber im Interesse der Herrschenden dazu dienen sollten, den sozialen Frieden zu erhalten.[316]

311 F. Neumann, Die „introductio poenitentium“ als rituelle Ausdrucksform bischöflicher Absolutions- und Jurisdiktionsgewalt im 15. Jahrhundert, in: Schreiner/Signori, Bilder, 69–86, hier: 85.

312 A. a. O., 86.

313 Vgl. Löther, 50 ff.; Rubin, Symbolwert und Bedeutung von Fronleichnamsprozessionen, 312 ff.

314 Vgl. Schubert, Einführung, 273.

315 Vgl. K. Beier, Maria Patrona. Rituelle Praktiken als Mittel stadtbürgerlicher Krisen- und Konfliktbewältigung, Siena 1447–1456, in: Schreiner, Frömmigkeit, 97–124; C. Phythian-Adams, Ceremony and the Citizen. The Communal Year at Coventry 1450–1550, in: P. Clark/P. Slack (Hg.), Crisis and Order in English Towns 1500–1700, London 1972, 57–85; Scheler, 119 ff.; Löther, 139 ff.

316 Vgl. H. Kühnel, Die städtische Fasnacht im 15. Jahrhundert. Das disziplinierte und öffentlich finanzierte Volksfest, in: Dinzelbacher/Mück, Volkskultur, 109–127, hier: 123.

Die Gesellschafts- und Kirchenkritik, die sie zum Ausdruck brachten, wurde deshalb kontrolliert und ihre Gestaltung als Volksfest diszipliniert.
Die Religiosität der Menschen war gerade dort, wo sie sich im sozialen Kontext artikulierte und konstitutive Funktion für eine Gemeinschaft hatte, auf äußere Ausdrucksformen angewiesen, um mit bestimmten Zeichensystemen zur Geltung zu bringen, was – und wer – dieser Gemeinschaft heilig war. Eine solche Symbolsprache bis hin zu körperlichen Gebärden spielte auch für die individuelle Frömmigkeit immer noch eine wichtige Rolle. Der äußere Vollzug eines bestimmten Ritus diente der Vergewisserung des Heils, und dementsprechend galt es auf die jeweiligen Handlungsschemata und genauso auf die rechte Körpersprache zu achten. Daneben zeichnete sich jedoch eine neue Tendenz zu einer verinnerlichten Frömmigkeit ab, wie sie vor allem von der Devotio moderna und reformorientierten Theologen vertreten wurde. Beides konnte nebeneinander bestehen und ließ sich miteinander vereinbaren, wenn das äußere Verhalten als Ausdruck der inneren Einstellung verstanden wurde. In dem Maße, in dem sich die Gewichtung zu Gunsten der inneren Andacht verlagerte und der Körper aus der geistlichen Erziehung verdrängt wurde, ließ sich eine grundlegende ‚Transformation' der Frömmigkeit erkennen.[317] Obwohl deren Breitenwirkung noch begrenzt blieb, worauf bestimmte Ausprägungen vor allem der Sakramentenfrömmigkeit, der Ablasspraxis und des Wallfahrtswesens hindeuten, die wiederum den Interessen der Amtskirche, aber auch den Bedürfnissen der Gläubigen entsprachen, war doch das Bewusstsein für das problematische Verhältnis von innerer und äußerer Religiosität geschärft, so dass diese Frage mit der Reformation an theologischer Brisanz gewinnen sollte.

## 2. Sakramentenfrömmigkeit, Passionsmeditation und Ablasspraxis

In der Eucharistiefrömmigkeit trafen sich die religiösen Bedürfnisse der Laien mit den genuinen Interessen des Klerus. Das Mysterium der Wandlung blieb in seiner geistlichen Dimension und in sprachlicher Hinsicht gewahrt, solange die Priester gehalten waren, die Konsekrationsworte leise zu sprechen. Sie verbargen sie vor den Laien, indem die deutsche Übersetzung in Messerklärungen des ausgehenden 15. Jahrhunderts entweder ganz weggelassen wurde oder zumindest deren Kenntnis allein den Klerikern vorbehalten blieb.[318] Die Schaufrömmigkeit, d. h. der Wunsch, die Hostie während der Elevation möglichst lange anzuschauen, war keineswegs nur für die Frömmigkeit des einfachen Volkes typisch, sondern verband alle gesellschaftlichen Gruppen ebenso wie Klerus und Laien.[319] Allerdings verlagerten die Reformtheologen in ihrer Abendmahlslehre den Akzent immer stärker vom äußeren Geschehen des Ritus auf die innere Intention der Kommunikanten.[320]
Die gleiche Tendenz zeigte sich bei der Passionsfrömmigkeit, die mit der Eucharistiefrömmigkeit einherging und in Meditation sowie individuellem Gebet ebenso Ausdruck fand wie in Prozessionen und geistlichen Spielen.[321] Gerade die Passions-

317 Vgl. Lentes, Andacht (s. Abschn. A), 59.
318 Vgl. Schreiner, Volkssprache, 493.
319 Vgl. ders., Laienfrömmigkeit (s. Kap. 1 A), 31 f.; Duffy, 95 ff.
320 Vgl. Lentes, Inneres Auge (s. Abschn. C), 213 f.
321 Vgl. C. Zika, Hosts, Processions and Pilgrimages. Controlling the Sacred in Fifteenth-

spiele „holten das Heilsgeschehen in die Gegenwart und erweckten es zum Leben".[322] In Nürnberg, das im 15. Jahrhundert ein Zentrum der Passionsverehrung war, weil hier die Heiltumsweisung begangen wurde, fand das Passionsspiel im Heilig-Geist-Spital statt. Der Schmerzensmann war ein zentrales Motiv in der Bildersprache dieser Zeit, und die Verehrung des *Corpus Christi* ging so weit, dass die einzelnen Wunden und Glieder des Körpers zum Gegenstand der Andacht und sogar des Schwörens wurden.[323] Eine Kombination aus Bild und Text lieferte der ‚Schatzbehalter' des Nürnberger Franziskanerobservanten Stephan Fridolin (um 1430–1498), ein Buch, das „zu den größten und aufwendigsten Druckprojekten des 15. Jahrhunderts"[324] gehört. Ihre klassische literarische Gestalt fand die Passionsmeditation in dem Werk *De imitatione Christi* des Thomas von Kempen.[325] Während hier Passionsmeditation und Eucharistiefrömmigkeit noch eng miteinander verbunden waren, weil die Eucharistie dazu diente, die Christusbegegnung sinnlich erfahrbar werden zu lassen, nahm doch die Tendenz zu, das meditative Nachvollziehen des Leidens Christi von den äußeren Heilsmitteln der Kirche zu lösen.[326] Bei allen formalen und inhaltlichen Unterschieden stimmten die Passionsschriften des späten Mittelalters in ihrer Zielsetzung überein, die Gläubigen zur Versenkung in das Leiden und Sterben Christi anzuleiten und damit zur Nachfolge zu animieren. Weil diese Passionsfrömmigkeit nicht an das Leben im Kloster gebunden war, kam es dabei zu einer „Laisierung der Betrachtungspraxis".[327]

Eine volkssprachliche Erbauungsschrift, in der die Passionsmeditation im Mittelpunkt steht, verfasste Johannes von Paltz im Jahre 1490 auf der Grundlage von Predigten, die er in der Passionszeit gehalten hatte. Paltz gab dieser Schrift, die innerhalb von 22 Jahren 20 Druckauflagen erfuhr,[328] den Titel ‚Die himmlische Fundgrube' und spielte damit auf ihren Entstehungskontext an, denn er verarbeitete darin Eindrücke, die er während seines Aufenthaltes in Schneeberg gewonnen hatte, einer Stadt im Erzgebirge, die zu dieser Zeit durch den Silberbergbau prosperierte.[329] Unter Bezugnahme auf die lokalen Gegebenheiten und die konkrete Lebenswirklichkeit der Menschen, die seine Predigten hörten, verglich Paltz den Schatz, der aus der Meditation der Passion Christi zu gewinnen war, mit dem materiellen Gewinn des Silberbergbaus. Irdischer Wohlstand und ewiges Heil wurden dabei keineswegs

Century Germany, in: PaPr 118 (1988), 25–64; Duffy, 234 ff.; Rubin, Symbolwert, 309 ff.; Seegets (s. Abschn. A), 232 ff.; Angenendt, Geschichte der Religiosität, 537 ff.

322 Freise, 514.

323 Vgl. G. Schwerhoff, Christus zerstückeln. Das Schwören bei den Gliedern Gottes und die spätmittelalterliche Passionsfrömmigkeit, in: Schreiner, Frömmigkeit, 499–527; Rubin, Corpus Christi, 302 ff.

324 Seegets (s. Abschn. A), 169.

325 Vgl. U. Köpf, Die Passion Christi in der lateinischen und theologischen Literatur des Spätmittelalters, in: W. Haug/B. Wachinger (Hg.), Die Passion Christi in Literatur und Kunst des Spätmittelalters, Tübingen 1993, 21–41.

326 Vgl. Moeller, Frömmigkeit (s. Kap. 1 A), 78; Seegets (s. Abschn. A), 243 ff.

327 Seegets, 258.

328 Vgl. W. Urban, Einleitung, in: Johannes von Paltz, Werke, Bd. 3: Opuscula, hg. v. C. Burger u. a., Berlin/New York 1989 (SuR NR 4), 157–200, hier: 160 f.

329 Vgl. a. a. O., 170 ff.; Hamm, Frömmigkeitstheologie (s. Abschn. A), 113.

kontrastiert, sondern so geschickt miteinander verbunden, dass sogar der sächsische Kurfürst daran Gefallen fand, vor dem Paltz in Torgau zu dieser Zeit ebenfalls predigte.[330] Ganz im Sinne des Programms einer ‚Frömmigkeitstheologie', wie sie Paltz in Anknüpfung an Gerson propagierte, hob er hervor, wie ‚nützlich' die Passionsmeditation ist.[331] Der praktische Nutzen dieser Schrift für ihre Leserinnen und Leser bestand darin, dass Paltz seine inhaltlichen Zusammenfassungen in Form kurzer Gebetstexte formulierte, die einfach nachgesprochen werden konnten. Zudem gab er den ungeschulten Christen Erinnerungshilfen, indem er die Passionsgeschichte nach den fünf Wunden Christi, den fünf Schlägen, die er erhalten hat, sowie den sieben von ihm gesprochenen Worten gliederte. Mit Hilfe dieser meditativen Zugänge – der „Stollen",[332] wie sie Paltz in der Sprache der Bergleute nannte – sollte die Passion Christi als „Goldgrube"[333] vor das innere Augen treten und die Gnade Gottes erfahrbar werden.

Als eine ‚Goldgrube' erwies sich das Ablasswesen, das im gesamten 15. Jahrhundert sowohl kirchenpolitisch als auch theologisch und frömmigkeitsgeschichtlich eine große Rolle spielte. Für die Amtskirche bot sich hier die Möglichkeit, die Heilsbedeutung der Kirche noch stärker herauszustellen und die Institution Kirche ideell und materiell zu festigen. Dieser Zielsetzung entsprach auf Seiten der Gläubigen die Erwartung, am ‚Schatz der Kirche' teilhaben und das ewige Seelenheil erlangen zu können. Diese Erwartung stand in einer gewissen Spannung zur überwiegenden Mehrheit der zeitgenössischen theologischen und kanonistischen Abhandlungen, in denen zur Ablassthematik Stellung genommen wurde.[334] In ihnen wurde wie in den meisten Predigten und Erbauungsschriften ganz im Sinne der Kirchenlehre dargelegt, dass sich der Ablass nur auf die zeitlichen Sündenstrafen beschränke. Dass die präzise Unterscheidung zwischen dem ‚Ablass' als dem Nachlass zeitlicher Strafe und der Absolution als dem Nachlass von Schuld *und* Strafe im ausgehenden Mittelalter nicht mehr hinreichend beachtet wurde, lag unter anderem an den Heilserwartungen der Gläubigen, die von den Vertretern der Amtskirche nicht deutlich genug zurückgewiesen wurden, weil sie die – keineswegs nur materiellen – Chancen, die sich dadurch für die Kirche ergaben, nicht aufs Spiel setzen wollten. Die frömmigkeitsgeschichtliche Bedeutung und die theologische Problematik der spätmittelalterlichen Ablasspraxis spitzten sich in der Auffassung zu, stellvertretend für die Verstorbenen einen Ablass erhalten zu können. Nachdem Papst Sixtus IV. diese Auffassung 1476 als kirchliche Lehre approbiert hatte, wurden am Ende des 15. und zu Beginn des 16. Jahrhunderts namhafte Repräsentanten der Spätscholastik wie Gabriel Biel, Wendelin Steinbach und Johann von Paltz zu theologischen Verfechtern des Ablasses für die Verstorbenen.[335]

330 Vgl. C. Burger, Die Passionsharmonie des Augustiner-Eremiten Johannes von Paltz (ca. 1445–1511), in: Ders. u. a. (Hg.), Evangelienharmonien des Mittelalters, Assen 2004 (STAR 9), 123–138, hier: 126 f.

331 Johannes von Paltz, Die himmlische Fundgrube (ed. Burger, 202,18–20); vgl. Burger, Die Passionsharmonie, 128.

332 Johannes Paltz, Die himmlische Fundgrube (ed. Burger, 218,11).

333 A. a. O., 204,2.

334 Vgl. Pastor, Bd. 3, 1 ff.

335 Vgl. Paulus, Geschichte des Ablasses, 329 ff.

Von dem materiellen Ertrag des Ablassverkaufs profitierten sowohl die Kirche als auch die weltliche Obrigkeit, ohne deren Zustimmung die Verkündigung des Ablasses gar nicht möglich war. Häufig wurde den Fürsten und Städten ein Teil der Einkünfte überlassen. Die Einnahmen aus dem Ablassverkauf konnten für den Kirchenbau eingesetzt werden, was letztlich die städtischen Finanzen entlastete.[336] Zur Unzufriedenheit gegenüber der römischen Kurie kam es, wenn insbesondere im Zusammenhang mit einem Jubiläumsablass andere Ablässe suspendiert wurden, so dass für die Betroffenen vorübergehend wichtige Einnahmequellen entfielen. Vor allem die Bischöfe klagten darüber, dass die Ablasskommissare Dispense und Absolutionen gewährten, die sonst in die Kompetenz der bischöflichen Ordinariate fielen.[337] Das Verhältnis zwischen den Klerikern vor Ort und den durchreisenden Ablasspredigern war ebenfalls spannungsgeladen. Oftmals wurden die weltlichen und kirchlichen Obrigkeiten unter Androhung der Exkommunikation aufgefordert, die Ablassprediger nicht nur zu dulden, sondern sie auch zu unterstützen.[338] Der sächsische Kurfürst Friedrich II. (1428–1464) ordnete hingegen ganz auf der Linie seines Konzeptes einer territorialen Kirchenpolitik die Einschränkung des Ablasshandels an und ging so weit, den päpstlichen Ablasskommissar 1458 verhaften zu lassen.[339] Dass das Kirchenvolk demgegenüber im 15. Jahrhundert immer weniger genötigt werden musste, der Ablassverkündigung beizuwohnen, dass es vielmehr aus freien Stücken kam, unterstreicht die Bedeutung, die der Ablass in der Volksfrömmigkeit gewonnen hatte. Besonders eindrücklich zeigte sich diese Entwicklung während der Legationsreise des Nikolaus von Kues 1451/52.[340] Für die Gläubigen stand dabei im Unterschied zu seiner Intention nicht der päpstliche Reformauftrag, sondern das Verlangen nach einem Ablass im Vordergrund. Im Zusammenhang mit dem Jubiläumsjahr 1450 war dieses Begehren gerade bei denen verständlich, die keine Möglichkeit hatten, nach Rom zu pilgern. Der Legat erfüllte die in ihn gesetzten Erwartungen, indem er 100-Tage-Ablässe verlieh, die an den Besuch einzelner Kirchen und Kapellen geknüpft waren. Auch Sammelindulgenzen, d. h. Ablassbriefe, die von mehreren Bischöfen oder Kardinälen ausgestellt wurden, waren sehr wirkungsvoll, allein schon die großformatigen Urkunden mit mehreren Siegeln, die in den Kirchen präsentiert werden konnten, hinterließen einen nachhaltigen Eindruck. Sie stellten in Aussicht, dass sich die Anzahl der Ablasstage mit der Zahl derer, die diese Urkunde ausgestellt hatten, multiplizierte.[341] Seit der Erfindung des Buchdrucks konnten Ablassbriefe zudem in großer Menge als Einblattdrucke verbreitet werden.[342]

336 Vgl. Neuhausen, Ablaßwesen, 160 ff.; dies., Köln und der Kirchenbau: Beispiele zur Instrumentalisierung des Ablaßwesens, in: Helmrath/Müller, Studien, Bd. 2, 1005–1015, hier: 1011 ff.

337 Vgl. Paulus, Geschichte des Ablasses, 405.

338 Vgl. a. a. O., 402 f.

339 Vgl. K. Blaschke, Erscheinungen des Antiklerikalismus in Sachsen vor und während er Reformation, in: P. A. Dykema/H. A. Oberman (Hg.), Anticlericalism in Late Medieval and Early Modern Europe, Leiden u. a. 1993 (SMRT 51), 229–236, hier: 229.

340 Vgl. Meuthen, Legationsreise (s. Kap. 1 A), 426 f.

341 Vgl. A. Seibold, Sammelindulgenzen. Ablaßurkunden des Spätmittelalters und der Frühneuzeit, Köln u. a. 2001 (Archiv für Diplomatik. B 8).

342 VE 15, Bd. 2, 2–31; vgl. F. Eisermann, Der Ablass als Medienereignis. Kommunikations-

Mit der päpstlichen Billigung der Vorstellung von einem stellvertretenden Erwerb der Ablassgnade auch für die Verstorbenen gewann der Ablass nach 1476 eine neue Qualität. Johannes von Paltz, der als Ablasskommissar tätig war, sprach sogar davon, dass nunmehr „die glücklichen Zeiten der vollständigen Ablässe“[343] angebrochen seien. Diese Äußerung spiegelte die Erwartungen der Amtskirche und zugleich die Hoffnungen der Gläubigen wider. Allerdings kam dabei gerade nicht zur Sprache, dass die Heilsungewissheit der Menschen hier auf ein Instrument der kirchlichen Heilsvermittlung gelenkt wurde, das in dem Maße, in dem es inflationär gebraucht wurde, die religiöse Verunsicherung eher noch steigerte. Obwohl in Predigten und Erbauungsschriften immer wieder betont wurde, dass nicht das Almosen, sondern die Reue der Gläubigen entscheidend sei, und obwohl Stephan von Landskron in seiner ‚Himmelsstraße‘ eindringlich davor warnte, „es soll niemand wähnen oder gedenken, daß die Beichte allein mit dem Ablaß des Priesters genugsam sei oder die Sünden abnehme ohne eine wahre Reue des Herzens“,[344] so bewirkte doch gerade die Vorstellung von einem stellvertretenden Erwerb des Ablasses für die Verstorbenen eine zunehmende Veräußerlichung der Ablasspraxis, die selbst von den Laien, die der Kirche wohlgesonnen waren, kritisiert wurde. Während die Veräußerlichung der Ablasspraxis Zweifel an ihrer Wirksamkeit für das Heil aufkommen ließ, wurden die Gläubigen durch die stetige Vermehrung der Ablässe auch materiell immer stärker belastet. Dafür verantwortlich war nicht allein die Amtskirche, denn häufig trieben Quästoren mit gefälschten Papieren ihr Unwesen und bisweilen wurde die Kollekte trotz kirchlicher Verbote an Laien verpachtet, „die das Geschäft berufsmäßig betrieben“.[345]

## 3. Heiligenverehrung, Marienfrömmigkeit und Wallfahrtswesen

Die Heiligen- und Marienverehrung sowie der Reliquienkult waren ständeübergreifende Frömmigkeitsformen, deren konkrete Ausprägung gleichwohl gesellschaftsspezifische Züge besaß. Im Reliquienwesen zeigten sich soziale Unterschiede hinsichtlich der Sammlung von Reliquien und zugleich im Blick auf Bevorzugungen der gesellschaftlichen Elite bei der öffentlichen Reliquiendevotion.[346] Heilige konnten kollektiv von politisch-sozialen Einheiten wie Städten oder Territorien und gleichzeitig von bestimmten gesellschaftlichen Gruppen auf je besondere Weise verehrt werden, wie das Beispiel des Antoniuskultes zeigt, bei dem es eine spezifische Adelsfrömmigkeit gab, die sich an ritterlichen Idealen orientierte.[347] Mit dem Ausbau des Patrozinienwesens (Kalender der Heiligenfeste sowie der Kirch- und Altarweihen)

wandel durch Einblattdrucke im 15. Jahrhundert, in: R. Suntrup/J. R. Veenstra (Hg.), Tradition and Innovation in an Era of Change/Tradition und Innovation im Übergang zur Frühen Neuzeit, Frankfurt a. M. u. a. 2001 (Medieval to Early Modern Culture/Kultureller Wandel vom Mittelalter zur Frühen Neuzeit 1), 99–128.

343 Johannes von Paltz, Supplementum Coelifodinae (ed. Hamm, 71,20); vgl. Hamm, Frömmigkeitstheologie (s. Abschn. A), 84; Moeller, Ablaßkampagnen (s. Kap. 3), 64.

344 Stephan von Landskron, Die Hymelstrasz, cap. VII, Augsburg 1484 (ND 1979), Bl. 30; vgl. Paulus, Geschichte des Ablasses, 361.

345 Paulus, Geschichte des Ablasses, 413.

346 Vgl. Schreiner, Laienfrömmigkeit (s. Kap. 1 A), 58.

347 Vgl. A. Mischlewski, Soziale Aspekte der spätmittelalterlichen Antoniusverehrung, in: Schreiner, Laienfrömmigkeit, 137–156.

nahm das Bestreben zu, die Zuständigkeit der Heiligen zu systematisieren. Nun wurde festgelegt, für welche Notfälle und für welche Bevölkerungsgruppen sie zuständig waren. Insgesamt lässt sich für die Heiligenverehrung feststellen, dass sie im 15. Jahrhundert durch den Buchdruck eine mediale Intensivierung erfuhr, wobei gerade Humanisten zu den bedeutenden Förderern zählten, und dass sie zunehmend von einem „lokalpatriotischen Pathos“[348] bestimmt wurde. In einer Zeit, in der die Menschen von permanenten Pestepidemien bedroht waren, diente die Heiligen- und Marienverehrung in besonderer Weise dem Schutz- und Heilsbedürfnis.[349] Die Gruppe der 14 Nothelfer „bildete gewissermaßen eine Poliklinik“.[350] Zu den wichtigsten Pestheiligen zählte Rochus, dessen Verehrung sich im letzten Drittel des 15. Jahrhunderts von Italien aus in Europa verbreitete. Er wurde vielerorts zum Patron der Hospitäler, die sich der Versorgung von Pestkranken widmeten. Die Heiligenverehrung diente außerdem der Bewältigung sowie Legitimation der allgegenwärtigen Kriege. Zur Bekämpfung der Türken gründete Kaiser Friedrich III. 1468 einen Ritterorden vom hl. Georg, zu dessen Unterstützung Kaiser Maximilian I. 1493 die St.-Georgs-Bruderschaft stiftete.[351] Maximilian seinerseits identifizierte sich in seinem kaiserlichen Selbstverständnis mit dem hl. Georg und ließ sich deshalb mit Heiligenschein darstellen.

Die Marienverehrung konnte im jeweiligen gesellschaftlichen Kontext ebenfalls sehr unterschiedliche Formen annehmen, je nachdem, ob Maria als Standesheilige des Adels und Schutzpatronin der Ritter oder vom einfachen Volk als ‚Madonna der Demut‘ verehrt wurde.[352] Da sind einerseits bildliche Darstellungen Mariens mit Zepter und Krone wie auf dem größten gotischen Flügelaltar Europas in der Marienkirche von Krakau von Veit Stoß (um 1447–1533), wie sie aber auch repräsentative Stadtpaläste schmückten, und andererseits Darstellungen als *Maria humilitatis* in den Kirchen der Bettelorden. Dass die Demutsmadonna auch an Rathäusern und Palästen zu sehen war, zeigt, dass die Marienverehrung ein Spiegelbild gesellschaftlicher Rollenmuster war und normative Funktionen besaß, die der religiösen und politischen Gemeinschaft insgesamt zugute kommen sollten, indem zur Solidarität mit den Schwachen aufgerufen wurde. Das weitverbreitete Motiv der Schutzmantelmadonna brachte diese Einstellung auf seine Weise zum Ausdruck, indem es die Angehörigen aller Stände als schutzbedürftig darstellte, ohne jedoch die soziale

348 Vgl. A. Signori, Humanisten, Heilige Gebeine, Kirchenbücher und Legenden erzählende Bauern. Zur Geschichte der vorreformatorischen Heiligenverehrung, in: ZHF 26 (1999), 203–244, hier: 235.

349 Vgl. N. Bulst, Heiligenverehrung in Pestzeiten. Soziale und religiöse Reaktionen auf die spätmittelalterlichen Pestepidemien, in: Löther, Mundus in imagine, 63–97, hier: 71 ff.; Duffy, 169 ff.

350 F. Rapp, Zwischen Spätmittelalter und Neuzeit: Wallfahrten der ländlichen Bevölkerung im Elsaß, in: Schreiner, Laienfrömmigkeit, 127–136, hier: 133.

351 Vgl. Schreiner, Märtyrer, 104; ders., ‚Sakrale Herrschaft‘ und ‚Heiliger Krieg‘. Kaisertum, Kirche und Kreuzzug im Spiegel der mittelalterlichen Heinrichstafel, Münster 1985, 59 ff.

352 Vgl. ders., Laienfrömmigkeit (s. Kap. 1 A), 68 ff.; C. Opitz/G. Signori, Metamorphosen einer Heiligen. Marienverehrung in sozial- und geschlechtergeschichtlicher Perspektive, in: C. Opitz u. a. (Hg.), Marienverehrung im Kontext der Sozialgeschichte 10.–18. Jahrhundert, Zürich 1993, 11–20.

Hierarchie aufzulösen.[353] Als Stadtpatronin kam Maria ebenfalls eine integrative Funktion bei der Krisen- und Konfliktbewältigung zu, etwa wenn Krieg drohte, die Pest wütete oder Zwietracht herrschte. Als „soziale Symbolgestalt"[354] galt sie als Garantin von Friede und Eintracht. Der berühmte Wanderprediger Bernhardin von Siena beschwor die Bürger seiner Heimatstadt, sich zu versöhnen, und forderte sie auf, in die Marienkirche zu gehen, um dort Maria Frieden zu geloben, damit sie den Frieden in ihnen bewahre und sie vor den Gefahren beschütze, die lauerten, solange sie noch vom Hass besessen seien.[355] Ebenso riefen die Bürger Straßburgs 1475 während der Burgunderkriege „die grundelose barmhertzikeit gots und Marien" an, doch „gemeinen friden gnediglich zu schaffen, dise stat vnd alle lande des heiligen richs vor vnfriden gnediglich zu behuoten".[356] In diesem Bittruf ging es jedoch im Unterschied zu dem von der franziskanischen Friedensethik bestimmten Aufruf Bernhardins von Siena nicht um Toleranz und um die Suche nach tragfähigen Kompromissen, sondern um die Unterstützung der eigenen Interessen. So richteten sich Bitten, die Maria angetragen wurden, gegebenenfalls auch auf den erfolgreichen Ausgang von Kriegen.[357] Die Verbindung politischer und religiöser Erwartungen intensivierte sich in der zweiten Hälfte des 15. Jahrhunderts, als die Marienverehrung immer stärker in die Auseinandersetzung mit den Türken einbezogen wurde. Nach der Dogmatisierung der Unbefleckten Empfängnis Mariens auf dem Basler Konzil wurde die Marienfrömmigkeit nun in den Dienst der Verteidigung des christlichen Glaubens gegen die vordringenden Feinde gestellt. Als besonders geeignete Mittel erwiesen sich dabei die neuartige Gebetsform des Rosenkranzes[358] und die damit verbundene Einführung des Ave-Maria-Läutens zur Mittagszeit.[359] Papst Calixt III. gewährte 1456 den Gläubigen einen Ablass, wenn sie beim Mittagsläuten drei ‚Vaterunser' und drei ‚Ave Maria' beteten. Dabei sollten sie sich ausdrücklich an die Türkengefahr erinnern. Diese Verordnung wurde im Jahre 1500 von Papst Alexander VI. erneuert. Dass sich mit den religiösen Motiven der Marienverehrung ebenso wirtschaftliche Interessen verbinden konnten, zeigt das Beispiel des Mariengroschens, der in der ‚Kipper- und Wipperzeit' geprägt wurde, um das Vertrauen in die Geldwährung wiederherzustellen.[360] Für die Gläubigen standen jedoch die

353 Vgl. Dinzelbacher, Angst (s. Abschn. C), 168 ff.

354 Schreiner, Märtyrer, 91; vgl. ders., Maria, 341 ff.; K. Beier, Maria Patrona. Rituelle Praktiken als Mittel stadtbürgerlicher Krisen- und Konfliktbewältigung, Siena 1447–1456, in: Schreiner, Frömmigkeit, 97–124.

355 Vgl. Origo (s. Abschn. C), 131 f.

356 Zit. n. G. Signori, Ritual und Ereignis. Die Straßburger Bittgänge zur Zeit der Burgunderkriege (1474–1477), in: HZ 264 (1997), 281–328, hier: 301; vgl. dies., Hagiographie, Architektur und Pilgerwesen im Spannungsfeld städtischen Legitimationsstrebens. Gottfried von Ensmingens Straßburger Wunderbuch der „heiligen Maria", in: ZHF 17 (1990), 257–279.

357 Vgl. Schreiner, Märtyrer, 87 f.

358 Marcus von Weida, Spiegel hochloblicher Bruderschaft des Rosenkrantz Marie, Leipzig 1515 (ed. A. van der Lee, Amsterdam 1978); vgl. A. van der Lee, Art. Marcus von Weida, VerLex$^2$ 5, 1985, 1233–1237, hier: 1235 f.

359 Vgl. a. a. O., 88 f.

360 Vgl. H. Rüthing, Die Kartäuser und die spätmittelalterlichen Ordensreformen, in: Elm, Reformbemühungen, 35–58, hier: 42.

religiösen Motive im Vordergrund, und gerade das Rosenkranzgebet verdeutlicht paradigmatisch, wie sehr in der Frömmigkeit des 15. Jahrhunderts quantitative und qualitative Aspekte miteinander verbunden waren: Auf der einen Seite ging es hier um die schlichte Anzahl der Gebete, und auf der anderen Seite dienten die Gebete dem Sich-Versenken in das Mysterium des christlichen Glaubens.[361] Dass Maria zum „Exempel meditativer Frömmigkeit"[362] wurde, was sich ikonographisch im Motiv des gesenkten Blickes widerspiegelt, resultierte aus der Idealisierung von Demut und Keuschheit, die theologischen Interessen ebenso entsprach wie den Bestrebungen einer sozialen Disziplinierung der Frauen.[363]
Die Verehrung der Mutter Mariens, der heiligen Anna, „gehört zu den auffälligsten Erscheinungen des religiösen Lebens der Jahrzehnte vor der Reformation".[364] Auch in der Namengebung dieser Zeit spiegelt sich das wider, denn viele Kinder wurden nun nach Anna und Joachim benannt.[365] Vor allem im deutsch-niederländischen Raum war die Annenverehrung weit verbreitet. In den 1480er-Jahren nahm man das Annenfest in die kirchlichen Festkalender auf. Das ikonographische Motiv der ‚Anna selbdritt', d. h. die Darstellung der heiligen Anna mit Maria und Christus, fand in diesen Jahrzehnten weite Verbreitung. Zwischen 1495 und 1515 wurden in den Städten zahlreiche Annenbruderschaften gegründet, die im Vergleich mit anderen Vereinigungen dieser Zeit „weniger Instrumente gezielter kirchlicher Seelsorge waren als Produkte des Interesses und der religiös-kirchlichen Aktivität der Laien",[366] die vor allem aus der Ober- und Mittelschicht kamen und dafür sorgten, dass die Annenbruderschaften in kurzer Zeit über ein beträchtliches Vermögen verfügten. Zur literarischen Verbreitung der Annenlegende trugen in erster Linie Humanisten wie Rudolf Agricola und Johannes Trithemius bei, die damit eine Rückbesinnung auf das ursprüngliche Christentum intendierten.[367] Auf Grund ihres Bildungs- und Erziehungsideals entfalteten sie die Annenverehrung als Konsequenz der sittlichen Normierung durch das Gebot des Elterngehorsams. Die Annenlegenden erhielten dadurch eine pädagogische Funktion und sollten in der Nachfolge der Heiligen zur *imitatio* anregen. Zugleich dienten sie der sozialen Stabilisierung von Ehe und Familie, die um 1500 in zunehmenden Maße Thema humanistischer Schriften war,[368] als sich die gesellschaftlichen Mikrostrukturen im Zuge einer starken Individuali-

361 Vgl. Lentes, Andacht, 43.

362 M. Palzkill, ‚Meditatio' und ‚Modestia'. Der gesenkte Blick Marias auf italienischen Verkündigungsdarstellungen des 14. bis 16. Jahrhunderts, in: Löther u. a., Mundus in imagine, 169–203, hier: 183.

363 M. Palzkill, ‚Meditatio' und ‚Modestia'. Der gesenkte Blick Marias auf italienischen Verkündigungsdarstellungen des 14. bis 16. Jahrhunderts, in: Löther u. a., Mundus in imagine, 169–203, hier: 183.

364 Dörfler-Dierken, 13.

365 Vgl. Schubert, Einführung, 275.

366 Dörfler-Dierken, 118.

367 Vgl. a. a. O., 190 ff.

368 Albrecht von Eyb, Ob einem manne sey zunemen ein eelichs weyb oder nicht, Nürnberg 1472 (ND Darmstadt 1993); vgl. H.-G. Gruber, Christliches Eheverständnis im 15. Jahrhundert. Eine moralgeschichtliche Untersuchung zur Ehelehre Dionysius' des Kartäusers, Regensburg 1989 (SGKMT 29); Dallapiaza, 123 ff.

sierung grundlegend veränderten.[369] Anna wurde durch die Hervorhebung ihrer Mutter- und Großmutterrolle zum Vorbild der Verknüpfung von Gottesfurcht und Wertschätzung des tätigen Lebens. Das entsprach dem Geist der Devotio moderna und bot zugleich verheirateten Frauen die Möglichkeit der Identifikation.[370] Darüber hinaus stellten die Mirakel, die den Annenviten beigegeben wurden, geistliche und materielle Wohltaten in Aussicht, wodurch die Leser noch stärker dazu ermuntert wurden, um die Fürsprache der heiligen Anna zu bitten. Dass im ausgehenden 15. Jahrhundert vor allem Reichtum, soziales Ansehen und Nachkommenschaft erbeten wurden, verdeutlicht eine neue Wertung der Armut, die immer stärker als gesellschaftliches Problem angesehen wurde, dessen Bewältigung Aufgabe der Obrigkeit sei.[371] Seinen Höhepunkt erlebte der Annenkult 1501, als der sächsische Herzog Georg der Bärtige ([1471] 1500–1539) die Stadt Annaberg im Erzgebirge nach ihr benannte und in den folgenden Jahren Annenreliquien dorthin brachte.[372] Er erlangte vom Papst Ablassprivilegien für Annaberg, so dass die Stadt zum Anziehungspunkt von Pilgerfahrten wurde. Als Standespatronin des Bergbaus, der in Annaberg auf Grund der Silbervorkommen eine große Rolle spielte, wurde Anna allerdings erst in späterer Zeit verehrt.

Die religiöse Dynamik und Mobilität des Spätmittelalters kommt in dem Pilger- und Wallfahrtswesen dieser Zeit besonders deutlich zum Ausdruck. Städtische Chroniken, Heiltumsbücher (Reliquienverzeichnisse), Pilgerberichte und Testamente legen davon in ihrer jeweiligen literarischen Eigenart Zeugnis ab.[373] Die Pilgerfahrt zu einem in der Nähe gelegenen oder weiter entfernten Heiligtum gehörte für die Menschen in diesen Jahrzehnten zu den wichtigsten Elementen ihrer Frömmigkeitspraxis. Die Hoffnung, durch den Kontakt mit dem Heiligen körperliche und seelische Heilung zu erlangen, spielte eine große Rolle, wie die zahllosen Wunderberichte belegen, die vor Ort gesammelt wurden.[374] Doch immer stärker rückte das Verlangen nach Ablass und Sündenvergebung in den Vordergrund. Die Wallfahrtsorte waren umso attraktiver, je höher der Ablass war, der dort erlangt werden konnte. Das Interesse an Wallfahrten war allen gesellschaftlichen Schichten und Ständen gemeinsam, doch vor allem die besser Gestellten bemühten sich darum, die Risiken zu kalkulieren, die trotz des allgemeinen Schutzes der Pilger mit den langen Reisen verbunden waren. Zwar konnten Stellvertreter dafür bezahlt werden, eine Pilgerfahrt zum religiösen Nutzen des Auftraggebers zu unternehmen, aber es kennzeichnet die religiöse Stimmung des 15. Jahrhunderts, dass auch im Adel eine „neue Blütezeit der Pilgerfahrten“[375] zu den großen Pilgerstätten der Christenheit einsetzte. Zu

369 Vgl. I. Baumgärtner, Consilia – Quellen zur Familie in Krise und Kontinuität, in: P.-J. Schuler (Hg.), Die Familie als sozialer und historischer Verband. Untersuchungen zum Spätmittelalter und zur frühen Neuzeit, Sigmaringen 1987, 43–66, hier: 49 f.

370 Vgl. Dörfler-Dierken, 221 f.; Scribner, Elements of Popular Belief (s. Kap. 1 A), 248.

371 Vgl. Dörfler-Dierken, 210; vgl. Mollat (s. Kap. 1 A), 190 ff.

372 Vgl. Dörfler-Dierken, 92 f.

373 Vgl. F. Eisermann, Die Heiltumsbücher des späten Mittelalters als Medien symbolischer und pragmatischer Kommunikation, in: Suntrup u. a., Mediation of Symbol, 37–56; Ganz-Blättler (s. Abschn. C), 39 ff.; Schmugge, 23 ff.; Zrenner, 11 ff.

374 Vgl. Signori, Körpersprachen, 532 ff.

375 Machilek, Frömmigkeitsformen des spätmittelalterlichen Adels (s. Kap. 1 C), 181.

spontanen Aus- und Aufbrüchen, wie sie bei Massenwallfahrten begegneten, kam es eher in den Unterschichten und unter Jugendlichen.[376] So zogen in den Jahren 1456–1459 junge Leute aus Deutschland und der Schweiz zum Mont Saint Michel.[377] Zu den Massenveranstaltungen, die Hans Behem, der ‚Pfeiffer und Trommler von Niklashausen', 1476 nach einer Marienerscheinung inszenierte, sollen nach den damaligen Berichten an einem Wochenende bis zu 70000 Menschen gekommen sein.[378] Die integrative Funktion von Pilgerfahrten ließ ein „christliches Wir-Gefühl"[379] entstehen, das auch in Pilgerberichten beschworen wurde und zum Kreuzzug gegen die Andersgläubigen aufrufen sollte.

Mit der religiösen Bedeutung von Wallfahrten unmittelbar verknüpft war das Sozialprestige der Pilger,[380] das seinerseits von dem Ziel der Wallfahrt abhängig war. Pilger, die einen der drei Hauptwallfahrtsorte des Mittelalters – Rom, Santiago de Compostella und Jerusalem – besuchten, genossen wegen der Bedeutung dieser Orte sowie der Strapazen und Gefahren, die mit diesen Pilgerfahrten verbunden waren, besonderes Ansehen. Allerdings brachten die zahlreichen Straf- und bettelnden Pilger sowie die *peregrini delegati*, die nur als Stellvertreter reisten, vor allem die Wallfahrt nach Santiago de Compostella in Verruf.[381] Überregionale Pilgerziele waren im 15. Jahrhundert u. a. Aachen, Köln, Trier, Einsiedeln oder der Mont Saint Michel.[382] Diese Pilgerreisen konnten viel Zeit beanspruchen, während die lokalen Pilger- und Wallfahrten zu einem nahe gelegenen Heiligtum nur einige Tage dauerten.[383] Um 1500 war Mitteleuropa von einem dichten „Netzwerk von Pilgerstätten"[384] überzogen. Das periodische Pilgern, das im Spätmittelalter üblich wurde, hatte für die Wallfahrtsorte zur Folge, dass der Andrang der Pilger zwar kalkulierbar wurde, in den Spitzenzeiten aber vor große organisatorische Probleme stellte.[385] Es musste für die Beherbergung und Verköstigung der Pilger und darüber hinaus dafür gesorgt werden, dass sie die Reliquien wirklich zu Gesicht bekamen, denn das war den Wallfahrern besonders wichtig. Daraus ergaben sich Konsequenzen für die städtische Topographie, weil Plätze und Häuser, von denen aus die Reliquien zu sehen wa-

376 Vgl. Schmugge, 19.36.

377 Vgl. U. Gäbler, Die Kinderwallfahrten aus Deutschland und der Schweiz zum Mont-Saint-Michel 1456–59, in: ZSKG 63 (1969), 221–331.

378 Vgl. Arnold, Niklashausen 1476, 58 ff.

379 Kühnel, Integrative Aspekte der Pilgerfahrten, 502.

380 Vgl. J. Van Heerwarden, Pilgrimages and Social Prestige. Some reflections on a theme, in: Wallfahrt und Alltag in Mittelalter und früher Neuzeit, Wien 1992 (SÖAW.PH 592), 27–79, hier: 51 ff.

381 Vgl. Kühnel, Integrative Aspekte der Pilgerfahrten, 501.

382 Vgl. W. Schmid, Reliquien, Wallfahrt und Wirtschaft in rheinischen Städten am Vorabend der Reformation: Beispiele aus Trier, Köln, Aachen und Düren, in: M. Mayr (Hg.), Von goldenen Gebeinen. Wirtschaft und Reliquie im Mittelalter, Innsbruck u. a. 2001 (Geschichte & Ökonomie 9), 148–185.

383 Vgl. F. Rapp, Zwischen Spätmittelalter und Neuzeit: Wallfahrten der ländlichen Bevölkerung im Elsaß, in: Schreiner, Laienfrömmigkeit, 127–136, hier: 133 f.; Schmugge, 18.

384 Kühnel, Integrative Aspekte der Pilgerfahrten, 497.

385 Vgl. K. Herbers, Stadt und Pilger, in: F.-H. Hye (Hg.), Stadt und Kirche, Linz 1995 (Beiträge zur Geschichte der Städte Mitteleuropas 13), 199–238, hier: 223 ff.

ren, wirtschaftlich und gesellschaftlich an Attraktivität gewannen. Die Verknüpfung religiöser und sozialer Aspekte bei den Pilgerfahrten trat besonders deutlich in Erscheinung, wenn Buß- und Strafwallfahrten nicht nur für religiöse, sondern auch für weltliche Vergehen auferlegt wurden und man damit „eine Art städtischer ‚Sozialhygiene'"[386] betrieb.

Im 15. Jahrhundert erlebten kleinere Wallfahrtsorte, die für die Menschen im näheren Umland zu erreichen waren, großen Zulauf.[387] Dabei spielte neben persönlichen Erfahrungsberichten auch die Förderung durch die politische Obrigkeit sowie Werbung in Form von Schriften und Bildern eine Rolle, zumal die Wallfahrtsorte miteinander konkurrierten.[388] Die zahlreichen Marien-, Hostien- und Heiligblutwallfahrtsorte, die im Spätmittelalter entstanden, waren „Ausdruck der gesteigerten Eucharistiefrömmigkeit"[389] dieser Zeit. Besondere Bedeutung nicht nur für Norddeutschland, sondern für das europäische Pilgerwesen insgesamt erlangte Wilsnack, wo 1383 nach einem Brand der Pfarrkirche Bluthostien (Hostien, an denen sich auf mirakulöse Weise Blut gezeigt haben soll) gefunden wurden.[390] Zu dem Streit um das ‚Wilsnacker Wunderblut', der sich an theologischen Meinungen und kirchlichen Interessen entzündete, bezog auch Nikolaus von Kues Stellung, indem er während seiner Legationsreise 1451/52 in einem der Reformdekrete das generelle Verbot aussprach, Bluthostien zu verehren.[391] Darin kamen sowohl theologische Bedenken als auch grundsätzliche Vorbehalte gegenüber den Massenwallfahrten zur Geltung, die auf Seiten der politischen und kirchlichen Obrigkeiten bestanden. Die politische Obrigkeit sah die soziale Ordnung durch Massenwallfahrten wie die nach Niklashausen gefährdet, und sie reagierte dementsprechend mit der Verhaftung und der Hinrichtung Hans Behems.[392] Die Haltung der Amtskirche war ambivalent, denn einerseits dienten die Wallfahrten ihren religiösen und wirtschaftlichen Interessen, andererseits drohte sie jedoch bei spontanen Wallfahrten die Kontrolle über die Gläubigen zu verlieren. Zeitgenössische Theologen wie Gottschalk Hollen, Johannes von Dorsten (um 1435–1481) und Johannes von Paltz übten generell Kritik an Massenwallfahrten, weil sie die Menschen wie ein Fieber ansteckten und nicht wirklich geistlich motiviert seien.[393] Auch Johannes Geiler von Kaysersberg legte in einer 1494 veröffentlichten Schrift die Eigenschaften „aines verninftigen bilgers"

386 Schmugge, 43.

387 Zur geographischen Herkunft und sozialen Stellung der Pilger am Beispiel Altöttings, Münchens und Tuntenhausens vgl. Schuh, 270 ff.

388 Vgl. H. Kühnel, ‚Werbung', Wunder und Wallfahrt, in: Wallfahrt und Alltag in Mittelalter und früher Neuzeit, Wien 1992 (SÖAW.PH 592), 95–113.

389 Schmugge, 27.

390 Vgl. Boockmann, Der Streit um das Wilsnacker Blut, 385 ff.; H. Kühne, „Ich ging durch Feuer und Wasser ..." – Bemerkungen zur Wilsnacker Heilig-Blut-Legende, in: G. Strohmaier-Wiederanders (Hg.), Theologie und Kultur. Geschichten einer Wechselbeziehung, Halle 1999, 51–84.

391 Vgl. Meuthen, Legationsreise (s. Kap. 1 A), 453 ff.

392 Vgl. Arnold, Niklashausen 1476, 122 ff.

393 Vgl. Moeller, Frömmigkeit (s. Kap. 1 A), 22; Schreiner, ‚Peregrinatio laudabilis' und ‚peregrinatio vituperabilis', 133 ff.

dar und zog damit eine Grenze zu ‚unvernünftigen' Wallfahrten.[394] Johannes von Paltz erklärte die kirchliche Billigung explizit zum entscheidenden Kriterium für eine „lobenswerte Wallfahrt",[395] wodurch die traditionellen Fernwallfahrten in ihrer Bedeutung noch einmal hervorgehoben wurden.

## 4. Dämonenglaube und Hexenverfolgung

In der religiösen Vorstellungswelt des 15. Jahrhunderts war der Glaube an Dämonen weit verbreitet.[396] Es entsprach jedoch dem grundlegenden Anliegen der Kirchenreform dieser Zeit, Aberglaube und magische Praktiken nicht länger zu tolerieren oder gar in die christliche Frömmigkeit zu integrieren.[397] Die Kritik an Aberglaube und Superstition im Sinne eines unangemessenen Zusatzes zur rechten Frömmigkeit und Liturgie war ein beherrschendes Thema vor allem katechetischer Literatur, die in dieser Zeit geradezu explosionsartig produziert wurde und die religiöse Bildung der Laien prägte.[398] Der Vorwurf des Aberglaubens und der Zauberei beinhaltete nicht nur den Verdacht, mit dem Teufel zu paktieren, sondern hatte auch eine antijudaistische Spitze, weil das traditionelle Motiv der Abgrenzung von jüdischen Zusätzen zu den Geboten Gottes damit verbunden wurde.[399]

Eine unmittelbare Konsequenz der kirchlichen Kritik an Aberglaube und Superstition war die Hexenjagd. Sie wurde im 15. Jahrhundert intensiviert und hatte ihren Schwerpunkt im Heiligen Römischen Reich Deutscher Nation.[400] Die Gründe für Hexenverfolgungen waren vielschichtig; neben wirtschaftlichen und gesellschaftlichen Krisen spielte die in dieser Zeit zunehmende religiöse Normierung der Bevölkerung ebenso eine wichtige Rolle wie „die Hexereidiskussion selbst, die sich ihren Gegenstand im selben Maße schuf, wie sie durch die mehr und mehr zunehmende Zahl der Hexenprozesse weiter vorangetrieben wurde".[401] Die meisten Opfer der Hexenjagd waren Frauen, die bei allen regionalen Unterschieden typische Merkmale aufwiesen: Sie waren „arm, ungebildet, scharfzüngig und alt".[402] Die Amtskirche und einflussreiche Theologen sowie Prediger förderten die Hexenverfolgung maßgeblich. Es engagierten sich vor allem Vertreter der Reformbewegung und der Frömmigkeitstheologie, weil dieser Kampf ihren Zielvorstellungen von einer grundlegenden Erneuerung der Kirche entsprach. So berichtete Johannes Nider, der Verfasser einflussreicher katechetischer Schriften und Reformator des Basler

394 Johannes Geiler von Kaysersberg, Der bilger mit seinen eygenschaften, in: Ders., Sämtliche Werke I/1, 30 ff.

395 Johannes von Paltz, De peregrinatione laudabili, in: Ders., Supplementum Coelifodinae, ed. Hamm, 385.

396 Vgl. Delumeau, Bd. 2, 358 ff.

397 Vgl. D. Harmening, „aufsecz" und „Zuosatz": Der Fall der Hexen, in: Seibt/Eberhard, Europa 1500, 510–525, hier: 516 f.

398 Vgl. ders., Katechismusliteratur, 91 ff.; ders., Spätmittelalterliche Aberglaubenskritik, 243 ff.

399 Vgl. Harmening, „aufsecz", 522 f.

400 Vgl. King, 173.

401 Blauert, 114; vgl. Delumeau, Bd. 2, 511 ff.

402 King, 174.

Dominikanerklosters, um 1435/37 im fünften Buch seines weitverbreiteten ‚Formicarius' über Anhänger der Hexensekte.[403] Auch Bernhardin von Siena ging in seinen Predigten immer wieder auf das Thema der Hexerei ein.[404]
Die systematische Hexenverfolgung begann in der Mitte des 15. Jahrhunderts.[405] Papst Innozenz VIII. institutionalisierte das Vorgehen gegen Hexen 1484 mit seiner Bulle ‚Summis desiderantes' und beauftragte die beiden Dominikaner Heinrich Kramer, gen. Institoris (um 1430–1505), und Jakob Sprenger (1435–1495) mit der Inquisition.[406] Drei Jahre später verfasste Heinrich Institoris den ‚Hexenhammer' (*Malleus Maleficarum*), einen kasuistischen Kommentar zur päpstlichen Bulle, der die verschiedenen Aspekte des Hexenglaubens und der Zauberei zusammenstellte und den Richtern der Hexenprozesse als Handbuch diente.[407] Eine verfahrensrechtliche Neuerung war, dass Denunziation die Anklage ersetzte und Folter sowie Hexenprobe in das Beweisverfahren eingeführt wurden.[408] Die These von der besonderen Neigung der Frau zur Hexerei wurde anthropologisch begründet mit der augustinischen Erbsündenlehre und mit intellektuellen Defiziten der Frau, die auch etymologisch hergeleitet wurden: *Femina* setze sich aus *fides* und *minus* zusammen und bedeute damit „die weniger Glauben hat".[409] Die Motive zur Verfolgung der Hexen waren ebenso vielfältig wie die Vorwürfe, die ihnen gegenüber erhoben wurden.[410] Aus kirchlicher und theologischer Perspektive wurden sie als Konkurrentinnen im rituellen und seelsorgerlichen Umgang mit Menschen in besonderen Lebenssituationen betrachtet. Die Hexenverfolgung diente dem Interesse der Kirche, alleinige Heilsmittlerin zu sein und den Menschen liturgisch Halt zu geben. Die Verdächtigung der Hexen, mit dem Teufel zu paktieren, verstärkte deren Ausgrenzung und sorgte umgekehrt für eine Festigung der christlichen Gemeinschaft. Veranlasst durch die Agitation des Inquisitors Heinrich Institoris kam es in den 1480er-Jahren erstmals in Süddeutschland zu systematischen Hexenverfolgungen.[411] Auffällig ist allerdings, dass bereits an der Wende vom 15. zum 16. Jahrhundert Hexenprozesse in vielen Gegenden – mit Ausnahme von Spanien und Italien – nicht mehr von kirchlichen, sondern von weltlichen Gerichten geführt wurden.[412]

403 Johannes Nider, Formicarius V 3.4.7 (ed. Chène, 144–199); vgl. W. Tschacher, Der Formicarius des Johannes Nider von 1437/38. Studien zu den Anfängen der europäischen Hexenverfolgungen im Spätmittelalter, Aachen 2000, 389 ff.

404 Vgl. F. Cardini, Hexenwesen und Volkskultur im Spätmittelalter an Beispielen aus der Toskana, in: Dinzelbacher/Mück, Volkskultur, 73–88, hier: 85 ff.

405 Vgl. Harmening, Hexen, 329.

406 QGRPK I, 780; vgl. Hansen, Quellen, 24–27 (Nr. 36); ders., Zauberwahn, 467.

407 Vgl. P. Segl (Hg.), Der Hexenhammer. Entstehung und Umfeld des *Malleus maleficarum* von 1487, Köln/Wien 1988 (Bayreuther Historische Kolloquien 2).

408 Vgl. Harmening, Hexen, 329.

409 Heinrich Institoris, Malleus Maleficarum I 6 (ed. Mackay, 286 f.; ed. Jerouschek/Behringer, 231); vgl. Harmening, Hexen, 337 ff.

410 Vgl. Midelfort, 13 ff.; Harmening, „aufsecz", 516.

411 Vgl. Moeller, Frömmigkeit (s. Kap. 1 A), 76.

412 Vgl. Harmening, Hexen, 329.

## 5. *Ars moriendi* und Endzeitstimmung

Die zunehmende „Individualisierung des Todes“[413] im späten Mittelalter spiegelt sich nicht nur in der Mentalitäts- und Frömmigkeitsgeschichte, sondern auch in der Theologie des 15. Jahrhunderts wider. So verdrängte der individuelle Aspekt bei der Vorstellung vom Jüngsten Gericht immer mehr den kosmologischen Aspekt.[414] Dieser Tendenz entsprach das Bemühen, die Angst vor dem individuellen Gericht durch eine gesteigerte Werkgerechtigkeit zu bewältigen, um sich so „Garantien für das Jenseits“[415] zu verschaffen. Verstärkend wirkte die Lehre vom Fegefeuer als dem Reinigungsort (*purgatorium*) im Übergang zwischen Tod und Gericht, die 1439 auf dem Konzil von Florenz gemeinsam mit der Ostkirche dogmatisiert wurde.[416] Die Konzepte, die von Theologie und Kirche – durchaus im eigenen Interesse – entwickelt wurden, um den Menschen das, was ihnen schlimmstenfalls drohte, vor Augen zu stellen und ihnen zugleich Möglichkeiten aufzuzeigen, das individuelle Geschick zu beeinflussen, sorgten dafür, dass Ängste teilweise eher produziert denn reduziert wurden, zumal die Heimsuchungen durch Pest, Hungersnöte und Kriege kollektive Erschütterungen verursachten.[417] Die Heilsungewissheit (*scrupulositas*), die auch in der Frömmigkeitstheologie eingehend reflektiert wurde,[418] konnte Menschen bis in den Selbstmord treiben.[419] Die Gläubigen fürchteten aber nicht nur um ihr eigenes Seelenheil, sondern sie hatten Angst vor Gott selbst. Dieses Furcht einflößende Gottesbild wurde in der spätmittelalterlichen Vorstellung vom richtenden Christus konkretisiert, die ein zentrales Thema und ikonographisches Motiv des 15. Jahrhunderts darstellte.[420] Die Christusfrömmigkeit konnte aber auch traditionelle Anschauungen und Frömmigkeitskonzepte verändern wie z. B. in der Darstellung des Berliner Totentanzes von 1484, in dem nicht mehr der Tod der Anführer des Reigens ist, sondern der Gekreuzigte.[421] Das ist umso bemerkenswerter, als solche monumentalen Totentanzgemälde nicht allein an den Klostermauern der großen Predigerorden angebracht waren, die in ihren Predigten immer wieder vor einem unbußfertigen Tod mahnten, sondern gleichermaßen an den Mauern der Friedhöfe, die einen Mittelpunkt der sozialen Begegnungen darstellten, wo Handel getrieben und Gericht gehalten wurde.[422]

Neben den traditionellen Formen der Vorsorge für die Existenz im Jenseits – wie häufigem Beichten, Seelgerätstiftungen (Vermächtnisse an die Kirche) und der speziellen

413 Wilhelm-Schaffer (s. Abschn. B), 4.

414 Vgl. a. a. O., 55.

415 Philippe Ariès, Geschichte des Todes, München [11]2005, 181; Delumeau, Bd. 2, 311 ff.; Dinzelbacher, Handbuch, Bd. 2, 170 ff.

416 COD[3], 526 f.

417 Vgl. Delumeau, Bd. 1, 35 ff.; Angenendt, 661 ff.; Duffy, 338 ff.

418 Johannes Gerson, De consolatione theologiae IV 2, in: Œuvres complètes IX, 233; vgl. Grosse (s. Abschn. B), 9.

419 Vgl. Dinzelbacher, Angst (s. Abschn. C), 269 ff.

420 Vgl. R. Schwarz, Die spätmittelalterliche Vorstellung vom richtenden Christus – ein Ausdruck religiöser Mentalität, in: GWU 32 (1981), 526–553.

421 Vgl. H. Rosenfeld, Der mittelalterliche Totentanz. Entstehung, Entwicklung, Bedeutung, Köln 1974 (BAKG 3), 212 f.; Moeller, Frömmigkeit (s. Kap. 1 A), 81.

422 Vgl. Wilhelm-Schaffer (s. Abschn. B), 268.

Verehrung der beiden Heiligen Barbara und Christophorus – bildete sich im 15. Jahrhundert eine eigene Gattung der ‚Kunst des Sterbens' (*Ars moriendi*) heraus, deren Thema die Vorbereitung auf den Tod und die rituelle Gestaltung des Begräbnisses war. Die entscheidenden Impulse gingen auch hierbei von Johannes Gerson aus. Der dritte Teil seines *Opus tripartitum* mit dem Titel *De arte moriendi* fand im Original und zahlreichen Übersetzungen weite Verbreitung. Die bedeutendste deutsche Übersetzung stammt von dem Straßburger Prediger Johannes Geiler von Kaysersberg, der auch selbst ein „ABC, wie man sich schicken sol zu einem kostlichen seligen tod"[423] verfasste. Darüber hinaus wurde Gersons *Ars moriendi* in vielen Sterbebüchlein, Predigtsammlungen und Erbauungsschriften rezipiert.[424] Sie prägte in der Struktur ihrer vier Abschnitte – Ermahnungen, Fragen, Gebete und Vorschriften – die weitere Geschichte dieser Gattung und ihrer Umsetzung in der Frömmigkeitspraxis. Die wichtigsten Elemente waren „willige Annahme, geduldiges Leiden, Abkehr von weltlichen Dingen, Beichte, Empfang der Sterbesakramente und die Durchführung christlicher Gebete".[425] Ihren anschaulichen Ausdruck fand die *Ars moriendi* in der Bilderars, deren formprägende *Editio princeps* von 1464/65 jeweils aus einer Text- und einer Bildseite bestand.[426] Das Zentrum bildet die Darstellung von fünf Anfechtungen – Glaubenszweifel, Hoffnungslosigkeit, Ungeduld, Hochmut und Gier nach Zeitlichem –, mit denen der Teufel versucht, sich der Seele des Sterbenden zu bemächtigen. Diesen Anfechtungen werden sodann Glaube, Hoffnung, Geduld, Demut und Abkehr von allem Unnützen als die guten Eingebungen eines Engels gegenübergestellt.

Die Vorbereitung auf den individuellen Tod war eingebettet in eine umfassende Kultur der Erinnerung (*memoria*), die den Zusammenhang von Religion und Gesellschaft besonders eindrücklich vor Augen führte.[427] An erster Stelle zu nennen sind die Bruderschaften, die für die Durchführung eines angemessenen Begräbnisses ebenso Sorge trugen wie für das Totengedächtnis.[428] Nekrologe (Totenverzeichnisse) und Anniversarien (jährliche Gedächtnisfeiern) vermitteln einen Einblick in die mentalitätsgeschichtlichen, rechtlichen und wirtschaftlichen Dimensionen des Totengedächtnisses.[429] Altarbilder, auf denen sich die Stifter abbilden und damit ‚verewigen' ließen, zeugen von dem Bestreben, in der religiösen Andacht der Ge-

423 Johannes Geiler von Kaysersberg, Wie man sich halten sol bei einem sterbenden menschen, ed. Dacheux, 115 ff.; ders., Ein ABC, wie man sich schicken sol zu einem kostlichen seligen tod, ed. Hoch, 76 ff.

424 Vgl. F. Falk, Die deutschen Sterbebüchlein von der ältesten Zeit des Buchdruckes bis zum Jahre 1520, Köln 1890 (ND Amsterdam 1969), 63 ff.; R. Rudolf, Ars moriendi. Von der Kunst des heilsamen Lebens und Sterbens, Köln/Graz 1957, 105 ff.

425 Wilhelm-Schaffer (s. Abschn. B), 154.

426 Vgl. A. Tenenti, La vie et la mort a travers l'art du XVe siècle, Paris $^{2}$1983, 108 ff.; H. Appel, Anfechtung und Trost im Spätmittelalter und bei Luther, Leipzig 1938 (SVRG 56/1), 142 ff.

427 Vgl. O. G. Oexle (Hg.), Memoria als Kultur, Göttingen 1995 (VMPIG 121), 9–78; Duffy, 327 ff.

428 Vgl. Remling (s. Kap. 1 A), 16 ff.; Rahn (s. Kap. 1 A), 112.

429 Vgl. P.-J. Schuler, Das Anniversar. Zu Mentalität und Familienbewusstsein im Spätmittelalter, in: Ders. (Hg.), Die Familie als sozialer und historischer Verband. Untersuchungen zum Spätmittelalter und zur frühen Neuzeit, Sigmaringen 1987, 67–117.

meinde über den Tod hinaus präsent zu sein. Die Hoffnung, einen Platz im kollektiven Gedächtnis zu finden und in die Fürbitte nachfolgender Generationen eingeschlossen zu werden, kam überall dort zum Ausdruck, wo Namensaufschriften hinterlassen wurden, wie etwa in Randnotizen gedruckter Bücher und Bilder des 15. Jahrhunderts.[430] Die Sepulkralkultur (Bestattungskultur) dieser Zeit vermittelt in ihren gesellschafts- und frömmigkeitsgeschichtlichen Ausprägungen „Einblicke in grundlegende Vorstellungen von Leben und Tod".[431] Eigene Akzente in der *memoria*-Kultur setzten die Vertreter von Renaissance und Humanismus, die mit aufwändigen Grabmonumenten und mit der literarischen Gattung der Leichenreden die Individualität des Verstorbenen und seine Verdienste für das Geistesleben und die Kunst stärker betonten.[432]

Die Vorstellung, das Ende der irdischen Geschichte und das Jüngste Gericht stünden unmittelbar bevor, war weit verbreitet. Sie bestimmte die Predigten Savonarolas mit seinen radikalen politischen Schlussfolgerungen im Sinne einer Theokratie, und sie prägte das religiöse Bewusstsein weiter Kreise sowohl unter den Klerikern als auch unter den Laien. Apokalyptische Motive und daraus resultierende Ängste waren allgegenwärtig. Außergewöhnliche Naturerscheinungen verstärkten die Endzeitstimmung ebenso wie astrologische Prognosen über das bevorstehende Weltende, an denen sich selbst gebildete Theologen wie Nikolaus von Kues beteiligten.[433] In den Kontext solch gesteigerter Endzeiterwartungen gehörte auch die religiöse Auseinandersetzung mit den Juden und den Muslimen.

430 Vgl. P. Schmidt, Beschriebene Bilder. Benutzernotizen als Zeugnisse frommer Bildpraxis im späten Mittelalter, in: Schreiner, Frömmigkeit, 347–384, hier: 351 ff.

431 C. Fey, Hochgrab und Wanddenkmal. Ausdrucksformen adliger Sepulkralkultur im Wandel, in: Rösener, Erinnerungskulturen, 125–143, hier: 125.

432 Vgl. D. Rigaux, Die Blüte der Künste im christlichen Westen, in: GCh 7, 474–494, hier: 486.

433 Vgl. Delumeau, Bd. 2, 350; Meuthen, Nikolaus von Kues (s. Kap. 2 B), 40.

# Kapitel 5
# Die Christenheit und die nichtchristlichen Religionen

Das Verhältnis der westlichen Christenheit zu nichtchristlichen Religionen wurde im 15. Jahrhundert von den kirchenpolitischen und geistes- sowie frömmigkeitsgeschichtlichen Umständen bestimmt. Dabei war die Wahrnehmung des ‚Fremden' ein Spiegelbild der Selbstwahrnehmung und der vielfältigen Bestrebungen, kollektive und individuelle Identitäten zu bewahren.[1] Die Konsequenz war die Ausgrenzung der Andersgläubigen bis hin zu deren Unterdrückung und Vertreibung. Mit den ‚Entdeckungen' in Übersee wurde die ‚Europäisierung der Welt' eingeleitet, bei der die Kirche als rechtlich verfasste Institution und die christliche Kultur eine dominante Rolle spielten.

## A. CHRISTENTUM – JUDENTUM

### 1. Die Ausgrenzung der Juden im christlichen Abendland

Nachdem es mit dem Ausbruch der Pest 1348–1350 überall in Mitteleuropa zu Judenpogromen gekommen war,[2] konnten die Juden im 15. Jahrhundert nur noch in Polen-Litauen relativ sicher leben, weil sie dort vom König und vom Adel gegenüber den Anfeindungen der Bevölkerung geschützt wurden.[3] Währenddessen nahmen in Deutschland im Laufe des 15. Jahrhunderts ihre Verdrängung an die städtische Peripherie sowie die Vertreibungen aus den Städten und Territorien zu (u. a. Trier 1418; Köln 1424, Mainz 1438/70, Erfurt 1453/54, Hildesheim 1457, Bamberg 1478, Nürnberg 1498/99).[4] Dabei waren wirtschaftliche und politische Interessen sowie religiöse Aspekte miteinander verschränkt.[5] Die Juden zogen in kleinere Städte und Dörfer des Umlandes,[6] viele wanderten nach Polen oder Italien aus.[7] Relativ häufig

1 Vgl. W. Neuber, Grade der Fremdheit. Alteritätskonstruktion und *experientia*-Argumentation in deutschen Turcica der Renaissance, in: Guthmüller/Kühlmann, 249–265; G. Melville, Wahrheit, 79 ff.; Esch, Anschauung, 281 ff.

2 Vgl. R. Bonfil, Aliens Within: The Jews and Antijudaism, in: Brady, Handbook, Bd. 1, 263–302, hier: 267.

3 Vgl. J. Wijaczka, Einwanderung der Juden und antijüdische Exzesse in Polen im späten Mittelalter, in: Burgard u. a., Judenvertreibungen, 241–256.

4 Vgl. Germania Judaica III, 76 f.316.558 f.640.805 f.1022; Haverkamp, 25; Burgard u. a., Judenvertreibungen, 165 ff.

5 Vgl. Toch, 66 f.118 ff.

6 Vgl. Burgard, Migration, 41 ff.; R. Ries, Juden – Zwischen Schutz und Verteufelung, in: Hergemöller, Randgruppen, 284–327, hier: 312.

7 Vgl. F. Rapp, Die Juden in Deutschland am Ende des Mittelalters, in: GCh 6, 859–870, hier: 868.

kamen Zwangstaufen vor, gelegentlich auch Zwangsdisputationen, bei denen es um die öffentliche Widerlegung und Entwürdigung des jüdischen Glaubens ging.[8] Von Seiten der Kirche wurde die strikte Trennung von Christen und Juden befürwortet. So verabschiedete das Konzil von Basel 1434 das *Decretum de Judaeis et neophytis* (‚Dekret über die Juden und Neugetauften'), das – wohl auf Drängen spanischer Konzilsteilnehmer – eine scharfe Gangart gegenüber den Juden befürwortete.[9] Dazu gehörte die Forderung, dass die Juden sich durch ihre Kleidung von den Christen zu unterscheiden hätten und in eigenen Arealen wohnen sollten, die „von den Kirchen möglichst weit entfernt sind".[10] Für die Einhaltung der Judendekrete setzte sich vor allem Nikolaus von Kues ein. Während seiner Legationsreise durch Deutschland im Jahre 1451 forderte er, dass die Juden ein für alle sichtbares Zeichen tragen sollten – die Männer ein gelbes Rad und die Frauen zwei blaue Streifen auf ihren Schleiern. Das von ihm ausgesprochene Verbot für die Juden, Zinsen zu nehmen, hob der Papst allerdings nach der Intervention des Kaisers, der um seine Einnahmen besorgt war und den Schutz der Juden als seine Rechtspflicht ernst nahm, wieder auf. Dass Kaiser Friedrich III. schichtenübergreifend immer wieder vorgeworfen wurde, er ziehe die Juden den Christen vor, spiegelte die weitverbreitete Judenfeindschaft wider.[11] Eine verheerende Wirkung erzielten zur gleichen Zeit die Predigten des Johannes Capestrano, durch die die christliche Bevölkerung an verschiedenen Orten unmittelbar zur Verfolgung der Juden animiert wurde.[12] Dabei verband Capestrano persönliche Erfahrungen, die er in italienischen Kommunen gewonnen hatte, mit antijudaistischen, wirtschaftsethischen und sozialpolitischen Auffassungen, wie sie vor allem in den Kreisen der Bettelorden üblich waren.

Die Judenfeindlichkeit schlug sich in den literarischen Gattungen der Predigt- und Exemplasammlungen sowie in Chronistik und Dichtung ebenso nieder wie in der Malerei und Plastik dieser Zeit.[13] Im Kontext grundsätzlicher Überlegungen zur Relevanz der Bilder für die Vermittlung des Glaubens (s. Kap. 4 C) und im Zusammenhang mit der Abgrenzung vom Ikonoklasmus der Hussiten und Lollarden wurde das jüdische Bilderverbot zu einem Angriffspunkt des Antijudaismus.[14] Dabei wurde den Juden unterstellt, sie benötigten dieses Bilderverbot, weil sie für magische Bildpraktiken (*idolatria*) anfällig seien. Durch den Buchdruck wurden die antijüdischen Publikationen immer zahlreicher.[15] Eine prägende Rolle bei der religiös begründeten

8 Vgl. Toch, 64 f.124 f.

9 COD³, 483–485; Quellen zur Kirchenreform II, 336–343 (Nr. XVII); vgl. Helmrath, Das Basler Konzil, 336 f.

10 Vgl. COD³, 484,2.

11 Vgl. K. Schreiner, „Correctio principis". Gedankliche Begründung und geschichtliche Praxis spätmittelalterlicher Herrscherkritik, in: Graus, Mentalitäten, 203–256, hier: 245.

12 Vgl. Germania Judaica III, 162.1012 f.1188; Elm, Kapistrans Predigtreise (s. Kap. 2 C), 512 f.; Toch, 64 f.129.

13 Vgl. Birkhan, 155 ff.; Schreckenberg, Adversus-Judaeos-Texte, 429 ff.; ders., Adversus-Judaeos-Bilder, 281 ff.

14 Vgl. Schnitzler, Vorwurf, 345 ff.

15 Vgl. C. Magin/F. Eisermann, „Ettwas zu sagen von den Iuden". Themen und Formen antijüdischer Einblattdrucke im späten 15. Jahrhundert, in: Litz u. a., Frömmigkeit, 173–193, hier: 176.

Ausgrenzung der Juden im Alltag spielten mentale Stereotypen wie die Konzepte ritueller Reinheit und Heiligkeit, in deren Konsequenz die Stigmatisierung der Juden ritualisierende Formen annahm.[16] Der Wirklichkeitsbezug und die Wirklichkeitskonstruktion solcher Bilder, die von den Juden vermittelt wurden, lassen sich am vielschichtigen Motiv des Hundes ablesen, das in der theologischen Kritik an den verstockten Juden ebenso Verwendung fand wie in der Rechtsikonographie und praktisch bedeutete, dass Juden auf besonders grausame und entehrende Weise hingerichtet wurden.[17] Das fatale Zusammenspiel religiöser und politischer Faktoren bei der Ausgrenzung der Juden trat 1492 in der mecklenburgischen Stadt Sternberg offen zu Tage. Nachdem sich dort angeblich eine Hostienschändung und anschließend ein Blutwunder zugetragen hatte, wurden Sternberger Juden, die unter Folter gestanden hatten, an den Ereignissen beteiligt gewesen zu sein, auf dem Scheiterhaufen verbrannt und die übrigen Juden des Landes verwiesen.[18] Mit Unterstützung des Landesherrn, des Schweriner Bischofs und des Papstes wurde Sternberg in der Folgezeit zu einer Wallfahrtsstätte, die viele Pilger anzog.

Neben der Ausgrenzung der Juden gab es im 15. Jahrhundert Bemühungen, sie zu missionieren. Sie standen im Zusammenhang mit der Kirchenreform, die dem Missionsgedanken neuen Auftrieb gab. Eine führende Rolle bei der Missionierung der Juden spielten die Dominikaner und Franziskaner, die auf sogenannte Religionsgespräche setzten, bei denen die jüdischen Vertreter jedoch nicht als gleichwertige Diskussionspartner auftreten durften, sondern sich eher in der Rolle von Angeklagten wiederfanden. Solche religiöse Polemik brachte die Konfrontation zum Ausdruck, die ein konstitutives Moment für die eigene kulturelle Identität darstellte.[19] Eines der bedeutendsten ‚Religionsgespräche' dieser Art fand im spanischen Tortosa 1413/14 statt.[20] Auf christlicher Seite bemühte sich vor allem der Konvertit Hieronymus de Santa Fé (gest. 1419) darum, die Messianität Jesu aus dem Talmud zu beweisen. Im Anschluss an das Religionsgespräch von Tortosa erließ Papst Benedikt XIII. am 11. Mai 1415 eine Judenbulle, in der er für jede Diözese die Auslieferung sämtlicher Exemplare des Talmuds an den Bischof verlangte.[21] Um seiner Anordnung Nachdruck zu verleihen, verpflichtete der Papst die Bischöfe, alle zwei Jahre an den Orten,

16 Vgl. Toch, 130; R. Jütte, Stigma-Symbole. Kleidung als identitätsstiftendes Merkmal bei spätmittelalterlichen und frühneuzeitlichen Randgruppen (Juden, Dirnen, Aussätzige, Bettler), in: Saeculum 44 (1993), 65–89, hier: 71 f.

17 Vgl. N. Schnitzler, Judenfeindschaft, Bildnisfrevel und das mittelalterliche Strafrecht, in: Schreiner/Signori, Bilder, 111–138, hier: 133 ff.; zur „Wirklichkeit der Bilder" s. Kap. 4 C.

18 Vgl. Backhaus, 7 ff.; V. Honemann, Die Sternberger Hostienschändung und ihre Quellen, in: Boockmann, Kirche und Gesellschaft, 75–102.

19 Vgl. A. Funkenstein, Juden, Christen und Muslime. Religiöse Polemik im Mittelalter, in: Die Juden in der europäischen Geschichte. Sieben Vorlesungen, hg. v. W. Beck, München 1992, 33–48, hier: 33.

20 Vgl. Schreckenberg, Adversus-Judaeos-Texte, 455 ff.; Eckert, 240 ff.; E. I. J. Rosenthal, Jüdische Antwort, in: Rengstorff/v. Kortzfleisch, Kirche und Synagoge, Bd. 1, 210–306, hier: 307–362, hier: 343 ff.; J. H. Schoeps, Jüdisch-christliches Religionsgespräch in neunzehn Jahrhunderten, Königstein i. Ts. 1984, 74 ff.; Battenberg, 133 f.

21 Abgedr. in: I. v. Döllinger, Beiträge zur politischen, kirchlichen und Culturgeschichte der sechs letzten Jahrhunderte. Bd. 2: Materialien zur Geschichte des fünfzehnten und sechzehnten Jahrhunderts, Regensburg 1863, 393–403; vgl. Eckert, 245 ff.

an denen Juden lebten, Nachforschungen anzustellen und diejenigen zu bestrafen, die das Verbot missachteten. Neben weiteren Anordnungen, wie abgesonderten Wohnbezirken und einer besonderen Kleidung für die Juden sowie dem Verbot, Synagogen zu errichten oder zu verschönern, wie auch der generellen Feststellung, dass Juden nicht als Vertragspartner für Christen anerkannt werden könnten, enthielt der letzte Artikel der päpstlichen Bulle eine Schutzbestimmung für alle Juden. Die Christen wurden zur Milde aufgefordert und zur Hilfe für verfolgte Juden. Damit war bei aller Härte der konkreten Bestimmungen dieser Bulle doch ein deutlich anderer Akzent gesetzt als bei denen, die im weiteren Verlauf des 15. Jahrhunderts einen erbarmungslosen Judenhass propagierten.

## 2. Die Vertreibung der Juden aus Spanien und Portugal

Auf der iberischen Halbinsel war die Einstellung der Christen den Juden – wie auch den Muslimen – gegenüber geprägt durch die politischen Verhältnisse im Zeitalter der Reconquista. In Spanien kam es nach dem Religionsgespräch von Tortosa zu einer größeren Welle von Konversionen, die allerdings in der Bevölkerung Misstrauen hervorriefen. So wurden die Konvertiten gesellschaftlich diskriminiert und von der Inquisition belangt. Diese Verfolgung nahm rassistische Züge an, denn die Ausgrenzung der Juden wurde mit der fehlenden ‚Reinheit des Blutes' legitimiert.[22] Der Hass des Volkes, der sich gegen den wirtschaftlichen und gesellschaftlichen Einfluss zahlreicher Konvertiten richtete, wurde vor allem von Predigern der Bettelorden geschürt. Auf dem Höhepunkt des Aufruhrs verfassten bedeutende Theologen auf Seiten der Konvertiten – darunter Kardinal Juan de Torquemada und der Bischof von Burgos, Alonso de Cartagena (1384–1456) – Abhandlungen, in denen auf biblischer Grundlage, namentlich der Paulusbriefe, die Einheit der Christenheit verfochten wurde.[23] Solche Schriften änderten aber nichts an der gewalttätigen Stimmung. Die Konvertiten wurden 1467 aus Toledo und 1474 aus Córdoba vertrieben.[24]
Der Aufbau eines modernen Staates unter dem Königspaar Ferdinand II. von Aragón und Isabella von Kastilien, denen Papst Alexander VI. 1496 den Titel ‚Katholische Könige' verlieh, hatte die Ausgrenzung und schließlich die Vertreibung der Juden – wie auch der Muslime – zur Folge.[25] Auf der Grundlage der Religion sollte die politische Einheit des Landes hergestellt werden.[26] Zur Eindämmung unkontrollierter Gewalt wurde 1478 mit Zustimmung des Papstes die Inquisition als staatliches Überwachungsorgan institutionalisiert.[27] Sie richtete sich fast ausschließlich gegen Konvertiten, die unter dem Generalverdacht standen, ihre jüdische Religion nur zum Schein aufgegeben zu haben. Zusätzlich angeheizt wurden die antijüdischen Ressentiments mit dem traditionellen Vorwurf angeblicher Hostienschändung und

22 Vgl. N. Roth, Conversos, Inquisition, and the Expulsion of the Jews from Spain, Madison 2002; Vones, Vertreibung, 26 ff.

23 Vgl. Milhou, Die iberische Halbinsel, 393.

24 Vgl. J. Edwards, Christian Córdoba. The city and its region in late Middle Ages, Cambridge/New York 1982, 183 ff.

25 Vgl. Ladero (s. Kap. 2 C), 169 ff.; Vones, Pogrom, 948 ff.

26 Vgl. Milhou, Die iberische Halbinsel, 384.

27 Simonsohn, 1247–1249 (Nr. 1000).

des Ritualmordes an Kindern.[28] Tausende wurden hingerichtet, Zehntausende, die in öffentlichen Autodafés vorbeiziehen mussten, wurden verhaftet und enteignet. Denunziationen waren an der Tagesordnung. Bei der Verfolgung der Konvertiten tat sich Kardinal Ximenez de Cisneros, der mit der Inquisition im Königreich Granada beauftragt war, besonders hervor, obwohl er sich für die rabbinische Exegese interessierte und die Mudéjar-Architektur bewunderte.[29]
Als die gesamte Entwicklung mit der Einnahme von Granada 1492 einen Höhepunkt erreichte und eine unkontrollierbare Verfolgungswelle drohte, entschlossen sich die Katholischen Könige zur endgültigen Vertreibung der Juden, die mit dem Edikt vom 31. März 1492 aus dem Land ausgewiesen wurden.[30] Auch wenn die religiöse Vision einer massenhaften Bekehrung zum Christentum und das politische Ziel, die Einigung des Reiches zu verwirklichen, hierbei eine Rolle spielten, war das bestimmende Motiv zunächst einmal die deutlichere Unterscheidung der wirklich überzeugten Konvertiten von den Krypto-Juden. Denn an der Erhaltung der Conversos war das Königtum grundsätzlich interessiert, weil sie am Hof und in der Reichsverwaltung wichtig waren.[31] Innerhalb von vier Monaten mussten die Juden das Land verlassen, wenn sie nicht bereit waren, sich taufen zu lassen. Insbesondere die Besitzenden entschieden sich zur Konversion.[32] Manche Schätzungen gehen von 200000 Juden aus, die Spanien verließen, neuere hingegen ‚nur' von 50000 bzw. unter Berücksichtigung der Rückkehrer von 35000. Viele Juden flohen nach Portugal und brachten dessen König damit in ein Dilemma: Einerseits spielte die jüdische Minderheit dort eine wichtige Rolle bei der Finanzierung der einsetzenden Kolonialpolitik, andererseits sah sich der portugiesische König von seinen spanischen Verbündeten dazu gedrängt, ebenfalls die Ausweisung der Juden anzuordnen.[33] Dies geschah offiziell mit einem Edikt im Dezember 1496, allerdings wurden die Juden faktisch daran gehindert, das Land zu verlassen, indem ihre Kinder eingesperrt wurden. So blieb ihnen nichts anderes übrig, als zu konvertieren, zumal ihnen hier auch zunächst noch keine Inquisition drohte. Auf Dauer kam es jedoch auch in Portugal zu Pogromen, und mit der Einrichtung der Inquisition wurde ein ähnlicher Weg beschritten wie in Spanien.

## 3. Die theologische Auseinandersetzung mit dem Judentum

Theologen hatten an der Ausgrenzung und Vertreibung der Juden wesentlichen Anteil, indem sie die Legitimation lieferten. Mit ihren Auftritten bei den Zwangsdisputationen und entsprechenden Traktaten beeinflussten sie die kirchlichen Entscheidungsprozesse und die öffentliche Meinung. Bezeichnend für das ebenso subtile wie aggressive Vorgehen der Theologen gegenüber den Juden war, dass 1475 eine theologische Disputation zwischen dem Dominikaner Peter Nigrius (um 1385–1456) und den Rabbinern in Regensburg, der größten jüdischen Gemeinde auf deutschem

28 Vgl. Delumeau, Bd. 2 (s. Kap. 4 D), 431 ff.; R. Po-chia Hsia, The Myth of Ritual Murder. Jews and Magic in Reformation Germany, New Haven/London 1988, 50 ff.

29 Vgl. Milhou, Die iberische Halbinsel, 387 ff.

30 Vgl. Henrix, 121 ff.

31 Vgl. Vones, Vertreibung, 48 ff.

32 Vgl. ders., Pogrom, 952.

33 Vgl. Milhou, Die iberische Halbinsel, 413.

Reichsgebiet, stattfand – zur gleichen Zeit, als in Trient ein Ritualmordprozess gegen die Regensburger Juden geführt wurde, der drastische Konsequenzen für die jüdischen Gemeinden im Reich wie auch in Norditalien hatte.[34] Seine theologischen Ansichten veröffentlichte Nigrius noch im gleichen Jahr in dem *Tractatus contra perfidos Judaeos de conditionisbus veri Messie* und brachte damit in aller Klarheit zum Ausdruck, dass er die Juden nicht als Gesprächspartner ernst nahm, sondern sie als ‚perfide' ansah.
Im Zusammenhang mit der Vertreibung der Juden von der iberischen Halbinsel ist der 1484 verfasste *Tractatus contra Iudaeos* des spanischen Augustiner-Theologen Jacob Perez von Valencia (1409–1490) besonders aufschlussreich, weil er den theologiegeschichtlichen Hintergrund für die religiöse Legitimation der Judenvertreibung beleuchtet.[35] Dabei hatte sich Perez im spezifischen Kontext der Kirche und Theologie Spaniens mit einem Denkmodell auseinanderzusetzen, das seit dem späten 13. Jahrhundert vor allem von spanischen Dominikanern vertreten wurde. Danach seien die Juden nicht mehr als wirkliche Juden anzusehen, weil sie das ursprüngliche Judentum verraten hätten.[36] Drei Jahre nach der Einrichtung der Inquisition in Spanien, deren Aufgabe es war, judaisierende Christen unter den Konvertiten aufzuspüren, schrieb Perez seinen Traktat in Valencia, einem Zentrum jüdischer Kultur, wo es seit dem 13. Jahrhundert eine jüdische Akademie gab. In seiner theologischen Auseinandersetzung mit zentralen Glaubensüberzeugungen der Juden stellte Perez die Frage nach der Heilsbedeutung des Todes Christi sowie nach dem ‚evangelischen Gesetz' in den Mittelpunkt seiner Argumentation, die sich auf der Linie des spätmittelalterlichen Augustinismus bewegt. In Abgrenzung zur antijudaistischen Polemik der spanischen Dominikaner zeigte sich Perez prinzipiell darum bemüht, das theologische Gespräch mit den Juden zu suchen. Es ging ihm im Unterschied zu den Religionsgesprächen des 15. Jahrhunderts mit ihrer Tendenz zur Inquisition nicht primär darum, die Juden anzuklagen, sondern darum, rationale Kriterien aufzuzeigen, nach denen die unterschiedlichen Glaubenslehren beurteilt werden konnten.
Eine Sonderrolle in der theologischen Auseinandersetzung mit dem Judentum spielte der bedeutende Humanist Giovanni Pico della Mirandola (1463–1494), der die jüdische Tradition für das Christentum nutzbar zu machen versuchte, indem er eine christliche Kabbalistik entwickelte.[37] In der theologischen Auseinandersetzung mit dem Judentum im 15. Jahrhundert war es auch um die Beurteilung des Talmud gegangen, wobei dieser entweder – wie in Tortosa – christologisch vereinnahmt wurde oder aber einem generellen Verdikt verfiel. Zu Beginn des 16. Jahrhunderts spitzte

34 Vgl. R. Po-chia Hsia, Trient 1475, Frankfurt a. M. 1996; ders., Die Konversion der Juden zur Zeit Reuchlins, in: D. Hacke/B. Roeck (Hg.), Die Welt im Augenspiegel. Johannes Reuchlin und seine Zeit, Stuttgart 2002 (Pforzheimer Reuchlinschriften 8), 161–168, hier: 166 f.

35 Vgl. T. Rasmussen, Jacob Perez of Valencia's ‚Tractatus contra Judaeos' (1484) in the Light of the Medieval anti-Judaic Traditions, in: Hagen, Augustine, 41–59, hier: 46 ff.

36 Vgl. J. Cohen, The Friars and the Jews. The Evolution of Medieval Anti-Judaism, Ithaca/London 1982, 122 ff.

37 Vgl. H. Greive, Die christliche Kabbala des Giovanni Pico della Mirandola, in: AfK 57 (1975), 141–161; C. Wirszubski, Pico della Mirandola's Encounter with Jewish Mysticism, Cambridge, Mass./London 1989.

sich dieser Streit zu, als ab 1507 der Kölner Dominikaner und Konvertit Johannes Pfefferkorn (1469–1523) in Traktaten und Flugschriften die Beschlagnahmung aller hebräischen Bücher forderte.[38] Daraufhin rief Kaiser Maximilian I. 1509 die Juden auf, ihm ihre religiösen Schriften zur Prüfung vorzulegen und sich fortan auf das Alte Testament zu beschränken.[39] Eines der Gutachten, das im Auftrag des Kaisers angefertigt wurde, schrieb Johannes Reuchlin (1455–1522), der führende Hebraist dieser Zeit. Mit seiner 1506 erschienenen ‚Einführung in das Hebräische' (*De rudimentis Hebraicis*) wurde die christliche Hebraistik begründet. Bereits 1494 hatte sich Reuchlin der Kabbala zugewandt, die für ihn ein Schlüssel zur christologischen Interpretation des Alten Testaments war.[40] In seinem Werk ‚Das wunderbare Wort' (*De verbo mirifico*) entwickelte er eine Interpretation des Tetragramms (JHWH, Jahwe), wonach der Name Gottes erst durch die Ergänzung eines fünften Buchstabens als „Jesus" aussprechbar werde.[41] Ein Gutachten über die jüdischen Bücher, das er 1510 im Auftrag des Kaisers verfasste, veröffentlichte er ein Jahr später, nachdem Pfefferkorn sich dafür ausgesprochen hatte, die Bücher zu verbrennen. Dagegen vertrat Reuchlin die Ansicht, dass die Juden ihre Bücher behalten sollten und ihnen als ‚Mitbürgern' Schutz zu gewähren sei.[42] In der Folgezeit kam es zu einer erbitterten literarischen Fehde zwischen Gegnern und Anhängern Reuchlins, bei der die Frage der Stellung zum Judentum und zu seiner Tradition mit einem Grundsatzstreit um die Bedeutung des Humanismus verknüpft wurde.[43] In den ‚Dunkelmännerbriefen' (*Epistolae obscurorum virorum*) der Humanisten wurden die Dominikaner als die führenden Vertreter der scholastischen Kritiker Reuchlins verspottet.

## B. CHRISTENTUM – ISLAM

Das Verhältnis zwischen Christentum und Islam wurde im 15. Jahrhundert grundlegend durch die osmanische Expansion mit der Eroberung Konstantinopels 1453 und durch die Reconquista auf der iberischen Halbinsel bestimmt.

### 1. Der Fall Konstantinopels 1453

Die osmanische Eroberung Konstantinopels löste im Westen Entsetzen und Erstaunen zugleich aus.[44] Dabei überwogen die Ängste vor einer weiteren Expansion

38 Vgl. H.-M. Kirn, Das Bild vom Juden im Deutschland des frühen 16. Jahrhunderts, dargestellt an den Schriften Johannes Pfefferkorns, Tübingen 1989, 9 ff.; Frey, 177–193.

39 Vgl. Rengstorf/v. Kortzfleisch, Bd. 1, 279 f.

40 Vgl. C. Zika, Reuchlin und die okkulte Tradition der Renaissance, Sigmaringen 1998 (Pforzheimer Reuchlinschriften 6).

41 Johannes Reuchlin, De verbo mirifico III (ND 1964, 102).

42 Vgl. Rengstorf/v. Kortzfleisch, Bd. 1, 280; vgl. H. A. Oberman, Johannes Reuchlin: Von Judenknechten zu Judenrechten, in: A. Herzig/J. H. Schoeps (Hg.), Reuchlin und die Juden, Sigmaringen 1993, 39–64.

43 Vgl. F. Rädle, Die *epistolae obscurorum virorum*, in: Boockmann, Kirche und Gesellschaft, 103–115; H. Peterse, Jacobus Hoogstraeten gegen Johannes Reuchlin. Ein Beitrag zur Geschichte des Antijudaismus im 16. Jahrhundert, Wiesbaden 1996 (VIEG 165).

44 Vgl. Meuthen, Der Fall von Konstantinopel, 1 ff.; S. Runciman, Die Eroberung von Kon-

der Türken nach Mitteleuropa, während ein Mitgefühl mit den Glaubensbrüdern und -schwestern in Konstantinopel kaum aufkam. Das lag an der tiefen Spaltung zwischen Ost- und Westkirche, die auch die 1439 geschlossene Union nicht hatte überwinden können, zumal diese von der Mehrheit der orthodoxen Geistlichen wie auch der Laien abgelehnt wurde. Sie setzten demgegenüber eher auf Kooperation mit den Türken.[45] Die Niederlage der Orthodoxen wurde nun aber im Westen als eine gerechte Strafe für die Sabotage der Union angesehen – und von ehemaligen Anhängern des Basler Konzils als Strafe dafür, dass die Griechen die Union mit Papst Eugen IV. und nicht mit dem Konzil gesucht hatten.[46] Für das Papsttum war der Aufruf zum Kreuzzug gegen die Türken ein permanentes Thema, das dem eigenen Interesse an einer fortschreitenden Zentralisierung der Kirche und dem Führungsanspruch in der Christenheit diente.[47] Die Berichte vom Fall Konstantinopels waren, wenn sie überhaupt auf authentischen Erlebnissen basierten, von den politischen und religiösen Sichtweisen derer geprägt, die ihren Zeitgenossen ein Bild der Eroberer vermitteln wollten. Die Wahrnehmung des Fremden war somit nicht nur mit der Wahrnehmung des Eigenen verwoben, sondern wurde ganz wesentlich davon bestimmt. Viele Schriften, Lieder und Theaterstücke beschäftigten sich mit dem Türkenthema und vermittelten dabei zumeist ein Feindbild.[48] Vor allem aber spielten die Prediger, die zum Kreuzzug aufriefen und damit die Aussicht auf einen Ablass verknüpften, eine zentrale Rolle bei der Vermittlung dieses Feindbildes, zumal sie diejenigen waren, von denen die breite Masse der Bevölkerung überhaupt erst etwas von den Ereignissen in der Ferne erfuhr.[49] In der Schilderung der Gräueltaten der Osmanen dominierten Berichte über sexuelle Gewalttaten gegenüber Frauen und Männern sowie über die Zerstörung von Gotteshäusern.[50] Damit wurden Ängste geweckt und moralische Vorurteile verstärkt. Gerade die sexuell konnotierten Bilder sollten eine lange Wirkungsgeschichte zeitigen. Während die Türken insgesamt letztlich als Tiere galten, wurde Sultan Mehmed II. „zur Inkarnation der gängigen Bösewichter der Bibel“.[51] Stereotyp wurde die Schreckensnachricht verbreitet, die Osmanen begehrten nichts so sehr wie das Blut der Christen.

Zur Verbreitung des Feindbildes trugen insbesondere Enea Silvio Piccolomini, der damals Sekretär Kaiser Friedrichs III. war und 1458 Papst wurde, sowie der Volksprediger Johannes Capestrano bei. Enea Silvio Piccolomini organisierte 1454/55 drei Reichstage, die sich mit den Folgen des Falls von Konstantinopel befassten. Auf dem Reichstag zu Regensburg im Mai 1454 hielt er eine Rede, in der er die Türken-

stantinopel 1453, München 1977, 167 ff.; H. J. Kissling, Türkenfurcht und Türkenhoffnung im 15./16. Jahrhundert. Zur Geschichte eines „Komplexes“, in: Südost-Forschungen 23 (1964), 1–18.

45 Vgl. A. Ducellier, Die Orthodoxie in der Frühzeit der türkischen Herrschaft, in: GCh 7, 6–68.

46 Vgl.Helmrath, Das Basler Konzil, 383, Anm. 105.

47 Vgl. Setton, 138 ff.

48 Vgl. Sieber-Lehmann, 17 ff.; Mertens, Europäischer Friede und Türkenkrieg, 45 ff.; Schwoebel, 1 ff.; Kleinlogel, 19 ff.

49 Vgl. Vogtherr, 117 ff.

50 RTA XIX/1, 10 f.50.

51 Sieber-Lehmann, 21.

gefahr beschwor und zum Krieg gegen die Türken aufrief.[52] An den Reichstagen zu Regensburg und zu Frankfurt nahm auch Capestrano teil und predigte dort gegen die Türken und die Hussiten. Der Kreuzzug gegen die Türken wurde in dieser Zeit zu einem zentralen Thema während seiner Predigtreise nördlich der Alpen, die er seit 1451 auf Einladung Enea Silvios unternahm.[53] Schließlich führte er sogar ein militärisches Kommando und wirkte 1456 als „neuer Josua",[54] wie er sich selbst bezeichnete, bei der Befreiung des eingeschlossenen Belgrad mit. Ansonsten hatte die antitürkische Stimmungsmache im Westen aber keine konkreten politischen Folgen. Zwar reagierte schon im September 1453 Papst Calixtus III. mit einer Kreuzzugsbulle,[55] aber zu dem Kreuzzug kam es nicht. Das lag einerseits an den machtpolitischen Konstellationen und den wirtschaftlichen Interessen in Europa, andererseits am Misstrauen gegenüber der Papstkirche. Denn es kam der Verdacht auf, sie bediene sich des Themas nur, um damit eigene – insbesondere finanzielle – Interessen zu verfolgen.[56] Gleichwohl gehörten die Türkenreden fortan zum Standardrepertoire der Reichsversammlungen, wobei sie mit der „Weckung ... kollektiver Bereitschaft zum Türkenkrieg"[57] in erster Linie die eigenen politischen Probleme im Blick hatten, während die Bedrohung durch die Türken eher als Katalysator denn als eigentliche Ursache dieser Probleme angesehen wurde. So erklärte Kaiser Friedrich III. in seinem Einladungsschreiben zum Regensburger Reichstag 1454 zwar den Kreuzzug gegen die Türken zum ‚heiligen Krieg', führte aber zugleich deren bisherigen Erfolge auf die Sünden der Christen zurück.[58] Damit nun mit Gottes Hilfe der Sieg gelinge, sollten sich „alle vleißen, dester andechtiger und gotzfuerchtiger zu werden, unser geluebde, auch die gebot gots und der hailigen kirchen zu halten".[59] Dasselbe Deutungsmuster findet sich auch in anderen Gattungen der *Turcica*. ‚Das Turken Vastnachspil', das erste Drama, das sich 1454 mit dem Türkenthema befasste, rechtfertigte die Grausamkeit der osmanischen Eroberer damit, dass dadurch die gesellschaftlichen und moralischen Missstände der Christen bestraft worden seien.[60] Vor dem Hintergrund dieser Gesellschaftskritik wurden anschließend aber die scheinbaren Vorteile eines Lebens unter türkischer Herrschaft als Lockmittel des Teufels demaskiert, der in der Person des Sultan nur dazu verführen wolle, vom Glauben abzufallen. Wie komplex – wenn nicht widersprüchlich – die Bilder von den Türken im Allgemeinen und dem Sultan im Besonderen waren, lässt sich daran ablesen, dass

52 RTA XIX/1, 265–275.

53 Vgl. Elm, Kapistrans Predigtreise (s. Kap. 2 C), 513.

54 M. Bihl, Duae epistulae S. Johannis a Capistrano, altera ad Ladislaum Regem, altera de victoria Belgradensis (An. 1453 et 1456), in: AFH 19 (1929), 63–75, hier: 73.

55 RTA XIX/1, 59–64.

56 Vgl. Meuthen, Der Fall von Konstantinopel, 18.30 f.

57 D. Mertens, Europa, 53; vgl. ders., Europäischer Friede 45 ff.

58 RTA XIX/1, 99; vgl. K. Schreiner, Märtyrer – Schlachtenhelfer – Friedensstifter. Krieg und Frieden im Spiegel mittelalterlicher und frühneuzeitlicher Heiligenverehrung, Opladen 2000 (Otto-von-Freising-Vorlesungen der Katholischen Universität Eichstätt 18), 103 f.

59 RTA XIX/1, 319.

60 Rosenplüt, Das Turken Vastnachspil, in: A. v. Keller (Hg.), Fastnachtspiele aus dem 15. Jahrhundert, Bd. 1, Stuttgart 1853 (ND Darmstadt 1965), 294; vgl. Kleinlogel, 20 ff.

die Verteufelung Mehmets II. selbst für Enea Silvio nicht ausschloss, die Hoffnung auf eine Bekehrung der Muslime zu wecken. So sandte er als Papst dem Sultan einen Brief, in dem er ihm sogar den Kaisertitel in Aussicht stellte, falls er sich zum Christentum bekehre.[61]

Die osmanische Expansion und der Fall Konstantinopels ließen bei einigen Gelehrten ein neues Interesse am Koran aufkommen. Unter dem unmittelbaren Eindruck der Ereignisse des Jahres 1453 verfasste Nikolaus von Kues die Schrift ‚Vom Frieden zwischen den Religionen' (*De pace fidei*), in der er seine Vision von einer friedlichen Verständigung zwischen den Religionen entfaltete.[62] Er vertrat die Ansicht, dass eine Versöhnung der Religionen möglich sei, wenn die Menschen erst einmal erkennen würden, dass sie im Kern dieselbe religiöse Überzeugung teilten, nämlich den Glauben an das Gute, das Cusanus im Duktus seines philosophisch-theologischen Denkansatzes mit der Gottesidee identifizierte.[63] Demgegenüber hielt er die Differenzen zwischen den Religionen für unterschiedliche Riten, die als das Resultat kulturgeschichtlicher Entwicklungen betrachtet werden müssten, aber im Sinne des Religionsfriedens transzendiert werden könnten, obwohl die Menschen in ihrer Engstirnigkeit solche Unterschiede verabsolutierten.[64]

1460/61 verfasste Cusanus seine Schrift *Cribratio Alcorani*, d. h. ‚Sichtung' bzw. ‚Siebung des Koran'. Zur Beschäftigung mit dem Islam war er durch den spanischen Konzilstheologen und Kardinal Johannes von Segovia motiviert worden, den er auf dem Konzil von Basel kennengelernt hatte.[65] Die ‚Sichtung des Koran' durch Cusanus zeichnet sich durch einen irenischen Grundzug aus, der sich von der Kreuzzugspolemik und -politik des damaligen Papstes Pius II. deutlich unterschied.[66] Nikolaus von Kues wollte in seiner Schrift die Gemeinsamkeiten von Christentum und Islam herausstellen, indem der Koran auf seinen biblischen Inhalt hin ‚gesiebt' werden soll-

61 Pio II, Lettera a Maometto, ed. Toffanin, 113 f.; vgl. Southern, Islambild, 67 ff.

62 Vgl. K. Kremer, Die Hinführung [manuductio] von Polytheisten zum Einen, von Juden und Mohammedanern zum Dreieinen Gott, in: R. Haubst (Hg.), Der Friede unter den Religionen nach Nikolaus von Kues, Mainz 1984, 126–163; W. A. Euler, „Unitas et pax". Religionsvergleich bei Raimundus Lullus und Nikolaus von Kues, Würzburg 1990, 151 ff.; P. David, Lichtblick des Friedens. Grundlinien einer sapientialen Theologie der Religionen im Anschluss an Nikolaus von Kues, Münster u. a. 2006 (Kieler Theologische Reihe 3); J. Schilling, Kreuzzug und Friedensreich, in: Religion, Politik und Gewalt. Kongressband des XII. Europäischen Kongresses für Theologie 18.–22. September 2005 in Berlin, hg. v. F. Schweitzer, Gütersloh 2006 (Veröffentlichungen der Wissenschaftlichen Gesellschaft für Theologie 29), 185–197, hier: 193 ff.; H. Zschoch, Die Religionen und die Vernunft über den einen Gott – ins Gespräch gebracht von Theologen des Mittelalters, in: S. Asmus/M. Schulze (Hg.), „Wir haben doch alle denselben Gott". Eintracht, Zwietracht und Vielfalt der Religionen, FS Friedrich Huber, Wuppertal/Neukirchen-Vluyn 2006, 81–100, hier: 95 ff.

63 Nikolaus von Kues, De pace fidei, I 5 (Opera omnia VII, 6,9–7,8; ed. Berger/Nord, 34 f.).

64 A. a. O., I 6 (Opera omnia VII, 9–19; ed. Berger/Nord, 36 f.).

65 Vgl. Bobzin, 29 ff.

66 Vgl. J. Helmrath, Pius II. und die Türken, in: Guthmüller/Kühlmann, 79–137; Schwoebel, 57 ff.

te.[67] So bemerkenswert dieses Konzept war, so wenig bemühte es sich doch darum, den Koran in seiner Eigenständigkeit zu verstehen. Vielmehr wurde er vom christlichen Glauben her interpretiert und jede Abweichung auf die „Unwissenheit und die daraus folgende verkehrte Absicht Mohammeds" (*ex ignorantia et consequenter ex perversitate intenti Mahumeti*)[68] zurückgeführt. Den Propheten selbst betrachtete Cusanus als einen Nestorianer, dem vor allem in christologischer Hinsicht wesentliche Einsichten des christlichen Glaubens verschlossen gewesen seien.[69] Trotz dieser eingeschränkten Perspektive liegt die Bedeutung seiner Schrift „in der prinzipiell signalisierten Gesprächsbereitschaft mit dem Islam".[70] Der traditionellen Methode einer polemischen Auseinandersetzung mit dem Koran folgte demgegenüber Dionysius der Kartäuser mit seiner 1454 entstandenen Schrift ‚Gegen den Koran und die Sekte der Mohammedaner' (*Contra Alchoranum & sectam Machometicam*).[71] Ihre Wirkungsgeschichte zeigt, dass die Zeichen der Zeit nicht auf Dialogbereitschaft, sondern auf Konfrontation standen.

Während Nikolaus von Kues und Dionysius Carthusianus die sprachlichen Voraussetzungen fehlten, um sich mit dem originalen Wortlaut des Korans beschäftigen zu können, bemühte sich Johannes von Segovia um eine neue Übersetzung, nachdem er die alte, von Petrus Venerabilis (1092/94–1156) veranlasste Koranübersetzung, einer eingehenden Kritik unterzogen hatte.[72] Seine Konzeption einer Textgenauigkeit war vom Ideal humanistischer Philologie geprägt und die Herkunft der ihm zur Verfügung stehenden Korantexte unterstreicht die Bedeutung von Renaissance und Humanismus für die Rezeption grundlegender Schriften, denn Johannes von Segovia erhielt seine Exemplare des Koran im Umfeld des Basler Konzils. Er konnte jedoch sogar unter den spanischen Muslimen zunächst niemanden finden, der hinreichende Kenntnisse des Arabischen besaß. Erst nach zwei Jahren wurde er fündig und begann zusammen mit einem muslimischen Rechtsgelehrten aus Salamanca die Arbeit an der Übersetzung. Zunächst wurde eine kastilische Übersetzung angefertigt, danach für die Gelehrten eine lateinische Übersetzung. In der Reihe derer, die sich im 15. Jahrhundert um eine genaue Kenntnis des Islam bemüht haben, ist schließlich auch noch Egidio da Viterbo (1469–1532) zu nennen, der „vielleicht bedeutendste Orientalist humanistischer Prägung"[73] an der Wende vom 15. zum 16. Jahrhundert. Er war ein Schüler Marsilio Ficinos und gehörte dem Orden der Augustiner-Eremiten an, dessen General er 1506 bis 1518 war. Auch Egidio, der das Arabische beherrschte, studierte nicht nur den Koran, sondern fertigte eine eigene Übersetzung an.

Sowohl die Schriften des Nikolaus von Kues, der prinzipiell um einen Dialog bemüht war, als auch die Übersetzungsanstrengungen des Johannes von Segovia und des Egidio da Viterbo haben in ihrer Zeit kaum Wirkung gezeigt, während die po-

67 Nikolaus von Kues, Cribratio Alkorani prol. 1 n. 10,2 (Opera omnia 8, 11); vgl. Hagemann, 74 ff.

68 A. a. O., prol. 1 n. 10,4 f. (Opera omnia VIII, 12).

69 A. a. O., prol. 2 n. 11,8 (Opera omnia VIII, 11).

70 Bobzin, 32.

71 Dionysius Carthusianus, Contra Alchoranum & sectam Machometicam (unter dem Titel „Contra perfidiam Mahometi libri quatuor" in: Opera omnia 36, 231–442).

72 Vgl. Southern, Islambild, 59 ff.; Bobzin, 64 ff.

73 Bobzin, 84.

lemische Abgrenzung des Dionysius Carthusianus eher im Trend lag und in ihrer lateinischen Fassung wie auch in einer gekürzten deutschen Bearbeitung verbreitet wurde. An dieser unterschiedlichen Wirkungsgeschichte lässt sich eine von Ängsten dominierte Voreingenommenheit gegenüber dem Islam ablesen, und die Vermutung liegt nahe, dass diese Einstellung für die Mehrheit der Christen repräsentativ war, zumal die Ängste sich politisch instrumentalisieren ließen. Es gab allerdings auch Schriften, die ein differenzierteres Bild zeichneten.[74] Ein besonders eindrückliches Beispiel für die Verwobenheit von religiöser Fremd- und Selbstwahrnehmung ist ein Traktat, den Georg von Ungarn (1422/23–1502) verfasste, der 20 Jahre in türkischer Gefangenschaft verbracht hatte und um 1480 nach seiner Heimkehr und dem Eintritt in den Dominikanerorden seine Erlebnisse niederschrieb.[75] Die Schilderung der Schrecken der osmanischen Eroberung verknüpfte er mit einer geschichtstheologischen Deutung im Anschluss an Joachim von Fiore (um 1135–1202). Georg von Ungarn betrachtete die Ereignisse als Erfüllung dessen, was in der Johannes-Apokalypse angekündigt wird: Angesichts des erbärmlichen Zustandes der Christenheit in geistiger und moralischer Hinsicht vollziehe die ‚grausame Bestie der Türken' nun genau das, was vom zweiten Tier der Apokalypse (Apk 13,11 ff.) zu erwarten sei, indem sie die Christen nicht nur physisch vernichte, sondern vielmehr ihre Seelen zu gewinnen suche.[76] So aufschlussreich dieser Ansatz schon im Blick auf eine bestimmte Innenperspektive des Christentums dieser Zeit ist, so interessant ist auch die Betrachtung türkischer Religiosität, denn es bleibt in diesem Traktat nicht bei einer pauschalen Identifikation der Osmanen mit der apokalyptischen ‚Bestie', sondern es folgt eine detaillierte Beschreibung ihrer Kultur.[77] Das geschieht in Form einer Analyse von Motiven, zum Islam überzutreten, worin sich die eigene Biographie des Georg von Ungarn widerspiegelt, der vermutlich während seiner Gefangenschaft den Schritt der Konversion vollzog.[78] Durch die Hervorhebung der positiven Seiten der osmanischen Gesellschaft und Kultur wurde die negative Beurteilung der Christenheit verstärkt und zugleich unterstrichen, welche Gefahr von der osmanischen Expansion ausging. Der Wahrheitsanspruch des Christentums wurde damit nicht relativiert, vielmehr wurde gerade die Wahrheit des christlichen Glaubens gegen die scheinbare Überlegenheit der osmanischen Kultur aufgeboten. Auf diesem Wege sollte der Antichrist demaskiert und gleichzeitig das Erscheinungsbild des Christentums kritisch an der Wahrheit gemessen werden. Im Ergebnis stimmte Georg von Ungarn mit der dominierenden Sicht religiöser Fremdwahrnehmung im christlichen Europa überein, denn der Islam wurde auf der Seite des Bösen verbucht. In seinem Argumentationsgang zeichnete sich der Traktat jedoch durch die eingehende Be-

74 Vgl. Thumser, 61 ff.

75 Vgl. R. Klockow, Theologie contra Erfahrung. Die Argumentationsstruktur des „Tractatus de moribus, condicionibus et nequitia Turcorum" des Georg von Ungarn, in: Zeitschrift für Balkanologie 24 (1988), 60–75; F. Reichert, Erfahrung der Welt. Reisen und Kulturbegegnung im späten Mittelalter, Stuttgart u. a. 2001, 133 f.

76 Georgius de Ungaria, Tractatus de moribus, condicionibus et nequicia Turcorum, 170 ff.; vgl. M. Reeves, The Influence of Prophecy in the Later Middle Ages. A Study in Joachimism, Oxford 1969, 100 ff.

77 Georgius de Ungaria, Tractatus de moribus, condicionibus et nequicia Turcorum, 216 ff.

78 Vgl. Melville, 97.

rücksichtigung einer fremden Lebenswelt aus und unterschied sich damit von der Mehrzahl der Berichte von Pilgern, denen es meist gar nicht auf eine Begegnung mit den Muslimen ankam und die eher Kreuzzugspropaganda betrieben.[79]
Für die kulturgeschichtlich interessante Frage, welches Bild vom Islam in der zweiten Hälfte des 15. Jahrhunderts vermittelt wurde, sind vor allem die Schriften von Bedeutung, die gerade durch ihren Bezug zur religiösen Lebenswelt der Laien deren Vorstellungen prägen konnten. Die Dekalogauslegungen spielen in diesem Zusammenhang eine wichtige Rolle, weil hier Grundlagen des christlichen Glaubens vermittelt wurden und dabei der muslimische Glaube – wie auch der jüdische – zum Vergleich herangezogen wurde. Eine weitverbreitete Dekalogauslegung war das Praeceptorium des Augustiner-Eremiten Gottschalk Hollen. Darin wurden nicht nur Gebräuche der Muslime wie die Gebetsrichtung gen Osten dargelegt, sondern auch grundsätzliche Überlegungen zur Relevanz des Gesetzes angestellt: So fungieren die Muslime für die Christen als Spiegelbild ihrer eigenen Verdammnis, weil die Christen das Gesetz Gottes nicht beachten, während die Muslime das Gesetz Mohammeds „mit Eifer"[80] befolgen. Das traditionelle Motiv, die Muslime die Strafe Gottes an den Christen vollstrecken zu lassen, tauchte hier in der tiefer gehenden Sicht einer Theologie des Gesetzes wieder auf. Für diesen soteriologischen Denkansatz war es prinzipiell wichtiger, Gottes Gesetz auch wirklich zu erfüllen, anstatt es ‚nur' zu hören. In dieser Perspektive, in der die Gebote Gottes gesetzlich verstanden und kasuistisch ausgelegt wurden,[81] konnten die Muslime regelrecht als Vorbilder gelebten Glaubens dienen. Diese Anschauung war bemerkenswert in einer Zeit, in der ansonsten Ängste und Vorurteile gegenüber den Türken dominierten.
Die historische Realität sah jedenfalls anders aus als die Feindbilder, die im lateinischen Westen von den Türken verbreitet wurden. Die osmanischen Herrscher betrieben eine tolerante Religionspolitik, so dass die Bevölkerung auf dem Balkan in der zweiten Hälfte des 15. Jahrhunderts noch überwiegend christlich blieb.[82] Das Verhältnis zwischen Christen und Türken beruhigte sich mit dem Tod Mehmets II. im Jahre 1481,[83] bis Suleiman II. (1520–1566) eine neue Phase der Expansion eröffnete. In der Zwischenzeit wurde die Auseinandersetzung mit den Türken oftmals herangezogen, um machtpolitische Ambitionen zu verschleiern. So war auch das französisch-jagiellonische Bündnis, das im August 1500 formell gegen die Türken geschlossen wurde, faktisch eine Antwort auf das Zusammengehen der Habsburger mit Moskau.[84] Dessen wachsende politische Bedeutung ging mit grundlegenden

79 Vgl. Ganz-Blättler (s. Kap. 4 C), 209 ff.

80 „Non enim auditores legis: sed factores iustificabuntur: Ideo damnabunt nos saraceni: quia legem quam accepimus a christo: non observamus. Sumus ergo peiores illis: quia ipsi servant legem cum studio quam acceperunt a machometo eorum propheta" (Gottschalk Hollen, Praeceptorium, fol. 68r B).

81 Vgl. Dinzelbacher, Handbuch, Bd. 2, 99 ff.

82 Vgl. A. Ducellier, Die Orthodoxie in der Frühzeit der türkischen Herrschaft, in: GCh 7, 6–68, hier: 35 ff.

83 Vgl. H. Pfeiler, Das Türkenbild in den deutschen Chroniken des 15. Jahrhunderts, Diss. masch. Frankfurt a. M. 1956, 130 ff.

84 Vgl. K. Baczkowski, Der jagiellonische Versuch einer ostmitteleuropäischen Großreichsbildung um 1500 und die türkische Bedrohung, in: Seibt/Eberhard, Europa 1500, 433–444, hier: 440.

Veränderungen in der orthodoxen Kirche einher, denn das Patriarchat von Konstantinopel, das vom Sultan kontrolliert wurde, verlor in der zweiten Hälfte des 15. Jahrhunderts seine Autorität innerhalb des orthodoxen Christentums. Davon profitierte vor allem die russische Kirche, die sich für autonom erklärte und sich als Garantin der orthodoxen Tradition verstand. Damit wurde eine Entwicklung eingeleitet, die mit Unterstützung und im politischen Interesse der Zaren Ivan III. ([1440] 1462–1503) und Ivan IV. ([1530] 1533–1584) dazu führte, dass Moskau zum ‚dritten Rom' wurde.

## 2. Die Reconquista

Das Wiederaufleben des Kreuzzugsgedankens nach dem Fall Konstantinopels stand in engem Zusammenhang mit der Reconquista auf der iberischen Halbinsel. An dieser zweiten Front zwischen Christentum und Islam war die Entwicklung ganz anders verlaufen als im östlichen Mittelmeerraum. Seit dem Beginn des 15. Jahrhunderts wurde mit Unterstützung der Kirche die Eroberung muslimischer Gebiete vorangetrieben.[85] In den 1480er-Jahren waren noch etwa zehn Prozent der Gesamtbevölkerung auf der iberischen Halbinsel Muslime.[86] Sie konnten ihre Religion gegen eine Tributzahlung unbedrängt ausüben, denn bis 1492 wurde kein ernsthafter Versuch unternommen, sie zu christianisieren.

Die letzte Phase der Reconquista begann unter den ‚Katholischen Königen' Ferdinand II. von Aragón und Isabella von Kastilien, als mit der Verknüpfung politischer und religiöser Interessen nicht nur die Dominanz des Christentums, sondern die Verdrängung der Muslime – wie auch der Juden – oberste Priorität gewann.[87] Nach der Eroberung Granadas im Jahre 1492 mussten die Mauren ihre letzte Enklave aufgeben. Obwohl die Kapitulationsbedingungen ihnen zusicherten, dass sie ihre Religion praktizieren und ihre Moscheen behalten durften, zogen die meisten Mitglieder der gesellschaftlichen Führungsschicht zusammen mit dem letzten Nasridenherrscher Abu abd-Allah Muhammad XII. ([um 1460] 1482–1533) nach Nordafrika, und nur das einfache Volk blieb in Granada zurück. Schon bald sollte sich zeigen, dass die Zusicherungen ohne Wert waren. Auf Drängen des Beichtvaters der Königin Isabella wurden Massentaufen und die Verbrennung arabischer Schriften angeordnet. Die Lektüre des Korans war fortan verboten. Als sich die Mauren dagegen erhoben, wurden sie 1501/02 – wie zuvor schon 1492 die spanischen Juden – vor die Alternative gestellt, sich entweder zu bekehren oder aber auszuwandern. Die Mehrheit konvertierte, aber diese Morisken, wie sie jetzt genannt wurden, blieben ihrer inneren Überzeugung nach Muslime.[88] Das rief wiederum die Inquisition auf den Plan und verstärkte den weitverbreiteten Argwohn gegenüber Konvertiten.

---

85 Vgl. N. Housley, The Later Crusades. From Lyon to Alcazar 1274–1580, Oxford 1992, 291 ff.

86 Vgl. Milhou, Die iberische Halbinsel, 398.

87 Vgl. Ladero, 282 ff.; vgl. oben 196 f.

88 Vgl. L. Cardaillac, Morisque et chrétiens. Un affrontement polémique (1492–1640), Paris 1977 (Témoins de l'Espagne. Série historique 6), 13 ff.; Milhou, Die iberische Halbinsel, 399.

# C. DIE GLOBALISIERUNG CHRISTLICHER KULTUR UND HERRSCHAFTSINTERESSEN

Der Fall Konstantinopels löste nicht nur politische und kulturelle Ängste aus, sondern hatte auch unmittelbare wirtschaftliche Folgen, weil nun die Handelsverbindung in den Orient unterbrochen war. Mit den Entdeckungen Amerikas und neuer Handelsrouten auf dem Seewege nach Asien begann eine Epoche, die in vielfältiger Hinsicht die Welt verändern sollte. Kirche und Religion spielten bei der Verbreitung der abendländischen Kultur und der Legitimation politischer wie wirtschaftlicher Interessen eine herausragende Rolle.

## 1. Die Entdeckungen und die päpstliche Privilegierung der Kolonialherrschaft

In der Geschichte der Entdeckungen um 1500 wirkten vielfältige Motive zusammen: Wirtschaftliche Interessen, Machtstreben, Forscherdrang und religiöse Aspekte waren miteinander verwoben. So zeichneten sich die portugiesischen Entdeckungsfahrten und Eroberungszüge entlang der Westküste Afrikas, die ganz entscheidend von Prinz Heinrich (1394–1460), genannt ‚der Seefahrer', vorangetrieben wurden, durch die Verbindung von Profitstreben und Kreuzzugsidee aus.[89] Auf der Suche nach einem Verbündeten gegen die islamischen Herrscher Nordafrikas wurde der Mythos vom ‚Priesterkönig Johannes' belebt, dessen Reich in Äthiopien vermutet wurde und mit dem zusammen die alte Einheit und Dominanz der Christenheit wiederhergestellt werden sollte.[90] Die portugiesischen Seefahrer entdeckten unbekannte Gebiete des südlichen Afrika und fanden auch einen neuen Seeweg nach Asien, als es 1487/88 Bartolomeu Diaz (um 1450–1500) erstmals gelang, das Kap der Guten Hoffnung zu umschiffen, und Vasco da Gama (1468/69–1524) auf diesem Weg weiter nach Asien vordrang. Die portugiesische Strategie, ein Handelsimperium mit Hilfe von Stützpunkten an der Küste aufzubauen, ohne das Hinterland zu beherrschen, hatte zur Folge, dass die systematische Missionierung erst relativ spät in den 1530er- und 1540er-Jahren einsetzte.[91]

Das sah in den spanischen Kolonialgebieten anders aus. Hier war der Anstoß zu Entdeckungsfahrten von Christoph Kolumbus (1451–1506) ausgegangen, der in seiner Person die Suche nach den Schätzen Asiens mit der religiös motivierten Vision eines Kreuzzuges vereinte. Im Bündnis mit Christengemeinden, die es erst noch zu entdecken galt, sollte der Kreuzzug gegen die Muslime erfolgreich zum Abschluss gebracht werden.[92] Die Wiederherstellung des mittelalterlichen *orbis christianus* lag ganz im Interesse der Kirche, die deshalb das machtpolitische und wirtschaftliche Expansionsstreben unterstützte, zumal Staat und Kirche in Spanien besonders eng miteinander verbunden waren.[93] Darüber hinaus spielte das apokalyptisch-chiliastische Denken eine wichtige Rolle, das vor allem in Ordenskreisen verbreitet war

89 Vgl. Bitterli, 56 ff.; Prien, Christentum, 66.

90 Vgl. Milhou, Entdeckungen, 539; Gründer, 42 ff.

91 Vgl. Bitterli, 63 f.68.

92 Vgl. Gründer, 75 ff.

93 A. a. O., 73 f.; Höffner, 83 ff.; vgl. oben 98 f.

und die Endzeiterwartung mit missionarischen Motiven verknüpfte.[94] Geprägt von dem Geist der Reconquista und der Spiritualität der spanischen Franziskaner, bei denen er sich vor seiner ersten Entdeckungsfahrt eine Zeit lang aufgehalten hatte, sah sich Kolumbus von Gott auserwählt, um im Dienst der Katholischen Könige und zum Nutzen der gesamten Christenheit die Westroute nach Asien zu entdecken.[95] Dabei stützte er sich auf das Weltbild des Ptolemaios (um 100–178), dessen *Geographia* zu Beginn des 15. Jahrhunderts wiederentdeckt und insbesondere von den Florentiner Humanisten rezipiert worden war.[96] Naturwissenschaftlich-technischer Sachverstand paarte sich bei Kolumbus mit einer tiefen Religiosität und missionarischem Eifer. So war er davon überzeugt, die Legitimation der eigenen Unternehmungen ebenso wie die Prophezeiung ihres Erfolgs unmittelbar in der Bibel finden zu können, und in Anspielung auf seinen Vornamen bezeichnete er sich immer wieder als „Christusbringer".[97] Er verknüpfte seine Unternehmungen direkt mit der Kreuzzugsidee, indem er den spanischen Königen gegenüber erklärte, „dass der ganze sich aus meinem Unternehmen ergebende Gewinn zur Wiedereroberung Jerusalems verwendet werden müsse".[98] Als die Könige in dieser Hinsicht jedoch nichts unternahmen, bekräftigte Kolumbus noch einmal seine Absicht und verlangte von seinen Erben die Umsetzung dieser Pläne, notfalls ohne die Unterstützung der Krone.[99] Inzwischen nannte er sich selbst ‚Christóbal Colón' und brachte damit seinen Anspruch zum Ausdruck, Christianisierung und Kolonisierung miteinander zu verbinden.

Obgleich Theologen am spanischen Hof Einwände gegen seine Pläne erhoben, nicht etwa weil sie noch an der überholten Vorstellung von der Erde als einer Scheibe festhielten, sondern weil sie – mit Recht – daran zweifelten, dass Kolumbus die Entfernung nach Asien richtig berechnet hatte, konnte er sich durchsetzen.[100] In dem Schutzbrief, den ihm die Katholischen Könige am 17. April 1492 ausstellten, stand das Missionsmotiv an erster Stelle – was nicht die tatsächlichen Präferenzen widerspiegeln muss, aber doch die religiöse Dimension des Unternehmens beleuchtet.[101] In den Instruktionen für die zweite Reise des Kolumbus im Jahre 1493 bekräftigte die spanische Krone den Missionsauftrag noch einmal. Nun fuhren erstmals Geistliche mit und damit wurde eine Entwicklung eingeleitet, in deren Verlauf die Kirche eine tragende Rolle bei der Hispanisierung Mittel- und Südamerikas übernahm.

Die kirchenrechtliche Grundlage für die Kolonialherrschaft der beiden iberischen Staaten bildeten päpstliche Bullen, die den Monarchen neben der weltlichen Souveränität über die eroberten Gebiete auch kirchliche Patronatsrechte sicherten. Modellcharakter besaß die Bulle *Romanus Pontifex*, mit der Papst Nikolaus V. im Januar

---

94 Vgl. J. Specker, Missionarische Motive im Entdeckungszeitalter, in: H. Rzepkowski (Hg.), Mission: Präsenz – Verkündigung – Bekehrung?, Steyl 1974, 80–91.

95 Vgl. Milhou, Entdeckungen, 594.

96 Vgl. V. I. J. Flint, The Imaginative Landscape of Christopher Columbus, Princeton, N. J. 1992, 5 ff.

97 Vgl. Gründer, 76 ff.; Bitterli, 84.

98 Christóbal Colon, Diario del Primer Viaje, 26. Dezember 1492 (ed. Varela, 101).

99 Vgl. Gründer, 83.

100 Vgl. Milhou, Entdeckungen, 521 f.

101 Schmitt, Bd. II, 108 f. (Nr. 27).

1455 dem portugiesischen König Alfonso V. ([1432]1438–1481) und Prinz Heinrich das Patronat über die Kirchen übertrug.[102] Nach diesem Vorbild sprach Papst Alexander V. 1493 mit seinen ‚westindischen Edikten' den Spaniern die gleichen Privilegien zu. Ein Jahr später übernahm der Papst die Rolle eines Schlichters und Schiedsrichters zwischen den beiden konkurrierenden Kolonialmächten, als im Vertrag von Tordesillas die jeweiligen Interessensphären durch eine Demarkationslinie entlang des Längengrades 46°37'W abgegrenzt wurden. Die weitere Entwicklung führte im spanischen Kolonialreich zu einem königlichen Universalpatronat über die Kirche.[103] So erhielt die spanische Krone 1501 auf ewige Zeiten den Kirchenzehnten und verpflichtete sich im Gegenzug, ein Kirchenwesen aufzubauen und zu unterhalten. Die Katholischen Könige schenkten den Kirchenzehnten, der ihnen vom Papst überlassen wurde, der spanischen Kirche. Damit rückte sie noch enger an den Staat heran und wurde zugleich in die Kirchenorganisation in der Neuen Welt eingebunden. 1508 gewährte der Papst den spanischen Königen das exklusive Präsentationsrecht, und so konnten diese nun die kirchlichen Stellen besetzen. Auch die Mission war fortan Aufgabe der Krone. Dass die römische Kurie ihre eigene Marginalisierung nicht nur duldete, sondern sogar selbst forcierte, lag in der Überzeugung begründet, dass die iberischen Staaten den Auftrag der weltweiten Missionierung inklusive der Kreuzzüge gegen die Heiden am besten erfüllen konnten. Die Katholischen Könige griffen ihrerseits bei der Kirchenorganisation in Übersee auf ihre Erfahrungen bei der Errichtung der Kirche von Granada zurück, die zeitlich parallel zur Entdeckung Amerikas erfolgte und die staatskirchlichen Tendenzen der spanischen Politik erkennen ließ.[104]

## 2. Die Missionierung als Demonstration kultureller Dominanz

Standen die ersten Kontakte zwischen den europäischen Entdeckern und der einheimischen Bevölkerung noch „im Zeichen freundlicher gegenseitiger Annäherung",[105] so ließen die Europäer doch von Beginn an keinen Zweifel an ihren Vormachtsansprüchen aufkommen. Im Zeremoniell der Landung fand die Besitzergreifung ihren symbolischen Ausdruck. Das Gefühl kultureller Überlegenheit wurde häufig dadurch gestärkt, dass die Europäer von den Einheimischen als Götter oder gottähnliche Wesen angesehen wurden. Hier machte sich bemerkbar, dass die Eingeborenen im Unterschied zu den Europäern bisher nicht mit anderen Kulturen in Berührung gekommen waren. Die zunächst weitgehend friedlichen Kontakte schlugen in gewalttätige Auseinandersetzungen um, wenn sich die Einheimischen bedroht fühlten und wenn sie den Respekt vor den Europäern verloren, nachdem diese begonnen hatten, ihre Ansprüche rücksichtslos und brutal geltend zu machen. Es folgten Vernichtungsaktionen der Spanier, die jeden Widerstand erstickten. Anschließend wurden befestigte Städte in strategisch günstiger Lage gegründet. Im Zuge dieser Urbanisierung, die dem Muster der Reconquista in der iberischen Heimat entsprach, verteilte man Pachtland, für dessen Bewirtschaftung wiederum den spanischen

102 A. a. O., 218 ff. (Nr. 40).
103 Vgl. Gründer, 92 ff.; Prien, Christentum 81 ff.
104 Vgl. Gründer, 87 f.
105 Bitterli, 19.

Einwanderern indianische Arbeitskräfte zugeteilt wurden.[106] Dieses Encomienda-System hatte die systematische Unterdrückung und Ausbeutung der Ureinwohner zur Folge und führte innerhalb kurzer Zeit zu einem Massensterben. Angesichts der verheerenden Auswirkungen war die Kolonialherrschaft später auf die Einfuhr von afrikanischen Negersklaven angewiesen.[107]
Theologie und Kirche übernahmen bei der Legitimation dieser Unterdrückung eine ambivalente Rolle. Einerseits stellten sich Missionare und Amtsträger der Kirche in den Dienst der Kolonialherrschaft und begründeten die Erniedrigung der Ureinwohner mit deren untergeordnetem Rechtsstatus, andererseits wurde genau gegen eine solche theologische Unterscheidung zwischen Menschen erster und zweiter Klasse Stellung bezogen und die menschenunwürdige Behandlung der amerikanischen Ureinwohner schonungslos kritisiert. Die Missionierung der Indianer begann erst 1500 und setzte langsam ein, bevor sie in den 1520er-Jahren mit größerem Elan betrieben wurde.[108] Als Missionare betätigten sich vor allem die Bettelorden, während die Ritterorden im Unterschied zu der Reconquista auf der iberischen Halbinsel an der Kolonialisierung und Missionierung in Übersee nicht beteiligt waren.[109] Zunächst trafen Franziskaner in der Neuen Welt ein und gründeten dort 1505 die erste Ordensprovinz in Amerika. 1510 folgten die Dominikaner und 1532 Augustiner-Eremiten. Die Bettelorden wurden von der Vorstellung angetrieben, hier ein religiös und politisch geschlossenes christliches Reich schaffen zu können und damit etwas zu verwirklichen, was im christlichen Abendland nicht mehr möglich war.[110] Ein Konzept für die Umsetzung dieser Idee fehlte aber ebenso wie eine durchdachte Methode der Missionierung. Neben dem Problem, sich mit der Urbevölkerung überhaupt verständigen zu können, standen die Verantwortlichen vor allem vor der grundsätzlichen Frage, ob sie friedlich oder gewaltsam vorgehen sollten. Es gab wohl einzelne Versuche einer friedlichen Missionierung, doch letztlich dominierte die Schwertmission. Das entsprach mehrheitlich den Ansichten und Interessen unter den Herrschenden und den Kolonisten wie auch denen vieler Missionare und führte dazu, dass den Indios im Zuge ihrer Akkulturation das iberische Christentum übergestülpt wurde.[111]
Einer der Ersten, die die Unterdrückung der Urbevölkerung kritisierten, war der Dominikanermönch Antonio de Montesinos (gest. 1540), der 1511 in einer Adventspredigt vor einflussreichen Repräsentanten der spanischen Kolonialherrschaft „als die Stimme Christi in der Wildnis“ seinen Zuhörern ins Gewissen redete und sie fragte, „mit welchem Recht und mit welcher Gerechtigkeit“ sie die Indianer so grausam behandelten.[112] Antonio de Montesino gehörte zu einer Gruppe von Dominikanern, die an der Universität von Salamanca studiert hatten und sich dort mit einer an Thomas von Aquin anknüpfenden Konzeption des Naturrechts vertraut gemacht

106 Vgl. Höffner, 173 ff.
107 Vgl. Prien, Geschichte, 79 ff.; ders., Christentum 147 ff.
108 Vgl. Gründer, 85.
109 Vgl. Prien, Geschichte, 140 ff.; ders., Christentum, 103 ff.
110 Vgl. J. Beckmann, Die Glaubensverbreitung in Amerika, in: HKG 5, 256–294, hier: 261.
111 Vgl. Prien, Christentum, 112 ff.
112 Schmitt, Bd. III, 494 (Nr. 100).

hatten.[113] Nachdem er seine aufsehenerregende Predigt gehalten hatte, wurde er von seinem Orden an den spanischen Hof gesandt, um dem König von den Zuständen in Übersee zu berichten. Daraufhin ließ Ferdinand Theologen und Juristen nach Burgos kommen, um über eine Indianergesetzgebung zu beraten. Das Ergebnis waren die ‚Gesetze von Burgos', die das System der kolonialen Unterdrückung zwar nicht außer Kraft setzten, aber doch eine bessere Behandlung der Indianer verordneten. Auf Betreiben des Hofpredigers Gregório wurden diese Gesetze allerdings schon bald wieder abgeschwächt, und den Dominikanern wurde untersagt, sich in ihren Predigten für die Belange der Indianer einzusetzen. Es war umstritten, ob eine gewaltsame Missionierung der Indianer gerechtfertigt war oder der päpstliche Missionsauftrag nicht doch allein im Sinne einer freiwilligen Bekehrung verstanden werden musste.[114] Zum Wortführer derer, die gegen die Unterdrückung der Indianer protestierten, wurde Bartolomé de Las Casas (1481–1566).[115] Nachdem er in Salamanca Theologie und Jura studierte hatte, wanderte er 1502 nach Hispaniola (Haiti) aus und ließ sich dann auf Kuba nieder. Durch sein beharrliches Engagement verdiente er sich den Ehrentitel ‚Apostel der Indianer'. Er setzte sich am spanischen Hof für die Einhaltung der ‚Gesetze von Burgos' und darüber hinaus für die Abschaffung des Systems der ‚Repartimientos' (Verteilung von Land und Indios an die spanischen Siedler) ein; und er verzichtete 1515 auf seinen großen Landbesitz und die Indianersklaven, die dort arbeiteten. 1522 trat er in den Dominikanerorden ein. Mit seinen kritischen Stellungnahmen sorgte Las Casas dafür, dass die ethische Problematik der spanischen Kolonialherrschaft breiteren Kreisen in Kirche und Gesellschaft bewusst wurde. Auch wenn Forderungen, die Indios besser zu behandeln, bei den Herrschenden teilweise Gehör fanden, änderte das doch nichts prinzipiell an der gängigen Auffassung von der religiösen und kulturellen Überlegenheit des Christentums, mit der für lange Zeit die Unterdrückung der Urbevölkerung legitimiert wurde. Die ‚Europäisierung der Welt' steigerte noch einmal den weltanschaulichen und politischen Einfluss der Kirche, aber auf lange Sicht ließ sie doch die Frage nach der moralischen und religiösen Berechtigung dieses Vorgehens aufkommen.

113 Vgl. Gründer, 113 ff.

114 Vgl. Bitterli, 91.

115 Vgl. G. Kahle, Bartolomé de las Casas, Köln/Opladen 1968; M. Neumann, Las Casas. Die unglaubliche Geschichte von der Entdeckung der Neuen Welt, Freiburg i. B. u. a. 1990.

# Personenregister

# Sachregister

# Kirchengeschichte in Einzeldarstellungen (KGE)

Herausgegeben von Ulrich Gäbler und Johannes Schilling

Begründet von Gert Haendler und Joachim Rogge †

Die „Kirchengeschichte in Einzeldarstellungen" wendet sich vor allem an Studierende, aber auch an Lehrende der Theologie, Religionspädagogik sowie der Geschichtswissenschaften und an alle kirchengeschichtlich sowie historisch Interessierten. Die Reihe ist ein Standardwerk für das Studium und die Einführung in die gesamte Kirchengeschichte von den Anfängen bis in die neueste Zeit.
Jeder Teilband ist in sich abgeschlossen und verständlich, der jeweilige Zeitraum wird übersichtlich erschlossen. Die Themen der einzelnen Bände greifen ineinander und leiten zur Lektüre des Gesamtwerkes an. Die Verzeichnisse der geschichtlichen Quellen und der weiterführenden Literatur ermöglichen die intensive Arbeit an einzelnen Themen. Zeittafeln, Register und vielfach auch mehrere Karten erleichtern den Zugang zum gesamten Stoff.

**I Von der Alten Kirche bis zum Hohen Mittelalter**

I/1 Das Urchristentum
von Karl-Martin Fischer †
1986, 2. Aufl. 1991 · 200 Seiten
+ 4 Seiten Beilage
ISBN 978-3-374-00295-5

I/2 Das Christentum im zweiten Jahrhundert
von Karl-Wolfgang Tröger
1988 · 140 Seiten
ISBN 978-3-374-00465-2

I/3 Von Tertullian bis Ambrosius
von Gert Haendler
1978, 4. Aufl. 1992 · 138 Seiten
ISBN 978-3-374-00297-9

I/4 Die Kirche des Ostens im 3. und 4. Jahrhundert
von Hans Georg Thümmel
1988 · 136 Seiten
ISBN 978-3-374-00466-9

I/5 Die abendländische Kirche im Zeitalter der Völkerwanderung
von Gert Haendler
1981, 4. Aufl. 1995 · 152 Seiten
ISBN 978-3-374-00015-9

I/6 Die östlichen Kirchen in der Epoche der christologischen Auseinandersetzungen (5. bis 7. Jahrhundert)
von Friedhelm Winkelmann
1981, 4. Aufl. 1994 · 152 Seiten
+ 1 Faltkarte
ISBN 978-3-374-00298-6

I/7 Die lateinische Kirche im Zeitalter der Karolinger
von Gert Haendler
1985, 2. Aufl. 1992 · 140 Seiten
ISBN 978-3-374-00299-3

I/8 Die Ostkirchen vom Bilderstreit bis zur Kirchenspaltung 1054
von Hans-Dieter Döpmann
1991 · 164 Seiten
ISBN 978-3-374-01195-7

I/9 Von der Reichskirche Ottos I. zur Papstherrschaft Gregors VII. (10. bis 11. Jahrhundert)
von Gert Haendler
1994, 2. verb. Aufl. 2007 · 176 Seiten
ISBN 978-3-374-01529-0

I/10 Die Kirchen im Zeitalter der Kreuzzüge (11. bis 13. Jahrhundert)
von Friedhelm Winkelmann
1994, 2. verb. Aufl. 1998 · 164 Seiten
ISBN 978-3-374-01465-1

I/11 Theologie im Mittelalter
von Volker Leppin
2007 · 184 Seiten
ISBN 978-3-374-02516-9

I/12 Die abendländische Kirche im Hohen Mittelalter (12./13. Jahrhundert)
von Heinrich Holze
2003 · 304 Seiten
ISBN 978-3-374-02047-8

## II Spätes Mittelalter, Reformation, konfessionelles Zeitalter

II/1 Entmachtung und Selbstzerstörung des Papsttums (1302 bis 1414)*
von Volker Gummelt

II/2 Von den Reformkonzilien bis zum Vorabend der Reformation
von Michael Basse
2008 · 224 Seiten
ISBN 978-3-374-02494-0

II/3 + II/4 Anfänge der Reformation (Doppelband)
Der junge Luther/1483–1521
Der junge Zwingli/1484–1523
von Joachim Rogge †
1983, 2. Aufl. 1985 · 312 Seiten
ISBN 978-3-374-00300-6

II/5 Evangelische Bewegung und frühe Reformation 1521 bis 1532
von Rudolf Mau
2000 · 250 Seiten
ISBN 978-3-374-01795-9

II/6 Reformationsgeschichte von 1532 bis 1555/1556
Festigung und Reformation/Calvin/KatholischeReformundKonzilvon Trient
von Hubert Kirchner
1988 · 178 Seiten
ISBN 978-3-374-00016-6

II/7 Die Entstehung evangelischer Landeskirchen (1530 bis 1580)*
von Günther Wartenberg

II/8 Das konfessionelle Zeitalter – Katholizismus, Luthertum, Calvinismus (1563 bis 1675)
von Ernst Koch
2000 · 356 Seiten
ISBN 978-3-374-01719-5

II/9 Die orthodoxen Kirchen von 1274 bis 1700
von Erich Bryner
2004 · 168 Seiten
ISBN 978-3-374-02186-4

## III Neuzeit

III/1 Der Pietismus von 1675 bis 1800
von Peter Schicketanz
2001 · 196 Seiten
ISBN 978-3-374-01858-1

III/2 Theologie und Kirche im Zeitalter der Aufklärung
von Wolfgang Gericke
1990 · 140 Seiten
ISBN 978-3-374-00859-9

III/3 Der Protestantismus in Deutschland von 1815 bis 1870
von Martin H. Jung
2000 · 164 Seiten
ISBN 978-3-374-01794-2

III/4 Ausserkirchliche religiöse Protestbewegungen der Neuzeit
von Helmut Obst
1990 · 120 Seiten
ISBN 978-3-374-00964-0

III/5 Der Protestantismus in Deutschland von 1870 bis 1945
von Martin H. Jung
2002 · 232 Seiten
ISBN 978-3-374-01994-6

III/6 Freikirchen in Deutschland (19. und 20. Jahrhundert)
von Karl Heinz Voigt
2004 · 272 Seiten
ISBN 978-3-374-02230-4

III/7 Kirchengeschichte Grossbritanniens vom 17. bis zum 20. Jahrhundert
von William Reginald Ward
aus dem engl. Manuskript übers.
von Sabine Westermann
2000 · 204 Seiten
ISBN 978-3-374-01750-8

III/8 Der Katholizismus von 1648 bis 1870
von Klaus Fitschen
1997, 2. Aufl. 2001 · 182 Seiten
ISBN 978-3-374-01633-4

III/9 Das Papsttum und der deutsche Katholizismus (1870–1958)
von Hubert Kirchner
1992 · 138 Seiten
ISBN 978-3-374-01406-4

III/10 Die Ostkirchen vom 18. bis zum 20. Jahrhundert
von Erich Bryner
1996 · 144 Seiten
ISBN 978-3-374-01620-4

III/11 Kirchengeschichte Skandinaviens (17. bis 20. Jahrhundert)*
von Heinrich Holze

**IV Neueste Zeit**

IV/1 Die römisch-katholische Kirche vom II. Vatikanischen Konzil bis zur Gegenwart
von Hubert Kirchner
1996 · 192 Seiten
ISBN 978-3-374-01621-1

IV/2 Der Protestantismus im Westen Deutschlands (1945–1990)*
von Martin Greschat

IV/3 Der Protestantismus im Osten Deutschlands (1945–1990)
von Rudolf Mau
2005 · 248 Seiten
ISBN 978-3-374-02319-6

IV/4 Protestantische Minderheitenkirchen in Europa im 19. und 20. Jahrhundert
von Klaus Fitschen
2008 · 184 Seiten
ISBN 978-3-374-02499-5

IV/5 Das Christentum in Nordamerika
von Mark Noll
aus dem amerik. Manuskript übers.
von Volker Jordan
2001 · 268 Seiten
ISBN 978-3-374-01814-7

IV/6 Das Christentum inLateinamerika
von Hans-Jürgen Prien
2007 · 448 Seiten
ISBN 978-3-374-02483-4

IV/7 Das Christentum in Afrika und dem Nahen Osten
von Klaus Hock
2005 · 264 Seiten
ISBN 978-3-374-02089-8

IV/8 Das Christentum in Ost-, Süd- und Südostasien sowie Australien
von Friedrich Huber
2005 · 312 Seiten
ISBN 978-3-374-02119-2

IV/9 Das Christentum im 20. Jahrhundert*
von Hartmut Lehmann

Die mit * versehenen Titel sind in Planung